Previsão de Vendas no Excel Para leigos

Quando você começa a aprender a realizar previsões, geralmente é uma boa ideia usar as ferramentas do Excel no suplemento de Análise de Dados. Porém o alcance delas é bastante limitado e, em pouco tempo, é provável que você acabe aproveitando as funções de planilha do Excel diretamente. Quando chegar ao ponto de conseguir usar todas as estatísticas inferenciais que acompanham a função PROJ.LIN, saberá que é hora de definir sua linha de base para uma previsão formal.

SEIS FERRAMENTAS DO SUPLEMENTO DE ANÁLISE DE DADOS DO EXCEL

O suplemento de Análise de Dados, antes conhecido como Analysis ToolPak, insere as fórmulas para você, assim, é possível focar o que está acontecendo com seus dados. Ele dispõe de três ferramentas diferentes que são diretamente úteis para se fazer a previsão — Média Móvel, Suavização Exponencial e Regressão —, bem como muitas outras que podem ajudá-lo. Veja uma lista de algumas ferramentas que fazem parte do suplemento de Análise de Dados.

Ferramenta	O que Faz
ANOVA	Na verdade, existem três ferramentas ANOVA diferentes. Nenhuma é especificamente útil para a previsão, porém cada uma das ferramentas pode ajudá-lo a entender o conjunto de dados que fundamenta sua previsão. As ferramentas ANOVA ajudam você a distinguir as amostras, por exemplo: as pessoas que moram em São Paulo gostam mais de uma marca de carro específica do que as que moram no Rio de Janeiro?
Correlação	Esta ferramenta é importante, seja qual for o método usado para criar uma previsão. Se você tiver mais de uma variável, ela poderá dizer com que intensidade as duas variáveis estão relacionadas (mais ou menos 1,0 é forte, 0,0 significa não relacionadas). Caso você tenha apenas uma variável, ela poderá dizer com que intensidade um período está relacionado a outro.
Estatísticas Descritivas	Use a ferramenta de Estatística Descritiva para obter informações a respeito de coisas como a média e o desvio-padrão dos seus dados. Compreender essas estatísticas básicas é fundamental para que você saiba o que está acontecendo com as previsões.
Suavização Exponencial	O nome desta ferramenta parece ameaçador e intimidador, mas ela passa longe disso. Quando você tem apenas uma variável, algo como o faturamento ou vendas unitárias, analisa um valor real anterior para prever o próximo (talvez, o mês anterior ou o mesmo mês do ano anterior). Esta ferramenta ajusta a próxima previsão usando o erro da previsão anterior.

Previsão de Vendas no Excel Para leigos

Ferramenta	O que Faz
Médias Móveis	Uma média móvel apresenta a média dos resultados ao longo do tempo. A primeira pode ser a média para janeiro, fevereiro e março; a segunda seria, desse modo, a média para fevereiro, março e abril; e assim por diante. Esse método de previsão costuma concentrar-se no sinal (o que, de fato, está acontecendo na linha de base) e a minimizar o ruído (flutuações aleatórias na linha de base).
Regressão	A regressão está estreitamente relacionada à correlação. Utilize esta ferramenta para prever uma variável (como vendas) de outra variável (como data ou publicidade). Ela viabiliza alguns números para usar em uma equação, como Vendas = 50000 + (10 * Data).

CONFIGURE SUAS PREVISÕES DE VENDAS NAS LINHAS DE BASE DO EXCEL

Configurar sua linha de base de previsão de vendas no Excel é uma excelente ideia. Esta tabela apresenta instruções para lidar com os problemas que podem surgir à medida que você configura a linha de base do Excel:

Problema	Como Lidar com o Problema
Ordem	Coloque seus dados históricos em ordem cronológica, do mais antigo para o mais recente.
Períodos de Tempo	Use períodos de tempo aproximadamente iguais: todos devem ser semanas, meses, trimestres ou anos.
Use a mesma localização no tempo	Se você estiver fazendo uma amostragem, retire amostras do mesmo lugar. Não pegue 1º de janeiro, 15 de fevereiro, 21 de março. Em vez disso, use 1º de janeiro, 1º de fevereiro, 1º de março e assim por diante.
Dados Ausentes	Não se permitem dados ausentes. Caso você tenha todos os meses, exceto, digamos, junho, descubra quais foram as vendas de junho. Se não conseguir, obtenha a melhor estimativa possível ou inicie sua previsão com julho.

Previsão de Vendas no Excel

Para **leigos**

Previsão de Vendas no Excel

Para leigos

Tradução da 2ª Edição

Conrad Carlberg

ALTA BOOKS
E D I T O R A
Rio de Janeiro, 2019

Previsão de Vendas no Excel Para Leigos®

Copyright © 2019 da Starlin Alta Editora e Consultoria Eireli. ISBN: 978-85-508-0481-1

Translated from original Excel® Sales Forecasting For Dummies®, 2nd Edition. Copyright © 2016 by John Wiley & Sons, Inc. ISBN 978-1-119-29142-8. This translation is published and sold by permission of John Wiley & Sons, Inc., the owner of all rights to publish and sell the same. PORTUGUESE language edition published by Starlin Alta Editora e Consultoria Eireli, Copyright © 2019 by Starlin Alta Editora e Consultoria Eireli.

Todos os direitos estão reservados e protegidos por Lei. Nenhuma parte deste livro, sem autorização prévia por escrito da editora, poderá ser reproduzida ou transmitida. A violação dos Direitos Autorais é crime estabelecido na Lei nº 9.610/98 e com punição de acordo com o artigo 184 do Código Penal.

A editora não se responsabiliza pelo conteúdo da obra, formulada exclusivamente pelo(s) autor(es).

Marcas Registradas: Todos os termos mencionados e reconhecidos como Marca Registrada e/ou Comercial são de responsabilidade de seus proprietários. A editora informa não estar associada a nenhum produto e/ou fornecedor apresentado no livro.

Impresso no Brasil — 2019 — Edição revisada conforme o Acordo Ortográfico da Língua Portuguesa de 2009.

Publique seu livro com a Alta Books. Para mais informações envie um e-mail para autoria@altabooks.com.br

Obra disponível para venda corporativa e/ou personalizada. Para mais informações, fale com projetos@altabooks.com.br

Produção Editorial Editora Alta Books	**Produtor Editorial** Thiê Alves	**Marketing Editorial** marketing@altabooks.com.br	**Vendas Atacado e Varejo** Daniele Fonseca Viviane Paiva	**Ouvidoria** ouvidoria@altabooks.com.br
Gerência Editorial Anderson Vieira		**Editor de Aquisição** José Rugeri j.rugeri@altabooks.com.br	comercial@altabooks.com.br	
Equipe Editorial	Adriano Barros Bianca Teodoro Ian Verçosa	Illysabelle Trajano Juliana de Oliveira Kelry Oliveira	Paulo Gomes Rodrigo Bitencourt Thales Silva	Thauan Gomes
Tradução Cibelle Ravaglia	**Copidesque** Eveline Vieira Machado	**Revisão Gramatical** Wendy Campos Hellen Suzuki	**Revisão Técnica** Kleber Kilhian Licenciado em Matemática, MBA em Gestão Financeira	**Diagramação** Joyce Matos

Erratas e arquivos de apoio: No site da editora relatamos, com a devida correção, qualquer erro encontrado em nossos livros, bem como disponibilizamos arquivos de apoio se aplicáveis à obra em questão.

Acesse o site www.altabooks.com.br e procure pelo título do livro desejado para ter acesso às erratas, aos arquivos de apoio e/ou a outros conteúdos aplicáveis à obra.

Suporte Técnico: A obra é comercializada na forma em que está, sem direito a suporte técnico ou orientação pessoal/exclusiva ao leitor.

A editora não se responsabiliza pela manutenção, atualização e idioma dos sites referidos pelos autores nesta obra.

Dados Internacionais de Catalogação na Publicação (CIP) de acordo com ISBD

C278p	Carlberg, Conrad
	Previsão de Vendas no Excel Para Leigos / Conrad Carlberg ; traduzido por Cibelle Ravaglia. - Rio de Janeiro : Alta Books, 2019. 416 p. : il. ; 17cm x 24cm. – (Para leigos)
	Tradução de: Excel Sales Forecasting for Dummies Inclui índice. ISBN: 978-85-508-0481-1
	1. Excel. 2. Previsão de Vendas. I. Ravaglia, Cibelle. II. Título. III. Série.
2019-334	CDD 005.3 CDU 004.42

Elaborado por Vagner Rodolfo da Silva - CRB-8/9410

Rua Viúva Cláudio, 291 — Bairro Industrial do Jacaré
CEP: 20.970-031 — Rio de Janeiro (RJ)
Tels.: (21) 3278-8069 / 3278-8419
www.altabooks.com.br — altabooks@altabooks.com.br
www.facebook.com/altabooks — www.instagram.com/altabooks

Sobre o Autor

C **onrad Carlberg** é autor de mais de dez livros sobre o Microsoft Excel. Além de ganhar inúmeras vezes o prêmio MVP do Microsoft Excel, ele é um especialista internacionalmente reconhecido em Excel.

O doutorado de Carlberg em Estatística envolve o trabalho em previsão, bem como seu trabalho nos setores de telecomunicação e atendimento à saúde. Ele usou as técnicas abordadas neste livro para reduzir o rombo de U$24 milhões do estoque de um das empresas da Companhia AT&T para menos de U$10 milhões em 18 meses. Os custos de armazenagem e manutenção de U$24 milhões são significativos. A questão é: esse negócio de previsão funciona.

Com o intuito de adquirir experiência para sua própria consultoria, Carlberg passou dois anos como engenheiro de vendas em uma empresa do ranking da Fortune 500. Ele mora em San Diego, onde tenta, ao máximo, não bater por acidente em outros veleiros.

Dedicatória

Para Joe Frazier, Mike Kobluk e Chad Mitchell: mostrem-me resultados.

Agradecimentos do Autor

Quero agradecer à Kathy Ivens, que sugeriu a publicação deste livro à Editora Wiley e que foi a melhor coautora que se podia esperar para os nossos livros anteriores. À Katie Mohr, a editora de aquisições que achou que esta obra fazia sentido; à Maureen Tullis, gerente de projetos que produziu o livro; e ao editor técnico desta obra, Mike Talley, que corrigiu meus inúmeros deslizes.

Sumário Resumido

Introdução 1

Parte 1: Entendendo a Previsão de Vendas e Como o Excel Pode Ajudar 5

CAPÍTULO 1: Visão Geral da Previsão de Vendas 7

CAPÍTULO 2: Previsão: Conceitos Básicos. 23

CAPÍTULO 3: Entendendo as Linhas de Base. 41

CAPÍTULO 4: Prevendo o Futuro: Por que a Previsão Funciona. 53

Parte 2: Organizando os Dados 71

CAPÍTULO 5: Selecionando os Dados: Como Obter uma Boa Linha de Base. 73

CAPÍTULO 6: Configurando Tabelas no Excel. 91

CAPÍTULO 7: Trabalhando com Tabelas no Excel 109

Parte 3: Fazendo uma Previsão Básica 125

CAPÍTULO 8: Sintetizando os Dados de Vendas com a Tabela Dinâmica 127

CAPÍTULO 9: Gere um Gráfico a Partir da Linha de Base: É uma Excelente Ideia 147

CAPÍTULO 10: Fazendo Previsões com o Suplemento de Análise de Dados do Excel 167

CAPÍTULO 11: Previsões Baseadas na Regressão 183

Parte 4: Fazendo Previsões Avançadas 201

CAPÍTULO 12: Inserindo as Fórmulas por Conta Própria. 203

CAPÍTULO 13: Utilizando Médias Móveis. 233

CAPÍTULO 14: Mudando de Pato para Ganso: Das Médias Móveis à Suavização. . . 251

CAPÍTULO 15: Suavização: Como se Beneficiar de Seus Erros 273

CAPÍTULO 16: Ajuste Fino das Previsões de Regressão 299

CAPÍTULO 17: Administrando as Tendências 327

CAPÍTULO 18: Mesma Época do Ano Passado: Faça Previsões de Vendas Sazonais 345

Parte 5: A Parte dos Dez 367

CAPÍTULO 19: Dez Fatos Divertidos sobre as Fórmulas de Matriz. 369

CAPÍTULO 20: As Dez Melhores Ferramentas do Excel 383

Índice 393

Sumário

INTRODUÇÃO 1

Sobre Este Livro 1
Penso que... 2
Ícone Usados Neste Livro 2
Além Deste Livro 3
De Lá para Cá, Daqui para Lá 3

PARTE 1: ENTENDENDO A PREVISÃO DE VENDAS E COMO O EXCEL PODE AJUDAR 5

CAPÍTULO 1: Visão Geral da Previsão de Vendas 7

Entendendo as Previsões de Venda no Excel 8
    Método 1: Médias Móveis 9
    Método 2: Suavização Exponencial 9
    Método 3: Regressão 10
Preparando os Dados 10
    O uso de tabelas 10
    Ordene seus dados 12
Fazendo Previsões Básicas 13
    Coloque as médias móveis para trabalhar para você 14
    Entenda a suavização exponencial 16
    Use a regressão para atingir o resultado que deseja 17
Projetando Seus Dados em Gráficos 19
Fazendo Previsões com Ferramentas Avançadas 21

CAPÍTULO 2: Previsão: Conceitos Básicos 23

Por que Fazer Previsão? 24
    Para planejar as estratégias de vendas 24
    Para dimensionar o estoque 26
Vamos ao que Interessa: Jargão Básico da Previsão 26
    Modelo autorregressivo integrado de médias móveis (ARIMA) . 27
    Linha de base 27
    Correlação 27
    Ciclo 28
    Fator de amortecimento 28
    Suavização exponencial 29
    Período de previsão 29
    Médias móveis 29
    Variável preditora 29
    Regressão 30
    Sazonalidade 30
    Tendência 30

Sumário   xi

Entendendo a Linha de Base 31
    Projete a linha de base em gráficos. 31
    À procura de tendências 33
Configurando a Previsão 34
    Suavização de dados 35
    Regressão: Trata-se de relacionamentos 35
Usando o Faturamento e os Dados Relativos aos Custos 36

CAPÍTULO 3: Entendendo as Linhas de Base 41

Usando Dados Qualitativos 42
    Faça as perguntas certas. 42
    Fique atento ao seu redor: A finalidade de sua previsão 44
Superando os Erros na Previsão de Vendas 45
    Supere isso. 46
    Use as metas de receita como previsão. 46
Reconhecendo as Tendências e Temporadas 47
    Identifique as tendências. 49
    Compreenda a sazonalidade 50

CAPÍTULO 4: Prevendo o Futuro: Por que a Previsão Funciona 53

Entendendo as Tendências 54
    Monitore a alta das receitas, e as baixas 55
    Teste as tendências 59
Oh, Cupido: Encontrando uma Relação entre os Dados 63
    Escolha as variáveis preditoras. 65
    Analise as correlações 68

PARTE 2: ORGANIZANDO OS DADOS 71

CAPÍTULO 5: Selecionando os Dados: Como Obter uma Boa Linha de Base 73

Deus Ajuda Quem Cedo Madruga: Ordenando Seus Números 74
    Por que a ordem é importante: Médias móveis 74
    Por que a ordem é importante: Suavização exponencial 77
    Por que a ordem não é importante: Regressão 79
Siga as Regras: Por que os Períodos de Tempo São Importantes . . 80
    Decida até quando prever. 80
    Escolha os períodos de tempo. 84
Períodos de Tempos com Intervalos Iguais 85
    Use períodos relacionados 85
    Quando dados ausentes causam períodos desiguais 87

CAPÍTULO 6: Configurando Tabelas no Excel 91

Entendendo as Estruturas das Tabelas. 92
Criando uma Tabela 96
    Utilize a Linha de Totais 98

xii   **Previsão de Vendas no Excel Para Leigos**

Utilize outros recursos da tabela 100
Filtrando Listas. 101
Use os filtros de tabela do Excel 101
Utilize Filtros Avançados 103
Importando Dados de um Banco de Dados para uma
Tabela do Excel 105

CAPÍTULO 7: Trabalhando com Tabelas no Excel 109
Transformando Tabelas em Gráficos. 110
Entendendo os tipos de gráficos 110
Criando um gráfico a partir da tabela 114
Aprimorando os gráficos 115
Usando o Suplemento de Análise de Dados com Tabelas 118
Evitando as Armadilhas do Suplemento de Análise de Dados 121

PARTE 3: FAZENDO UMA PREVISÃO BÁSICA 125

**CAPÍTULO 8: Sintetizando os Dados de Vendas com
a Tabela Dinâmica**. 127
Entendendo as Tabelas Dinâmicas 128
Distinguindo as linhas de base dos dados de vendas 129
Totalize os dados 134
Criando uma Tabela Dinâmica 137
Agrupando os Registros. 141
Saiba quando agrupar os registros 141
Crie os grupos 142
Evitando o Sofrimento com as Tabelas Dinâmicas do Excel 144
Não use datas em branco 144
Crie diversos grupos. 145

**CAPÍTULO 9: Gere um Gráfico a Partir da Linha de
Base: É uma Excelente Ideia**. 147
Desbravando as Linhas de Base. 148
Usando data e hora no Excel 148
Projetando o gráfico de datas e horas no Excel 150
Usando gráficos de linhas 153
Usando gráficos XY (Dispersão) 157
Fazendo seus Dados Dançarem conforme a Música dos Gráficos
Dinâmicos. 159
Usando Dois Eixos de Valor. 164

**CAPÍTULO 10: Fazendo Previsões com o Suplemento
de Análise de Dados do Excel** 167
Instalando os Suplementos: Onde Eles Estão? 168
Usando as Médias Móveis. 170
Dia de mudança: Indo daqui pra lá 171
Médias móveis e linhas de base estacionárias 173

Sumário xiii

Usando a Suavização Exponencial 174
Usando a Ferramenta de Regressão 177

CAPÍTULO 11: Previsões Baseadas na Regressão 183

Decidindo Usar a Ferramenta Regressão 184
Adote o método Regressão 186
Use mais de uma variável preditora 188
Entendendo a Ferramenta Regressão do Suplemento de
Análise de Dados 189
Verifique os erros de previsão 192
Projete os gráficos de suas receitas reais 193
Compreenda os níveis de confiança 194
Evite uma constante zero 196
Utilizando a Regressão Múltipla 196
Nova variável preditora com variável de previsão 198
Nova variável preditora com variável existente 198

PARTE 4: FAZENDO PREVISÕES AVANÇADAS 201

CAPÍTULO 12: Inserindo as Fórmulas por Conta Própria 203

Sobre as Fórmulas do Excel 204
Faça você mesmo: Para que se preocupar? 204
Obtenha a sintaxe correta 210
Utilizando a Opção Inserir Função 211
Entendendo as Fórmulas de Matriz 217
Escolha o intervalo para a fórmula de matriz 218
Teclas mágicas do Excel: Ctrl+Shift+Enter 220
Reconheça as fórmulas de matriz 220
Um problema especial com as fórmulas de matriz 221
Usando as Funções de Regressão para Realizar uma Previsão . . . 222
Usando a função PROJ.LIN 222
Selecione o intervalo de células correto 225
Obtenha as estatísticas corretamente 225
Usando a função TENDÊNCIA 228

CAPÍTULO 13: Utilizando Médias Móveis 233

Escolhendo o Tamanho da Média Móvel 234
Sinalização: Uma reviravolta se aproxima? 234
Menos ruído, por favor 235
Redobre os esforços 238
Reagindo Rapidamente versus Modelando o Ruído 240
Obtenha um panorama mais suave 241
Cálculo e projeção de gráfico das médias móveis 242
Usando o Suplemento de Análise de Dados para Obter
as Médias Móveis 243
Usando a ferramenta Média Móvel do suplemento
de Análise de Dados 244
Projete os resíduos em gráfico 248

xiv   Previsão de Vendas no Excel Para Leigos

CAPÍTULO 14: Mudando de Pato para Ganso: Das Médias Móveis à Suavização 251

Perdendo Médias Antecipadas 252

Compreendendo a Correlação 254

Quando elas começam a andar juntas? 255

Projete o gráfico dos dados correlacionados 258

Compreendendo a Autocorrelação 259

Calcule a autocorrelação 268

Diagnóstico com a autocorrelação 269

CAPÍTULO 15: Suavização: Como se Beneficiar de Seus Erros 273

Corrija os Erros: A Lógica por Trás da Suavização 274

Ajuste a previsão 274

A razão pela qual a chamam de "suavização exponencial" 277

Brincando com a constante de suavização 280

Usando a Fórmula da Ferramenta Suavização 283

Obtenha uma previsão por meio da ferramenta Suavização Exponencial 283

Modifique a constante de suavização 287

Encontrando a Constante de Suavização 289

Desenvolva um parâmetro 290

Minimize a raiz quadrada do erro quadrático médio 292

Problemas com a Suavização Exponencial 297

Perder uma observação no começo 297

Erros-padrão da ferramenta Regressão: Eles estão incorretos 298

CAPÍTULO 16: Ajuste Fino das Previsões de Regressão 299

Fazendo a Regressão Múltipla 300

Usando mais de um preditor 300

A abordagem do ser que pensa em regressão múltipla 306

Interpretando os coeficientes e seus erros-padrão 311

Obtendo uma Linha de Tendência de Regressão em um Gráfico 316

Avaliando as Previsões de Regressão 321

Use a autorregressão 321

Regressão de uma tendência a outra 324

CAPÍTULO 17: Administrando as Tendências 327

Saiba Por que Você Pode Querer Remover a Tendência de uma Linha de Base 328

Compreenda por que a tendência é um problema 328

Diagnosticando uma tendência 330

Como Deixar a Linha de Base Estável 332

Subtraia um valor do próximo valor 332

Divida um valor pelo outro 334

Obtenha taxas 337

A desvantagem da diferenciação 338
A Grande Ilusão: Reunindo uma Linha de Base Novamente. 342

CAPÍTULO 18: Mesma Época do Ano Passado: Faça Previsões de Vendas Sazonais 345

Fazendo uma Suavização Exponencial Sazonal Simples 346
Relacione um período aos anteriores 347
Usando constantes de suavização. 350
Vá Mais Além na Linha de Base 355
Calcule a primeira previsão 355
Faça a suavização no nível da linha de base 358
Componente sazonal 359
Finalizando a Previsão 361
Modifique as fórmulas 361
Usando a planilha 362
Use a pasta de trabalho 363
Nova Planilha de Previsão do Excel 2016 365

PARTE 5: A PARTE DOS DEZ 367

CAPÍTULO 19: Dez Fatos Divertidos sobre as Fórmulas de Matriz 369

Insira Fórmulas de Matriz 370
Use a Tecla SHIFT 370
Perceba as Chaves 372
Use ÍNDICE para Extrair um Valor do Resultado de uma
Fórmula de Matriz 373
Uma Rota Rápida para Valores Únicos 374
Selecione o Intervalo: PROJ.LIN 376
Selecione o Intervalo: TRANSPOR 377
Selecione um Intervalo: TENDÊNCIA 378
Edite uma Fórmula de Matriz 380
Exclua uma Fórmula de Matriz 381

CAPÍTULO 20: As Dez Melhores Ferramentas do Excel 383

Comentários de Célula 383
Preenchimento Automático 384
Segurança Macro 385
Barra de Ferramentas Personalizada 387
Avaliar Fórmula 388
Proteção da Planilha 388
Somente Registros Exclusivos 389
Uso da Alça de Preenchimento 390
Resumo Rápido dos Dados 390
Ajuda com Funções 391

ÍNDICE 393

Introdução

Você não tiraria este livro da prateleira se não precisasse realizar previsão de vendas. E tenho certeza de que você não é o Nostradamus. Seu escritório não está cheirando a incenso e seu trabalho não é prever a data do fim do mundo.

Porém alguém (talvez você) queria fazer previsão de vendas e você descobre como fazer isso aqui, usando o melhor programa de análise para uso geral que existe, o Microsoft Excel.

Sobre Este Livro

Este livro se concentra na utilização de números para a previsão de vendas. Se você é vendedor ou gerente de vendas, ou alguém no topo da hierarquia da estrutura organizacional, já se deparou com previsões baseadas não apenas em números, como também em suposições, metas de vendas, pura ilusão e boas doses de uísque.

Eu fujo desse tipo de coisa aqui. Em vez disso, recorro aos números. Felizmente, você não precisa ser um gênio da matemática para usar o Excel em suas previsões de vendas. O Excel apresenta um monte de ferramentas que farão isso para você. Algumas delas são bem fáceis de usar, conforme verá.

Dito isso, não se trata apenas de números. Você ainda precisa entender os produtos, a companhia e o marketing antes que possa realizar uma previsão de vendas coerente, e eu tenho que contar com você para fazer isso. Espero que eu possa. Caso contrário, comece pela Parte 1, que fala a respeito do contexto para a previsão de vendas.

Você pode pular os capítulos deste livro, como é possível em todos os livros que apresenta um carinha com a cabeça triangular. Existem três métodos básicos para realizar uma previsão por meio de números — as médias móveis, a suavização e a regressão — e, na verdade, você não precisa saber muito de um para compreender os outros. Ajuda muito conhecer os três tipos, mas não é necessário.

Penso que...

A frase *penso que* é, obviamente, redundante. Porém, cá estou, pensando e supondo algumas coisas:

» **Suponho que você saiba os princípios básicos de como usar o Excel.** Digitar números em uma planilha, como os números que mostram o quanto você vendeu em agosto de 2018; inserir as fórmulas nas células de uma planilha, salvar as pastas de trabalho, usar os menus de navegação, esse tipo de coisa.

» **Suponho que você tenha acesso às informações sobre o histórico de vendas de sua empresa, e quanto mais informação, melhor.** O único modo de prever o que está para acontecer é saber o que já aconteceu. Não importa muito onde a informação está; ela pode estar em um banco de dados, em uma pasta de trabalho do Excel ou, até mesmo, em um arquivo de texto simples. Contanto que você possa ter essas informações em mãos, poderá fazer uma previsão. E eu explico como pode usar o Excel para dar uma "mãozinha" com isso.

» **Presumo que você não tenha nenhuma fobia relacionada a números.** Você não precisa ser um crânio para fazer boas previsões. Porém não pode ter aversão aos números e, de fato, duvido que tenha. Exceto, talvez, pela sua meta trimestral de vendas.

» **Claro que estou partindo do princípio de que você tem o Excel no computador.** *Não* estou supondo que você tenha a última versão. Mas a interface do usuário do Excel mudou tanto desde 2007 que presumo que você tenha a versão com a Faixa de Opções, em vez da estrutura de menu original. Apesar disso, este livro apresenta poucas informações que têm relação com a interface do usuário. Basicamente, trata-se de configurar seu histórico de vendas, deixar-se guiar pelo suplemento de análise de dados do Excel e, por fim, trabalhar com as fórmulas da planilha, gráficos e outras ferramentas que o ajudarão a caminhar com as próprias pernas.

Ícone Usados Neste Livro

Nas margens deste livro, você encontra ícones, ou seja, pequenas imagens desenhadas com o intuito de chamar a atenção para tipos específicos de informação. Veja o que significam:

Qualquer coisa associada a este ícone facilitará sua vida, poupará tempo e fará com que você chegue em casa a tempo para o jantar. Você pode usufruir de todas as informações que eu garimpei ao longo dos anos nos grupos insanos de discussão.

Embora este livro não apresente muitos avisos, existem alguns. Eles informam o que esperar caso você faça algo que a Microsoft não conseguiu evitar. E fique atento, pois existem alguns avisos relacionados a isso.

Lembrete especial. Existem algumas coisas que você tem que lembrar ao fazer suas previsões e, geralmente, é mais fácil se lembrar delas do que pesquisá-las durante horas a fio toda vez que precisar. Gostaria que você lesse este livro várias vezes, como eu leio as histórias de detetives, porém o trabalho será mais rápido caso se lembre dessas coisas.

E por falar em coisas, qualquer uma delas associada a este ícone é algo que provavelmente você pode ignorar, mas, caso não esteja conseguindo dormir, talvez queira ler. Eu não me aprofundo em questões matemáticas de aplicação pesada aqui, porém você vê algumas coisas especiais sobre como o Excel elabora as suas previsões. Durma bem.

Além Deste Livro

Além do que você está lendo neste exato momento, este produto tem uma Folha de Cola para consulta rápida e gratuita que informa sobre o suplemento de Análise de Dados do Excel, como usar as funções de previsão, o que você ganha com a função PROJ.LIN do Excel e como configurar sua linha de base no Excel. Você pode acessar a Folha de Cola Online no site da editora Alta Books. Procure pelo título do livro. Faça o download da Folha de Cola completa, bem como de erratas e possíveis arquivos de apoio.

Você pode acessar os exercícios com as planilhas do Excel no endereço www.altabooks.com.br. Procure pelo título do livro/ISBN. Também disponibilizei arquivos de cada capítulo (Previsão_Vendas_PL_Cap1) para que você possa testar o que estou informando no conforto de sua casa.

De Lá para Cá, Daqui para Lá

Você está procurando informações a respeito dos fundamentos básicos de previsão? Por que ela funciona? Por qual motivo não é apenas mais uma dessas práticas cujo único propósito é a autopromoção? Comece pelo Capítulo 1.

Você quer saber como colocar seus dados juntos em uma pasta de trabalho? Consulte o Capítulo 5 para descobrir mais sobre as linhas de base, em seguida, confira os capítulos a respeito dos usos das tabelas no Excel.

Caso já tenha as noções básicas de previsão e tabelas, vá para o Capítulo 8 e veja como utilizar as tabelas dinâmicas a fim de configurar a linha de base para sua previsão.

E, por fim, se já conhece todas essas coisas, apenas dê uma olhada no Capítulo 10 e comece a estudar como gerenciar as previsões por conta própria, sem depender de um monte de ferramentas que fazem tudo para você. Acredite, você ficará feliz se fizer isso.

1

Entendendo a Previsão de Vendas e Como o Excel Pode Ajudar

NESTA PARTE...

Na Parte 1, apresento o motivo pelo qual as previsões de vendas podem ajudar seu negócio de maneiras que, aparentemente, têm pouco a ver com vendas. A Parte 1 também informa por que a previsão não é apenas uma questão de usar fórmulas para fazer contas. Mas, vamos encarar a realidade, será preciso fazer alguns cálculos, e aqui você encontra uma introdução às linhas de base: a base para o cálculo de números. Tento convencê-lo de que a previsão de vendas realmente funciona, e respaldo essa afirmação mostrando como.

> **NESTE CAPÍTULO**
>
> » Conhecendo os diferentes métodos de previsão
>
> » Organizando seus dados em uma sequência que o Excel possa usá-los
>
> » Familiarizando-se com a Ferramenta de Análise
>
> » Fazendo tudo isso sozinho

Capítulo **1**

Visão Geral da Previsão de Vendas

A previsão de vendas é como a previsão do tempo: é mais um palpite a respeito do que acontecerá no futuro. Você pode prever todos os tipos de coisas, por exemplo, as vendas de sementes de papoula, o futuro da bolsa de valores, o clima, de diversas formas: pode apostar em sua melhor hipótese, pode compilar e combinar as hipóteses de outras pessoas ou pode estimar algo com base em meros devaneios.

Infelizmente, nenhumas dessas opções são viáveis. Se você quiser fazer previsões de vendas melhores, precisará se valer de opções melhores. E *existem* diferentes modos de fazer uma previsão, modos que sempre atestam sua própria exatidão. Demora-se um pouco mais para elaborá-los do que simplesmente tentar adivinhar algo, porém, em longo prazo, eu demorei mais tempo explicando palpites ruins do que se tivesse feito as previsões de venda logo de início.

Originalmente, desenvolveu-se o Microsoft Excel como um aplicativo de planilhas, adaptado para calcular valores de pagamentos, taxas de juros, saldos de contas e assim por diante. Porém, à medida que a Microsoft adicionou mais funções, por exemplo, MÉDIA, TENDÊNCIA e coisas como gerenciamento de inventário, o Excel tornou-se mais um aplicativo de análise multifuncional do que uma calculadora com um único propósito.

O Excel dispõe das ferramentas necessárias para fazer previsões de vendas, seja para preparar um apresentação rápida e simples (e quem não precisa de vez em quando?) ou algo sofisticado para a diretoria.

As ferramentas estão lá. Você só precisa saber qual escolher para determinada situação e, claro, como usá-la. Precisa saber como organizar os dados dentro da ferramenta. E como interpretar o que a ferramenta informa, seja algo básico, seja alguma coisa mais avançada.

Entendendo as Previsões de Venda no Excel

Se você quer prever o futuro, como, por exemplo, as vendas do próximo trimestre, precisa compreender o que aconteceu no passado. Desse modo, você sempre começa com a chamada *linha de base* (isto é, o histórico — quantas sementes de papoula uma empresa vendeu durante cada ano dos últimos 10 anos, qual será a perspectiva mensal do mercado nos próximos 12 meses, qual foi a temperatura máxima diária até o momento).

A menos que você arrisque e dê um palpite, precisará de dados iniciais para uma previsão de vendas. Hoje é resultado de ontem. Em geral, o que acontecerá amanhã seguirá o padrão do que aconteceu hoje, na semana passada, no mês passado, no último trimestre e no último ano. Se você observar o que já aconteceu, estará dando um passo firme em direção à previsão do que acontecerá a seguir. (A Parte 1 deste livro aborda as linhas de base de uma previsão e como elas funcionam.)

As previsões no Excel não são muito diferentes das previsões que você faz com um programa especializado. Todavia o Excel é especialmente útil no quesito previsão de vendas por uma série de razões:

> » **Você geralmente tem o histórico de vendas registrado em uma planilha de trabalho no Excel.** Como você já registra o histórico de vendas no Excel, é fácil tomar como base sua previsão a partir dos históricos de vendas existentes; o mais difícil você já conseguiu.

> » **Os recursos de gráficos do Excel facilitam muito a visualização do que está acontecendo no seu histórico de vendas e como esse histórico determina suas previsões.**

> » **O Excel tem ferramentas (encontradas nos chamados suplementos de Análises de Dados) que facilitam a geração de previsões.** Mas você ainda tem que saber o que está fazendo e o que as ferramentas estão fazendo; não quer apenas entupir uma ferramenta de análise com números e obter o

resultado sem maior análise, sem entender o que a ferramenta está fazendo. É por isso que este livro foi escrito.

» **Você pode ter mais controle sobre como a previsão é criada, ignorando as ferramentas de previsão do suplemento de Análise de Dados e inserindo as fórmulas por conta própria.** Conforme tiver mais experiência com as previsões, é bem provável que faça isso cada vez mais.

Você pode escolher entre os diversos métodos de previsão, e é aqui que entra o discernimento. Os três métodos mais utilizados, sem nenhuma ordem especial, são as médias móveis, a suavização exponencial e a regressão.

Método 1: Médias Móveis

As médias móveis podem ser a sua melhor escolha, caso não tenha outra fonte de informações além do histórico de vendas. Porém você *realmente* precisa conhecer as linhas de base do seu histórico de vendas. Mais adiante neste capítulo, mostrarei mais sobre a lógica por trás do uso das médias móveis. A ideia fundamental é que as tendências do mercado tanto aumentam como diminuem as suas vendas. Ao calcular a média dos resultados das vendas de mês a mês, de trimestre a trimestre ou de ano a ano, você consegue ter uma ideia melhor das tendências que estão influenciando os resultados de suas vendas em longo prazo.

Por exemplo, você encontra os resultados das médias de vendas dos últimos três meses do ano passado: outubro, novembro e dezembro. Em seguida, calcula a média dos próximos de três meses: novembro, dezembro e janeiro (depois, dezembro, janeiro e fevereiro, e assim sucessivamente). Agora, você tem uma noção do rumo geral que as suas vendas estão tomando. O processo de calcular a média equilibra os impactos que você sofre com os noticiários decepcionantes sobre economia ou os booms econômicos temporários.

Método 2: Suavização Exponencial

A suavização exponencial está estreitamente relacionada às médias móveis. Como as médias móveis, a suavização exponencial usa o histórico para prever o futuro. Você utiliza o que aconteceu na semana passada, no mês passado e no ano passado para prever o que acontecerá na próxima semana, mês ou ano.

A diferença é que, ao utilizar a suavização, você leva em consideração o quanto a previsão anterior foi ruim, ou seja, admite que a previsão foi um tanto confusa. (Acostume-se com isso, acontece.) O lado bom da suavização exponencial é que você detecta o erro em sua previsão anterior e usa esse erro, assim se espera, para aperfeiçoar a próxima previsão.

Caso sua última previsão seja muito baixa, a suavização exponencial elevará o valor de sua próxima previsão. Se a última previsão foi muito alta, a suavização exponencial diminuirá o valor de sua próxima previsão.

O conceito básico é que a suavização exponencial corrige a próxima previsão de modo a tornar a previsão *anterior* melhor. É uma boa ideia e normalmente funciona bem.

Método 3: Regressão

Quando você usa a regressão para fazer uma previsão, depende de uma variável para prever outra. Por exemplo, quando o Banco Central dos Estados Unidos aumenta as taxas de juros de curto prazo, você pode depender dessa variável para prever o que acontecerá com os preços ou as taxas das hipotecas. Ao contrário das médias móveis ou da suavização exponencial, a regressão depende de uma variável *diferente* para informar o que provavelmente ocorrerá em seguida, algo que não seja seu próprio histórico de vendas.

Preparando os Dados

O método de previsão que você utiliza faz diferença, porém, seja lá qual for a sua escolha, é preciso configurar os dados na linha de base no Excel de uma determinada maneira. É importante que seus dados estejam inseridos em uma tabela. Na Parte 2, eu explico em detalhes como organizar seus dados para que eles alimentem suas previsões, mas veja a visão geral a seguir.

O uso de tabelas

DICA

Não há nada de misterioso em uma tabela do Excel. Uma tabela é algo muito parecido com um banco de dados. A sua planilha do Excel tem colunas e linhas, e caso você insira uma tabela nela, precisará somente lidar com três condições:

> » **Mantenha as variáveis diferentes em colunas diferentes.** Por exemplo, você pode inserir as datas de vendas em uma coluna, os valores de vendas em outra coluna, os nomes dos representantes de vendas em uma outra e, ainda, as linhas de produtos em outra.

> » **Mantenha os registros diferentes em linhas diferentes.** Quando se trata de registrar as informações de vendas, mantenha os registros de vendas diferentes em linhas diferentes. Insira uma informação a respeito de uma venda feita no dia 15 de janeiro em uma linha e a informação sobre outra feita no dia 16 de janeiro em uma linha diferente.

» **Insira os nomes das variáveis na primeira linha da tabela.** Por exemplo, você coloca "Data de Vendas" na coluna A, "Receita" na coluna B, "Representantes de Vendas" na coluna C e "Produto" na coluna D.

A Figura 1-1 mostra uma típica tabela do Excel

FIGURA 1-1:
Não é
necessário
manter os
registros
por ordem
de data;
você lidará
com isso
mais tarde.

	A	B	C	D
1	Data de Vendas	Receita	Rep. De Vendas	Produto
2	06/10/2017	R$ 7.678,26	Jonas	Serviços
3	07/10/2017	R$ 8.253,70	Tadeu	Serviços
4	11/10/2017	R$ 3.052,08	Jaime	Garantia
5	12/10/2017	R$ 4.153,27	Fábio	Hardware
6	15/10/2017	R$ 5.701,64	Anderson	Hardware
7	13/10/2017	R$ 6.382,83	Jonas	Serviços
8	15/10/2017	R$ 2.864,20	Anderson	Manutenção
9	17/10/2017	R$ 6.379,38	Cláudio	Garantia
10	20/10/2017	R$ 1.680,76	Jaime	Serviços
11	10/10/2017	R$ 6.639,68	Jonas	Serviços
12	14/10/2017	R$ 6.190,50	Jaime	Software
13	10/10/2017	R$ 6.721,69	Wilson	Hardware
14	19/10/2017	R$ 4.996,28	Anderson	Manutenção
15	08/10/2017	R$ 5.383,12	Cláudio	Manutenção
16	20/10/2017	R$ 4.742,48	Jonas	Hardware
17	17/10/2017	R$ 5.369,55	Jaime	Software
18	18/10/2017	R$ 1.837,77	Wilson	Garantia
19	12/10/2017	R$ 2.727,85	Wilson	Software
20	22/10/2017	R$ 1.141,00	Wilson	Hardware
21	15/10/2017	R$ 7.633,23	Fábio	Software
22	19/10/2017	R$ 8.797,87	Cláudio	Manutenção
23	18/10/2017	R$ 4.859,78	Jaime	Serviços
24	16/10/2017	R$ 6.296,67	Cláudio	Serviços

Por que se preocupar com as tabelas? Porque muitas ferramentas no Excel, incluindo aquelas que você usa para fazer previsões, dependem delas. Os gráficos, que o ajudam a visualizar o que está acontecendo com as vendas, dependem das tabelas. As tabelas dinâmicas, que são o modo mais eficaz que você tem para resumir os resultados de vendas no Excel, dependem muito das tabelas. O suplemento de Análise de Dados, um modo que é de grande ajuda para realizar previsões, também depende das tabelas.

Durante anos, o Excel dependeu de um mecanismo informal de dados chamado *lista*. Uma lista era muito similar ao que uma tabela é agora, com nomes de campos em sua primeira linha, seguida por registros. Mas a lista não tinha propriedades embutidas, como as contagens de registro, filtros, total de linhas ou, tampouco, um nome. Você tinha que tomar certo cuidado para identificar o número de linhas e colunas disponíveis na lista.

CAPÍTULO 1 **Visão Geral da Previsão de Vendas** 11

No Excel 2007, a Microsoft adicionou as tabelas como um recurso novo, e elas apresentam todas as coisas que faltam nas listas. Elas têm uma característica especialmente vantajosa para as previsões de venda. Conforme o tempo passa e você recebe mais informações sobre os números de vendas, é possível adicionar dados novos à sua linha de base. Ao usar listas, você tinha que definir o chamado *nome de intervalo dinâmico* para aceitar dados novos. Com as tabelas, tudo o que precisa fazer é fornecer um registro novo, geralmente em uma linha nova no final da tabela. Uma vez que você faz isso, a tabela é estendida automaticamente para capturar os novos dados. Qualquer coisa que esteja na pasta de trabalho — gráficos, fórmulas, o que quer que seja — também é atualizada automaticamente a fim de exibir a nova informação. Em relação às listas, as tabelas foram uma melhoria e tanto, e este livro as utiliza amplamente.

Você encontra muito mais sobre a criação e o uso das tabelas no Capítulo 6. Por ora, não se esqueça de que uma tabela tem variáveis diferentes em colunas diferentes e registros diferentes em linhas diferentes.

Ordene seus dados

"Ordene seus dados" pode parecer um bocado com "comporte-se bem e não seja teimoso". O negócio é que você tem que informar ao Excel o quanto vendeu em 2013, depois o quanto vendeu em 2014, em 2015 e assim por diante. Se fizer isso, terá que inserir os dados em ordem cronológica.

O melhor modo de inserir os dados em ordem cronológica no Excel é por intermédio de tabelas dinâmicas. Uma tabela dinâmica pega os registros individuais que estão em uma tabela do Excel (ou em um banco de dados externo) e combina os registros de um jeito que você possa controlar. É possível ter uma tabela mostrando o valor em vendas anual, incluindo o nome do representante de vendas, produto vendido, data de venda e faturamento. Sendo assim, você pode criar rapidamente uma tabela dinâmica que exiba o total trimestral do faturamento por vendedor e por produto. Ao usar tabelas dinâmicas, você pode resumir dezenas de milhares de registros, literalmente em segundos. Se você nunca usou tabelas dinâmicas antes, este livro não só introduz o assunto, como também faz com que elas povoem os seus sonhos enquanto dorme.

Veja três coisas absolutamente maravilhosas a respeito das tabelas dinâmicas:

> » **Elas podem acumular todas as suas informações de vendas e, além de tudo, os dados a respeito dos ventos solares, mas esse livro é sobre previsão de vendas, não sobre ventos solares.** Caso você reúna as informações de cada venda em uma base e, em seguida, queira saber o montante que seus representantes venderam em um determinado dia, em uma dada semana e assim sucessivamente, uma tabela dinâmica será o melhor modo de fazer isso.

» Você pode utilizar as tabelas dinâmicas como uma base para sua próxima previsão, o que economiza um tempo danado.

» **Elas apresentam um jeito único para ajudar a compilar seu histórico de dados por dia, semana, mês, trimestre, ano, fica a seu critério.** O Capítulo 8 fornece mais detalhes, como também mais informações a respeito das tabelas dinâmicas, incluindo a solução para alguns problemas comuns.

Fazendo Previsões Básicas

A Parte 3 aborda as questões de como realizar previsões reais, aquelas baseadas em dados históricos (ou seja, o que aconteceu antes). Você entenderá como usar o suplemento de Análise de Dados para fazer previsões com valores reais, partindo do princípio de que leu a Parte 2 e configurou os valores reais de forma correta. (Seus *valores reais* são os resultados de vendas reais que aparecem nos registros contábeis da empresa, digamos, quando a empresa reconhece as receitas.)

O suplemento de Análise de Dados é uma engenhoca disponibilizada junto com o Excel desde 1995. Ela viabiliza um jeito prático de fazer previsões, bem como de realizar a análise de dados geral. Estas são as três ferramentas principais que o suplemento de Análise de Dados disponibiliza para fazer previsões:

» Média Móveis

» Suavização Exponencial

» Regressão

Esses são os três métodos principais de previsão e eles constituem os alicerces para as técnicas e modelos mais avançados. Desse modo, não é por acaso que essas ferramentas têm os mesmos nomes dos métodos de previsão mencionados anteriormente neste capítulo.

PAPO DE ESPECIALISTA

A Análise de Dados é um *suplemento*. Um suplemento executa tarefas, como previsões, em seu nome. Um suplemento é muito parecido com as outras ferramentas que fazem parte do Excel, a diferença é que você pode escolher se quer instalá-lo ou não. Por exemplo, você não pode escolher se a ferramenta Atingir Meta (em Testes de Hipóteses, na aba Dados da Faixa de Opções) está disponível. Se decidir instalar o Excel no computador, a ferramenta Atingir a Meta simplesmente fará parte do pacote. Os suplementos são diferentes. Você pode decidir se quer instalá-los. Ao instalar o Excel, e, na maioria dos casos, isto

CAPÍTULO 1 **Visão Geral da Previsão de Vendas** 13

significa que está instalando o Microsoft Office, pode decidir quais suplementos deseja usar.

As seções a seguir apresentam uma breve introdução das três ferramentas de Análise de Dados.

LEMBRE-SE

Dada uma boa linha de base, a Análise de Dados pode retornar uma previsão. Assim, você é o responsável por avaliar a previsão, decidir se ela é confiável e examinar a previsão em termos do que conhece a respeito do seu modelo de negócio. Afinal, o Excel apenas calcula; espera-se que você coloque a caixola para funcionar.

Coloque as médias móveis para trabalhar para você

Talvez você já esteja familiarizado com as médias móveis. Elas apresentam duas características, conforme o nome delas deixa claro:

» **Elas se movem.** Em termos mais específicos, elas se movem com o passar do tempo. A primeira média móvel pode envolver segunda, terça e quarta-feira; nesse caso, a segunda média móvel envolveria terça, quarta e quinta-feira; a terceira, quarta, quinta e sexta-feira, e assim por diante.

» **Elas são médias.** A primeira média móvel pode ser a média das vendas de segunda, terça e quarta-feira. Assim, a segunda média móvel seria a média das vendas de terça, quarta e quinta-feira etc.

O conceito básico, como em todos os métodos de previsão, é que algo regular e previsível está acontecendo, muitas vezes chamado de *sinal*. As vendas de casacos aumentam regularmente durante o outono e o inverno e, previsivelmente, caem durante a primavera e o verão. As vendas de cerveja aumentam regularmente nos domingos dos jogos da NFL e, presumivelmente, caem em outros dias da semana.

Porém algo mais está acontecendo, algo irregular e imprevisível, geralmente chamado *ruído*. Se uma loja local de roupas fizer uma promoção, dando descontos para os casacos de novembro a janeiro, você e seus amigos poderão comprar casacos novos durante a primavera e o verão, embora o padrão de vendas regular (o sinal) afirme que as pessoas compram casacos durante o outono e o inverno. Como analista de previsão, você normalmente não pode prever essa venda especial. Ela acontece aleatoriamente e costuma depender de coisas como o excesso de mercadoria em estoque. É o ruído.

Digamos que você administre uma loja de bebidas alcoólicas, e o time de futebol do seu bairro joga na quinta-feira. O que aparentemente era o jogo chato da semana, quando programou suas compras em março, se transforma, em maio, em um jogo com proporções de campeonato. Você pode ser pego de surpresa e ter que reagendar as compras para que cheguem no próximo sábado, pois o sinal é claro: espera-se que suas vendas cheguem a índices astronômicos. Isso é o *ruído*, a diferença entre o que você prevê e o que realmente acontece. Por definição, o ruído é imprevisível e, para um analista de previsão, é um sofrimento.

Caso o ruído seja aleatório, calcule a média. Durante alguns meses, as lojas de roupas estarão vendendo os casacos a preço de banana. Alguns meses depois, será lançada uma coleção muito legal, e as lojas aproveitarão o máximo possível. Os preços máximos e mínimos vão se igualar. Em algumas semanas, haverá um ou dois jogos de futebol extras e você venderá (e precisará de) mais garrafas de cerveja. Em outras, haverá um período de seca de segunda a sexta-feira, você não precisará de tanta cerveja assim e não desejará arcar com os custos de transporte da cerveja que ficará parada por um tempo.

DICA

A ideia é que o ruído calcula a média. e o que as médias móveis mostram é o sinal. Citando erroneamente Johnny Mercer, se você acentuar o sinal e eliminar o ruído, chegará a uma boa previsão.

Assim como as médias móveis, você leva em consideração o sinal; o fato de vender mais casacos durante alguns meses e menos durante outros, ou vender mais cerveja nos finais de semana do que nos dias de semana. Ao mesmo tempo, deve deixar os ruídos aleatórios, também chamados de *erros*, cancelarem-se mutuamente. Você faz isso calculando a média do que já ocorreu em dois, três, quatro ou mais períodos de tempo consecutivos anteriores. O sinal nesses períodos de tempo é enfatizado pela média e essa média também tende a minimizar o ruído.

Imagine que você decida basear suas médias móveis em registros de dois meses. Ou seja, calculará a média de janeiro e fevereiro, depois de fevereiro e março, depois de março e abril, e assim sucessivamente. Nesse caso, você está controlando o sinal ao calcular a média de dois meses consecutivos e reduzindo o ruído ao mesmo tempo. Desse modo, caso queira prever o que acontecerá em maio, espera-se que consiga usar o sinal, ou seja, a média do que aconteceu em março e abril.

A Figura 1-2 mostra um exemplo dos resultados de vendas mensais e das duas médias móveis.

O Capítulo 14 apresenta mais detalhes sobre o uso das médias móveis para a previsão.

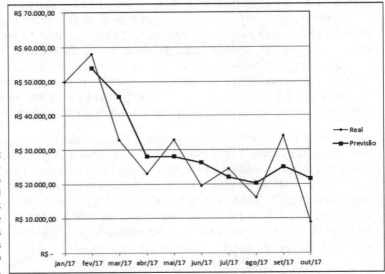

FIGURA 1-2: A média móvel mostra o rumo geral das vendas (o sinal) e enfatiza as variações aleatórias (o ruído).

Entenda a suavização exponencial

Eu sei, o termo *suavização exponencial* parece intimidador e arrogante. Acho que é os dois; juro de pés juntos que não fui eu quem escolheu esse nome. (Caso queira realmente saber, você pode descobrir o motivo desse nome no Capítulo 15.) Em todo caso, não se preocupe com o nome, é apenas uma espécie de média móvel autocorrigida.

Suponha que, em junho, você tenha previsto R$100 mil em vendas para julho. Quando os resultados das vendas de julho estão dentro do previsto, você descobre que sua previsão de R$100 mil em julho foi de R$25 mil a menos; você realmente vendeu R$125 mil. Agora, é preciso prever as vendas para agosto. A lógica por trás desse método de previsão é ajustar a previsão de agosto de um modo que faria com que a previsão de *julho* fosse mais precisa. Ou seja, como a previsão de julho foi muito baixa, você aumenta a previsão de agosto de uma forma que agora ela é outra.

Em termos mais gerais:

» Caso a sua última previsão tenha sido subestimada, você aumenta a próxima previsão.

» Caso a sua última previsão tenha sido excessiva, você diminui a próxima previsão.

Você não realiza esses ajustes por intuição. Existem fórmulas que o ajudam com o procedimento, e a ferramenta Suavização Exponencial do suplemento de Análise de Dados pode inserir as fórmulas para você. Ou é possível fazer as suas próprias fórmulas, caso queira. Vá para o Capítulo 15 para ver como se faz isso.

A Figura 1-3 demonstra como seria sua previsão anterior (para julho) se ela fosse muito baixa; desse modo, você aumentaria a previsão para agosto.

E se a previsão anterior, de julho, foi muito alta, você segura um pouco a onda na previsão de agosto, conforme mostrado na Figura 1-4.

Use a regressão para atingir o resultado que deseja

O termo *regressão* não parece tão ruim como o termo *suavização exponencial*, mas é, admito, um processo complicado, pelo menos em termos matemáticos.

É por isso que a ferramenta Regressão no suplemento de Análise de Dados é conveniente. O suplemento assume a responsabilidade pelo cálculo, assim como acontece com as médias móveis e a suavização exponencial. **Lembre-se:** você ainda tem que informar uma boa linha de base para que as ferramentas do suplemento de Análise de Dados obtenham resultados precisos.

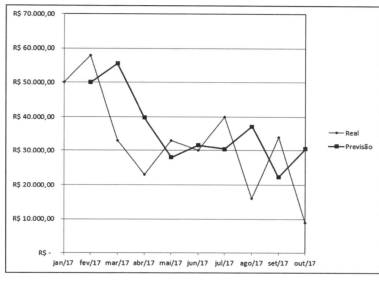

FIGURA 1-3: Veja o que acontece se sua previsão para julho for subestimada. Observe que a previsão para agosto é aumentada.

CAPÍTULO 1 **Visão Geral da Previsão de Vendas** 17

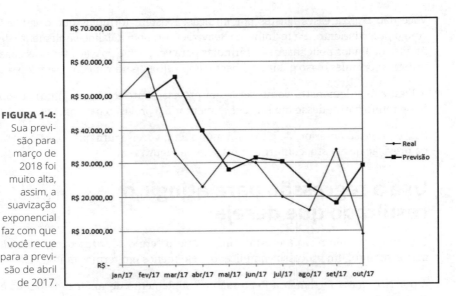

FIGURA 1-4: Sua previsão para março de 2018 foi muito alta, assim, a suavização exponencial faz com que você recue para a previsão de abril de 2017.

Dê uma olhada rápida na previsão com regressão. (Para obter informações detalhadas, veja o Capítulo 11.)

A ideia por trás da regressão é que uma variável esteja relacionada a outra variável. Por exemplo, quando você é criança, sua altura costuma ter relação com sua idade. Desse modo, se quiser prever sua altura para o próximo ano — pelo menos, até parar de crescer — poderá verificar a idade que terá no próximo ano.

Claro que as pessoas são diferentes. Quando temos 15 anos, algumas pessoas têm 1,52m de altura, outras têm 1,83m. Entretanto, na média, você pode prever com certa confiança a altura que alguém terá aos 15 anos. (E é quase certo que possa prever que um bebezinho recém-nascido terá menos que 61cm.)

O mesmo se aplica à previsão de vendas. Imagine que sua empresa venda produtos de consumo. É bem provável que quanto mais publicidade fizer, mais venderá. Pelo menos, vale a pena conferir se existe uma relação entre o montante do seu orçamento em publicidade e o montante do faturamento. Se você achar que há uma relação consistente, e se sabe quanto a empresa está disposta a gastar em publicidade, estará em uma situação favorável para fazer a previsão de suas vendas.

Ou suponha que sua empresa comercialize um produto especializado, como portas corta-fogo. (Uma *porta corta-fogo* é resistente ao fogo por um período de tempo e há muitas delas em edifícios comerciais.) Ao contrário dos produtos de consumo, algo como uma porta corta-fogo não precisa estar disponível para pronta entrega ou ser de última moda. Caso você esteja comprando portas corta-fogo, desejará aquelas que atendam às especificações e sejam as mais baratas.

Então, se você vende portas corta-fogo, contanto que o produto atenda às especificações, desejará dar uma olhada na relação entre o preço delas e quantas são vendidas. Em seguida, confira com o departamento de marketing para descobrir quanto eles querem que você cobre por porta, e faça a previsão de acordo com essas informações.

DICA

A questão é que, na maioria das vezes, você pode encontrar uma relação consistente entre uma variável (o montante em publicidade ou o preço unitário) e outra (geralmente, o faturamento ou as unidades vendidas).

Você usa as ferramentas do Excel para quantificar essa relação. No caso das previsões por regressão, você fornece ao Excel algumas linhas de base. Prossiga observando os exemplos usados até agora nesta seção:

» Histórico das despesas com publicidade e histórico do faturamento.

» Quanto você cobra por porta corta-fogo e quantas vendeu.

Se você inserir boas linhas de base no Excel, ele retornará uma fórmula.

» O Excel informará um número para multiplicar o valor pelo montante que você espera gastar em publicidade, e o resultado será o faturamento esperado.

» Ou o Excel informará um número para multiplicar o custo unitário por porta, e o resultado será o número de portas que você espera vender.

PAPO DE ESPECIALISTA

É um pouco mais complicado do que aparenta. O Excel também fornece um número chamado *constante*, que você precisa adicionar ao resultado da multiplicação. Mas, conforme mostra o Capítulo 11, é possível configurar o Excel para fazer isso para você.

Projetando Seus Dados em Gráficos

Faço essas coisas por tanto tempo que nem preciso dizer o quanto é relevante criar gráficos de sua linha de base e sua previsão. Conseguir visualizar o que está acontecendo é importante por diversas razões.

Ao usar os gráficos do Excel, você pode ver o desempenho real (veja a Figura 1-5). E ao gerar gráficos de seus valores reais, é possível visualizar o desempenho das previsões de vendas em relação aos resultados reais de vendas. A Figura 1-6 mostra uma previsão baseada em médias móveis, em relação aos valores reais mensais.

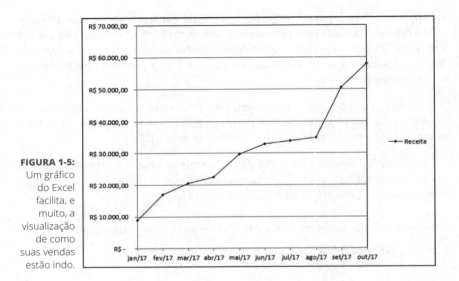

FIGURA 1-5: Um gráfico do Excel facilita, e muito, a visualização de como suas vendas estão indo.

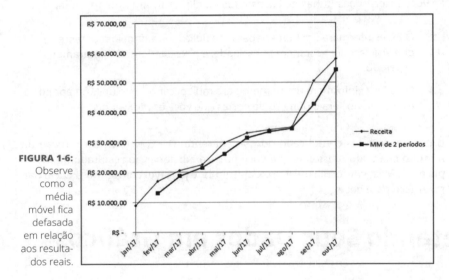

FIGURA 1-6: Observe como a média móvel fica defasada em relação aos resultados reais.

Ao gerar os gráficos da linha de base e de suas previsões, você consegue:

» **Ver o que está acontecendo com os resultados reais.** Um gráfico é quase sempre mais revelador do que uma tabela de números.

» **Ver como suas previsões predizem os resultados reais.** Seus olhos são bons indicadores de qualidade para as previsões.

» **Ver como uma variável diferente, o montante em publicidade ou o Índice de Preço ao Consumidor prevê bem as vendas do seu produto.**

Sim, um R-quadrado ou algum outro parâmetro estatístico pode fornecer uma estimativa concisa sobre como estão se saindo suas previsões. Porém não há nada, *nada*, como um gráfico para informar se você está prevendo resultados ou alguma outra porcaria. O Capítulo 9 mostra como configurar o Excel para gerar gráficos.

Fazendo Previsões com Ferramentas Avançadas

Tem-se muito a dizer quanto ao uso do suplemento de Análise de Dados para fazer previsões. As ferramentas dos suplementos são rápidas, fazem o trabalho pesado para você, são razoavelmente abrangentes e são responsáveis por alguns cálculos e gráficos.

Todavia não há nada como fazer isso por conta própria. Quando você diz adeus ao suplemento de Análise de Dados, estabelece e mantém controle sobre o que está acontecendo com suas previsões. Caso tenha fórmulas nas células de suas planilhas, fórmulas que atendam às suas previsões, é possível alterar essas fórmulas à medida que as necessidades mudam. E você pode alterar, ou acrescentar, a linha de base e visualizar imediatamente o impacto em suas previsões. Isso ocorre porque as fórmulas são dinâmicas: elas reagem às mudanças em suas entradas.

Quando as ferramentas do suplemento não fornecem fórmulas, mas valores estáticos, não é possível testar facilmente as previsões ou ver o impacto delas ao modificar a linha de base. E a ferramenta Regressão do suplemento disponibiliza somente valores estáticos. A ferramenta Suavização Exponencial é um pouco melhor, mas combina as fórmulas com os valores estáticos. E a ferramenta Médias Móveis o força a começar do zero, caso queira alterar o número de registros na linha de base que compõe uma média móvel.

Imagine que tenha o número 3 na célula A1 e o número 5 na célula A2. Na célula A3, você pode inserir a soma desses dois números, 8. Mas, se alterar o número 3 na célula A1 para, digamos, 103, ainda terá 8 em A3. É uma constante, ou seja, um número, não uma fórmula. Ele não reage ao que está na célula A1 ou A2: você ainda verá o número 8 na célula A3.

Por outro lado, suponha que você tenha isso na célula A3:

```
=A1 + A2
```

É uma fórmula, não uma constante, e informa ao Excel para somar o valor em A1 com outro valor em A2. Portanto, se você alterar o que está em A1 ou A2, o Excel vai recalcular o resultado e mostrará, neste exemplo, em A3.

O importante a prestar atenção é que a ferramenta Regressão do suplemento fornece números, não fórmulas. Ela calcula sua previsão e os valores subjacentes, e registra os números na planilha. Isso significa que, independentemente de como você altera os números na linha de base, ainda estará observando a mesma previsão disponibilizada pela ferramenta Regressão.

Mas — um MAS com letras maiúsculas —, caso você faça a previsão por conta própria, ao invés de depender das ferramentas do suplemento, poderá inserir as fórmulas que o suplemento não deixa. Por que isso é importante? Ao inserir as fórmulas por conta própria, você controla mais o que está acontecendo com a previsão.

Não tem problema depender do suplemento, que não é uma ferramenta ruim, e geralmente você pode confiar nele. No entanto, caso insira as fórmulas, aquelas que reagem a alterações em sua linha de base, poderá fazer uma alteração na linha de base e ver o que acontece com a previsão. É possível alterar o resultado do mês de R$100 mil para R$75 mil e conferir se a previsão para o próximo mês muda muito. Você não pode fazer isso com a ferramenta Regressão do suplemento, a menos que comece tudo de novo, pelo fato de ela não fornecer nenhuma fórmula. Em menor grau, o mesmo ocorre com a ferramenta Suavização Exponencial.

Porém, a razão mais importante, a razão pela qual se deve pensar na possibilidade de inserir as fórmulas por conta própria, é que você depende apenas do próprio conhecimento a respeito de como e porquê as previsões funcionam. Na Parte 4, mostrarei como utilizar funções como PROJ.LIN e TENDÊNCIA para realizar suas previsões com base na regressão. Você também entenderá como usar as fórmulas de matriz para aproveitar ao máximo essas funções do Excel

Você não precisa inserir todas as fórmulas para fazer a previsão. O suplemento tem ferramentas razoavelmente boas. Contudo, se inserir as fórmulas por conta própria, não só terá mais confiança sobre o que está acontecendo com sua previsão, como também poderá ter mais controle sobre o que a previsão está informando que acontecerá. Quando se trata de um negócio tão delicado como a previsão, quanto mais controle você tiver, melhor.

> **NESTE CAPÍTULO**
>
> » Descobrindo por que você precisa prever
>
> » Compreendendo a terminologia das previsões
>
> » Conhecendo o que o Excel pode fazer por você

Capítulo **2**

Previsão: Conceitos Básicos

A menos que você realmente goste de lidar com números, é preciso uma boa razão para se dar ao trabalho de entender as previsões de vendas. Neste capítulo, informo um dos motivos comerciais para se fazer a previsão de vendas, além do fato de seu vice-presidente de vendas o obrigar a fazer isso.

Como todas as especialidades, a previsão usa termos que não são familiares àqueles que ainda não participam da sociedade secreta da previsão. Este capítulo lhe apresenta algumas das terminologias de previsão de vendas mais importantes.

Para realizar uma previsão confiável, você precisará ter acesso a um arquivo do histórico de dados, que não é necessariamente fácil de acessar. Muitas vezes, você o encontrará ali mesmo, em uma pasta de trabalho do Excel, porém, às vezes, estará no banco de dados contábil de sua empresa e alguém terá que desenterrá-lo. Neste capítulo, você entenderá algumas das razões pelas quais terá que passar por isso, ou seu assistente.

O Excel disponibiliza muitos métodos para a previsão. Todos funcionam melhor — e alguns funcionam *apenas* — se você configurar uma linha de base utilizando aquilo que o Excel denomina de *tabela*. Dependendo do método escolhido, essa tabela pode ocupar apenas uma ou duas (ou mais) colunas. Este capítulo apresenta um panorama desses métodos, junto com uma breve explicação de por que deve usar apenas uma coluna de dados para sua linha de base, ou duas, ou mais colunas, dependendo da escolha do método de previsão.

O Excel é um programa de uso geral ideal para previsão, em parte porque tem funções e ferramentas destinadas a ajudá-lo a fazer as suas previsões e, em parte, porque você armazena os dados necessários no Excel de qualquer maneira, portanto, eles estão ali, prontos para o uso. Neste capítulo, você descobrirá o que há de tão bom em usar o Excel para gerar as suas previsões e encontrará algumas informações básicas sobre a melhor maneira de usá-lo em sua própria realidade.

Por que Fazer Previsão?

As pessoas costumam achar que o processo de previsão de vendas é como uma reação automática a um pedido frenético, com o intuito de tranquilizar um vice-presidente nervoso, agitado e irritado que, por sua vez, está preocupado em atualizar o próprio currículo. E, geralmente, você tem bons motivos para acreditar que é *exatamente* isso o que está acontecendo.

Mas há uma série de razões mais produtivas pelas quais você se dá ao trabalho de reunir os dados em uma linha de base, colocá-los em um formato adequado para atender a uma previsão confiável, realizar a análise e, em seguida, interpretá-los do que somente responder a um vice-presidente que está com medo de colocar o emprego em risco. Veja algumas dessas razões a seguir.

Para planejar as estratégias de vendas

Caso possa usar as previsões de vendas para controlar as receitas futuras, as vendas unitárias ou ambas, você poderá ajudar os setores de Marketing, Gerenciamento de Produtos e Produção a tomarem decisões a respeito de atividades como promoção, preço e compras; cada uma delas influencia os resultados de vendas de sua empresa, bem como seu rendimento líquido.

Suponha que você dê uma olhada nos resultados de vendas trimestrais ao longo de um período de muitos anos e observe que, durante esse período, as vendas de um produto em particular foram caindo lentamente. (Se a diminuição tivesse sido exorbitante, não seria preciso checar uma linha de base, todos da equipe de vendas estariam em pé de guerra com você, até o CEO.) Sua previsão indica que a queda provavelmente continuará. O produto está perdendo mercado? Depende. Você precisa questionar e responder a outras perguntas primeiro.

» **O produto é uma commodity?** Alguns analistas de negócios desdenham das commodities, afinal de contas, elas não são lá muito glamourosas. Todavia as commodities podem ser produtos muito lucrativos, caso você domine o mercado. Se você não domina o mercado, talvez não deva vender essa mercadoria. Dessa forma, os seus concorrentes estão abocanhando a sua fatia de mercado ou o tamanho total do mercado está diminuindo? Se o problema é a concorrência, talvez queira fazer alguma coisa para recuperar sua fatia, mesmo que isso exija investir mais recursos na linha de produtos, tais como reequipar sua produção, fazer mais promoções ou cortar o preço. Mas se o mercado em si está encolhendo, talvez seja hora de sair dele.

» **Qual é a idade do seu produto?** Os produtos têm ciclos de vida. Quando os produtos são novos e inovadores, o faturamento pode crescer drasticamente em um período de tempo relativamente curto. Quando os produtos chegam à maturidade, as vendas costumam se estabilizar. E assim, à medida que produtos mais novos, melhores e mais sofisticados são lançados, as vendas começam a despencar. Pense nos streams de vídeo versus DVDs. Peça ao Marketing e ao Gerenciamento de Produtos para avaliarem se o produto está ficando velhinho ou ultrapassado. Se estiver, pode ser a hora de aposentá-lo. Ou pode ser uma boa aprimorá-lo e diferenciá-lo das versões da concorrência, a fim de extrair mais alguns rendimentos antes de tirá-lo do mercado. A previsão pode ajudá-lo com esse tipo de decisão, embora não possa tomá-la por você.

» **Como as vendas favorecerão os produtos?** Caso sua empresa decida que ainda não é a hora de tirar o produto do mercado, o Gerenciamento de Vendas precisa tomar algumas decisões sobre como alocar seus recursos, ou seja, os representantes de vendas. Uma maneira óbvia de fazer isso é tirar o produto do portfólio de alguns representantes e substituí-lo por outro mais robusto. (Lembre-se de que alguns representantes *preferem* produtos mais antigos, pois estão acostumados com as estratégias de vendas deles.)

» **É possível que a queda das vendas esteja mais relacionada às condições econômicas em grande escala do que aos problemas do produto em si?** Se a resposta for sim, você pode aguentar firme e esperar que a economia, a confiança do consumidor ou o índice dos principais indicadores econômicos melhorem, em vez de tomar uma decisão drástica de descontinuar uma linha de produto.

LEMBRE-SE

Pelo menos, há um lado bom de um produto que está entrando no estágio final de seu ciclo de vida: é bem provável que você tenha todo o histórico de dados sobre os números de vendas. E, em geral, quanto maior for o histórico de dados para você usar como base em uma previsão, mais confiança poderá depositar nessa previsão.

Para dimensionar o estoque

Durante o final da década de 1980, trabalhei para uma das empresas subsidiárias que se desmembraram da própria divisão da AT&T. Por alguns anos, eu fui encarregado de gerenciar os estoques de revenda de equipamentos.

Eu e a minha equipe reduzimos o tamanho do estoque de equipamento destinado à venda aos clientes de absurdos US$24 milhões para US$9 milhões, valor mais que razoável, em 18 meses, sem recorrer à desvalorização dos equipamentos. Nós fizemos isso realizando a previsão de vendas por linha de produto. Isso nos ajudou a mensurar quais produtos teriam altas *taxas de rotatividade* (a velocidade na qual a linha de produtos seria vendida) e a comprá-los em quantidades que aumentassem os descontos dados por nossos fornecedores.

Até que tivéssemos finalizado tudo, recusávamos a comprar quaisquer produtos que as nossas previsões indicassem que teriam baixas taxas de rotatividade. Não importava quão lamentáveis fossem as súplicas dos gerentes de vendas que queriam que os produtos estivessem à mão para a pronta entrega, no caso de um cliente decidir comprar um e querer instalá-lo na hora. (Conseguir tirar um PBX enorme do galpão de depósito em West Eyesocket, Connecticut, e enviá-lo para Broken Pelvis, Montana, pode levar mais tempo do que você imagina. Em primeiro lugar, você pode ter que pressionar o vice-presidente regional de Connecticut para consegui-lo. Hoje, o programa VoIP está rapidamente substituindo os aparelhos eletrônicos grandes, mas o princípio permanece o mesmo: pode ser difícil transportar coisas caras.)

Além disso, os custos de armazenagem e manutenção anuais com os estoques de equipamentos no final da década de 1980 representavam, em média, cerca de 15% do custo do equipamento, incluindo armazenamento, custo do capital, obsolescência etc. Assim, ao reduzir o custo total do estoque para US$15 milhões, economizamos US$2,25 milhões por ano. (Essa economia realmente cobriu o custo de nossos salários, por sinal, ainda sobrou.)

DICA

No entanto, simplesmente diminuir o tamanho do estoque não é o fim da história. A previsão de vendas ajuda você a planejar o gerenciamento de estoque just-in-time (JIT), para que possa cronometrar as compras a fim de que coincidam com o momento em que as vendas precisam ser atendidas. Quanto menos tempo o estoque passa no depósito, menos dinheiro você está pagando só para deixá-lo aguardando para ser vendido.

Vamos ao que Interessa: Jargão Básico da Previsão

Você precisa compreender bem a terminologia especializada usada na previsão de vendas por alguns motivos muito práticos. Um deles é que você pode ser convidado a explicar as previsões ao seu chefe ou em uma reunião de, por exemplo, gerentes de vendas. Nessas situações, você quer dizer coisas como "Decidimos usar a regressão na linha de base porque ela se mostrou mais precisa", e *não dizer* "Alguém achou uma fórmula em um livro que ele tem e nós usamos isso nesses números aqui porque parece funcionar bem".

Outro bom motivo é que o Excel utiliza muito esses termos, assim como outros programas, e descobrir o que está acontecendo será muito mais fácil se você souber o que os termos significam. Vamos lá, respire fundo.

Modelo autorregressivo integrado de médias móveis (ARIMA)

Eu menciono o modelo autorregressivo integrado de médias móveis (ARIMA) aqui não porque este livro vai usá-lo ou mesmo falar muito a respeito dele. Porém, se você for fazer previsões, algum espertinho metido a besta acabará perguntando, mais cedo ou mais tarde, se usou o ARIMA, e você deve saber como responder. O ARIMA é um método de previsão, em parte, e também um modo de avaliar a linha de base para que se possa obter a evidência quantitativa que suporta o uso de um método de regressão, um método de média móvel ou uma combinação de ambos. A menos que você realmente aprenda a fazer previsões, normalmente ficará bem sem o ARIMA, mesmo sendo uma ferramenta de diagnóstico excelente, embora complexa.

A propósito, você deveria responder o seguinte ao espertinho metido a besta: "Não. Eu tenho trabalhado com essa linha de base por tanto tempo, pois sei que ela gera resultados melhores com a suavização exponencial. O que, como você sabe, é uma das formas que o ARIMA pode ter."

Linha de base

Uma *linha de base* é uma sequência de dados organizada em ordem cronológica. Em termos de tópico básico deste livro e de previsão de vendas, alguns exemplos de linhas de base incluem a receita mensal total de janeiro de 2010 a dezembro de 2015, o número de unidades vendidas semanalmente de 1º de janeiro de 2015 até 31 de dezembro de 2016 e a receita trimestral total do primeiro trimestre de 2007 até o quarto trimestre de 2016. Às vezes, os dados organizados desse jeito são chamados de *séries temporais*, mas, neste livro, eu uso o termo *linha de base*.

Correlação

Um coeficiente de *correlação* expressa o quanto duas variáveis estão relacionadas. Seus valores possíveis variam de −1,0 a +1,0. Todavia, na prática, você nunca encontra correlações tão extremas. Quanto mais próximo um coeficiente de correlação for de +/−1,0, mais forte será a relação entre as duas variáveis.

Uma correlação 0,0 significa que não existe nenhuma relação. Assim, você pode encontrar uma correlação de +0,7 (bem forte) entre o número de representantes de vendas que você tem e a receita total que eles geram: quanto maior o número de representantes, mais vendas ocorrem. E é possível encontrar uma correlação de −0,1 (bem fraca) entre quanto um representante vende e o número de telefone dele.

Um tipo especial de correlação é a *autocorrelação*, que calcula a força da relação entre uma observação em uma linha de base e uma observação anterior (geralmente, mas nem sempre, a relação entre duas observações consecutivas). A autocorrelação mostra a força da relação entre o que veio antes e depois. Isso, por sua vez, ajuda a decidir que tipo de técnica de previsão utilizar. Veja um exemplo de como calcular uma autocorrelação que pode deixar o conceito mais claro de se entender:

```
=CORREL(A2:A50;A1:A49)
```

Essa fórmula do Excel usa a função CORREL para mostrar quão forte (ou fraca) é uma relação existente entre seja lá quais forem os valores em A2:A50 e A1:A49. As autocorrelações mais úteis envolvem linhas de base que são classificadas em ordem cronológica. (Esse tipo de autocorrelação não é exatamente o mesmo que as autocorrelações calculadas nos modelos ARIMA.)

Ciclo

Um *ciclo* é parecido com um padrão sazonal (veja a seção "Sazonalidade", mais adiante neste capítulo), mas ele não tem o mesmo sentido que a sazonalidade. A fase de alta pode durar vários anos e a fase de baixa também. Além disso, um ciclo completo pode levar quatro anos para ser concluído e o próximo, apenas dois anos. Um bom exemplo é o ciclo de negócios: as recessões são seguidas de altas repentinas e você nunca sabe quanto tempo cada uma durará. Em contraste, as estações anuais têm a mesma duração, ou quase isso.

Fator de amortecimento

O *fator de amortecimento* é uma fração entre 0,0 e 1,0 que você usa na suavização exponencial para determinar quanto de erro na previsão anterior será usado no cálculo da próxima previsão.

PAPO DE ESPECIALISTA

Na verdade, o uso do termo *fator de amortecimento* é um pouco incomum. A maioria dos textos a respeito da suavização exponencial se refere à *constante de suavização*. O fator de amortecimento é 1,0 menos a constante de suavização. Realmente, não importa qual termo é usado, basta ajustar a fórmula de acordo. Este livro usa o *fator de amortecimento* quando necessário porque é o termo que o suplemento de Análise de Dados do Excel usa.

Suavização exponencial

Um termo infeliz, ainda que tecnicamente fidedigno. Ao usar a *suavização exponencial*, você compara a previsão anterior com o valor *real* anterior (neste contexto, valor *real* é o resultado de vendas que a contabilidade informa, após os fatos consumados, que você gerou). Assim, você usa o erro, ou seja, a diferença entre a previsão anterior e o valor real anterior, para ajustar a próxima previsão e espera que ela seja mais precisa do que se não tivesse levado em consideração o erro anterior. No Capítulo 15, mostro como essa ideia é realmente intuitiva, apesar de seu nome petulante.

Período de previsão

Período de previsão é o período de tempo representado por cada observação em sua linha de base. O termo é usado em razão de sua previsão geralmente representar o mesmo período de tempo que cada observação da linha de base. Caso a linha de base seja composta dos faturamentos mensais, em geral, sua previsão será para o próximo mês. Se a linha de base for composta das vendas trimestrais, sua previsão será normalmente para o próximo trimestre. Ao usar o método de regressão, é possível fazer previsões para um futuro distante em vez de apenas um período curto de previsão, porém, quanto mais distante sua previsão for da observação real mais recente, mais risco você estará correndo.

Médias móveis

Provavelmente, você já se deparou com o conceito de médias móveis em algum momento. A ideia é que a média faça com que o ruído na linha de base seja eliminado, deixando-o com uma melhor visualização do *sinal* (o que realmente está acontecendo ao longo do tempo, sem máculas causadas pelos inevitáveis erros aleatórios). É uma *média* porque é a média de algumas observações consecutivas, como a média das vendas em janeiro, fevereiro e março. É *móvel* em virtude de se calcular a média dos períodos ao longo do tempo, assim, a primeira média móvel pode incluir janeiro, fevereiro e março; a segunda média móvel poderia incluir fevereiro, março e abril; e assim por diante.

Não há nenhuma exigência de que cada média móvel inclua três valores; podem ser dois, quatro ou cinco, ou talvez até mais. (O Capítulo 13 deixa-o a par dos efeitos de escolher mais ou menos períodos para a média.)

Variável preditora

Você geralmente encontra esse termo sendo usado quando está fazendo uma previsão com a regressão. *Variável preditora* é a variável usada para calcular um valor futuro da variável que deseja prever. Por exemplo, você pode encontrar uma relação consistente entre o preço de venda unitário e o volume de vendas.

Se você sabe quanto a empresa pretende cobrar por unidade no próximo trimestre, pode usar essa relação para prever o volume de vendas para o trimestre seguinte. Neste exemplo, o preço de venda unitário é a variável preditora.

Regressão

Na hipótese de você usar o método de *regressão* para a previsão de vendas, é porque encontrou uma relação consistente entre os faturamentos e uma ou mais variáveis preditoras. Você utiliza esse relacionamento, além do seu conhecimento dos valores futuros das variáveis preditoras, para elaborar a previsão.

Como você saberia sobre esses valores futuros das variáveis preditoras? Se for usar o preço unitário como um variável preditora, uma boa forma será descobrir, através do departamento de Gerenciamento de Produtos, o quanto eles pretendem cobrar por unidade nos próximos, digamos, quatro trimestres. Outra forma envolve datas: é perfeitamente possível e até mesmo comum usar datas (por exemplo meses, anos) como uma variável preditora. Até mesmo eu consigo descobrir qual é o valor da próxima data em uma linha de base que atualmente termina em novembro de 2015.

Sazonalidade

Durante o intervalo de um ano, sua linha de base pode subir e descer em uma base sazonal. Talvez você venda um produto cujas vendas aumentam durante um clima quente e caem durante o frio. Caso observe mais ou menos o mesmo padrão ocorrendo todo ano, ao longo de um período de anos, saberá que está analisando a *sazonalidade*. É possível aproveitar esse conhecimento para melhorar as previsões. É de grande ajuda distinguir estações e ciclos. Você nunca sabe quanto tempo determinado ciclo durará. Porém cada uma das quatro estações do ano tem três meses de duração.

Tendência

Uma *tendência* é a trajetória do nível de uma linha de base que pode subir ou descer com o tempo. Uma tendência de aumento no faturamento é, naturalmente, uma boa notícia para os representantes de vendas e o gerenciamento de vendas, sem falar do resto da empresa. Uma linha de base de vendas que desce, embora raramente seja uma boa notícia, pode informar ao Marketing e ao Gerenciamento de Produtos que eles precisam agir e tomar as medidas necessárias a respeito de algumas decisões, talvez dolorosas. Independentemente do rumo da tendência, o fato de existir uma tendência pode causar problemas às suas previsões em alguns contextos, mas existem maneiras de lidar com esses problemas. O Capítulo 17 mostra algumas dessas maneiras.

Entendendo a Linha de Base

Uma *linha de base* é uma série de observações ou, mais precisamente neste livro, um *fluxo de receita*, que você utiliza para elaborar a previsão. Existem três previsões típicas, dependendo de como será a linha de base:

» **Se a linha de base permanecer estável,** talvez a melhor previsão fique próxima da média de todos os valores de vendas na linha de base.

» **Se a linha de base estiver aumentando,** é provável que a previsão seja maior do que o último valor de vendas.

» **Se a linha de base estiver caindo,** é provável que a previsão seja menor do que o último valor de vendas.

Nota: Essas palavras traiçoeiras *provável* e *talvez* foram usadas pois, quando há um aspecto sazonal nas vendas que ainda não aparece em sua linha de base, a próxima temporada de vendas pode entrar no mesmo ponto de sua previsão e reverter o que você esperava ser diferente.

LEMBRE-SE

Por que uma linha de base é importante? Porque a previsão deixa de ter o status de um palpite. Ao usar uma linha de base, você reconhece que — na falta de um conhecimento especial, como o fato de seu preço por unidade estar prestes a mudar radicalmente — ela é a sua melhor guia para saber o que acontecerá a seguir e, não raro, para saber o que aconteceu antes.

Há outra palavra traiçoeira: *geralmente.* Você terá inúmeras chances de usar uma variável, como o total das estimativas de vendas dos representantes individuais de vendas, para prever a variável na qual está realmente interessado, o faturamento. Nesse caso, é possível obter uma previsão mais exata usando o Excel para descobrir a fórmula que relaciona as duas variáveis e usar essa fórmula para prever o próximo valor do faturamento.

Dependendo da força da relação entre as duas variáveis, essa fórmula pode ser um guia bem melhor do que somente examinar a linha de base do histórico de vendas. Ainda é uma linha de base: nesse caso, a linha de base é formada por duas ou mais variáveis, não apenas uma.

Projete a linha de base em gráficos

Os olhos são ótimos indicadores para saber o que está acontecendo em sua linha de base. Você pode se aproveitar desse fato gerando um gráfico que mostre a linha de base. Existem algumas possibilidades:

» **Se você está fazendo a previsão somente com base no faturamento anterior,** uma boa opção é um gráfico de linhas, conforme mostrado na Figura 2-1. Você pode ver que os faturamentos estão na horizontal ao longo do gráfico (tempo), ainda que sofram oscilações em alguns pontos. O padrão da linha de base no gráfico é uma pista para o tipo de previsão a ser usada: na Figura 2-1, esse tipo pode ser uma suavização exponencial.

» **Caso você esteja utilizando outra variável,** como o total das estimativas de vendas fornecidas pelos representantes individuais de vendas, talvez possa utilizar um gráfico XY (de Dispersão), conforme o da Figura 2-2. Observe que os dados acompanham relativamente bem a soma das estimativas individuais, que podem convencê-lo a usar o método de regressão para a previsão do próximo período, especialmente porque você consegue botar as mãos na próxima estimativa da equipe de vendas a partir da previsão.

DICA

Se você basear sua próxima previsão nas informações dos representantes individuais de vendas, não deixe os períodos de previsão muito curtos. Caso contrário, fará com que os representantes gastem mais tempo fazendo estimativas do que vendas, o que significa que as comissões diminuem e, desse modo, eles podem ir trabalhar na concorrência, e você pode jogar sua previsão no lixo.

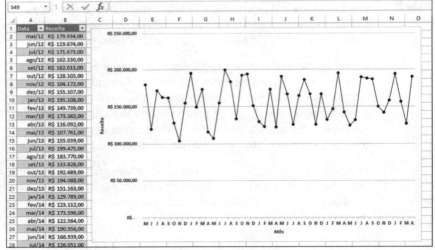

FIGURA 2-1: O gráfico de linhas é ideal para somente uma variável, como o faturamento.

32 PARTE 1 **Entendendo a Previsão de Vendas e Como o Excel Pode Ajudar**

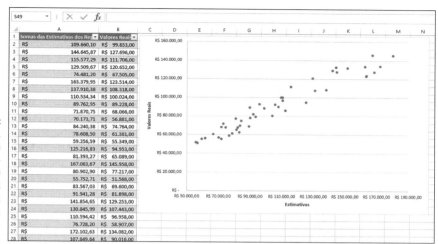

FIGURA 2-2:
Neste caso, existe uma relação positiva entre a soma das estimativas individuais e os resultados reais.

À procura de tendências

As tendências são de suma importância na previsão de vendas. Por um lado, saber se há uma tendência em sua linha de base é fundamental para descobrir o que está acontecendo com a linha de produtos. Por outro lado, a presença de uma tendência, por vezes, diz que você tem que elaborar mais a previsão. Se decidiu usar a suavização exponencial, por exemplo, você pode querer remover a tendência primeiro (veja o Capítulo 17 para obter mais informações sobre as tendências).

Se você examinasse com atenção a linha de base mostrada na coluna A da Figura 2-3, não levaria muito tempo para concluir que há uma tendência crescente no faturamento. Porém, se fizer o mínimo esforço necessário para gerar um gráfico da linha de base, também mostrado na Figura 2-3, não só verá de imediato a tendência, mas também terá uma boa ideia intuitiva de para onde as vendas estão indo e com que rapidez elas estão chegando lá.

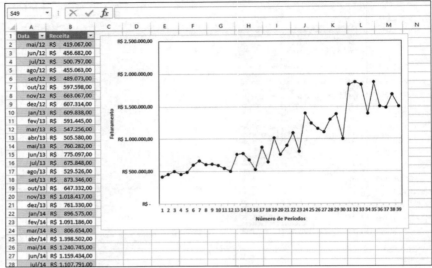

FIGURA 2-3: Você também pode manipular os dados desta série e usar a simples suavização exponencial ou prever o faturamento usando o número do período como preditor.

CUIDADO

Tome cuidado ao ver uma tendência, conforme a demonstrada na Figura 2-3. Se os resultados são semanais, pode ser apenas a primeira parte de um padrão sazonal (ou um ciclo) que está prestes a despencar. Observe que nos últimos sete períodos os resultados parecem se comportar justamente dessa maneira.

Configurando a Previsão

O modo mais simples de configurar uma previsão é inserir a linha de base em uma planilha com uma configuração de tabela (veja o Capítulo 6), em seguida, chamar o suplemento de Análise de Dados para gerar uma previsão. Esse suplemento faz parte do pacote do Microsoft Office. Você encontra informações sobre como instalá-lo no Capítulo 7.

O suplemento e suas ferramentas têm o lado bom e o lado ruim; tem mais um lado bom do que ruim, na verdade. Desde o Excel 1995, ele não passou por nenhuma mudança significativa, exceto que agora o código é escrito usando o Visual Basic em vez da linguagem velha e esquisita de macro do Excel 4.0. Pode ser bem estranho e você verá isso se decidir usá-lo. E eu acho que deve usá-lo, porque, apesar de suas peculiaridades, pode lhe poupar algum tempo. Pode ser um bom ponto de partida para você aprender a fazer tudo sozinho. E isso pode evitar erros que inevitavelmente ocorrem ao gerar suas próprias previsões (pelo menos, fatalmente ocorrem quando eu faço as minhas por conta própria).

O suplemento apresenta 19 ferramentas diferentes de análise numérica e estatística. Se você ordenar os dados corretamente, poderá orientar uma das ferramentas para seus dados e obter uma análise bem completa e normalmente sem erros, incluindo análises de autocorrelação, previsões de média móvel, previsões de suavização exponencial e previsões de regressão. Ele faz o trabalho pesado para você, e como tudo é pré-codificado, não é necessário que você se preocupe muito em, digamos, elaborar uma fórmula errada.

Suavização de dados

Caso você decida utilizar a suavização exponencial para elaborar a previsão (eu o auxilio a tomar essa decisão no Capítulo 10), tudo o que precisará é do histórico do faturamento de sua linha de base. Cada observação na linha de base deve ser do mesmo tipo do período de previsão; na maioria das vezes, o total do faturamento é mensal.

Você não precisa de outra variável além de seus resultados de vendas porque, ao utilizar a suavização, usará o resultado de um período para prever o próximo, que é uma das razões para usar a ferramenta Correlação do suplemento de Análise de Dados para determinar a quantidade de autocorrelação na linha de base antes de fazer a previsão. Uma autocorrelação significativa tende a influenciá-lo a usar a ferramenta Suavização Exponencial como método de previsão, e ela ajudará a determinar qual fator de amortecimento (ou o equivalente à constante de suavização) utilizar no desenvolvimento de sua previsão.

Regressão: Trata-se de relacionamentos

Se você tiver alguma variável disponível, além dos faturamentos ou das unidades vendidas, e suspeitar de que ela esteja extremamente relacionada aos resultados de vendas, dê uma olhada com mais atenção nesse relacionamento.

Imagine que você consiga colocar as mãos no histórico de dados que mostra — mensal ou anualmente, por exemplo — o preço unitário cobrado e o número de unidades vendidas. Caso queira saber a previsão do número de unidades que venderá no próximo mês, a ferramenta Regressão do suplemento de Análise de Dados poderá facilitar a tarefa, conforme mostrado na Figura 2-4.

(Na Figura 2-4, eu modifiquei a aparência do gráfico à medida que a ferramenta Regressão o gera, a fim de facilitar a avaliação da relação entre preço e volume. Você pode ver como fazer isso no Capítulo 11.)

CAPÍTULO 2 **Previsão: Conceitos Básicos** 35

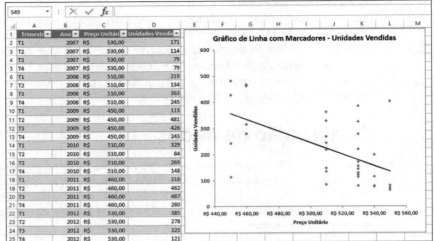

FIGURA 2-4: O gráfico mostra o que está acontecendo entre as duas variáveis: preço unitário e unidades vendidas.

Com essa linha de base, incluindo o preço unitário e as unidades vendidas, seu foco não é o faturamento. Afinal, fica bem claro no gráfico que quanto maior o preço unitário, menor o número de unidades vendidas, e isso tende a minimizar a variação no faturamento trimestral. Em vez disso, essa análise fala da produção. Se você souber como definir o preço unitário para o próximo trimestre, poderá usar a ferramenta Regressão para prever o número de unidades vendidas no próximo trimestre. Essa previsão pode informar o Departamento de Produção sobre como alocar seus recursos.

PAPO DE ESPECIALISTA

A propósito, o Excel denomina a linha sólida mostrada na Figura 2-4 como *linha de tendência*. Quando você vê uma linha de tendência da esquerda superior para a direita inferior, como na Figura 2-4, sabe que a correlação entre as duas variáveis é negativa (e, nesse caso, a correlação entre o preço unitário e as unidades vendidas é de -0,57). Uma *correlação negativa* significa que quanto maior o nível de uma das variáveis, menor o valor correspondente da outra variável. Se a linha de tendência for da esquerda inferior para a direita superior, você saberá que a correlação é positiva. Uma *correlação positiva* significa que os valores mais baixos em uma variável estão associados aos valores mais baixos na outra e que os valores mais altos em uma estão associados aos valores mais altos na outra.

Usando o Faturamento e os Dados Relativos aos Custos

Se seu segmento está na cadeia de gerenciamento de vendas de sua empresa, é provável que você mantenha um registro em Excel dos resultados de vendas da empresa ou tenha alguém que o guarde para você. Se seus produtos estão indo bem, você gosta de entrar no Excel, ver esses resultados e suspirar satisfeito. Agora, se a venda dos produtos não está indo como deveria, você abre o Excel instintivamente, analisa esses resultados e questiona-se como pode resolver o que deu errado. De qualquer forma, os dados provavelmente já estão em uma pasta de trabalho do Excel e isso facilita a execução da previsão.

Certa vez, o romancista Rex Stout criou um personagem que reclamava com o chefe, sendo muito sarcástico: "Quando menciono gentilmente que a ciência da contabilidade tem dois ramos principais, o primeiro é a adição e o segundo é a subtração... " Desse modo, você pode muito bem se concentrar no ramo da adição, ou seja, no faturamento. Porém os lucros são o que realmente importa, e você pode querer dar uma olhada nas previsões de lucro. Nesse caso, também precisa examinar o ramo da subtração, ou seja, o custo das vendas.

Elaborar as linhas de base do faturamento é bem simples. Você escolhe o *período de previsão* (o período de tempo representado por cada observação na linha de base) e, se necessário, usa o Excel para calcular o faturamento total de cada período na linha de base. Agora, você está pronto para prever quanto lucrará durante o próximo período.

Calcular os custos, particularmente os custos de vendas, é mais complicado. Será que se deve incluir o custo das mercadorias vendidas? Naturalmente, você incluirá os custos dos salários e comissões dos representantes de vendas, promoções de produtos, artigos promocionais, bugigangas, viagens e entretenimento. E os custos indiretos?

Um modo de proceder é subtrair esses custos, para cada período em sua linha de base, dos faturamentos para o mesmo período, a fim de obter uma estimativa de lucro para o período. Isso cria uma base nova de lucro que você pode usar para a previsão de lucro do próximo período.

Mas e os custos de oportunidade? Quando você gasta dinheiro para assessorar as vendas de uma linha de produtos, está remanejando os recursos de outra linha de produtos. Isso é um custo de oportunidade: você teve a oportunidade de gastar esse dinheiro em favor dos Gidgets, em vez dos Widgets, e poderia ter gerado mais rendimento e lucro se tivesse usado o dinheiro para ajudar a vender Widgets.

Nenhuma regra de contabilidade diz se você deve incluir os custos de oportunidade em seus cálculos de lucro. Aqui você não está *fazendo* contabilidade, está *usando-a* para ajudar a colocar seus planos em prática.

A Figura 2-5 exemplifica como a previsão pode ajudá-lo a auxiliar as linhas de produto.

Na Figura 2-5, os dados sobre Widgets e Gidgets são bem simples. A figura mostra o faturamento real e os custos diretos reais de auxílio a cada linha de produto durante cada mês, de janeiro de 2014 até julho de 2016, da linha 3 até a linha 33. A planilha obtém os números de lucro simplesmente subtraindo os custos do faturamento.

CAPÍTULO 2 **Previsão: Conceitos Básicos** 37

FIGURA 2-5:
A função TENDÊNCIA da planilha é baseada na regressão linear. Aqui, usa o histórico de relação entre os custos e os rendimentos.

	A	B	C	D	E	F	G	H
1	Data das Vendas		Widgets				Gidgets	
2		Receita	Custo	Lucro		Receita	Custo	Lucro
3	jan/14	R$ 42.597,00	R$ 39.928,00	R$ 2.669,00		R$ 32.074,00	R$ 28.712,00	R$ 3.362,00
4	fev/14	R$ 42.127,00	R$ 33.368,00	R$ 8.759,00		R$ 32.869,00	R$ 27.071,00	R$ 5.798,00
5	mar/14	R$ 42.149,00	R$ 36.961,00	R$ 5.188,00		R$ 30.969,00	R$ 28.633,00	R$ 2.336,00
6	abr/14	R$ 49.931,00	R$ 39.494,00	R$ 10.437,00		R$ 30.437,00	R$ 26.565,00	R$ 3.872,00
7	mai/14	R$ 32.456,00	R$ 34.591,00	-R$ 2.135,00		R$ 34.405,00	R$ 27.901,00	R$ 6.504,00
8	jun/14	R$ 32.418,00	R$ 31.241,00	R$ 1.177,00		R$ 33.146,00	R$ 27.633,00	R$ 5.513,00
9	jul/14	R$ 41.145,00	R$ 39.917,00	R$ 1.228,00		R$ 34.046,00	R$ 28.943,00	R$ 5.103,00
10	ago/14	R$ 42.301,00	R$ 36.917,00	R$ 5.384,00		R$ 33.644,00	R$ 25.359,00	R$ 8.285,00
11	set/14	R$ 46.239,00	R$ 34.729,00	R$ 11.510,00		R$ 31.548,00	R$ 26.885,00	R$ 4.663,00
12	out/14	R$ 44.551,00	R$ 31.316,00	R$ 13.235,00		R$ 30.885,00	R$ 25.249,00	R$ 5.636,00
13	nov/14	R$ 30.346,00	R$ 34.504,00	-R$ 4.158,00		R$ 33.456,00	R$ 25.091,00	R$ 8.365,00
14	dez/14	R$ 34.663,00	R$ 38.756,00	-R$ 4.093,00		R$ 34.772,00	R$ 25.515,00	R$ 9.257,00
15	jan/15	R$ 49.297,00	R$ 35.631,00	R$ 13.666,00		R$ 34.757,00	R$ 27.213,00	R$ 7.544,00
16	fev/15	R$ 43.048,00	R$ 39.893,00	R$ 3.155,00		R$ 33.979,00	R$ 26.701,00	R$ 7.278,00
17	mar/15	R$ 30.915,00	R$ 28.513,00	R$ 2.402,00		R$ 33.116,00	R$ 28.501,00	R$ 4.615,00
18	abr/15	R$ 32.256,00	R$ 32.969,00	-R$ 713,00		R$ 34.340,00	R$ 25.751,00	R$ 8.589,00
19	mai/15	R$ 42.774,00	R$ 34.884,00	R$ 7.890,00		R$ 34.175,00	R$ 25.519,00	R$ 8.656,00
20	jun/15	R$ 42.456,00	R$ 33.729,00	R$ 8.727,00		R$ 32.810,00	R$ 25.292,00	R$ 7.518,00
21	jul/15	R$ 30.816,00	R$ 31.726,00	-R$ 910,00		R$ 33.538,00	R$ 28.948,00	R$ 4.590,00
22	ago/15	R$ 35.752,00	R$ 35.281,00	R$ 471,00		R$ 30.789,00	R$ 25.152,00	R$ 5.637,00
23	set/15	R$ 42.581,00	R$ 31.034,00	R$ 11.547,00		R$ 33.970,00	R$ 26.771,00	R$ 7.199,00
24	out/15	R$ 30.558,00	R$ 26.096,00	R$ 4.462,00		R$ 34.794,00	R$ 26.761,00	R$ 8.033,00
25	nov/15	R$ 35.397,00	R$ 34.742,00	R$ 655,00		R$ 32.328,00	R$ 25.428,00	R$ 6.900,00
26	dez/15	R$ 33.096,00	R$ 36.986,00	-R$ 3.890,00		R$ 34.564,00	R$ 26.332,00	R$ 8.232,00
27	jan/16	R$ 38.513,00	R$ 30.147,00	R$ 8.366,00		R$ 31.150,00	R$ 27.571,00	R$ 3.579,00
28	fev/16	R$ 37.458,00	R$ 37.797,00	-R$ 339,00		R$ 31.932,00	R$ 25.165,00	R$ 6.767,00
35	Previsão Ago/2016	R$ 42.515,73	R$ 38.386,32	R$ 4.129,42		R$ 32.740,85	R$ 25.540,32	R$ 7.200,53

A linha 35 mostra as previsões para agosto de 2016. Veja como isso acontece:

1. **Ela prevê os custos para agosto de 2016 usando a suavização exponencial; veja o Capítulo 15 para obter mais informações, mas para aqueles que estão experimentando, a constante de suavização ainda *não* foi otimizada, minimizando o erro quadrático médio.**

As previsões de custos são mostradas nas células C35 e G35.

2. **Para cada produto, ela prevê as receitas para agosto de 2016 usando o método de *regressão* (no qual você usa uma relação consistente entre o faturamento e uma ou mais variáveis preditoras para fazer a previsão), na forma da função TENDÊNCIA da planilha.**

Ao usar as informações sobre o histórico das relações entre os custos e as receitas de cada produto, ela prevê nas células B35 e F35 quais seriam as receitas, dadas as previsões dos custos.

3. **Ela prevê os lucros para agosto de 2016, subtraindo o custo previsto da receita prevista.**

Ao adicionar os lucros previstos para ambas as linhas de produto, o resultado é um lucro total para agosto de 2016 de R$11.330.

PAPO DE ESPECIALISTA

Divulgação completa: estou usando a suavização exponencial para os custos e a regressão para as receitas, simplesmente com o intuito de exemplificar os métodos. Não há nenhuma razão especial neste exemplo para usar dois métodos em vez de um, nem para escolher esses dois métodos específicos.

Agora, e se em vez disso você colocasse os custos de oportunidade para auxiliar os Widgets em lugar dos Gidgets? Na Figura 2-6, você pode ver o efeito de abandonar os Widgets e colocar os custos, os recursos que a empresa gasta assessorando os Widgets, no lugar apenas dos Gidgets.

FIGURA 2-6: O que acontece quando você desiste dos Widgets e coloca seus custos para auxiliar os Gidgets.

	A	Widgets			E	Gidgets			I	Auxílio aos Gidgets Apenas		
1	Data das Vendas											
2		Receita	Custo	Lucro		Receita	Custo	Lucro		Receita	Custo	Lucro
3	jan/14	R$ 42.597,00	R$ 39.928,00	R$ 2.669,00		R$ 32.074,00	R$ 28.712,00	R$ 3.362,00		R$ 76.677,33	R$ 68.640,00	R$ 8.037,33
4	fev/14	R$ 42.127,00	R$ 33.368,00	R$ 8.759,00		R$ 32.869,00	R$ 27.071,00	R$ 5.798,00		R$ 73.383,68	R$ 60.439,00	R$ 12.944,68
5	mar/14	R$ 42.149,00	R$ 36.961,00	R$ 5.188,00		R$ 30.969,00	R$ 28.633,00	R$ 2.336,00		R$ 70.945,43	R$ 65.594,00	R$ 5.351,43
6	abr/14	R$ 49.931,00	R$ 39.494,00	R$ 10.437,00		R$ 30.437,00	R$ 26.565,00	R$ 3.872,00		R$ 75.687,48	R$ 66.059,00	R$ 9.628,48
7	mai/14	R$ 32.456,00	R$ 34.591,00	-R$ 2.135,00		R$ 34.405,00	R$ 27.901,00	R$ 6.504,00		R$ 77.059,51	R$ 62.492,00	R$ 14.567,51
8	jun/14	R$ 32.418,00	R$ 31.241,00	R$ 1.177,00		R$ 33.146,00	R$ 27.633,00	R$ 5.513,00		R$ 70.619,82	R$ 58.874,00	R$ 11.745,82
9	jul/14	R$ 41.145,00	R$ 39.917,00	R$ 1.228,00		R$ 34.046,00	R$ 28.943,00	R$ 5.103,00		R$ 81.000,85	R$ 68.860,00	R$ 12.140,85
10	ago/14	R$ 42.301,00	R$ 36.917,00	R$ 5.384,00		R$ 33.644,00	R$ 25.359,00	R$ 8.285,00		R$ 82.622,10	R$ 62.276,00	R$ 20.346,10
11	set/14	R$ 46.239,00	R$ 34.729,00	R$ 11.510,00		R$ 31.548,00	R$ 26.885,00	R$ 4.663,00		R$ 72.300,48	R$ 61.614,00	R$ 10.686,48
12	out/14	R$ 44.551,00	R$ 31.316,00	R$ 13.235,00		R$ 30.885,00	R$ 25.249,00	R$ 5.636,00		R$ 69.191,26	R$ 56.565,00	R$ 12.626,26
13	nov/14	R$ 30.346,00	R$ 34.504,00	-R$ 4.158,00		R$ 33.456,00	R$ 25.091,00	R$ 8.365,00		R$ 79.463,17	R$ 59.595,00	R$ 19.868,17
14	dez/14	R$ 34.663,00	R$ 38.756,00	-R$ 4.093,00		R$ 34.772,00	R$ 25.515,00	R$ 9.257,00		R$ 87.588,92	R$ 64.271,00	R$ 23.317,92
15	jan/15	R$ 49.297,00	R$ 35.631,00	R$ 13.666,00		R$ 34.757,00	R$ 27.213,00	R$ 7.544,00		R$ 80.265,64	R$ 62.844,00	R$ 17.421,64
16	fev/15	R$ 43.048,00	R$ 39.893,00	R$ 3.155,00		R$ 33.979,00	R$ 26.701,00	R$ 7.278,00		R$ 84.745,80	R$ 66.594,00	R$ 18.151,80
17	mar/15	R$ 30.915,00	R$ 28.513,00	R$ 2.402,00		R$ 33.116,00	R$ 28.501,00	R$ 4.615,00		R$ 66.245,94	R$ 57.014,00	R$ 9.231,94
18	abr/15	R$ 32.256,00	R$ 32.969,00	-R$ 713,00		R$ 34.340,00	R$ 25.751,00	R$ 8.589,00		R$ 78.305,49	R$ 58.720,00	R$ 19.585,49
19	mai/15	R$ 42.774,00	R$ 34.884,00	R$ 7.890,00		R$ 34.175,00	R$ 25.519,00	R$ 8.656,00		R$ 80.891,59	R$ 60.403,00	R$ 20.488,59
20	jun/15	R$ 42.456,00	R$ 33.729,00	R$ 8.727,00		R$ 32.810,00	R$ 25.292,00	R$ 7.518,00		R$ 76.564,88	R$ 59.021,00	R$ 17.543,88
21	jul/15	R$ 30.816,00	R$ 31.726,00	-R$ 910,00		R$ 33.538,00	R$ 28.948,00	R$ 4.590,00		R$ 70.294,48	R$ 60.674,00	R$ 9.620,48
22	ago/15	R$ 35.752,00	R$ 35.281,00	R$ 471,00		R$ 30.789,00	R$ 25.152,00	R$ 5.637,00		R$ 73.977,08	R$ 60.433,00	R$ 13.544,08
23	set/15	R$ 42.581,00	R$ 31.034,00	R$ 11.547,00		R$ 33.970,00	R$ 26.771,00	R$ 7.199,00		R$ 73.349,36	R$ 57.805,00	R$ 15.544,36
24	out/15	R$ 30.558,00	R$ 26.096,00	R$ 4.462,00		R$ 34.794,00	R$ 26.761,00	R$ 8.033,00		R$ 68.723,38	R$ 52.857,00	R$ 15.866,38
25	nov/15	R$ 35.397,00	R$ 34.742,00	R$ 655,00		R$ 32.328,00	R$ 25.428,00	R$ 6.900,00		R$ 76.497,39	R$ 60.170,00	R$ 16.327,39
26	dez/15	R$ 33.096,00	R$ 36.986,00	-R$ 3.890,00		R$ 34.564,00	R$ 26.332,00	R$ 8.232,00		R$ 83.112,69	R$ 63.318,00	R$ 19.794,69
27	jan/16	R$ 38.513,00	R$ 30.147,00	R$ 8.366,00		R$ 31.150,00	R$ 27.571,00	R$ 3.579,00		R$ 65.210,39	R$ 57.718,00	R$ 7.492,39
28	fev/16	R$ 37.458,00	R$ 37.797,00	-R$ 339,00		R$ 31.932,00	R$ 25.165,00	R$ 6.767,00		R$ 79.892,81	R$ 62.962,00	R$ 16.930,81
35	Previsão Ago/2016	R$ 42.515,73	R$ 38.386,32	R$ 4.129,42		R$ 32.740,85	R$ 25.540,32	R$ 7.200,53		R$ 77.930,95	R$ 63.926,64	R$ 14.004,32

Na Figura 2-6, as colunas A a H são idênticas às da Figura 2-5. As colunas J até K mostram o efeito de tirar os recursos dos Widgets e usá-los para dar suporte aos Gidgets. As etapas a seguir mostram como obter essas projeções:

1. **Na célula K3, digite** =C3+G3, **copie e cole a fórmula nas células K4 a K33 e na célula K35.**

A coluna K tem agora a soma dos custos reais para as duas linhas de produtos de janeiro de 2014 a julho de 2016, mais a soma dos custos previstos em K35.

2. **Na célula J3, digite** =(F3/G3)*K3, **copie e cole a fórmula das células J4 a J33.** Essa fórmula obtém a relação entre a receita e os custos dos Gidgets em janeiro de 2014 e a multiplica pelos custos totais mostrados na célula K3. O efeito é aplicar uma medida da margem bruta a uma medida mais alta de custos e estimar qual seria, nesse caso, a receita para os Gidgets.

3. **Na célula J35, insira esta fórmula:** =TENDÊNCIA(J3:J33;K3:K33;K35)**.**

Isso prevê as receitas para os Gidgets em agosto de 2016, considerando a relação entre as projeções de receitas e os custos de J3 a K33, se você decidiu respaldar apenas os Gidgets.

4. **Para obter uma previsão de lucro para os Gidgets somente em agosto de 2016, digite** =J35-K35 **na célula L35.**

Observe que a soma do lucro em agosto de 2016 para os Widgets e os Gidgets é de R$4.128 + R$7.201 = R$11.330. Todavia, se você tiver remanejado os recursos do Widget para os Gidgets, o lucro para agosto de 2016 será de R$14.004 a R$2.674 a mais. Em valor bruto, isso não parece muito, mas é um aumento de 24%. Gerações de donos de cassinos europeus enriqueceram com vantagens muito menores que essa.

A razão, claro, é que a margem bruta dos Gidgets é maior que a dos Widgets, mesmo que a receita em Widgets seja quase 30% maior do que a dos Gidgets. Resumindo:

» Na coluna K, você age como se tivesse comprometido todos os recursos apenas para os Gidgets, de janeiro de 2014 a julho de 2016. O resultado é retirar todo o auxílio aos Widgets e adicioná-lo ao suporte dado aos Gidgets.

» Na coluna J, você pode estimar as receitas que ganharia se assessorasse somente os Gidgets, usando o histórico de margem para os Gidgets.

» Ao usar a função TENDÊNCIA, você volta as estimativas de receita de J3 a J33 para os custos de K3 a K33 e aplica o resultado ao custo estimado em K35. Subtraia K35 de J35 a fim de obter uma previsão de lucro se você reconheceu seus custos de oportunidade e apenas auxiliou os Gidgets.

Utilizar dois cenários diferentes — Widgets com Gidgets e Gidgets sozinhos — faz com que o exemplo seja um pouco mais difícil de acompanhar. Porém é um exemplo realista de como você pode usar a função de previsão básica TENDÊNCIA para ajudar a tomar uma decisão consciente sobre a alocação de recursos.

É claro, outras considerações contribuiriam para transferir os recursos de uma linha de produtos para outra, por exemplo, uma análise da natureza dos erros nas previsões (muitas vezes, denominada *resíduos*), custos irrecuperáveis, possíveis ajustes para suportar a capacidade de produção adicional em uma linha de produtos, a necessidade de suporte contínuo aos clientes que investiram em Widgets etc. Mas um dos critérios é quase sempre as estimativas financeiras, e se você conseguir prever as finanças com precisão, estará em vantagem.

NESTE CAPÍTULO

» Colocando sua previsão no contexto com os dados qualitativos

» Evitando erros comuns em suas previsões de vendas

» Compreendendo os impactos das temporadas e das tendências

Capítulo 3

Entendendo as Linhas de Base

Você elabora a previsão de vendas em algo chamado *linha de base*, ou seja, os dados que descrevem seu nível de vendas, comumente nos meses, trimestres ou anos anteriores. Mas criar uma previsão numérica sem atentar para o contexto não é uma boa ideia. Lembre-se de que você precisa ter em mãos os planos do gerenciamento de produtos, o orçamento promocional do marketing, os planos da administração de vendas para a contratação (ou demissão) e assim sucessivamente.

Mesmo com um bom contexto e uma boa base, inúmeros erros comuns podem tirar facilmente sua previsão do caminho. Não é difícil reconhecer e evitar esses erros se você souber o que eles são, e neste capítulo eu os indico para você.

Muitas vezes, sua linha de base refletirá tanto uma tendência em curso (as vendas estão subindo e descendo geralmente) quanto as temporadas (as vendas aumentam ou diminuem de forma confiável em certas épocas do ano). Neste capítulo, explico algumas das razões pelas quais o contexto, os erros comuns, as tendências e a sazonalidade contribuem para as boas previsões e para as ruins.

Usando Dados Qualitativos

Os *dados qualitativos* são informações que o ajudam a entender o contexto dos dados quantitativos. Claro, isso levanta a questão: o que são dados quantitativos? Quero me concentrar nessa questão primeiro, pois ela é importante e faz uma diferença concreta no valor de suas previsões de vendas.

Os *dados quantitativos* são dados numéricos, ou seja, o número de unidades que sua equipe vendeu durante o trimestre anterior ou a receita que sua equipe gerou em março. Com os dados quantitativos, você pode usar o Excel para calcular o número de unidades vendidas por mês: o menor ou o maior número. É possível usar o Excel para calcular a média móvel das comissões que a equipe de vendas recebeu, a receita mínima ou a porcentagem da receita anual obtida durante o mês de outubro.

Por outro lado, os *dados qualitativos* não apresentam uma média, um mínimo ou um máximo. São informações que o ajudam a *compreender* os dados quantitativos. Essas informações fornecem contexto aos números. Ajudam a evitar erros realmente estúpidos. Eu já cometi minha cota de erros estúpidos nas previsões e, muitas vezes, eles aconteceram porque não prestei atenção o bastante nos dados qualitativos, para o meu pesar.

O raciocínio certo pode ajudá-lo a manter os números nas devidas proporções. Não restam dúvidas de que saber quais perguntas fazer sobre o rumo da empresa é imprescindível. Se você entender como a empresa quer usar sua previsão, poderá decidir a melhor forma de estruturar os números. Veja mais de perto estes problemas.

Faça as perguntas certas

Suponha que o vice-presidente de vendas lhe peça para fazer uma estimativa de quantos carros a agência venderá no próximo ano. Se a agência vende principalmente carros da Ford, vale a pena tentar fazer uma previsão. Agora imagine que, até o ano passado, a agência vendeu, sobretudo, Duesenbergs. Fazer uma previsão seria irracional. Você não pode vender nenhum Duesenberg porque ninguém os fabrica mais.

Esse exemplo é um tanto radical, mas não totalmente absurdo. Você precisa saber o que a empresa colocará no mercado durante o período de tempo em que fará a previsão. Caso contrário, seu histórico de vendas ou sua linha de base será irrelevante. E você não pode fazer uma previsão certeira a partir de uma linha de base irrelevante.

DICA

Veja algumas perguntas que você deve fazer antes mesmo de começar a pensar em uma linha de base:

» **Quantos vendedores a empresa disponibilizará para você?** Você terá mais gente na rua do que no ano passado? Menos? A mesma coisa? O tamanho da equipe de vendas faz toda a diferença. Para fazer uma previsão decente, é preciso saber quais recursos de vendas você terá disponíveis.

» **Os níveis de comissão serão alterados durante o período de previsão?** A empresa está incentivando a equipe de vendas, conforme aconteceu durante, digamos, nos últimos 12 meses? Caso esteja, você não precisa se preocupar com isso ao fazer as previsões. Agora, se o modelo de negócios mudou e as taxas de comissão cairão porque a concorrência diminuiu ou as taxas estão subindo porque a concorrência acirrou, sua previsão precisa levar isso em conta.

» **O preço do produto será alterado durante esse período de previsão?** Os preços da sua linha de produtos sofrerão um aumento? Se assim for, você provavelmente precisará refletir algum pessimismo em sua previsão de unidades vendidas. Os preços vão cair? Então, você pode ser otimista. (Lembre-se de que o preço normalmente influencia mais as unidades vendidas do que as receitas.)

Você não pode usar a previsão para responder a perguntas como essas. No entanto, suas respostas, que se qualificam como dados qualitativos, são determinantes para fazer boas previsões. Você pode ter uma linha de base longa e bem comportada, o que é de suma importância para uma boa previsão. Porém pode se enganar completamente caso a empresa mude a linha de produtos, reduza o time de vendas ou altere a estrutura de comissões a tal ponto que a equipe de vendas dê o fora, ou a empresa pode até mesmo baixar tanto os preços que a linha do produto venda como água. Qualquer uma dessas situações passará a impressão de que, ao fazer a previsão, você simplesmente deu de ombros e jogou os dados para ver o que a sorte lhe trazia. Albert Einstein disse que Deus não tenta a sorte jogando dados; Stephen Hawking diz que Deus brinca com os dados. Em ambos os casos, você não quer ser visto como um apostador que tenta a sorte ao fazer as próprias previsões.

LEMBRE-SE

Você não pode confiar plenamente em uma linha de base para fazer uma previsão de vendas. É preciso prestar atenção no que a empresa está fazendo em relação ao marketing, precificação, gerenciamento de pessoas, respostas à concorrência, a fim de fazer uma boa previsão de vendas.

Este livro mostra como fazer boas previsões *desde que existam condições favoráveis para tal quando você estrutura sua linha de base*. Se essas condições forem favoráveis, sua previsão poderá ser bem exata. Se não, ela será imprecisa. Portanto, é importante compreender o máximo possível sobre as condições vigentes durante seu período de previsão.

CAPÍTULO 3 **Entendendo as Linhas de Base** 43

Fique atento ao seu redor: A finalidade de sua previsão

Configure a linha de base para refletir o período que você deseja prever. Ou seja, se quiser prever as vendas de um mês, sua linha de base deverá mostrar seu histórico de vendas em meses. Se o objetivo da previsão for ajudar a orientar as projeções financeiras, como as estimativas de lucros, você provavelmente desejará prever os resultados trimestrais e a linha de base deverá ser organizada em trimestres. O Capítulo 8 mostra um jeito fácil de transformar os dados de vendas individuais em resumos para o período de tempo que você quiser.

A Figura 3-1 mostra um exemplo de uma linha de base prática:

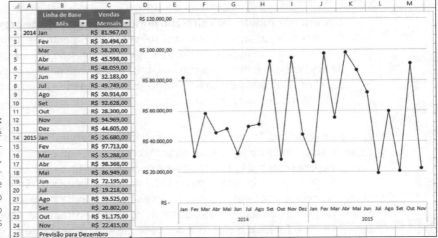

FIGURA 3-1: A previsão é para o próximo mês, assim, a linha de base fornece o histórico de vendas mensais.

Você pode criar facilmente uma lista de meses na coluna B da Figura 3-1. Basta selecionar a célula B2 e digitar **Janeiro** ou **Jan**, conforme mostrado na figura. Pressione Enter e, se necessário, selecione novamente a célula B2 (ou pressione Ctrl+Enter para deixar a célula B2 selecionada ao inserir seu valor). Observe o pequeno quadrado preto no canto inferior direito da célula — chamado de *alça de preenchimento*. Mova o ponteiro do mouse sobre essa alça. Você verá o ponteiro mudar para uma cruz. Agora, embora ainda possa ver a cruz, pressione o botão do mouse, continue segurando e arraste-o até onde quiser. O Excel preencherá os nomes dos meses para você. Isso também funciona para os dias da semana.

Existem algumas regras básicas sobre a criação de uma linha de base que você achará bem prático conhecer:

44 PARTE 1 **Entendendo a Previsão de Vendas e Como o Excel Pode Ajudar**

» **Use períodos de tempo com o mesmo tamanho em sua linha de base.**
Usar um período que vai de 1º de fevereiro a 14 de fevereiro e o próximo período que abrange de 15 de fevereiro a 31 de março é um tanto curioso. Eu já vi isso acontecer, só porque acabou sendo conveniente colocar os dados juntos dessa maneira. Porém isso direciona erroneamente as suas comparações, porque a receita aparente de fevereiro é subestimada e a receita aparente de março é superestimada. Seja lá qual for o método de previsão usado, isso trará problemas. (Você pode ignorar com segurança as pequenas diferenças, como 28 dias em fevereiro e 31 dias em março.)

» **Verifique se os períodos de tempo em sua linha de base estão ordenados do mais antigo para o mais recente.** Inúmeras técnicas famosas de previsão, incluindo duas descritas neste livro, dependem da relação entre o cálculo de um período e o cálculo do próximo período. Se os seus períodos de tempo não estão ordenados, a previsão não funcionará. Muitas vezes, os cálculos brutos não estarão em ordem cronológica e, por diversas razões, você precisará sintetizá-los em uma tabela dinâmica, que pode facilmente ser ordenada por data. Na verdade, a tabela dinâmica coloca os dados resumidos em ordem cronológica por padrão. Veja os exemplos nas figuras do Capítulo 8.

» **Leve em consideração todos os períodos de tempo na linha de base.**
Caso a linha de base comece em janeiro de 2015, você não poderá omitir o mês de fevereiro de 2015, mesmo que não existam dados. Se os meses restantes já estão configurados, pule janeiro de 2015 e comece com março de 2015. Por quê? Porque você quer ter certeza de que está relacionando de forma correta um período anterior ao próximo.

Superando os Erros na Previsão de Vendas

A previsão pode ser um negócio muito complicado. Há uma velha máxima que diz: "É difícil fazer profecias, ainda mais sobre o futuro", atribuída a pessoas desde Yogi Berra e Niels Bohr até Mark Twain.

E fazer uma previsão *é* mais complicado ainda. Você pode fazer tudo para acertar em cheio e acabar com uma previsão que erra completamente o alvo. Não se trata de matemática pura. Fatores humanos, economia, clima, tecnologia, todos eles conspiram contra sua previsão, fazendo com que ela pareça ruim. Esta seção aborda algumas razões pelas quais os erros estão além do seu controle e algumas que você conseguirá entender para dar conta do recado.

Supere isso

No mundo dos estratagemas da previsão, você tem que se acostumar a estar errado. O melhor que pode fazer é chegar perto. Na maior parte dos casos, errará o alvo. Felizmente, na previsão de vendas, chegar perto geralmente é tudo de que precisa. Você simplesmente não pode prever o que acontecerá no mercado amanhã, no mês ou no ano que vem. O melhor que pode fazer é agir de acordo com essas recomendações. Isso ajudará o Departamento de Gerenciamento a se habituar com a ideia. Desse modo, eles não ficarão surpresos quando a previsão estiver equivocada.

E isso acontecerá. Você pode usar o passado como um guia para o futuro, mas nem sempre será um guia confiável. Como o futuro nem sempre repete o passado, suas previsões, às vezes, estarão erradas.

O problema é que o mercado não permanece estável pelas seguintes razões:

- » Os clientes fazem novas escolhas.
- » As linhas de produto mudam.
- » As estratégias de marketing mudam.
- » As estratégias de preços também mudam.

À vista disso, não é sempre que você acerta em cheio as suas previsões.

Mas, e esse é um MAS gigante, você geralmente tem um tempinho. As condições do mercado tendem a não mudar repentinamente. Não é de uma hora para outra que os clientes decidem que não querem mais computadores da Hewlett-Packard e então, no dia seguinte, começam a comprar computadores da Dell.

Essas coisas acontecem de modo gradual, e esse é o motivo pelo qual a linha de base é tão importante. As ferramentas de previsão descritas neste livro levam isso em consideração. Elas atentam para o fato de que a fatia de mercado de um produto está caindo aos poucos, ao passo que outra está aumentando lentamente.

Use as metas de receita como previsão

Veja como as previsões de vendas ocorrem com frequência: o vice-presidente de vendas da empresa precisa informar ao CFO quais serão as receitas para o segundo trimestre de 2017. Como todos nós que trabalhamos em vendas sabemos:

Insetos carregam nas costas

Insetinhos que os ferroam

E os insetinhos hão de carregar outros, rebentos silenciosos,

A ferroar, *ad infinitum*.

Assim, o vice-presidente de vendas fica atrás dos diretores regionais de vendas, que correm atrás dos gerentes locais de vendas, e assim por diante, perpetuamente, para obter as previsões de vendas do segundo trimestre de 2017

Agora, imagine que eu seja um diretor local de vendas ou um gerente de vendas da filial, e devo apresentar uma previsão de vendas para o segundo trimestre de 2017. Se sou como alguns dos gerentes de vendas com quem trabalhei no passado, eis o que faço:

1. **Eu confiro a minha cota para o segundo trimestre.**

    Acaba sendo de R$1,5 milhão.

2. **Ligo para meu analista de previsão e fico sabendo que coincidentemente a previsão também é de R$1,5 milhão.**

    Um gerente de vendas experiente também consideraria uma margem de erro.

Agora, esse é um jeito lamentável de se fazer uma previsão. É um péssimo negócio, é dar murro em ponta de faca. O principal objetivo da previsão é definir as cotas de vendas com embasamentos regional, filial e pessoal. E aqui, as empresas estão acumulando cotas para definir as previsões.

Então, você não deve pegar uma cota e fingir que é uma previsão. Claro, as pessoas fazem isso o tempo todo, o que não deixa de ser uma péssima ideia.

Uma boa ideia é analisar os aspectos qualitativos de sua linha de produtos, da equipe de vendas, do mercado e da concorrência com o intuito de garantir que você esteja no caminho certo para fazer o período da previsão. Desse modo, se ainda se sentir à vontade com todos esses fatores, pegue a linha de base e expanda-a, utilizando um dos métodos que aprenderá no Capítulo 10.

Reconhecendo as Tendências e Temporadas

As linhas de base geralmente são *estacionárias*: elas costumam ficar concentradas em torno de um valor médio, mesmo que não se mantenham nessa média. A Figura 3-2 mostra um exemplo de linha de base estacionária.

Porém as linhas de base também costumam subir ou descer; os índices de vendas de um produto normalmente aumentam ou diminuem e oscilam um pouco, mas, no geral, você pode ver o que está acontecendo. São linhas de base que apresentam uma *tendência*. Você pode ver uma linha de base com uma tendência de crescimento na Figura 3-3.

Há também linhas de base com *sazonalidade*. Elas tendem a subir e descer regularmente ao longo do tempo, geralmente de um modo que coincide com as estações do ano. As vendas de frutas aumentam na primavera e no verão, e caem no outono e no inverno. A Figura 3-4 mostra uma linha de base de vendas sazonais.

As próximas duas seções o ajudam a entender por que reconhecer as tendências e temporadas é imprescindível.

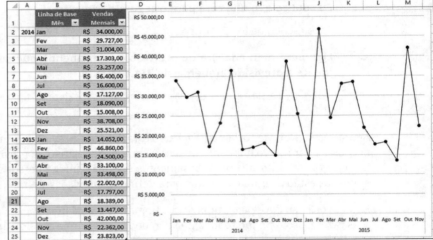

FIGURA 3-2: Não há uma tendência clara nesta linha de base. Ela quase não muda.

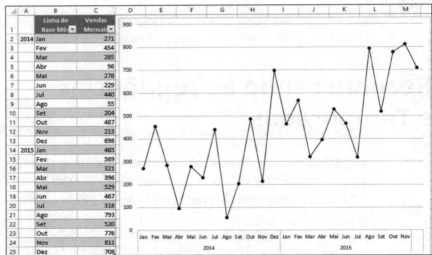

FIGURA 3-3: Esta linha de base apresenta uma tendência. Ela oscila um pouco, mas você pode ver que a direção geralmente é ascendente.

Identifique as tendências

Uma linha de base com uma tendência geralmente sobe (veja a Figura 3-3) ou desce. O Capítulo 4 analisa como as tendências podem fazer com que a previsão fique mais complicada, assim como as etapas que você pode seguir para fazer com que a previsão seja mais precisa. Por enquanto, recomenda-se compreender o que são tendências.

Em vendas, as tendências costumam seguir as mudanças no comportamento dos clientes. Para todos os efeitos, as tendências são um fator econômico. Ao analisar as tendências, tenha em mente o seguinte:

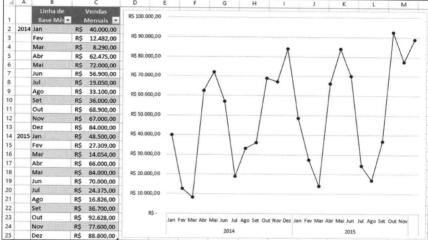

FIGURA 3-4: A dimensão do efeito da temporada nas vendas oscila, mas está lá trimestre após trimestre.

» **As pessoas param de usar determinados produtos ou serviços.** Há uma série de modos pelos quais a sociedade incentiva as pessoas a comprarem alguns produtos (uma tendência de crescimento) e as desestimula a comprar outros (uma tendência de queda). Ao longo do tempo, as tendências de crescimento muitas vezes se transformam em tendências de queda, devido às mudanças nas condições do mercado. Por exemplo, alguém que vende tabaco, no varejo ou no atacado, provavelmente quer ver uma tendência de crescimento, mas como os consumidores têm mais informações sobre os perigos do cigarro, menos pessoas tendem a comprar o produto. (Alguns sempre comprarão, mas não como acontecia no passado.)

» **As pessoas querem as versões mais recentes, mais rápidas.** Wi-Fi? Cabo? Seu próprio cabo de fibra ótica? Não importa. As pessoas são impacientes e querem comprar coisas pela internet mais rápido do que antes. Elas usam desde 1.200 bytes por segundo (sim, as pessoas costumavam enviar e receber a 1.200 bytes por segundo, até menos) até 56.000, e qualquer taxa multimegabyte que uma empresa de telefonia ou a cabo possa oferecer. O número de pessoas que assinam a banda larga aumentou, como uma tendência, ao longo do tempo. O mesmo acontece com muitas outras melhorias tecnológicas.

» **As pessoas gastam mais, mas não constantemente.** Eis a questão: custa mais comprar um carro em 2016 do que era em 1996. A culpa é da inflação. Ou a culpa é das estrelas, como no filme; o fato é que as coisas custam mais do que costumavam custar. Existem maneiras de lidar com isso, como tentar estabilizar os preços, porém, a menos que você faça isso, estará analisando uma tendência que não faz o menor sentido. Os Capítulos 16 e (especialmente) o 17 mostram algumas boas práticas para lidar com a tendência em um contexto de previsão.

» **As pessoas gastam mais para comprar as coisas que desejam.** Por exemplo, as pessoas geralmente pagam pelo preço da gasolina, não importa quão alto ele seja, mesmo que aumente. Existem inúmeras razões que justificam o aumento do preço da gasolina, desde a política sul-americana, as SUVs sedentas, até economias emergentes do Extremo Oriente. A redução ou o aumento da oferta, combinado com o aumento da demanda, cria tendências de crescimento de receita; como vimos em 2015 e 2016, o aumento da oferta e uma demanda estática ou reduzida criam tendências em queda.

PAPO DE ESPECIALISTA

Um dos problemas com uma tendência é que há uma relação matemática entre um número e o próximo na linha de base. Os dois principais métodos de previsão abordados neste livro — a suavização e a regressão — lidam com essas relações de um modo bem diferente. Em geral, você não precisará se preocupar com o relacionamento entre um número e outro se estiver usando o método de regressão da previsão de vendas. Se estiver usando a suavização, às vezes, desejará começar removendo a tendência da linha de base e reintroduzi-la posteriormente. Você pode encontrar mais informações a respeito de como remover as tendências no Capítulo 17.

Compreenda a sazonalidade

Uma linha de base *sazonal* é aquela que sobe e desce regularmente. Por exemplo, uma linha que apresenta o faturamento maior durante o verão e um faturamento menor durante o inverno (como os maiôs da Speedo), ou maior durante o primeiro e terceiro trimestres e menor durante o segundo e quarto trimestres (como uma linha de livros didáticos para um curso que é ofertado a cada dois trimestres).

Uma linha de base sazonal pode ser um caso especial de uma linha de base *cíclica*. As linhas de base cíclicas sobem e descem, mas não necessariamente de uma forma periódica. Um bom exemplo é o ciclo de negócios, pois está relacionado às recessões. As recessões vêm e vão, não seguem um padrão. A economia norte-americana se contraiu, em momentos importantes, no final da década de 1860, no início e em meados de 1880, em 1910, durante a Grande Depressão em 1920, no início dos anos 1930 e durante a Grande Recessão de 2007 a 2009. Porém essas contrações não são regulares, não seguem um padrão. Elas são *cíclicas*, não *sazonais*.

Compare isso com uma linha de base que sobe e desce junto com determinadas datas do calendário. As vendas que dependem da estação do ano são *tanto* cíclicas *quanto* sazonais. Elas seguem um ciclo sazonal regular. Dependendo do produto e da época do ano, o ciclo sazonal pode aumentar e diminuir a cada 3 meses, a cada 6 meses ou mesmo a cada 12 meses.

CUIDADO

Uma armadilha pode estar à espreita. Suponha que você esteja lidando com uma série cíclica ou sazonal que se parece com a da Figura 3-5. A gravidade da armadilha depende do comprimento de sua linha de base e da distância que você quer chegar com a previsão. Imagine que você elabore a linha de base semanalmente, de 1º de janeiro a 12 de março. Ela poderia ser semelhante à da Figura 3-6, que mostra um subconjunto da linha de base na Figura 3-5.

FIGURA 3-5: Você pode se enganar ao pensar que está lidando com uma tendência em sua linha de base, quando um olhar mais atento mostraria que tem uma linha de base sazonal.

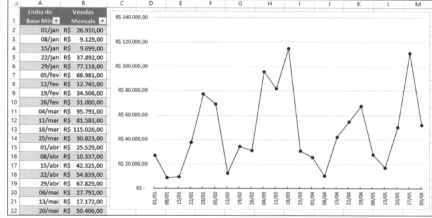

CAPÍTULO 3 **Entendendo as Linhas de Base** 51

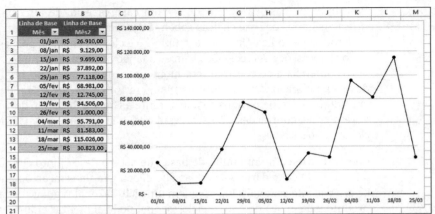

FIGURA 3-6: Aqui, sua linha de base é limitada à tendência crescente da série sazonal mostrada na Figura 3-5.

Caso você queira fazer uma previsão para o dia 19 de março, não tem problema, embora ainda não se saiba se em 12 de março a série ainda estará aumentando. Mas se em 19 de março você quiser fazer uma previsão para depois de 26 de março, terá um problema — embora ainda não saiba, a série está começando a diminuir por causa de sua sazonalidade.

DICA

Geralmente, quanto mais extensa for a linha de base, melhor será a previsão. Se sua linha de base for como a mostrada na Figura 3-5, em que você tem dados de seis meses para prever, então, poderá dizer que a tendência é sazonal e deixá-la em sua previsão. Se a linha de base se estender de 1º de janeiro a 19 de março, você correrá o risco de se enganar.

NESTE CAPÍTULO

» **Encontrando as tendências em seus dados**

» **Analisando a confusão dos dados e encontre relações que façam sentido**

Capítulo **4**

Prevendo o Futuro: Por que a Previsão Funciona

Muitas linhas de base do histórico de vendas aumentam durante os estágios iniciais do lançamento de um produto e caem à medida que a tecnologia e a moda evoluem. Durante a vida adulta de um produto, as vendas se equilibram. A exatidão de suas previsões melhora quando você entende a natureza dessas tendências e se deve manipular os eventos da linha de base. O Excel disponibiliza métodos de teste de tendências com o intuito de ajudá-lo a decidir se está vendo algo real ou uma variação aleatória.

Os relacionamentos em suas linhas de base de vendas são a chave para qualquer previsão, seja a relação entre os resultados de um mês e o próximo mês, entre os resultados do histórico de vendas, seja alguma outra variável, como os custos de publicidade. Neste capítulo, mostro como usar o Excel para quantificar esses relacionamentos, utilizando as funções de planilha do Excel e o suplemento de Análise de Dados.

CAPÍTULO 4 **Prevendo o Futuro: Por que a Previsão Funciona** 53

Entendendo as Tendências

Infelizmente, muitos responsáveis pela tomada de decisão não acreditam na previsão de vendas. A imagem que eles têm de um analista de previsão é uma combinação do meteorologista de algum canal de TV e alguém olhando para uma bola de cristal, provavelmente usando um chapéu de bruxa preto e pontudo, decorado com luas e estrelas.

Contudo, a previsão quantitativa funciona devido a razões plausíveis, matemáticas e lógicas, e você pode encontrar muitos exemplos de previsões que funcionam na prática. Se, por acaso, alguém olhar para você com desconfiança quando apresentar suas previsões de vendas, desejará entender os motivos pelos quais as previsões não são um tipo de magia. Um desses motivos reside no fato de que muitas linhas de base, particularmente as de faturamento, abrangem as *tendências*.

É fácil definir uma tendência, mas nem sempre é fácil administrá-la. Uma tendência apresenta duas características principais:

>> **Ela sobe (uma coisa boa, caso você esteja calculando as receitas) ou desce (nada bom para as receitas).** Ela pode flutuar; por exemplo, você verá algumas desacelerações temporárias em uma linha de base que está com a tendência em alta, mas, na maior parte, segue em uma direção. Se você observar muitos aumentos consecutivos seguidos de várias quedas consecutivas, provavelmente estará lidando com uma linha de base sazonal ou cíclica, que certamente não é uma tendência.

>> **A tendência dura muito mais tempo do que o período de previsão.** Suponha que você use os resultados de quatro trimestres para prever um quinto trimestre. Pode achar que a tendência consolidada nos quatro primeiros é consideravelmente diferente daquela que você obteria quando os valores reais do quinto trimestre estivessem em vigor. Todavia, é improvável que uma tendência calculada em, digamos, 20 trimestres mude muito no 21º trimestre, a menos que ocorra uma mudança profunda e importante no mercado.

O que provoca uma tendência? Existem mais motivações para as tendências do que supõe a sua imaginação. Veja algumas delas:

>> **Os produtos saem de moda.** Você andou fumando um cigarro, um cachimbo ou charuto recentemente? Em caso afirmativo, está fora de sintonia. A sociedade da qual você faz parte está de cara fechada e apontando os dedos para você. Não se pode mais acender um cigarro após uma refeição em um restaurante. A tendência, caro leitor, está em baixa: as

pessoas não querem mais sentir o cheiro do seu cigarro (muito menos eu, graças a Deus que os adesivos de nicotina existem).

» **A inflação vigente.** À época que eu escrevia este livro, os Estados Unidos estavam há muitos anos com uma inflação muito baixa. Durante os anos 1970 e 1980 (quando as altas taxas de juros finalmente frearam a velocidade da inflação), houve uma grave inflação na economia dos EUA. Ela levou os preços, portanto, as receitas, a uma tendência de alta.

» **A tecnologia potencializa a produtividade.** Quando seus pais, seus avós ou até mesmo seus bisavós eram crianças, eles tiravam um dia por semana para lavar as roupas ao ar livre, em um grande balde de metal cheio de água e sabão, que eles misturavam com um grande bastão. Depois, vieram as máquinas de lavar. Inicialmente, as máquinas de lavar eram caríssimas se comparadas a um balde de metal e um bastão, e a demanda por máquinas de lavar era, portanto, muito baixa. Mas, à medida que as economias de escala surgiam e os preços unitários baixavam, o que antes era apenas para os ricos passou a ser a regra, e o aumento das receitas superou muito a diminuição do custo unitário, até que as máquinas de lavar se tornaram commodities; desse modo, as receitas se equilibraram. Porém houve uma tendência expressiva durante décadas, em virtude da demanda e do aumento da produtividade.

» **Os produtos se tornam mais conhecidos.** Há mais carros, caminhões e SUVs na estrada do que no ano passado, e no ano passado houve mais do que no ano anterior e assim por diante, desde o Modelo T da Ford tirado do fundo do baú, até antes disso. E a cada ano que um recenseamento é feito, a população dos Estados Unidos aumenta. Você tem mais pessoas e, portanto, mais pessoas querendo dirigir e, assim, mais carros, caminhões e SUVs.

O restante deste capítulo analisa alguns dos efeitos das tendências (e há, na realidade, muitas, muitas linhas de base que têm mais tendências do que as linhas de base estacionárias). As tendências são o principal motivo pelo qual a previsão funciona. Todavia, se você pode dizer que uma linha de base é estacionária — com tendências nem em alta, tampouco em baixa —, conseguirá fazer o melhor que pode com uma tendência se lidar com as coisas corretamente.

Monitore a alta das receitas, e as baixas

Uma razão pela qual as pessoas são céticas a respeito da previsão é que, veja bem, os céticos geralmente não entendem o que acontece nas linhas de base e o que elas nos dizem sobre o futuro.

Considere as nuvens de chuva. Elas não aparecem subitamente e começam a despejar água em você. Elas se formam gradualmente ou os ventos dominantes as trazem sobre sua área. Em ambos os casos, se você observar o céu, é avisado com antecedência de que pode pegar chuva e se molhar.

O mesmo acontece com as linhas de base. Elas não explodem aos gritos que estão aumentando e, de repente, sem aviso, diminuem aos berros. A menos que o período de previsão que você esteja usando seja menor que um ano (não recomendado para a maioria das previsões de vendas), raramente verá uma linha de base parecida com a mostrada na Figura 4-1.

É óbvio que a situação mostrada na Figura 4-1 *poderia* ocorrer, especialmente se algo grave aconteceu, digamos, nas instalações de produção da empresa. Mas você ficaria sabendo disso, antes mesmo que o fato impactasse as vendas.

É bem provável que ocorra a situação mostrada na Figura 4-2. Compare as mudanças de direção da tendência nas Figuras 4-1 e 4-2. A mudança na Figura 4-1 é brusca e acentuada. A menos que ela seja repetida devido à sazonalidade, os faturamentos simplesmente não se comportam dessa maneira em circunstâncias normais. Como na Figura 4-2, as receitas desaceleram, equilibram-se e, por fim, diminuem. A questão é que você tem tempo para perceber o que está acontecendo, assim como sua técnica de previsão.

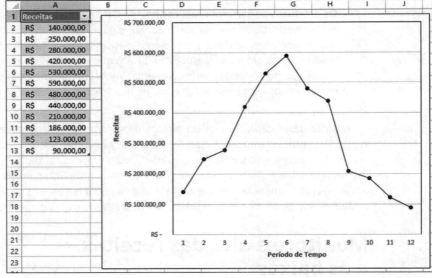

FIGURA 4-1: O analista de previsão realista ou o usuário que faz previsões não se preocupa com esse tipo de bobagem.

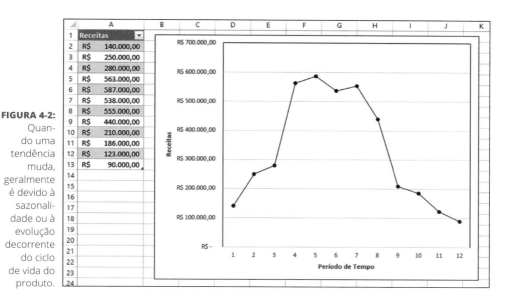

FIGURA 4-2: Quando uma tendência muda, geralmente é devido à sazonalidade ou à evolução decorrente do ciclo de vida do produto.

Se você estiver usando um método com uma variável, como as médias móveis ou a suavização exponencial, sua projeção criará dados de vendas recentes dentro de sua previsão. Para o sexto ponto da linha de base, a previsão foi criada em pontos de dados a partir da quarta e quinta linhas, e se os valores reais tivessem disparado, a previsão aumentaria em resposta. Se os dados mais recentes começarem a cair, não demorará muito para que a previsão perceba e comece a cair também. A Figura 4-3 mostra a linha de base na Figura 4-2 com uma linha de previsão sobreposta.

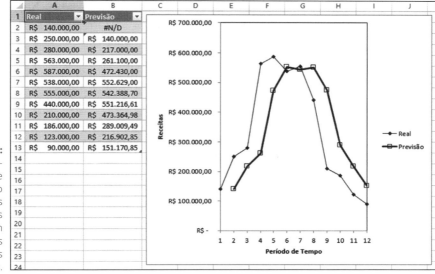

FIGURA 4-3: As previsões de suavização e de médias móveis ficam um pouco atrás dos valores reais.

CAPÍTULO 4 **Prevendo o Futuro: Por que a Previsão Funciona** 57

Conforme eu disse, não é comum que as linhas de base sejam parecidas com as mostradas na Figura 4-1, mas e se você se deparasse com uma e usasse a suavização? A Figura 4-4 apresenta os dados da Figura 4-1, incluindo uma linha de previsão da suavização exponencial.

Desse modo, quando a previsão muda no período 6 e cai R$110.000 entre os períodos 6 e 7, a previsão para o período 7 é de R$77.000. E como esse tipo de previsão sempre fica um pouco para trás, continua ocorrendo uma superestimativa até o final da linha de base.

Não há nada de mágico na previsão quantitativa. Não é um processo que simplesmente tira os números da planilha como se tiram coelhos de uma cartola. Trata-se de um processo que analisa o que aconteceu antes e realiza a melhor estimativa em relação ao que o histórico sugere que acontecerá a seguir. Mesmo que ocorra uma mudança abrupta nas séries, a previsão geralmente percebe a mudança e acompanha-a rapidamente.

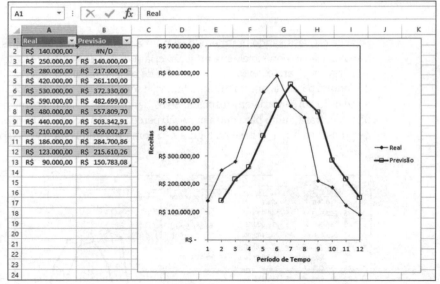

FIGURA 4-4: A previsão percebe essa mudança rapidamente.

CUIDADO

As previsões de regressão padrão não funcionam tão bem — na verdade, elas não funcionam — ao acompanhar as mudanças na direção da linha de base: elas fornecem projeções (lineares) em linha reta, conforme mostrado na Figura 4-5. As previsões de autorregressão, nas quais você regride uma linha de base em si, são uma exceção. Elas acompanham as mudanças como as médias móveis e a suavização.

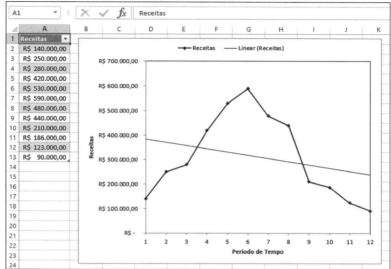

FIGURA 4-5: Uma previsão de regressão linear não ajuda a contabilizar as temporadas ou os ciclos.

Teste as tendências

Como você sabe se uma tendência é real? Caso você veja uma linha de base que pareça estar subindo ou descendo, isso representa uma tendência real ou é apenas uma variação aleatória? Para responder a essas perguntas, temos que recorrer à probabilidade e à estatística. Felizmente, não temos que nos aprofundar muito, só um pouco.

A linha básica de raciocínio é a seguinte:

1. **Eu uso o Excel e ele me informa qual é a correlação entre o faturamento e os períodos de tempo associados a ele.**

   Não importa se eu represento esse período de tempo como janeiro de 2011, fevereiro de 2011, março de 2011... dezembro de 2016 ou como 1, 2, 3... 72.

2. **Se não há nenhuma relação, calculada pela correlação, entre as receitas e período de tempo, não há nenhuma tendência, portanto, não preciso me preocupar.**

3. **Se *há* uma relação entre receitas e períodos de tempo, tenho que escolher a melhor maneira de lidar com a tendência.**

4. **Depois que o Excel calcula a correlação, tenho que decidir se ela representa uma relação real entre o período de tempo e o montante da receita ou se é apenas um golpe de sorte.**

   Se a probabilidade do acaso for apenas inferior a 5%, decidirei que é uma tendência real. (Nada de mágico acerca de 5%, também; é normal. Algumas pessoas preferem usar 1% como critério; é mais conservador do que 5% e elas se sentem um pouco mais seguras.) Isso levanta a questão da significância estatística: de qual nível de probabilidade você precisa antes de decidir que algo (aqui, uma correlação) é legítimo?

PAPO DE ESPECIALISTA

Há diversos métodos para testar a significância estatística de um coeficiente de correlação. Veja os três mais difundidos a seguir:

» Teste a correlação diretamente e compare o resultado com a distribuição normal.

» Teste a correlação diretamente e compare o resultado com a *distribuição t* (a distribuição t, embora semelhante à curva normal, deduz que você está usando uma amostra pequena, em vez de uma população bem grande).

» Converta a correlação com a *transformação Fisher* (que converte um coeficiente de correlação em um valor que se ajusta na curva normal) e compare o resultado com a distribuição normal.

Existem outros métodos difundidos para testar a significância estatística de um coeficiente de correlação. Cada um deles retorna um resultado um pouco diferente. Na prática, você quase sempre tomará a mesma decisão (a correlação é ou não é muito diferente de zero), independentemente do método escolhido.

Vejamos com mais detalhes um exemplo de teste de significância estatística de uma correlação. A Figura 4-6 mostra os dados básicos: o período de tempo na coluna A e o faturamento na coluna B, junto com o gráfico padrão, muito útil, de receitas por período de tempo para mostrar mais do que está acontecendo.

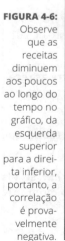

FIGURA 4-6: Observe que as receitas diminuem aos poucos ao longo do tempo no gráfico, da esquerda superior para a direita inferior, portanto, a correlação é provavelmente negativa.

Os números que identificam os períodos de tempo estão nas células A2 a A40. Os valores do faturamento para cada período de tempo estão nas células B2 a B40.

Com os dados na planilha, coloque as fórmulas no lugar:

1. **Selecione uma célula em branco, digamos, D2, e insira a fórmula** = CORREL(A2:A40;B2:B40))**.**

Em termos claros, indica a correlação entre o número do período nas células A2 a A40 e os faturamentos nas células B2 a B40. Eu nem tenho palavras para expressar o quanto isso é ótimo. Longe de mim parecer um idoso da era dos dinossauros, mas quando fiz meu primeiro curso de Estatística, calcular essa correlação podia levar até 20 minutos, porque tínhamos que fazer isso em uma calculadora antiga da Burroughs, que tinha uma manivela na lateral. Agora, com o Excel, leva 10 segundos.

A correlação é –0,38. É provável que seja a variação real ou apenas aleatória? Em outras palavras, se você aumentou os períodos, talvez, em mais 40 ou voltou no tempo, obteve uma correlação semelhante à que tem aqui? Uma correlação negativa entre, digamos, –0,25 e –0,5? Ou obteve uma correlação entre –0,1 e +0,1 (isto é, nenhum relacionamento real)?

2. **Para descobrir se a correlação é real ou aleatória, digite** = D2/(1/RAIZ(-CONT.NÚM(A2:A40)-1)) **na célula D4.**

A fórmula deduz que a fórmula CORREL da etapa 1 está na célula D2.

Isso retorna algo chamado *valor z* ou *estatística z*. Informa onde a correlação em D2 está em uma curva normal. Um valor negativo de z encontra-se abaixo do valor médio da distribuição normal.

3. **Imagine que você possa repetir esse teste 100 vezes, cada vez com um conjunto diferente de dados. Para descobrir quantos desses conjuntos de dados teriam valores z tão grandes quanto o da célula D4, digite** = DIST.NORMP.N(D4;VERDADEIRO) **na célula D6.**

Essa fórmula retorna o valor 0,93%. Isso é menos que 1%. Em bom português, isso significa que, se a correlação verdadeira fosse 0, você esperaria obter uma correlação calculada tão longe de 0 quanto –0,38 em somente 1 desses hipotéticos 100 conjuntos de dados. É mais lógico supor que a correlação entre a receita e o período de tempo é verdadeiramente diferente de 0 do que deduzir que é a única de 100, o que é um desvio.

Uma vez que você siga essas três etapas que acabamos de descrever, a planilha será parecida com a mostrada na Figura 4-7. Ela apresenta três fórmulas ainda não exibidas na Figura 4-6, que juntas informam se a tendência nos dados de vendas tem mais probabilidade de ser real ou se é mais provável que seja uma sombra. Você está convertendo a correlação em um valor z, aquele que pode usar junto com a curva normal.

CAPÍTULO 4 **Prevendo o Futuro: Por que a Previsão Funciona** 61

PAPO DE ESPECIALISTA

Quando você estiver testando as correlações para a significância estatística, conforme as etapas 1 a 3, lembre-se de que dois aspectos determinam a probabilidade a calcular: o tamanho da correlação e o número de pontos de dados que entram nela. Aqui, você tem uma correlação mediana e um número razoavelmente grande de pontos de dados, portanto, não se surpreenda se obtiver um resultado estatisticamente significativo.

Se você concluir que a tendência dos cálculos da correlação é real (e quando a probabilidade for menos de 1% a ponto da correlação ser uma sombra, você provavelmente deve acatar essa conclusão), se questionará com mais duas perguntas:

» **Devo usar um método de previsão que lide bem as tendências?** Você pensa que, se detectou uma tendência, deve usar um método de previsão que lide bem com tendências. Pode ser, mas não necessariamente. Suponha que, em vez de usar o período de tempo como uma das variáveis em sua análise de correlação, tenha utilizado algo como o faturamento da *concorrência*.

FIGURA 4-7: Como você calculou o valor z da correlação na célula D4, é possível compará-lo com a distribuição padrão normal (DIST.NORMP.N) na célula D6.

Caso o faturamento da concorrência esteja caindo como o seu (ou se ambos os conjuntos de faturamento estão crescendo), você encontrará uma provável correlação significativa entre as suas receitas e as da concorrência. Porém, é bem possível, e até provável, que não exista uma relação causal real entre a receita dela e a sua. Pode ser que tanto a sua quanto a dela esteja

62 PARTE 1 **Entendendo a Previsão de Vendas e Como o Excel Pode Ajudar**

correlacionada ao fator causal real: a dimensão global do mercado está mudando. Nesse caso, provavelmente seria muito melhor usar um cálculo para a dimensão geral do mercado como sua variável preditora. Nesse cenário, o tamanho do mercado tem uma relação causal direta com sua receita, enquanto a receita da concorrência tem apenas uma relação indireta com sua receita.

» **Devo manipular os efeitos da acumulação dos dados?** Uma variável oculta, como uma mudança consistente na dimensão geral de um mercado, pode levá-lo a acreditar que uma variável preditora e a variável que você deseja prever estão diretamente relacionadas, quando, na verdade, não estão. Ou a variável preditora e a variável de previsão podem mudar de forma parecida porque estão relacionadas ao *tempo*.

A maneira de lidar com esse tipo de situação é primeiro manipular a acumulação de dados das duas variáveis por meio de uma transformação. (Mostro como fazer isso no Capítulo 17.)

Ou você pode optar por fazer a sua previsão usando um método que não necessariamente atenda bem às tendências, como as médias móveis ou a simples suavização exponencial. Um dos motivos para fazer isso é que você consegue descobrir que o método de regressão com seu conjunto de dados não é um preditor tão preciso quanto as médias móveis ou a suavização. Mais uma vez, confira se pode converter os dados para remover a tendência.

Oh, Cupido: Encontrando uma Relação entre os Dados

Quando você fizer uma *previsão quantitativa* (uma previsão que usa uma linha de base numérica, em vez das opiniões de especialistas), estará sempre procurando por relacionamentos. Imagine que você esteja pensando na possibilidade de utilizar a regressão para fazer uma previsão. Você tem à disposição inúmeras variáveis preditoras, e qualquer uma (ou qualquer combinação) que pode resultar em sua melhor previsão.

No panorama das vendas, isso significa procurar relacionamentos entre as vendas e algumas outras variáveis, tais como o tamanho da equipe de vendas, o período de tempo ou o preço unitário. (Os pareceres de especialistas, contanto que venham de um verdadeiro especialista, são valiosos também, mesmo se você usá-los somente para contextualizar a previsão quantitativa.)

A relação entre o faturamento de um período de tempo e um período anterior também é interessante. Isso é chamado de *autocorrelação* e, conceitualmente,

CAPÍTULO 4 **Prevendo o Futuro: Por que a Previsão Funciona** 63

é parecido com a *autorregressão*. Calcular uma autocorrelação pode ajudá-lo a tomar muitas decisões, como por exemplo:

- » Quais métodos de previsão usar.
- » Se você seria induzido ao erro por uma previsão de média móvel.
- » Como estruturar uma previsão de suavização exponencial.
- » Se é para manipular os efeitos da acumulação de dados ou não.

Calcular essas relações uma a uma pode ser uma grande chatice, sobretudo se você tiver um número considerável de possíveis variáveis preditoras. Para fazer isso, utilize o suplemento de Análise de Dados.

Uma das ferramentas que você encontrará no suplemento de Análise de Dados é a ferramenta Correlação. (Para obter mais informações sobre como instalar o suplemento no Excel, veja o Capítulo 7.) Se você configurar a linha de base como uma tabela do Excel, a ferramenta Correlação o poupará da agonia de realizar os cálculos de inúmeras correlações.

A Figura 4-8 começa com um exemplo que esta seção tenta resolver. Veja:

- » Faturamento (a variável que você quer prever).
- » Período de tempo.
- » Preço unitário.
- » Tamanho da equipe de vendas.

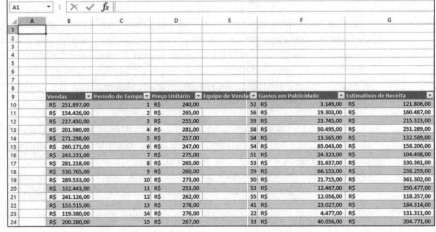

FIGURA 4-8: São dados demais para calcular convenientemente com as funções de planilha.

- » Valor gasto em publicidade.
- » Total das estimativas de receitas dos gerentes de vendas.

Seu objetivo é decidir quais (se houver) das cinco últimas variáveis podem ser consideradas variáveis preditoras em uma previsão de regressão para o faturamento. Para começar esse trabalho, calcule cada um dos coeficientes de correlação. Mostro como fazer isso na próxima seção.

Escolha as variáveis preditoras

Um dos objetivos do método de regressão é a *parcimônia*, ou seja, uma maneira pomposa de dizer que você não quer utilizar mais variáveis preditoras do que o necessário, quando *estiver* usando mais de uma. Suponha que uma das variáveis preditoras disponíveis seja o preço unitário e a outra seja as unidades vendidas. Essas duas variáveis costumam estar muitíssimo relacionadas: quanto menor o preço, mais unidades você venderá.

Desse modo, em uma situação de regressão, é melhor usar uma ou outra, mas provavelmente não ambas, como uma variável preditora. Se duas variáveis, tais como as unidades vendidas e o preço unitário, estiverem fortemente correlacionadas, elas tendem a ser redundantes. Imagine que você use o período de tempo e o preço unitário juntos para prever a receita. Nesse caso, normalmente não é uma boa ideia acrescentar as unidades vendidas à equação de previsão, porque acrescentaria pouca informação ao que já é informado pelo preço unitário.

PAPO DE ESPECIALISTA

E a adição das unidades vendidas à equação tem um preço: trata-se de alguns aspectos técnicos a respeito dos graus de liberdade, uma coisa horrível chamada multicolinearidade, e alguns fatores mais práticos envolvendo um R Múltiplo ilusoriamente alto (veja o Capítulo 11 para obter mais informações sobre tudo isso).

Sua análise de correlação inicial deve investigar a força da relação entre cada variável preditora e os faturamentos, porque, se a relação é fraca, você não a quer em sua equação de previsão. Todavia, você também deve analisar a força da relação entre cada par de preditoras, porque se ela for muito forte, você acabará com mais variáveis do que precisa ou deseja na equação.

Em vez de começar a calcular todas as 15 correlações, você pode usar a função de planilha do Excel PROJ.LIN. Essa função retorna os resultados que permitem avaliar as relações entre as variáveis preditoras e entre cada variável preditora e variável prevista (nesse caso, o faturamento). Analisamos mais de perto esse método no Capítulo 12. Por ora, pensar em termos de correlações individuais ajuda a preparar o cenário para usar a análise mais sofisticada que você pode obter com PROJ.LIN.

Existem seis variáveis na lista da linha de base. Isso significa que você precisa calcular 15 coeficientes de correlação. Se usar a função CORREL para calculá-los, perderá seu tempo e correrá o risco de cometer erros. É um trabalho tedioso e exigente. Como eu mesmo fiz, isto é, calculei as correlações uma por uma usando a fórmula CORREL, posso dizer que isso resulta em uma baita dor na lombar.

DICA

Caso você queira saber de quantas correlações diferentes precisará para qualquer número determinado de variáveis, use esta fórmula, onde NC é o número de correlações e NV é o número de variáveis:

```
NC = NV * (NV - 1) / 2
```

Veja como obter a chamada *matriz de correlação* (que é uma tabela de coeficientes de correlação) com a ferramenta Correlação do suplemento de Análise de Dados, usando os dados mostrados na Figura 4-8:

1. **Com o suplemento de Análise de Dados instalado no Excel, clique na aba Dados na Faixa de Opções e escolha Análise de Dados no grupo Análise.**

A caixa de diálogo Análise de Dados aparece.

2. **Na caixa de listagem Ferramentas de Análise, escolha Correlação e clique em OK.**

A caixa de diálogo Correlação aparece.

3. **Clique na caixa Intervalo de Entrada e arraste o intervalo de entrada inteiro, incluindo os rótulos na parte superior de cada coluna.**

4. **Verifique se o botão de opções Colunas está selecionado.**

5. **Marque a caixa de seleção Rótulos na Primeira Linha.**

6. **Clique no botão Intervalo de Saída.**

A ferramenta Correlação pode fazer com que a caixa Intervalo de Entrada ative novamente quando você clicar no botão Intervalo de Saída. Se isso acontecer, clique na caixa Intervalo de Saída e arraste qualquer endereço de célula que já possa aparecer lá, antes de você entrar na célula onde deseja que a saída comece (como A1).

7. **Clique em OK.**

A ferramenta Correlação controla e cria a matriz triangular de correlações, mostrada na Figura 4-9.

	A	B	C	D	E	F	G
1		Vendas	Período de Tempo	Preço Unitário	Equipe de Vendas	Gastos em Publicidade	Estimativas de Receita
2	Vendas	1					
3	Período de Tempo	0,56	1				
4	Preço Unitário	-0,32	-0,26	1			
5	Equipe de Vendas	0,17	-0,40	0,21	1		
6	Gastos em Publicidade	0,57	0,45	-0,04	0,16	1	
7	Estimativas de Receita	0,40	0,07	0,12	0,38	0,34	1

	Vendas	Período de Tempo	Preço Unitário	Equipe de Vendas	Gastos em Publicidade	Estimativas de Receita
R$ 251.897,00	1	240	52	R$ 3.149,00	R$ 121.806,00
R$ 154.426,00	2	265	56	R$ 19.303,00	R$ 160.487,00
R$ 237.450,00	3	255	59	R$ 23.745,00	R$ 215.323,00
R$ 201.980,00	4	281	58	R$ 50.495,00	R$ 251.289,00
R$ 271.298,00	5	257	54	R$ 13.565,00	R$ 132.589,00
R$ 260.171,00	6	247	54	R$ 65.043,00	R$ 158.200,00
R$ 243.231,00	7	275	51	R$ 24.323,00	R$ 104.498,00
R$ 281.218,00	8	265	53	R$ 31.637,00	R$ 330.361,00
R$ 330.765,00	9	260	59	R$ 66.153,00	R$ 238.259,00
R$ 289.533,00	10	273	50	R$ 21.715,00	R$ 361.302,00
R$ 332.443,00	11	253	53	R$ 12.467,00	R$ 350.477,00
R$ 241.126,00	12	262	55	R$ 12.056,00	R$ 118.257,00
R$ 153.515,00	13	278	41	R$ 23.027,00	R$ 184.314,00

FIGURA 4-9: As correlações de 1,00 aparecem porque a correlação de uma variável com ela própria é sempre 1,00.

DICA

Para as correlações, a ferramenta Correlação dispõe de 15 casas decimais. Isso é demais para os propósitos atuais e faz com que a matriz seja mais difícil de ler. Veja como alterar o número de casas decimais:

1. **Selecione a matriz inteira.**
2. **Clique na aba Início da Faixa de Opções.**
3. **Clique em Formatar no grupo Células.**
4. **Clique em Formatar Células.**
5. **Selecione a aba Número.**
6. **Na lista suspensa Categoria, selecione Número.**
7. **Aceite o padrão de duas casas decimais (ou altere-o, se desejar) e clique em OK.**

   Isso altera os 1 inteiros na diagonal principal para mostrar 1,00. Você pode selecioná-los um por um e reduzir as casas decimais para zero, mas isso não faz muito sentido;

LEMBRE-SE

O principal objetivo de analisar as correlações é iniciar o processo de eliminar as variáveis preditoras desnecessárias e identificar as variáveis potencialmente úteis.

CAPÍTULO 4 **Prevendo o Futuro: Por que a Previsão Funciona** 67

Analise as correlações

O que informa toda essa análise de correlação preliminar? A primeira coisa que posso ver ao analisar a matriz de correlação é que quero começar usando o Período de Tempo e a Publicidade como variáveis preditoras, pelo menos para uma primeira execução. Elas têm correlações respeitáveis com as vendas: 0,56 e 0,57 nas células B3 e B6 da Figura 4-9. Eu também poderia usar as Estimativas de Receita, que apresentam uma correlação de 0,40 com as vendas (célula B7).

E, certamente, quero eliminar o Preço Unitário e a Equipe de Vendas como variáveis preditoras; ambas apresentam correlações relativamente baixas em relação às vendas. Além disso, a Equipe de Vendas tem uma correlação moderada com o Período de Tempo, que eu já decidi manter. Assim, a Equipe de Vendas pode não adicionar muita informação além daquelas fornecidas pelo Período de Tempo.

Meu próximo passo seria usar a ferramenta Regressão do suplemento de Análise de Dados para criar uma previsão (veja os Capítulos 11 e 16 para obter mais informações sobre como usar a ferramenta Regressão). E eu começaria usando o Período de Tempo, a Publicidade e as Estimativas de Receita como minhas variáveis preditoras. (Lembre-se de que quando você usa mais de uma variável preditora, ainda acaba com uma equação de previsão. Para cada variável preditora adicionada, a Regressão apenas acrescenta outro fator à equação.)

Não tenho total certeza a respeito de minhas opiniões sobre as correlações. À vista disso, eu continuaria usando a ferramenta Regressão mais duas ou três vezes: depois de adicionar o Preço Unitário às variáveis preditoras, depois de adicionar à Equipe de Vendas. E dependendo desses resultados, posso adicioná-los às variáveis preditoras e usar a ferramenta Regressão em todos as possíveis variáveis preditoras. Se eu tivesse uma linha de base mais curta, ficaria preocupado com isso.

DICA

Eu gosto de ter, pelo menos, oito vezes mais períodos de tempo na linha de base do que variáveis preditoras na equação de regressão, porém isso é apenas uma regra prática.

A Figura 4-10 mostra os resultados de usar a ferramenta Regressão do suplemento de Análises de Dados com o Período de Tempo, a Publicidade e as Estimativas de Receitas como variáveis preditoras.

FIGURA 4-10: O R Múltiplo e o R Quadrado informam que essa previsão de regressão será razoavelmente confiável.

	B	C	D	E	F	G	H	I	J
1	Período de Tempo	Gastos em Publicidade	Estimativas de Receita		SAÍDA RESUMIDA				
2	1	R$ 3.149,00	R$ 121.806,00						
3	2	R$ 19.303,00	R$ 160.487,00		Estatísticas de Regressão				
4	3	R$ 23.745,00	R$ 215.323,00		R Múltiplo	0,71			
5	4	R$ 50.495,00	R$ 251.289,00		R-Quadrado	0,51			
6	5	R$ 13.565,00	R$ 132.589,00		R-Quadrado Ajustado	0,46			
7	6	R$ 65.043,00	R$ 158.200,00		Erro-Padrão	42863,56562			
8	7	R$ 24.323,00	R$ 104.498,00		Observações	40			
9	8	R$ 31.637,00	R$ 330.361,00						
10	9	R$ 66.153,00	R$ 238.259,00		ANOVA				
11	10	R$ 21.715,00	R$ 361.302,00			gl	SQ	MQ	F
12	11	R$ 12.467,00	R$ 350.477,00		Regressão	3	67639514632	22546504877	12,27
13	12	R$ 12.056,00	R$ 118.257,00		Resíduo	36	66142269278	1837285258	
14	13	R$ 23.027,00	R$ 184.314,00		Total	39	133781783910		
15	14	R$ 4.477,00	R$ 131.311,00						
16	15	R$ 40.056,00	R$ 204.771,00			Coeficientes	Erro-Padrão	Estat t	Valor p
17	16	R$ 5.310,00	R$ 136.308,00		Interceptação	156152,3871	22546,21	6,93	0,00
18	17	R$ 18.452,00	R$ 240.851,00		Período de Tempo	2044,658311	659,35	3,10	0,00
19	18	R$ 42.841,00	R$ 221.149,00		Gastos em Publicidade	0,83644559	0,39	2,12	0,04
20	19	R$ 11.197,00	R$ 106.862,00		Estimativas de Receitas	0,217648767	0,10	2,16	0,04

Existe muita informação envolvida nessa análise. No início, o item mais importante é o número do R-quadrado na célula G5. Ele pode variar de 0 a 1,0, e quanto mais perto for de 1,0, mais precisa sua previsão pode ser. Um R-quadrado de 0,5 não é ruim. Significa que 50% da variabilidade nas vendas pode ser prevista usando a equação de previsão de regressão.

PAPO DE ESPECIALISTA

Dependendo de onde você olha, verá que os documentos relacionados ao Excel e o próprio Excel usam os termos *R-quadrado*, *R ao quadrado* e até mesmo R^2. Eles são a mesma coisa.

Na Figura 4-10, você encontra os coeficientes para a equação de previsão nas células G17 a G20. Arredondando-os um pouco, sua equação seria:

```
Vendas = 156152 + (2044 * Período de Tempo) + (0,8 *
    Publicidade) + (Estimativas de Receita * 0,22)
```

Basta inserir os valores do Período de Tempo, Publicidade e Estimativas de Receita do próximo período na equação para obter sua próxima Previsão de Vendas.

LEMBRE-SE

A análise de correlação apenas dá uma noção para começar com suas variáveis preditoras escolhidas. Com 5 variáveis preditoras possíveis, existem 31 combinações diferentes, incluindo 1, 2, 3, 4 ou 5 variáveis preditoras, e você precisa começar de algum lugar. Uma boa ideia é começar com uma análise das relações entre as variáveis.

CAPÍTULO 4 **Prevendo o Futuro: Por que a Previsão Funciona**

2

Organizando os Dados

NESTA PARTE...

A Parte 2 aborda como configurar os dados como base para uma previsão. Compreender a linha de produtos, a estratégia de vendas da empresa e o mercado em que você e o seu pessoal estão vendendo é extremamente importante. Igualmente importante é ter um histórico de vendas que possa usar para fazer a previsão numérica. A Parte 2 mostra como configurar esse histórico de vendas para que o Excel aproveite melhor esses números.

NESTE CAPÍTULO

» **Sabendo quando estar atento à ordenação e quando ignorá-la**

» **Reconhecendo a importância dos períodos de tempo**

» **Fazendo com que seus períodos de tempo sejam iguais**

Capítulo **5**

Selecionando os Dados: Como Obter uma Boa Linha de Base

Na maioria dos casos, você pode tirar o máximo proveito do histórico de dados da sua linha de base de vendas se ordená-lo cronologicamente. E como fará uma previsão para o futuro, a ordem deve ser cronológica crescente. Este capítulo mostra a maneira mais fácil de organizar essa ordem na linha de base.

Sua previsão será por um período de tempo específico. De certo modo, os períodos de tempo da sua linha de base determinam o período que sua previsão vai abranger. Por exemplo, se os períodos de tempo de sua linha de base forem anos, ficará complicado fazer a previsão da receita para o próximo mês. Por outro lado, se você precisa da previsão de um ano, tem que dar uma ajeitadinha em sua linha de base. Em ambos os casos, a duração de cada período de tempo na linha de base é primordial.

Quando você faz uma previsão, está tentando distinguir o *sinal* (o elemento regular e consistente da sua linha de base) do *ruído* (as irregularidades provenientes de eventos imprevisíveis, como representantes de vendas que ficam doentes, mudanças aleatórias nos padrões de compra dos clientes e assim por diante). Para ajudar com essa distinção, você quer impor certa ordem ao caos. Uma das maneiras de se fazer isso é utilizar períodos de tempo igualmente espaçados cuja duração seja quase igual.

Deus Ajuda Quem Cedo Madruga: Ordenando Seus Números

Uma das características de uma linha de base pertinente é que os dados estão em uma *ordem* racional. Para alguns fins, você pode ter uma tabela de faturamento mensal classificada por ordem de grandeza. Ou seja, primeiro você pode mostrar o faturamento mensal, em seguida, o segundo maior e assim sucessivamente. Isso teria a tendência de destacar os períodos de tempo mais prósperos (e na parte inferior, os menos prósperos). Ou você pode ter a tabela classificada por representante de vendas, a fim de reunir os resultados de cada representante.

É até possível que você tenha, em uma planilha do Excel, um conjunto de dados de vendas que retornou de uma consulta de banco de dados em alguma sequência aleatória. O importante é não se esquecer de que, antes de criar uma previsão lógica, os dados devem ser agrupados e classificados em ordem crescente por data.

Por que a ordem é importante: Médias móveis

Quando você faz uma previsão utilizando médias móveis, está obtendo a média de inúmeros resultados consecutivos; neste livro, analiso os resultados de vendas, mas eu poderia facilmente monitorar o número de acidentes de trânsito ao longo do tempo. Desse modo, veja como obter as médias móveis:

> » **Primeira média móvel:** A média móvel dos meses de janeiro, fevereiro e março.

> » **Segunda média móvel:** A média móvel dos meses de fevereiro, março e abril.

> » **Terceira média móvel:** A média móvel dos meses de março, abril e maio.

Observe que as médias móveis combinam um número igual de meses (três cada) e cada média móvel consecutiva *começa* com o próximo mês consecutivo. A Figura 5-1 é um exemplo disso.

Na Figura 5-1, as colunas C a F mostram as médias móveis, bem como de onde cada média móvel vem. Por exemplo, a terceira média móvel é 42.745 (na célula E6) e é a média dos valores nas células B4, B5 e B6.

Suponha que você decida que cada média móvel terá como base três valores da linha de base. A primeira média móvel *deve* ser baseada nos três primeiros valores cronologicamente ordenados. Os valores da linha de base *devem* estar em ordem cronológica, conforme mostrado na Figura 5-1. É possível fazer com que a primeira média móvel seja composta dos meses de janeiro, fevereiro e março, mesmo que a linha de base esteja em uma ordem aleatória, porém isso é tedioso e suscetível a erros. E também não faz muito sentido. Mas, se você classificar a linha de base em ordem cronológica, poderá usar um simples copiar e colar ou o AutoPreenchimento para criar as médias móveis.

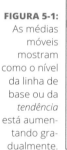

FIGURA 5-1: As médias móveis mostram como o nível da linha de base ou da *tendência* está aumentando gradualmente.

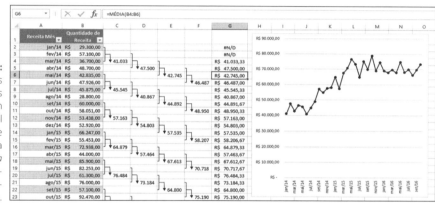

A Figura 5-1 demonstra como as médias móveis *devem* ser: a linha de base nas colunas A e B estão ordenadas. Há um, e apenas um, registro para cada período de tempo. O nível da linha de base está aumentando gradualmente ao longo do tempo e o gráfico de médias móveis reflete esse crescimento.

Veja como é fácil obter as médias móveis mostradas na Figura 5-1:

1. **Na célula G4, digite** =MÉDIA(B2:B4) **e pressione Enter.**

2. **Caso necessário, selecione novamente a célula G4. Clique na aba Página Inicial da Faixa de Opções e selecione Copiar no grupo Editar.**

3. **Selecione o intervalo de células G5:G37 e escolha Colar no grupo Editar.**

CAPÍTULO 5 **Selecionando os Dados: Como Obter uma Boa Linha de Base**

Isso é tudo. (O AutoPreenchimento é ainda mais rápido na planilha, mas, para descrevê-lo, são necessárias mais palavras nesta página impressa.)

Em contrapartida, a Figura 5-2 mostra o que pode acontecer quando os dados em sua linha de base não estão ordenados.

Na Figura 5-2, não há nenhuma explicação para a ordem em que aparecem os dados da linha de base, e isso é exatamente o tipo de coisa que poderá acontecer se você obtiver os dados da linha de base em relatórios mensais que foram colocados em uma pasta de arquivo qualquer, ou até mesmo se os colocou em sua planilha a partir de um banco de dados que armazena os resultados mensais em alguma outra ordem.

O gráfico apresenta as médias móveis em ordem cronológica, mas, quando as médias são baseadas em uma sequência aleatória de meses, isso não ajuda muito. Observe na Figura 5-2 que as médias móveis no gráfico formam uma linha que não mostra nenhuma tendência, porém sabemos a partir da Figura 5-1 que a tendência está subindo lentamente.

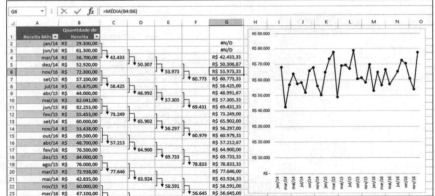

FIGURA 5-2: Suas médias móveis podem oscilar demais se você não ordenar a linha de base.

Caso você obtenha os dados em algum tipo de ordem aleatória, como nas colunas A e B da Figura 5-2, o problema é facilmente corrigido. Siga estas etapas:

1. **Clique na seta suspensa na célula A1.**

2. **Clique em Classificar do Mais Antigo para o Mais Recente, conforme mostrado na Figura 5-3.**

   Agora, a sua linha de base será classificada em ordem cronológica e as médias móveis serão coerentes. (Estou partindo do princípio que sua tabela tem apenas um registro por período de tempo. Se não tiver, você provavelmente desejará começar movendo os dados para uma tabela dinâmica e agrupando os registros. O Capítulo 8 mostra como isso é feito.)

FIGURA 5-3: Diferentes tipos de dados têm opções diferentes de classificação.

Por que a ordem é importante: Suavização exponencial

A lógica por trás da suavização exponencial é semelhante à lógica das médias móveis. Em ambos os casos, você faz a previsão do que acontecerá a seguir com base no que aconteceu antes. Por exemplo, em uma média móvel de três períodos, você obteria uma previsão de abril pela média de janeiro, fevereiro e março ou uma previsão do quarto trimestre pela média dos valores reais do primeiro, segundo e terceiro trimestres.

E com as médias móveis, você geralmente atribui a cada período, na média, o mesmo peso: Previsão T4 = (T1 + T2 + T3) ÷ 3. Com a suavização exponencial, quanto mais você volta na linha de base, menor é o impacto dos valores reais sobre a próxima previsão. Por exemplo, são admissíveis os seguintes fatores para obter uma previsão para julho utilizando a suavização exponencial:

» Junho influencia 100% na previsão de julho.

» Maio influencia 70%.

» Abril influencia 50%.

» Março influencia 34%.

» Fevereiro influencia 24%.

Portanto, quanto mais você volta na linha de base, menos o resultado de um dado real influencia a próxima previsão. Essa é uma abordagem intuitivamente tentadora: provavelmente você já sabe como, digamos, a moda, no quesito vestuário, influencia cada vez menos as suas escolhas de como se vestir à medida que o tempo passa. As coisas mudam, como, por exemplo, ternos do tempo da brilhantina, jeans rasgados. Polainas.

Aparentemente, a fórmula que você usa para fazer a suavização exponencial é simples. Veja o exemplo da Figura 5-4.

Pode-se dizer, ao observar a fórmula na Barra de Fórmulas, que uma previsão é uma média ponderada do valor real anterior e da previsão anterior. Novamente, depois de inserir a fórmula uma vez, perto da parte superior da linha de base, é só uma questão de copiá-la e colá-la até o final da linha de base.

Porém isso acontece porque a linha de base está em ordem cronológica, com os resultados reais mais antigos mostrados primeiro. Caso a linha de base estivesse em alguma ordem aleatória, como na Figura 5-2, você poderia fazer a suavização exponencial, todavia levaria uma eternidade para acertar as fórmulas.

FIGURA 5-4: Isso vira um tédio rapidamente caso a linha de base não esteja ordenada cronologicamente.

	A		B		C	D
			Quantidade de			
1	Receita M▼		Receita ▼	Previsão	▼	
2	jan/14	R$	29.300,00		#N/D	
3	fev/14	R$	57.100,00	R$	29.300,00	
4	mar/14	R$	36.700,00	R$	37.640,00	
5	abr/14	R$	48.700,00	R$	37.358,00	
6	mai/14	R$	42.835,00	R$	40.760,60	
7	jun/14	R$	47.926,00	R$	41.382,92	
8	jul/14	R$	45.875,00	R$	43.345,84	
9	ago/14	R$	28.800,00	R$	44.104,59	
10	set/14	R$	60.000,00	R$	39.513,21	
11	out/14	R$	58.051,00	R$	45.659,25	
12	nov/14	R$	53.438,00	R$	49.376,77	
13	dez/14	R$	52.920,00	R$	50.595,14	
14	jan/15	R$	66.247,00	R$	51.292,60	
15	fev/15	R$	55.453,00	R$	55.778,92	
16	mar/15	R$	72.938,00	R$	55.681,14	
17	abr/15	R$	44.000,00	R$	60.858,20	
18	mai/15	R$	85.900,00	R$	55.800,74	
19	jun/15	R$	82.253,00	R$	64.830,52	
20	jul/15	R$	61.300,00	R$	70.057,26	
21	ago/15	R$	76.000,00	R$	67.430,08	
22	set/15	R$	57.100,00	R$	70.001,06	
23	out/15	R$	92.470,00	R$	66.130,74	

Barra de Fórmulas: C4 — `=0,3*B3+0,7*C3`

Por que a ordem não é importante: Regressão

Com as médias móveis e a suavização exponencial, o argumento para colocar a linha de base em ordem cronológica reside no fato de que você está usando a própria variável da previsão para fazer a próxima previsão. Está calculando a média, ou combinando, os valores anteriores dos faturamentos para prever o próximo valor relativo à receita. Assim sendo, é relevante ter a linha de base ordenada cronologicamente.

O mesmo pode ocorrer com o método de regressão, através do qual você usa um aplicativo como o Excel para analisar a linha de base e desenvolver uma equação para utilizar em suas previsões. Quando usado dessa maneira, é chamado de *autorregressão*, pois, mais uma vez, você está prevendo a partir de valores reais anteriores. A autorregressão precisa que a linha de base esteja em ordem cronológica.

Outro exemplo de regressão na previsão é o uso de uma variável *diferente* para prever as vendas, algo como o tamanho de sua equipe de vendas, a mudança na participação de mercado, o preço unitário, até mesmo o mês e o ano durante os quais seus representantes de vendas realizaram essas vendas. Muitas variáveis podem influenciar o faturamento ou o número de unidades vendidas. E aqui, finalmente, não importa em qual ordem sua linha de base está. A Figura 5-5 mostra o principal motivo.

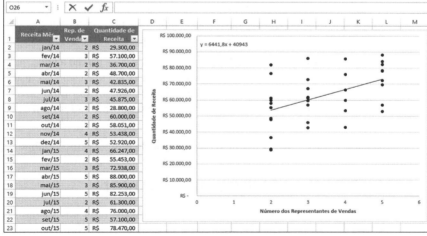

FIGURA 5-5: O gráfico, XY (gráfico de dispersão), não exige que a linha de base esteja em uma ordem específica.

Você não está fazendo a previsão com base nos valores anteriores de sua linha de base de vendas. Sua previsão baseia-se completamente em outra variável.

CAPÍTULO 5 **Selecionando os Dados: Como Obter uma Boa Linha de Base**   79

Se tiver mais representantes de vendas, sua análise conseguirá prever o aumento das receitas. Isso se deve à relação do histórico entre o número de representantes de vendas e o montante da receita. A análise de regressão disponibiliza uma equação (mostrada no gráfico da Figura 5-5). Se você colocar o próximo número de representantes de vendas na equação, ele aparecerá em sua previsão de receita.

Como a análise de regressão não exige que a linha de base esteja em ordem cronológica, você pode deixá-la em uma ordem aleatória. Mas por que fazer isso? Imagino que se é assim que seus dados chegam e você só quer usar a regressão, poderá começar a classificá-los primeiro.

Siga as Regras: Por que os Períodos de Tempo São Importantes

Particularmente, dois termos são importantes para esta seção:

>> **Linha de base:** Eu faço uso meio vago desse termo. Normalmente, ele é utilizado para se referir ao histórico dos dados, de um passado remoto até os dias de hoje, e composto de, pelo menos, uma variável, aquela que será prevista. A linha de base também pode apresentar outros cálculos, como as datas em que a variável de previsão foi calculada e outras variáveis de juros, como preço unitário ou o número de representantes de vendas. Mas o termo *linha de base* também pode ser usado somente para se referir à própria variável da previsão. Quase sempre você pode entender o que o termo significa a partir do contexto em que ele é usado.

>> **Período de tempo:** É o período em que você dividiu a linha de base. Geralmente, a previsão de vendas é feita em meses ou trimestres, embora algumas empresas utilizem a receita semanal. (Não importa, a propósito: todos os números de vendas podem ser aproveitados para a previsão.)

Nas seções a seguir, explico os períodos de tempo mais detalhadamente.

Decida até quando prever

Quando lhe pedem para fazer uma previsão, uma das primeiras coisas que você precisa levar em consideração é quanto no futuro quer chegar com a previsão. Algumas técnicas de previsão permitem prever mais do que outras. A Figura 5-6 mostra duas técnicas que permitem prever apenas um período de tempo à frente.

FIGURA 5-6: As médias móveis são geralmente limitadas às previsões de um período a frente.

D29	▼	:	✕ ✓ fx	=MÉDIA(B26:B28)	
◢	A	B	C	D	E
1	Receita Mês	Quantidade Real da Receita		Médias Móveis	
2	jun/14	R$ 47.926,00			
3	jul/14	R$ 45.875,00		#N/D	
4	ago/14	R$ 28.800,00		#N/D	
5	set/14	R$ 60.000,00		R$ 40.867,00	=MÉDIA(B2:B4)
6	out/14	R$ 58.051,00		R$ 44.891,67	
7	nov/14	R$ 53.438,00		R$ 48.950,33	
8	dez/14	R$ 52.290,00		R$ 57.163,00	
9	jan/15	R$ 66.247,00		R$ 54.593,00	
10	fev/15	R$ 55.453,00		R$ 57.325,00	
11	mar/15	R$ 72.936,00		R$ 57.996,67	
12	abr/15	R$ 44.000,00		R$ 64.878,67	
13	mai/15	R$ 85.900,00		R$ 57.463,00	
14	jun/15	R$ 82.253,00		R$ 67.612,00	
15	jul/15	R$ 61.300,00		R$ 70.717,67	
16	ago/15	R$ 76.000,00		R$ 76.484,33	
17	set/15	R$ 57.100,00		R$ 73.184,33	
18	out/15	R$ 92.470,00		R$ 64.800,00	
19	nov/15	R$ 60.000,00		R$ 75.190,00	
20	dez/15	R$ 84.000,00		R$ 69.856,67	
21	jan/16	R$ 62.900,00		R$ 78.823,33	
22	fev/16	R$ 76.500,00		R$ 68.966,67	
23	mar/16	R$ 67.100,00		R$ 74.466,67	
24	abr/16	R$ 59.700,00		R$ 68.833,33	
25	mai/16	R$ 82.041,00		R$ 67.766,67	
26	jun/16	R$ 61.300,00		R$ 69.613,67	
27	jul/16	R$ 80.700,00		R$ 67.680,33	
28	ago/16		Previsão	R$ 74.680,33	=MÉDIA(B25:B27)
29	set/16		Previsão	R$ 71.000,00	=MÉDIA(B26:B28)

Outros capítulos (como os Capítulos 13 e 15) mostram muito mais sobre como e a razão pela qual as fórmulas na Figura 5-6 fazem boas previsões. Por enquanto, observe o que acontece quando você as estende demais: como elásticos, elas arrebentam e, com um estalo, voltam para você.

Primeiro, analise a célula D5 na Figura 5-6. É a média das células B2, B3 e B4, e é o que o método da média móvel prevê para setembro de 2014. Ou seja, a forma como essa previsão está configurada, a previsão para setembro é a média de junho, julho e agosto. Você pode ver a previsão de R$40.867 na célula D5 e a própria fórmula exemplificada na célula E5.

A fórmula em D5 é copiada e colada para baixo a partir da célula D28, na qual ela disponibiliza a previsão "real" para agosto de 2016. Eu estou usando "real" no sentido de que ainda não vi um valor real para esse mês, meu valor real mais recente é para julho de 2016. Portanto, agosto de 2016 está além do fim da linha de base e a previsão para aquele mês é uma previsão real. A fórmula em si aparece na célula E28.

Todavia, se eu copiar e colar a fórmula em uma linha mais abaixo, a fim de tentar fazer uma previsão para setembro de 2016, ela se estenderá demais. Agora, ela está tentando calcular a média dos resultados reais de junho a agosto de 2016, e eu não tenho nenhum dado real para agosto. Devido ao modo como a MÉDIA do Excel funciona, ela ignora a célula B28 e a fórmula retorna a média de B26 e B27.

CAPÍTULO 5 **Selecionando os Dados: Como Obter uma Boa Linha de Base** 81

Pode não ser crime alterar a esmo as médias móveis de três meses para dois meses, mas você não deveria fazer isso. Se fizer, acabará misturando alhos com bugalhos.

E se você diminuir muito a previsão, ela começará a retornar um valor de erro muito desagradável #DIV/0!. (Esse ponto de exclamação não é meu, é do Excel, e é para chamar a sua atenção. O Excel está gritando: "Você está tentando dividir por zero!")

Uma situação parecida ocorre com a suavização exponencial mostrada na Figura 5-7. A fórmula para a suavização é diferente da fórmula para as médias móveis, porém algo semelhante acontece quando você passa o valor de uma previsão à frente para a célula D28.

Observe que a fórmula na célula D29 (a fórmula é mostrada em E29; o valor que a fórmula retorna aparece em D29) usa os valores das células B28 e D28. Mas, como ainda não temos os valores reais para agosto, a "previsão" para setembro de 2016 é falha: na verdade, nada mais é do que a previsão para agosto multiplicada por 0,7. Novamente, nesse tipo de suavização exponencial, você está limitado a uma previsão à frente.

A Figura 5-8 exemplifica uma situação diferente, na qual a previsão é elaborada usando a regressão em vez das médias móveis ou da suavização exponencial.

FIGURA 5-7: Se você quiser fazer uma previsão mais à frente, considere uma previsão de regressão.

D29		f_x	=0,3*B28+0,7*D28	
	A	B	C	D	E
1	Receita Mês	Quantidade Real da Receita		Suavização Exponencial	
2	jun/14	R$ 47.926,00		#N/D	
3	jul/14	R$ 45.875,00		R$ 47.926,00	
4	ago/14	R$ 28.800,00		R$ 47.310,70	
5	set/14	R$ 60.000,00		R$ 41.757,49	=0.3*B4+0.7*D4
6	out/14	R$ 58.051,00		R$ 47.230,24	
7	nov/14	R$ 53.438,00		R$ 50.476,47	
8	dez/14	R$ 52.290,00		R$ 51.364,93	
9	jan/15	R$ 66.247,00		R$ 51.642,45	
10	fev/15	R$ 55.453,00		R$ 56.023,82	
11	mar/15	R$ 72.936,00		R$ 55.852,57	
12	abr/15	R$ 44.000,00		R$ 60.977,60	
13	mai/15	R$ 85.900,00		R$ 55.884,32	
14	jun/15	R$ 82.253,00		R$ 64.889,02	
15	jul/15	R$ 61.300,00		R$ 70.098,22	
16	ago/15	R$ 76.000,00		R$ 67.458,75	
17	set/15	R$ 57.100,00		R$ 70.021,13	
18	out/15	R$ 92.470,00		R$ 66.144,79	
19	nov/15	R$ 60.000,00		R$ 74.042,35	
20	dez/15	R$ 84.000,00		R$ 69.829,65	
21	jan/16	R$ 62.900,00		R$ 74.080,75	
22	fev/16	R$ 76.500,00		R$ 70.726,53	
23	mar/16	R$ 67.100,00		R$ 72.458,57	
24	abr/16	R$ 59.700,00		R$ 70.851,00	
25	mai/16	R$ 82.041,00		R$ 67.505,70	
26	jun/16	R$ 61.300,00		R$ 71.866,29	
27	jul/16	R$ 80.700,00		R$ 68.696,40	
28	ago/16		Previsão	R$ 72.297,48	=0.3*B27+0.7*D27
29	set/16		Previsão	R$ 50.608,24	=0.3*B28+0.7*D28

82 PARTE 2 Organizando os Dados

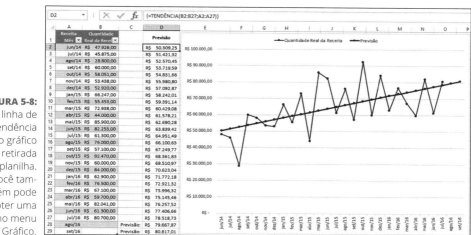

FIGURA 5-8: A linha de tendência no gráfico é retirada da planilha. Você também pode obter uma no menu Gráfico.

Ao usar a regressão (veja o Capítulo 11 para saber o básico e o Capítulo 16 para procedimentos avançados), você está em uma posição diferente em relação às médias móveis e à suavização exponencial. Conforme mostra a Figura 5-8, é possível criar previsões usando a própria data como uma variável preditora: cada valor de previsão é baseado no relacionamento na linha de base entre a data e a receita.

Como já sei o valor das próximas duas datas, agosto e setembro de 2016, posso utilizar a relação entre data e receita na linha de base das próximas duas datas para obter uma previsão. Os valores de previsão aparecem nas células C28 e C29 e são mostrados no gráfico, como os dois pontos finais da série de Previsão.

Agora, quanto mais longe for a previsão usando a regressão, mais complicado ficará (ou se preferir a metáfora anterior, mais estará forçando o elástico). Quanto mais longe você ficar do final de sua linha de base, mais chances haverá de que os valores reais mudem de rumo, por exemplo, eles poderão descer demais ou se estabilizarão.

Caso você realmente precise fazer uma previsão mensal, digamos, de 12 meses à frente, e se acha que existe uma relação confiável entre a data e o montante da receita, a regressão pode ser a melhor escolha. Todavia lembre-se de que as coisas podem ficar um tanto estranhas no futuro.

Outro método que faz com que a previsão vá muito à frente é a suavização sazonal. Esse método, que depende de um componente sazonal em sua linha de base, pode propiciar as condições para uma previsão muito estendida. Não é necessariamente assim, mas é possível (o Capítulo 18 traz informações a respeito do método sazonal).

Escolha os períodos de tempo

Imagine que você *realmente* precise fazer uma previsão bem longa a partir do momento presente, um ano, por exemplo. É nesse momento que o bom senso entra em cena, junto com a natureza de suas necessidades.

Caso a linha de base seja composta de vários anos, com valores reais divididos por meses, uma coisa que você pode considerar é alterar o período de tempo da linha de base de meses para anos. Desse modo, conseguirá prever o próximo ano todo, embora suas previsões não sejam mês a mês. Você obteria a previsão à frente e esse à frente seria o ano inteiro (veja a Figura 5-9).

Veja o que está acontecendo na Figura 5-9:

» A coluna A contém o mês durante o qual a receita foi reconhecida. Ela se estende para baixo, passando da área inferior da planilha visível para dezembro de 2016.

» A coluna B contém a receita de cada mês.

» O intervalo D3:E8 contém uma tabela dinâmica. (As tabelas dinâmicas do Excel são recursos excelentes para a previsão e você descobre como usá-las no Capítulo 8.) Essa tabela dinâmica converte os dados mensais das colunas A e B em dados anuais e na soma das receitas para cada ano.

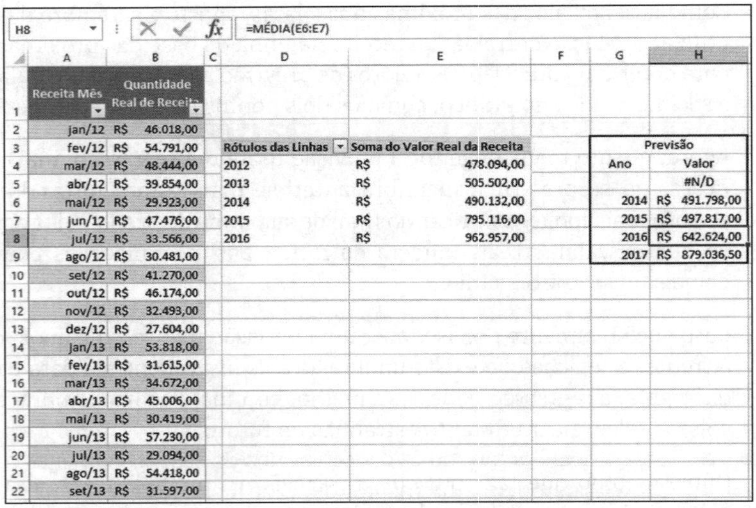

FIGURA 5-9:
As tabelas dinâmicas são úteis para resumir os dados da linha de base em períodos de tempo mais longos.

» A previsão para cada ano, usando as médias móveis, está no intervalo G6:H8. Sua previsão à frente para 2017 se encontra na célula H9. Nesse caso, as previsões são baseadas em médias móveis de dois anos, em vez das médias dos três períodos mostrados na Figura 5-6.

84   PARTE 2 **Organizando os Dados**

A abordagem da Figura 5-9 apresenta algumas limitações:

» **Sua linha de base passa de 60 observações (receita mensal de mais de 5 anos, uma linha de base bem longa) para 5 observações (receita anual de mais de 5 anos, uma linha de base curta, na verdade).** Muitas vezes, reduzir a dimensão de sua linha de base tão drasticamente provoca resultados falsos. Mas, como as receitas mensais mostram o mesmo crescimento gradual dos montantes anuais, você pode confiar um pouco nos montantes anuais.

» **Quem quer que seja que solicitou a previsão — contador, banco, gerente de vendas, vice-presidente de vendas — pode querer ver a previsão para 2017 de forma mensal.** Em caso afirmativo, você provavelmente terá que voltar à linha de base mensal e usar a regressão (*provavelmente*, pois você pode encontrar a sazonalidade na linha de base que admitiria a suavização sazonal).

Períodos de Tempos com Intervalos Iguais

Fazer com que os períodos de tempo da linha de base se igualem devidamente é indispensável. Faz-se também indispensável que, dentro do possível, cada período de tempo em sua linha de base represente a mesma duração de tempo. Veja com atenção cada um destes dois pontos.

Use períodos relacionados

Com o passar do tempo, uma linha de base tende a manifestar um comportamento constante: seu nível está aumentando, diminuindo ou fica estacionário (pode ser sazonal ou cíclico). As relações entre os períodos de tempo ajudam a calcular esse comportamento: a relação entre um mês e o próximo, entre um trimestre e o próximo ou entre um trimestre e o mesmo trimestre do ano anterior.

A sua linha de base pode confundir as relações entre os períodos de tempo por inúmeras razões, boas e ruins. Alguns exemplos:

» Seja lá quem organizou os dados da linha de base (certamente, não foi você), desconsiderou os faturamentos de 15 de junho a 30 de junho. É um belo problema, indesculpável. Essa história de "O cachorro comeu o meu dever de casa" não cola mais.

» O depósito pegou fogo e ninguém conseguia vender nada até a fábrica mensurar o total de perdas do inventário. Novamente, um belo problema, mas isso não servirá de nada para a previsão, mesmo se a polícia pegar o piromaníaco.

CAPÍTULO 5 **Selecionando os Dados: Como Obter uma Boa Linha de Base** 85

A razão: se quase toda a linha de base é composta de receitas mensais e um período de tempo representa apenas metade de um mês, qualquer previsão que dependa da linha de base inteira será descartada. A Figura 5-10 mostra um exemplo do que pode acontecer.

Na Figura 5-10, as células A1:B27 contêm uma linha de base com receitas precisas. A suavização exponencial dá a previsão para agosto de 2016 na célula C28.

A Figura 5-10 também apresenta células, E1:F27, com a mesma linha de base, exceto para a célula F25. Por alguma razão (um descuido da contabilidade, armazém incendiado ou qualquer outra coisa), a receita para maio de 2016 não foi informada. O resultado é que a previsão para agosto de 2016 é mais de R$6 mil a menos do que seria, quando as receitas de maio de 2016 não são resultado de um erro nem de um incidente único. Seis mil dólares podem não parecer muito, mas, nesse contexto, é uma diferença de 8%. E é ainda pior depois que ocorre o problema: a diferença entre as duas previsões é de 17% em junho de 2016.

Se isso acontecesse comigo, eu enviaria alguém de volta para analisar os arquivos, de cópia física ou digital, a fim de preencher os dados que faltam para maio de 2016.

FIGURA 5-10: Dados ruins de um período de tempo recente podem resultar em uma previsão ruim.

	A	B	C	D	E	F	G
	Receita Mês	Quantidade Real da Receita	Suavização Exponencial		Receita Mês	Quantidade Real da Receita	Suavização Exponencial
2	jun/14	R$ 47.926,00	#N/D		jun/14	R$ 47.926,00	#N/D
3	jul/14	R$ 45.875,00	R$ 47.926,00		jul/14	R$ 45.875,00	R$ 47.926,00
4	ago/14	R$ 28.800,00	R$ 47.310,70		ago/14	R$ 28.800,00	R$ 47.310,70
5	set/14	R$ 60.000,00	R$ 41.757,49		set/14	R$ 60.000,00	R$ 41.757,49
6	out/14	R$ 58.051,00	R$ 47.230,24		out/14	R$ 58.051,00	R$ 47.230,24
7	nov/14	R$ 53.438,00	R$ 50.476,47		nov/14	R$ 53.438,00	R$ 50.476,47
8	dez/14	R$ 52.290,00	R$ 51.364,93		dez/14	R$ 52.290,00	R$ 51.364,93
9	jan/15	R$ 66.247,00	R$ 51.642,45		jan/15	R$ 66.247,00	R$ 51.642,45
10	fev/15	R$ 55.453,00	R$ 56.023,82		fev/15	R$ 55.453,00	R$ 56.023,82
11	mar/15	R$ 72.936,00	R$ 55.852,57		mar/15	R$ 72.936,00	R$ 55.852,57
12	abr/15	R$ 44.000,00	R$ 60.977,60		abr/15	R$ 44.000,00	R$ 60.977,60
13	mai/15	R$ 85.900,00	R$ 55.884,32		mai/15	R$ 85.900,00	R$ 55.884,32
14	jun/15	R$ 82.253,00	R$ 64.889,02		jun/15	R$ 82.253,00	R$ 64.889,02
15	jul/15	R$ 61.300,00	R$ 70.098,22		jul/15	R$ 61.300,00	R$ 70.098,22
16	ago/15	R$ 76.000,00	R$ 67.458,75		ago/15	R$ 76.000,00	R$ 67.458,75
17	set/15	R$ 57.100,00	R$ 70.021,13		set/15	R$ 57.100,00	R$ 70.021,13
18	out/15	R$ 92.470,00	R$ 66.144,79		out/15	R$ 92.470,00	R$ 66.144,79
19	nov/15	R$ 60.000,00	R$ 74.042,35		nov/15	R$ 60.000,00	R$ 74.042,35
20	dez/15	R$ 84.000,00	R$ 69.829,65		dez/15	R$ 84.000,00	R$ 69.829,65
21	jan/16	R$ 62.900,00	R$ 74.080,75		jan/16	R$ 62.900,00	R$ 74.080,75
22	fev/16	R$ 76.500,00	R$ 70.726,53		fev/16	R$ 76.500,00	R$ 70.726,53
23	mar/16	R$ 67.100,00	R$ 72.458,57		mar/16	R$ 67.100,00	R$ 72.458,57
24	abr/16	R$ 59.700,00	R$ 70.851,00		abr/16	R$ 59.700,00	R$ 70.851,00
25	mai/16	R$ 82.041,00	R$ 67.505,70		mai/16	R$ 41.020,00	R$ 67.505,70
26	jun/16	R$ 61.300,00	R$ 71.866,29		jun/16	R$ 61.300,00	R$ 59.559,99
27	jul/16	R$ 80.700,00	R$ 68.696,40		jul/16	R$ 80.700,00	R$ 60.081,99
28	Previsão ago de 2016		R$ 72.297,48		Previsão ago de 2016		R$ 66.267,39

C4 =0,3*B3+0,7*C3

Se os dados que faltam não puderem ser localizados, talvez devido a um erro de contabilidade, ou se nenhum erro foi cometido, mas algum incidente realmente incomum interrompeu o processo de vendas durante maio de 2016, eu provavelmente estimaria os valores reais para maio. Veja abaixo, algumas maneiras plausíveis de se fazer isso:

» Pegue a média de abril e junho e atribua essa média a maio.

» Use junho de 2014 até abril de 2016 como linha de base e faça a previsão para maio de 2016. Em seguida, use essa previsão de maio de 2016 na linha de base completa, de janeiro de 2014 a julho de 2016.

O Capítulo 9 enfatiza a importância de gerar um gráfico da linha de base. Existe uma boa razão para isso. Só de olhar a linha de base, você pode não perceber que maio de 2016 está um tanto esquisito. Mas isso salta aos olhos se você gera um gráfico da linha de base; veja a Figura 5-11, particularmente de junho a agosto de 2016 em cada gráfico.

Não se preocupe com as pequenas diferenças na dimensão dos períodos de tempo da linha de base. Março tem um dia a mais do que abril, mas não vale a pena se preocupar com isso. Já duas semanas faltando é outra história.

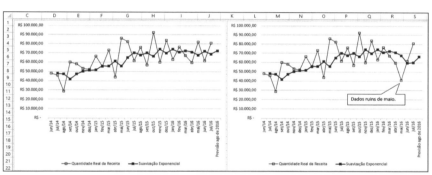

FIGURA 5-11: Dados incoerentes saltam aos olhos quando você gera um gráfico da linha de base.

Quando dados ausentes causam períodos desiguais

Quando você está trabalhando com previsões baseadas em médias móveis e na suavização exponencial, está trabalhando com previsões que dependem de uma linha de base com períodos de tempo consecutivos. Você pode ter uma sequência mensal de faturamentos que proporcionam uma previsão boa e sólida para o próximo mês, devido à relação entre as vendas em meses consecutivos. Todavia, se alguns meses estiverem faltando, você pode se complicar. A Figura 5-12 exemplifica como funciona uma linha de base completa.

Observe a linha reta no gráfico da Figura 5-12. Ela chama-se *linha de tendência*. A linha de tendência indica até que ponto o crescimento progressivo da receita acompanha as datas em que as receitas que foram reconhecidas. Exatamente o que você quer ver. Geralmente, quanto maior a inclinação na linha de tendência, mais forte é a relação entre o período de tempo e a receita, e esse é um resultado bem aceitável.

PAPO DE ESPECIALISTA

A propósito, os dados na Figura 5-12 são os mesmos da Figura 5-8. A diferença está em como a linha de tendência é criada. Na Figura 5-8, a tendência é calculada na planilha e gera-se um gráfico dessa tendência explicitamente. Na Figura 5-12, a linha de tendência é criada clicando com o botão direito do mouse na série de dados de gráficos e escolhendo Adicionar Linha de Tendência, no menu de atalho. Gerar o gráfico da linha de tendência como uma série separada dá mais controle; usar Adicionar Linha de Tendência é mais rápido.

Compare o gráfico da Figura 5-12 com o da Figura 5-13.

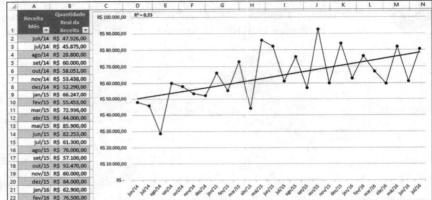

FIGURA 5-12: O Excel consegue calcular a linha de tendência e a equação para você.

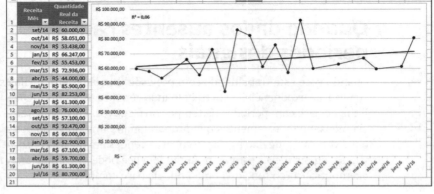

FIGURA 5-13: Quanto menor o R-quadrado, menos confiável é a previsão. Um R-quadrado 0,07 é pequeno.

As datas e as receitas na Figura 5-13 são as mesmas da Figura 5-12, exceto que faltam sete meses, alguns no início da linha de base e outros dentro da linha de base. Agora, o relacionamento entre o período de tempo e a receita foi comprometido pelos períodos ausentes, e a linha de tendência no gráfico tornou-se quase horizontal, indicando um relacionamento bem mais fraco.

Você não pode confiar muito em uma previsão criada a partir da linha de base da Figura 5-13, mesmo que os dados contidos nela sejam um subconjunto dos mesmos dados da Figura 5-12. A lição: organize uma linha de base que esteja abarrotada de períodos de tempo consecutivos, ou não fique aborrecido com uma previsão.

90   PARTE 2 **Organizando os Dados**

> **NESTE CAPÍTULO**
>
> » **Entendendo como as tabelas são estruturadas**
>
> » **Passando de uma lista para uma tabela**
>
> » **Examinando os registros nos quais você está interessado**
>
> » **Colocando seus dados em uma tabela do Excel**

Capítulo **6**

Configurando Tabelas no Excel

O Excel *não* é um programa de banco de dados como o Access, o SQL Server ou o Oracle. Decerto que você pode armazenar dados nele, mas ele simplesmente não se destina a armazenar grandes quantidades de dados ou a gerenciar relacionamentos entre os diferentes conjuntos de dados.

Ainda assim, o Excel tem uma maneira rudimentar, chamada *lista*, de armazenar os dados, sejam dados de vendas, seja qualquer outra coisa. Uma lista do Excel é nada mais, nada menos do que dados inseridos em colunas adjacentes e linhas adjacentes, tais como o intervalo de células C5:F20. Entende-se que diferentes linhas em uma lista contêm diferentes registros e que diferentes colunas contêm diferentes variáveis (ou *campos*). A primeira linha da lista geralmente apresenta os nomes dos campos.

No Excel 2016, a lista ainda existe no programa como um modo informal de organizar os dados. Mas o Excel 2007 introduziu uma estrutura nova chamada *tabela*. Uma tabela é um objeto formal, assim como um gráfico ou uma planilha do Excel é um objeto formal. Uma tabela tem um nome estruturado, como Tabela 1, assim como um gráfico tem um nome estruturado, como Gráfico 1. Uma tabela reconhece quantos registros e campos ela contém, bem como uma planilha identifica onde sua linha mais inferior e sua coluna mais à direita estão localizadas.

Você pode converter uma lista simples em uma tabela mais sofisticada com alguns cliques do mouse. Acesse a aba Inserir da Faixa de Opções, selecione pelo menos uma célula em uma lista existente e clique no ícone Tabela no grupo Tabelas. Também pode fazer o inverso e converter uma tabela existente em uma lista: selecione uma célula na tabela — uma aba Design será exibida na Faixa de Opções — e clique no ícone Converter em Intervalo, no grupo Ferramentas dessa aba.

As tabelas são importantes como ponto de partida para as previsões: às vezes, você as usa diretamente, e outras, as utiliza indiretamente como base para as tabelas dinâmicas. Neste capítulo, mostro como configurar as tabelas e filtrá--las para que você possa focar conjuntos específicos de registros.

É possível inserir registros novos em uma tabela simplesmente digitando os dados na primeira linha abaixo da linha final atual da tabela. Você pode criar uma coluna nova na tabela de maneira semelhante. Este capítulo revela como fazer isso e como solicitar uma Linha de Totais automática na parte inferior de uma tabela.

Por vezes, você quer fazer uma previsão com base em um subconjunto de dados em uma tabela (por exemplo, uma previsão de vendas para a região nordeste apenas ou uma previsão de vendas somente para detergentes de máquina de lavar louça), outras, quer filtrar esses subconjuntos. Eu mostro como fazer isso aqui.

O processo de importar dados de outro aplicativo, como um banco de dados, pode ser demorado e entediante, a menos que você conheça a maneira mais eficaz. Este capítulo revela como automatizar a importação dos dados de uma tabela ou de uma lista para uma planilha do Excel.

Entendendo as Estruturas das Tabelas

Uma tabela do Excel apresenta uma estrutura bastante simples, e compreende as seguintes características:

» **Os campos diferentes, também conhecidos como *variáveis*, estão em colunas diferentes.** Repare que, na Figura 6-1, as três colunas contêm dados, e cada coluna contém um campo diferente. Manter o mesmo tipo de dados, como as datas de vendas, linhas de produtos, regiões de vendas e assim por diante em uma única coluna é uma boa ideia. Não coloque um percentual de margem de lucro bruto em uma coluna repleta de nomes de linhas de produtos.

» **Registros diferentes estão em linhas diferentes.** Cada linha na lista representa um registro diferente. Nesse caso, cada registro é uma venda diferente e a data, o representante de vendas e a receita são mostrados em cada registro de vendas.

» **As colunas têm rótulos.** Cada coluna na tabela tem um rótulo na primeira linha. Aqui, os rótulos são Data, Representante de Vendas e Receita. Isso não é um requisito, mas, se você não fornecer seus próprios rótulos, o Excel fará isso: Coluna 1, Coluna 2, Coluna 3 etc.

FIGURA 6-1: O intervalo A1:C20 contém uma tabela.

	A	B	C	D
1	Data	Rep. de Vendas	Receita	
2	09/12/16	Pedro	R$ 9.237,00	
3	14/10/16	Willian	R$ 949,00	
4	05/11/16	Pedro	R$ 6.829,00	
5	10/07/16	João	R$ 9.946,00	
6	18/02/16	Sérgio	R$ 5.777,00	
7	05/09/16	Willian	R$ 2.299,00	
8	19/11/16	Davi	R$ 6.530,00	
9	23/02/16	João	R$ 7.437,00	
10	16/02/16	Sérgio	R$ 4.428,00	
11	15/01/16	Eduardo	R$ 9.164,00	
12	03/01/16	Eduardo	R$ 9.858,00	
13	15/09/16	Davi	R$ 7.488,00	
14	26/11/16	Teodoro	R$ 4.128,00	
15	18/10/16	Pedro	R$ 9.151,00	
16	29/03/16	Teodoro	R$ 9.451,00	
17	20/10/16	Sérgio	R$ 8.578,00	
18	21/11/16	Davi	R$ 4.136,00	
19	29/06/16	João	R$ 1.168,00	
20	02/02/16	Willian	R$ 4.453,00	

Dentro dos limites do tamanho de uma planilha do Excel (16.384 colunas e 1.048.576 linhas), não há limite para o tamanho de uma lista. Ela pode ter de 1 a 16.384 colunas e de 2 a 1.048.576 linhas. Sem dúvidas, você teria que ser louco para colocar tantos dados em uma planilha; se tem essa quantidade de dados, em vez do Excel, use um banco de dados real.

E por falar em bancos de dados, se você estiver familiarizado com a aparência das tabelas em um banco de dados, verá semelhança entre a tabela do Excel e a tabela do banco de dados: campos em colunas, registros em linhas, rótulos nas partes superiores das colunas. Na verdade, uma tabela do Excel (ou lista, nesse sentido) é realmente o que, há alguns anos, o Excel chamava de banco de dados.

Na Figura 6-1, os registros não são classificados por data, representante de vendas ou receitas. Uma tabela não tem que ser ordenada para ser uma tabela.

CAPÍTULO 6 **Configurando Tabelas no Excel** 93

Por qual motivo você colocaria uma tabela igual à da Figura 6-1 em uma planilha do Excel? Porque a tabela é a base para muitos tipos de análise, incluindo a previsão. Por exemplo:

» **Caso você *realmente* queira classificar os registros em uma tabela, o Excel viabiliza alguns modos.** O modo mais rápido é clicar na seta suspensa da célula de cabeçalho e escolher uma das opções de classificação. Desse modo, na Figura 6-1, você pode clicar na seta suspensa na célula B1 para selecionar uma classificação por nome do Representante de Vendas. Porém esse modo permite apenas uma chave de classificação. Se quiser classificar por Data e Receitas dentro da própria Data, selecione qualquer célula na tabela, clique na aba Dados da Faixa de Opções e clique no ícone Classificar, no grupo Classificar e Filtrar. Selecione um campo como a chave de classificação primária; em seguida, clique no botão Adicionar para incluir uma chave de classificação secundária.

» **As tabelas facilitam a filtragem dos dados.** Basta clicar em uma célula de cabeçalho na tabela e escolher uma das opções de filtragem. Por exemplo, para mostrar somente os registros para o representante de vendas chamado Davi, clique na seta suspensa na célula B1, mostrada na Figura 6-2. Desmarque a caixa de seleção Selecionar Tudo para desmarcar todos os representantes de vendas; em seguida, marque a caixa de seleção para Davi. Se preferir ficar sem as setas suspensas, desative-as selecionando qualquer célula na tabela, indo para a aba Dados da Faixa de Opções e clicando no ícone Filtrar, no grupo Classificar e Filtrar.

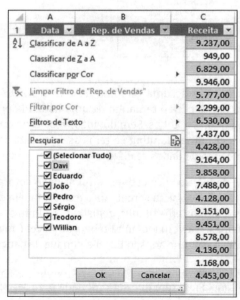

FIGURA 6-2: As listas suspensas oferecem valores em suas colunas, bem como as dez primeiras opções.

PARTE 2 **Organizando os Dados**

» **As tabelas dinâmicas facilitam a sintetização dos dados armazenados em uma tabela ou até mesmo em uma lista.** As tabelas dinâmicas que agrupam os registros por data (semana, mês, trimestre ou ano) são o ponto de partida para muitos dos exemplos de previsão neste livro. Porém, caso você esteja criando uma tabela dinâmica usando os dados em uma planilha do Excel, os dados brutos devem ser estruturados como uma tabela ou lista. A Figura 6-3 mostra uma tabela dinâmica baseada na tabela que você está olhando.

LEMBRE-SE

Você precisa acompanhar a estrutura da tabela com cuidado se estiver se preparando para criar uma tabela dinâmica. Por exemplo, se você se esqueceu de colocar um rótulo na parte superior de uma das colunas de uma tabela, o Excel o ajudaria com a criação da tabela dinâmica, mas substituiria o cabeçalho da coluna omitido por algo como *Coluna 1*. Você provavelmente não quer que isso seja usado como um nome de campo em uma tabela dinâmica. Uma lista não é tão cooperativa quanto uma tabela. Se você omitisse um cabeçalho de coluna em uma lista e, depois, tentasse basear uma tabela dinâmica nessa lista, receberia uma mensagem de erro informando que um dos nomes de campo não era válido (porque a célula na qual o Excel esperava encontrar um cabeçalho de coluna, estaria vazia).

FIGURA 6-3: A tabela dinâmica classifica automaticamente os dados no campo Linha; aqui, é o nome do representante de vendas.

Se por alguma razão você quiser omitir um registro, ou seja, uma linha em branco no meio da tabela, não faz mal (embora as linhas em branco possam aparecer na tabela dinâmica como espaços em branco, o que pode gerar confusão). Todavia você não deve ter colunas em branco, pelo menos não se for criar uma tabela dinâmica usando a tabela. As colunas em branco causam o mesmo problema, caso você se esqueça de rotular uma das colunas da tabela — você recebe uma mensagem de erro.

CAPÍTULO 6 **Configurando Tabelas no Excel** 95

Criando uma Tabela

A maneira mais simples de criar uma tabela no Excel é começar com uma lista: um intervalo retangular de células com campos diferentes em colunas diferentes e rótulos de coluna com nomes de campo na primeira linha. As linhas posteriores têm registros individuais.

Em seguida, selecione qualquer célula na lista. Acesse a aba Inserir da Faixa de Opções e clique no ícone Tabela no grupo Tabelas. O Excel exibe uma caixa de diálogo na qual você pode confirmar o endereço da lista existente e pode indicar se a lista contém cabeçalhos de coluna. Quando você clica em OK, o Excel altera a lista para uma tabela, provavelmente uma com linhas enfileiradas e setas suspensas na linha Cabeçalho, conforme mostrado na Figura 6-4.

PAPO DE ESPECIALISTA

Observe que a caixa de diálogo na Figura 6-4 me faz passar por mentiroso. Eu venho informando que você precisa inserir rótulos na parte superior de cada coluna em sua lista. Porém a caixa de diálogo Criar Tabela tem uma caixa de seleção, Minha Tabela Tem Cabeçalhos, que permite especificar se sua lista apresenta *cabeçalhos* (uma maneira pela qual o Excel referencia esses rótulos de coluna). A verdade é que você *consegue* iniciar o processo com uma lista que não tenha rótulos de coluna. (De fato, é possível classificar uma lista sem um ou mais rótulos de coluna e filtrar uma lista sem rótulos.) Mas use os cabeçalhos de coluna (ou rótulos, se preferir esse termo) de qualquer maneira. Por quê? Porque você não poderá criar uma tabela dinâmica se um rótulo estiver faltando. E se todos os rótulos estiverem faltando, o Excel deduzirá que a primeira linha de dados contém os nomes de campo da tabela dinâmica, e isso levará a resultados absurdos.

FIGURA 6-4: Se você começa clicando na lista, o Excel sugere automaticamente o intervalo de lista completa para a tabela.

CUIDADO

Caso a caixa de seleção Minha Tabela Tem Cabeçalhos esteja desmarcada, o Excel colocará os cabeçalhos em seu nome. Isso *desloca a lista uma linha para baixo* e insere os rótulos Coluna 1, Coluna 2 etc. como cabeçalhos da coluna. Portanto, tome cuidado: se por algum outro motivo você precisar que a lista fique onde estava, verifique se forneceu seus próprios rótulos da coluna. Se você tiver dados abaixo da lista, o Excel também os deslocará para baixo quando converter a lista em uma tabela, a fim de evitar que sejam substituídos.

Depois de ter certeza de que o Excel identificou corretamente onde está a lista existente e a caixa de seleção Minha Tabela Tem Cabeçalhos esteja marcada (se necessário), clique em OK. O Excel converte a lista em uma tabela e você verá algo semelhante à Figura 6-5.

É fácil adicionar dados a uma tabela atual. Basta selecionar uma célula na linha imediatamente abaixo da parte inferior da tabela e em uma coluna que a tabela ocupa. Digite um valor e, quando pressionar Enter, o Excel estenderá a tabela para capturar o novo registro. Você pode também começar na célula que se encontra no canto inferior direito de uma tabela e pressionar a tecla Tab para criar um registro novo.

	A	B	C
1	Data	Rep. de Vendas	Receita
2	09/12/16	Pedro	R$ 9.237,00
3	14/10/16	Willian	R$ 949,00
4	05/11/16	Pedro	R$ 6.829,00
5	10/07/16	João	R$ 9.946,00
6	18/02/16	Sérgio	R$ 5.777,00
7	05/09/16	Willian	R$ 2.299,00
8	19/11/16	Davi	R$ 6.530,00
9	23/02/16	João	R$ 7.437,00
10	16/02/16	Sérgio	R$ 4.428,00
11	15/01/16	Eduardo	R$ 9.164,00
12	03/01/16	Eduardo	R$ 9.858,00
13	15/09/16	Davi	R$ 7.488,00
14	26/11/16	Teodoro	R$ 4.128,00
15	18/10/16	Pedro	R$ 9.151,00
16	29/03/16	Teodoro	R$ 9.451,00
17	20/10/16	Sérgio	R$ 8.578,00
18	21/11/16	Davi	R$ 4.136,00
19	29/06/16	João	R$ 1.168,00
20	02/02/16	Willian	R$ 4.453,00

FIGURA 6-5: Uma tabela nova tem linhas agrupadas por padrão.

O Excel permite que você faça algumas coisas especias com as tabelas configuradas. Abordo com mais detalhes esses recursos especiais nas seções a seguir.

CAPÍTULO 6 **Configurando Tabelas no Excel** 97

Utilize a Linha de Totais

Clique na tabela para exibir a aba Design. Acesse a aba Design e marque a caixa de seleção Linha de Totais, no grupo Opções de Estilo de Tabela. Você terá uma linha nova abaixo da tabela. A linha nova mostra os resumos dos seus dados (veja a Figura 6-6).

A Linha de Totais disponibiliza automaticamente um resumo da coluna mais à direita da lista. Se a coluna apresentar somente dados numéricos, você terá uma soma. Se contiver dados de texto, terá o cálculo dos valores.

Mas, se você clicar na seta suspensa, cada célula na Linha de Totais exibirá uma lista suspensa. Se clicar nela, verá uma seleção de estatísticas de resumo que você pode escolher, semelhante aos resumos que se podem escolher em uma tabela dinâmica:

» **Nenhum:** O usuário quer uma Linha de Totais, mas não quer que a célula selecionada exiba um resumo.

» **Média:** A soma dos valores numéricos dividida pelo número de valores numéricos.

» **Contagem:** Quantos valores existem, numéricos ou de texto.

C21			f_x	=SUBTOTAL(109;[Receita])		
	A	B		C	D	E
1	Data	Rep. de Vendas		Receita		
2	09/12/16	Pedro	R$	9.237,00		
3	14/10/16	Willian	R$	949,00		
4	05/11/16	Pedro	R$	6.829,00		
5	10/07/16	João	R$	9.946,00		
6	18/02/16	Sérgio	R$	5.777,00		
7	05/09/16	Willian	R$	2.299,00		
8	19/11/16	Davi	R$	6.530,00		
9	23/02/16	João	R$	7.437,00		
10	16/02/16	Sérgio	R$	4.428,00		
11	15/01/16	Eduardo	R$	9.164,00		
12	03/01/16	Eduardo	R$	9.858,00		
13	15/09/16	Davi	R$	7.488,00		
14	26/11/16	Teodoro	R$	4.128,00		
15	18/10/16	Pedro	R$	9.151,00		
16	29/03/16	Teodoro	R$	9.451,00		
17	20/10/16	Sérgio	R$	8.578,00		
18	21/11/16	Davi	R$	4.136,00		
19	29/06/16	João	R$	1.168,00		
20	02/02/16	Willian	R$	4.453,00		
21	Total		R$	121.007,00		

FIGURA 6-6: A Linha de Totais permanece no lugar depois que você seleciona alguma célula fora da lista.

» **Contar Números:** Quantos valores numéricos existem.

» **Máx.:** O maior valor numérico.

98   PARTE 2 **Organizando os Dados**

- » **Mín.:** O menor valor numérico.
- » **Soma:** O total dos valores numéricos.
- » **DesvPad:** Uma quantidade que descreve quanta variabilidade ou diferença existe no valor médio do campo.
- » **Var:** O quadrado do desvio-padrão.
- » **Mais funções...** Ao clicar nesse item, aparece a caixa de diálogo Inserir Função para que você possa selecionar qualquer valor de resumo, desde a mediana (função MED) até o coeficiente imaginário de um número complexo.

DICA

Você pode utilizar a opção Contar Números se uma coluna na tabela mistura valores numéricos com valores de texto. Normalmente, não faz muito sentido ter uma coluna que misture esses valores; você geralmente quer armazenar o mesmo tipo de informação em cada coluna e, se misturou os valores numéricos e de texto, então, provavelmente não fez isso.

É possível organizar uma estatística de resumo diferente em cada célula da Linha de Totais. Na tabela que estamos analisando, você pode obter a data de vendas mais antiga, uma contagem dos registros e a soma da receita (veja a Figura 6-7).

FIGURA 6-7: Você pode obter a data mais antiga escolhendo o resumo Mín. da coluna Data.

DICA

Um modo mais rápido de colocar uma Linha de Totais na parte inferior de uma tabela é clicar com o botão direito do mouse em qualquer célula da tabela. Você verá um menu de atalho com Tabela como um de seus itens. Clique no item Tabela e em Linha de Totais. É uma alternância, portanto você também pode usar para remover uma Linha de Totais existente.

Imagine que você comece a criar uma tabela dinâmica baseada em uma tabela com uma Linha de Totais. Você seleciona uma única célula dentro da tabela, vai para a aba Inserir da Faixa de Opções e clica no ícone da tabela dinâmica no grupo Tabelas. (Ou, com uma célula da tabela selecionada, vá para a aba Design da Faixa de Opções e clique em Resumir com Tabela Dinâmica.) Quando a caixa de diálogo Criar Tabela Dinâmica aparecer, você encontrará o nome da tabela selecionada na caixa de edição Tabela/Intervalo. Observe que uma borda tracejada está em volta da parte da tabela que contém os dados reais, omitindo as linhas Cabeçalho e Total.

Esse processo, que começa com uma célula dentro da tabela, selecionando apenas uma célula e inserindo uma tabela dinâmica, geralmente é o caminho para começar a criar uma tabela dinâmica a partir de uma tabela. Caso você inicie selecionando uma célula fora da tabela, precisará digitar ou arrastar na tabela para mostrar ao Excel onde estão os dados. Também precisará tomar cuidado para não incluir a Linha de Totais no intervalo de células selecionado; você não quer duplicar os totais em sua tabela dinâmica.

Utilize outros recursos da tabela

DICA

Talvez você ache úteis as práticas a seguir em relação às tabelas:

» **Converta de volta uma tabela em apenas um intervalo normal.** Clique dentro de uma tabela que você criou, acesse a aba Design da Faixa de Opções e escolha Converter em Intervalo, no grupo Ferramentas. Seus dados adotarão uma estrutura de lista e os recursos especiais de uma tabela — em particular, as linhas Total e Cabeçalho — desaparecerão. Se você incluiu uma Linha de Totais, seus resumos ficarão onde estão.

» **Use o nome da tabela em fórmulas.** Uma tabela tem um nome definido, como qualquer outro intervalo de células que você possa nomear usando o ícone Definir Nome, na aba Fórmulas. Os campos da tabela também são nomeados. Portanto, você pode usar esses nomes (denominados *referências estruturadas*) em fórmulas que estão fora da tabela. Por exemplo, na Figura 6-7, suponha que o Excel nomeou a tabela como Tabela 7. Você poderia inserir esta fórmula para calcular a soma dos valores Receita nessa tabela:

```
=SOMA(Tabela7[Receita])
```

» **Redimensione uma tabela.** Anteriormente, ressaltei que se você quiser adicionar uma linha ou uma coluna a uma tabela, um modo de fazer isso é começar a digitar em uma célula imediatamente abaixo ou à direita de uma tabela existente. Se quiser adicionar linhas ou colunas em grandes quantidades, clique em algum lugar da tabela e acesse a aba Design da Faixa de Opções. Clique no ícone Redimensionar Tabela, no grupo Propriedades; uma caixa de diálogo Redimensionar Tabela será exibida. Use a caixa de edição do intervalo para arrastar no intervalo que quer que a tabela ocupe. A linha Cabeçalho da tabela redimensionada deve estar na mesma linha da tabela existente e a tabela redimensionada deve sobrepor a existente.

Filtrando Listas

Não raro, você quer filtrar uma lista para examinar registros específicos mais de perto. No contexto da previsão de vendas, por exemplo, você pode querer focar os resultados de vendas de um representante, região ou produto específico, ou determinado período. O Excel oferece algumas maneiras de fazer isso. Uma delas é rápida e fácil, e a outra demora um pouquinho mais, porém você tem mais opções para filtrar.

Use os filtros de tabela do Excel

Conforme as seções anteriores deste capítulo mencionam, quando você cria uma tabela, o Excel, por padrão, incorpora menus suspensos que classificam e filtram a linha Cabeçalho da tabela.

Para filtrar uma tabela, clique em uma das setas suspensas na linha Cabeçalho da tabela. (Você não precisa ter selecionado uma célula na tabela.) Você verá uma caixa de listagem com as primeiras opções de classificação e todos os valores exclusivos nessa coluna, além de algumas opções especiais (veja a Figura 6-8). Na figura, para focar apenas um representante de vendas, limpe a caixa de seleção Selecionar Tudo, a fim de desmarcar todas as caixas de seleção; em seguida, clique na caixa de seleção com o nome do representante no qual está interessado.

FIGURA 6-8:
O Excel filtra os registros ocultando as linhas que não estão em conformidade com o filtro configurado.

A função de classificação das setas suspensas da tabela não é tão sofisticada quanto a que você tem quando clica na aba Dados da Faixa de Opções e escolhe Classificar, no grupo Classificar e Filtrar, porém é rápida. Você pode classificar somente uma coluna por vez, ao passo que o ícone Classificar, no grupo Classificar e Filtrar, não restringe o número de chaves de classificação que se pode usar.

DICA

Se você já usou um filtro em sua tabela e quer retornar todos os registros, clique na seta suspensa novamente e marque a caixa de seleção Selecionar Tudo ou clique no item Limpar Filtro de. Você pode saber quais menus suspensos estão sendo usados para filtrar os dados, pois a seta na lista suspensa se transforma no contorno de um funil quando está em uso.

Na hipótese de você estar filtrando um campo numérico, como Receita, poderá querer focar um valor maior ou menor. Selecione (10 primeiros...) na lista suspensa. Você verá a caixa de diálogo AutoFiltro, conforme mostrado na Figura 6-9.

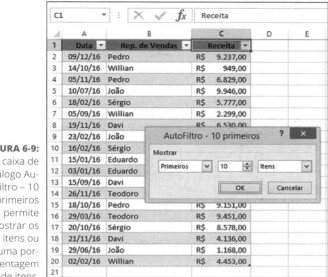

FIGURA 6-9: A caixa de diálogo AutoFiltro – 10 primeiros permite mostrar os itens ou uma porcentagem de itens.

Para usar o AutoFiltro – 10 primeiros, siga estes passos:

1. **Clique no menu suspenso na linha Cabeçalho de um campo numérico, como a Receita na Figura 6-9.**

2. **Clique em Filtros de Número na caixa de listagem, em seguida, clique em 10 primeiros, no menu em cascata.**

3. **A caixa de diálogo AutoFiltro – 10 primeiros é exibida. Na lista suspensa mais à esquerda, selecione Primeiros (os valores maiores) ou Últimos (os valores menores).**

4. **Na lista suspensa central, no entanto, selecione quantos valores você quer ver.**

5. **Na lista suspensa à direita, selecione Itens ou Por cento.**

Por exemplo, na Figura 6-9, se você escolher Primeiros, 10 e Itens, respectivamente, verá os dez valores maiores da Receita. Se escolher Primeiros, 20 e Por cento, respectivamente, verá os primeiros 20% dos valores da Receita.

Utilize Filtros Avançados

Se você quiser fazer um pouco mais para filtrar uma lista, acesse a aba Dados da Faixa de Opções e escolha o ícone Avançado no grupo Classificar e Filtrar. Aparecerá a caixa de diálogo Filtro Avançado, mostrada na Figura 6-10.

CAPÍTULO 6 **Configurando Tabelas no Excel** 103

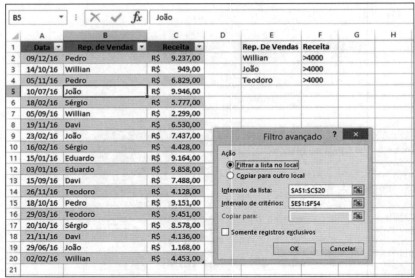

FIGURA 6-10:
A caixa de diálogo Filtro Avançado permite maior controle da filtragem.

A caixa de diálogo Filtro Avançado permite aplicar uma lista de critérios para selecionar registros com valores específicos (o que você poderia fazer com as caixas de seleção no menu suspenso de uma tabela). Você também pode copiar valores exclusivos somente para um determinado local ou copiar uma lista filtrada para um local separado. Imagine que queira ver apenas as vendas referentes a Willian, João e Teodoro. Você configura um intervalo de critérios em uma parte diferente da planilha — E1:E4 na Figura 6-10. Insira o rótulo da coluna que quer filtrar na primeira linha do intervalo de critérios e, abaixo dela, coloque os valores que deseja selecionar.

Em seguida, clique em uma das células da tabela e escolha Avançado, no grupo Classificar e Filtrar na aba Dados da Faixa de Opções. A caixa de diálogo Filtro Avançado preencherá automaticamente a caixa Intervalo da Lista com o endereço. Clique na caixa Intervalo de Critérios e arraste-a nas células em que você inseriu o intervalo de critérios. Clique em OK e verá os registros que atendem aos seus critérios.

DICA

Para recuperar todos os registros, basta clicar no ícone Filtro no grupo Classificar e Filtrar.

Você pode empregar mais de um conjunto de critérios. Se, além dos critérios do representante de vendas, você quisesse ver somente os registros com receita superior a R$4 mil, poderia inserir **Receita** na célula F1 e **>4000** em cada célula no intervalo F2:F4. Ajuste o endereço do intervalo de critérios na caixa de diálogo Filtro Avançado para E1:F4 e clique em OK.

104 PARTE 2 **Organizando os Dados**

DICA

Se quiser criar uma lista nova a partir dos dados filtrados, selecione o botão de opção Copiar para Outro Local. A caixa Copiar para fica habilitada para que você possa clicar nela e clicar em uma célula da planilha na qual deseja que a lista nova seja iniciada. Repare que o Excel cria uma *lista* nova, e não uma *tabela* nova, quando você usa o Filtro Avançado desse jeito.

Suponha que você busque uma lista de nomes dos representantes de vendas, mas não quer que eles venham repetidos como estão em sua lista original. Siga as seguintes instruções:

1. **Clique em Avançado no grupo Classificar e Filtrar na aba Dados.**

2. **Clique na caixa Intervalo da Lista (sim, mesmo que os dados estejam em uma tabela) e, conforme os dados estão dispostos na Figura 6-10, arraste-os em B1:B20 para capturar o rótulo da coluna e os nomes dos representantes de vendas.**

3. **Escolha copiar os dados para outro local e indique o local.**

4. **Marque a caixa de seleção Somente registros exclusivos e clique em OK.**

   Agora, você tem uma lista nova com os nomes dos representantes de vendas, um de cada.

Importando Dados de um Banco de Dados para uma Tabela do Excel

Se você estiver configurando uma tabela, poderá usá-la para auxiliar na previsão de vendas e há uma boa chance de que os dados estejam armazenados no sistema de contabilidade da empresa. Muitas empresas utilizam um sistema de gerenciamento de banco de dados para fins contábeis e o Excel para a análise financeira. Se você está nessa situação ou em uma situação semelhante, há uma maneira fácil de conseguir os dados do banco de dados e colocá-los em uma tabela do Excel. Veja as etapas a seguir. (Presume-se que você tenha o Microsoft Access facilmente disponível. Não posso supor que você tenha um Sage 100 ou o Oracle Financials em seu laptop.)

1. **Acesse a aba Dados da Faixa de Opções, clique no ícone Do Access no grupo Obter Dados Externos.**

   Aparecerá a caixa de diálogo Selecionar Fonte de Dados, mostrada na Figura 6-11.

CAPÍTULO 6 **Configurando Tabelas no Excel** 105

2. **Uma vez que você localizar a fonte de dados, selecione-a e clique em Abrir.**

   Se mais de uma tabela estiver na fonte de dados, você verá a caixa de diálogo Selecionar Tabela, mostrada na Figura 6-12.

3. **Selecione a tabela desejada e clique em OK.**

   Aparecerá a caixa de diálogo Importar Dados, mostrada na Figura 6-13.

4. **Selecione onde deseja colocar os dados e clique em OK.** A Figura 6-14 mostra como os dados podem aparecer (incluindo um código de identificação exclusivo de cada registro, fornecido automaticamente pelo Access).

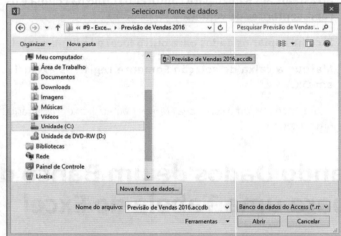

FIGURA 6-11: Use a caixa de diálogo Selecionar Fonte de Dados para procurar o local em que seu banco de dados está armazenado.

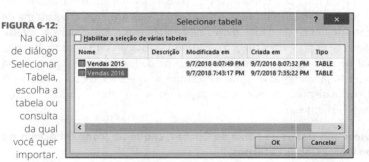

FIGURA 6-12: Na caixa de diálogo Selecionar Tabela, escolha a tabela ou consulta da qual você quer importar.

FIGURA 6-13: Use o botão Propriedades para controlar os inúmeros elementos que ocuparão um *intervalo de dados externo*.

FIGURA 6-14: Considere usar as consultas de banco de dados para gerenciar quais dados retornam ao Excel, como a ID do registro e as tabelas vinculadas por chaves compartilhadas.

	A	B	C	D
1	Código	Data	Rep de Vendas	Receita
2	1	09/12/2016	Pedro	9237
3	2	14/10/2016	Willian	949
4	3	05/11/2016	Pedro	6829
5	4	10/07/2016	João	9946
6	5	18/02/2016	Sérgio	5777
7	6	05/09/2016	Willian	2299
8	7	19/11/2016	Davi	6530
9	8	23/02/2016	João	7437
10	9	16/02/2016	Sérgio	4428
11	10	15/01/2016	Eduardo	9164
12	11	03/01/2016	Eduardo	9858
13	12	15/09/2016	Davi	7488
14	13	26/11/2018	Teodoro	4128
15	14	18/10/2016	Pedro	9151
16	15	29/03/2016	Teodoro	9451
17	16	20/10/2016	Sérgio	8578
18	17	21/11/2016	Davi	4136
19	18	29/06/2016	João	1168
20	19	02/02/2016	Willian	4453
21				

DICA

É óbvio que você poderia abrir o banco de dados diretamente, abrir a tabela, copiar e colar; aparentemente é mais fácil. Mas o bom de fazer isso em longo prazo é que a tabela salvará não apenas os dados, mas também as informações sobre a localização do banco de dados. Na próxima vez em que você quiser inserir dados em sua planilha, clique com o botão direito do mouse em uma célula na tabela da planilha, escolha Atualizar Dados no menu contextual e as informações mais atuais irão do banco de dados para a tabela.

108   PARTE 2 **Organizando os Dados**

NESTE CAPÍTULO

» **Projetando gráficos a partir de suas tabelas**

» **Colocando o suplemento de Análise de Dados para trabalhar a seu favor**

» **Evitando as armadilhas do suplemento de Análise de Dados**

Capítulo **7**

Trabalhando com Tabelas no Excel

No Capítulo 6, mostrei como configurar uma tabela, ou seja, como é a estrutura da tabela, como fazer com que o Excel o ajude a gerenciá-la e como priorizar os itens específicos na tabela. Em outras palavras, a rotina maçante de gerenciamento de dados. Não é divertido, nem sempre interessante, mas necessário.

Neste capítulo, abordo coisas mais interessantes, que certamente são mais empolgantes. Os gráficos do Excel são um jeito excelente de visualizar o que está acontecendo com os dados na tabela. Eles colocam você em uma posição que permite enxergar os padrões por trás dos números. E você pode usar os gráficos de maneiras sutis para mergulhar de cabeça na previsão de vendas.

Eu também mostro como utilizar o suplemento de Análise de Dados do Excel, como ele interage com as tabelas e ajuda a criar previsões (bem como evitar algumas armadilhas).

CAPÍTULO 7 **Trabalhando com Tabelas no Excel** 109

Transformando Tabelas em Gráficos

O Excel apresenta uma lista de gráficos para você escolher; confira o grupo Gráficos na aba Inserir da Faixa de Opções para ver algumas dessas opções. Ao olhar para elas, você pode pensar que basta escolher o tipo que lhe parece mais bonito, e para falar a verdade a decisão é, em parte, uma questão de gosto.

Ou o que você *consegue* ver. Eu nunca me esquecerei do cliente que me pediu gentilmente para não usar o fundo cinza padrão nos gráficos do Excel 1997. Os olhos dele, que estavam ficando cansados com a idade, tinham dificuldade para distinguir as séries de dados em preto nos gráficos e o fundo cinza de suas áreas gráficas.

Todavia você precisa conhecer alguns problemas além da aparência, especialmente se for utilizar os gráficos para auxiliar na previsão de vendas. E usar os gráficos para ajudar a prever as vendas é uma boa ideia. Espero convencê-lo antes de você terminar de ler este capítulo.

Entendendo os tipos de gráficos

A maioria dos gráficos do Excel dispõe de pelo menos dois eixos. Os eixos são representados pela borda esquerda vertical do gráfico e pela borda horizontal inferior. A Figura 7-1 exemplifica isso.

O gráfico da Figura 7-1 é um *gráfico de linhas*. O Excel tem nomes para os dois tipos diferentes de eixos: o eixo de categoria e o eixo de valor. Na Figura 7-1, o eixo horizontal com os meses é chamado de *eixo de categoria* e o eixo vertical com as receitas é chamado de *eixo de valor*.

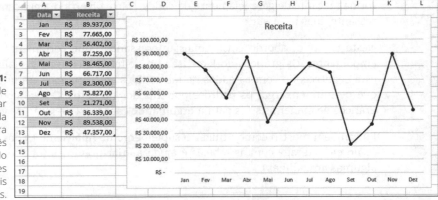

FIGURA 7-1: Você pode informar o valor da receita para cada mês conferindo os valores nos dois eixos.

A ideia é que as *categorias* diferentes (aqui, meses) têm valores numéricos diferentes (aqui, receita). Você mostra os valores da categoria em um eixo e os valores numéricos em outro.

Mas as categorias nem sempre são exibidas na borda horizontal e os valores nem sempre estão na vertical. Por exemplo, a Figura 7-2 mostra um *gráfico de barras*. Com tal gráfico, as categorias ficam no eixo vertical e os valores no eixo horizontal.

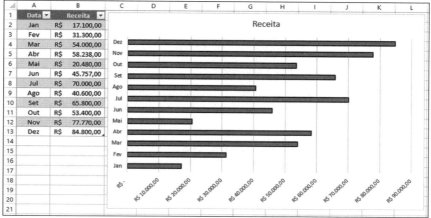

FIGURA 7-2: As categorias aparecem no eixo vertical em um gráfico de barras.

Cada um dos gráficos mostrados nas Figuras 7-1 e 7-2 apresenta um eixo de categoria (data) e um eixo de valor (receita). No entanto, existe outro tipo de gráfico do Excel que não tem apenas um, mas dois eixos de valor: o gráfico XY (Dispersão). O gráfico de dispersão (XY) (veja a Figura 7-3) é um tipo importante de gráfico, porque ajuda a entender o que está acontecendo quando você faz uma previsão ao utilizar a regressão.

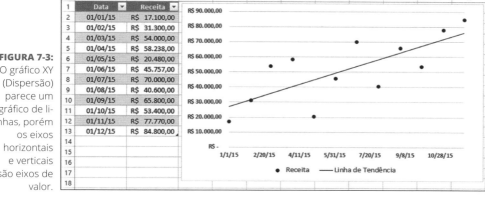

FIGURA 7-3: O gráfico XY (Dispersão) parece um gráfico de linhas, porém os eixos horizontais e verticais são eixos de valor.

CAPÍTULO 7 **Trabalhando com Tabelas no Excel** 111

Quando você está fazendo a previsão de vendas, muitas vezes faz o pareamento das datas, geralmente meses ou anos, com o cálculo do faturamento. Obviamente que o faturamento são números, portanto fazem parte do eixo de valor. As datas também são números (o Excel calcula as datas contando o número de dias desde 1º de janeiro de 1900). Quando ambos os campos são números, normalmente, o certo é colocá-los em eixos de valores. Desse modo, você acaba com um gráfico XY (Dispersão).

Uma razão pela qual você geralmente quer ter dois eixos de valor em um gráfico é a seguinte: é possível utilizar *linhas de tendência* relevantes. Uma linha de tendência mostra a relação entre duas variáveis numéricas. Na Figura 7-3, seria a relação entre a data no eixo horizontal e as receitas no eixo vertical. Para obter uma linha de tendência, siga os seguintes passos:

1. **Selecione o gráfico.**

    Se o gráfico estiver em sua própria planilha, selecione a planilha. Caso o gráfico esteja incorporado em uma planilha, clique no gráfico incorporado. Aparecerá uma nova aba Design na Faixa de Opções.

2. **Acesse a aba Design. Clique no ícone Adicionar Elemento Gráfico e escolha a Linha de Tendência na caixa de listagem.**

3. **Nesse caso, clique em Linear no menu em cascata.**

    Uma linha de tendência aparecerá no gráfico.

DICA

Se você quiser acrescentar mais informações à linha de tendência, poderá escolher mais opções no menu em cascata que aparece na Etapa 3. Todavi, é mais rápido clicar com o botão direito em uma série de dados gráficos e escolher Adicionar Linha de Tendência no menu em cascata. Aparecerá um painel Formatar Linha de Tendência na tela, como na Figura 7-4.

FIGURA 7-4: Este painel permite que você habilite todas as opções da linha de tendência disponíveis.

112 PARTE 2 **Organizando os Dados**

Depois, siga mais estas etapas:

1. **Clique no botão de opção Linear.**

2. **Pagine para baixo o painel Formatar Linha de Tendência, se necessário, e marque pelo menos duas caixas de seleção: Exibir Equação no Gráfico e Exibir Valor de R-quadrado no Gráfico.**

3. **Clique em OK.**

A Figura 7-5 mostra o resultado baseado no gráfico original da Figura 7-3.

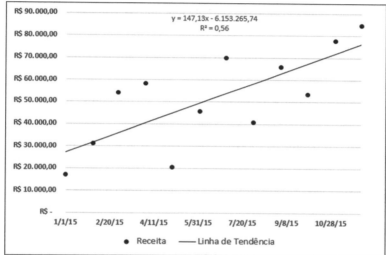

FIGURA 7-5: Ao mostrar a equação no gráfico, você pode visualizar o que a função PROJ.LIN mostra na planilha.

As três fontes de informação novas na Figura 7-5 são provenientes da adição da linha de tendência:

» **Valor de R-quadrado:** Informa a proximidade da data com as receitas. Quanto mais distante de zero for o valor de R-quadrado, mais forte será o relacionamento. Zero significa nenhum relacionamento, e você pode tentar fazer uma previsão usando outros métodos abordados neste livro: médias móveis ou suavização exponencial. Além disso, 1,0 é um relacionamento perfeito e, se conseguir fazer isso, você poderá fazer as coisas em seus próprios termos. Porém, desculpe, isso nunca acontece, nem vai acontecer.

» **Equação:** Informa como prever o próximo valor da receita. Integre o valor da próxima data na equação no lugar do valor x da equação e o resultado será a previsão. Quanto melhor o valor de R-quadrado — quanto mais longe estiver de zero, portanto, quanto mais próximo estiver de 1,0 — mais você poderá confiar no valor da previsão.

» **Linha de tendência em si:** Mostra o que a equação prevê em receitas para determinado valor da data. E, claro, mostra se as receitas estão aumentando, diminuindo ou estabilizando com o tempo. Como demonstra a figura, estou supondo que suas receitas estão aumentando. Essa linha de tendência está subindo: você tem um bom produto, representantes de vendas bons ou uma boa campanha de publicidade.

A linha de tendência do gráfico é uma maneira prática para encontrar a relação entre as vendas e outra variável, como a data, conforme mostrado na Figura 7-5, ou outra variável preditora, como o orçamento de publicidade. Mas, se você usar a equação para fazer uma previsão, utilize também a função PROJ.LIN na planilha. Isso lhe dará a equação nas células da planilha, facilitando a criação da previsão. A função PROJ.LIN também disponibiliza informações úteis a respeito de quanto você pode depender da equação à medida que mais e mais dados entram. O Capítulo 16 aborda com mais detalhes a função PROJ.LIN e a regressão.

Você pode obter uma linha de tendência em um gráfico diferente do XY (Dispersão), como um gráfico de linhas. Aparentemente, é como a linha de tendência em um gráfico XY (Dispersão). Mas, se olhar a equação, provavelmente será muito diferente. O motivo é que, em um gráfico de linhas, o Excel calcula a equação, não relacionando as receitas aos valores de data reais, mas ao número da categoria (1, 2, 3 e assim por diante). É por isso que recomendo que você use um gráfico XY (Dispersão) para analisar a linha de tendência, equação e R-quadrado para avaliar o relacionamento. Posteriormente, se você quiser colocar a equação na planilha usando PROJ.LIN, ela corresponderá à do seu gráfico.

Criando um gráfico a partir da tabela

O Excel facilita a criação de um gráfico a partir de uma tabela. Veja como você pode criar o gráfico na Figura 7-5 a partir da tabela de duas colunas nas células A1: B13:

1. **Clique em qualquer célula da tabela — A6, por exemplo.**
2. **Vá para a aba Inserir da Faixa de Opções e clique no ícone Gráfico de dispersão (XY).**
3. **Clique no subtipo padrão, que não possui linhas conectando os pontos.**

    Um gráfico XY (Dispersão) aparecerá, incorporado na planilha ativa.

Portanto, bastam três etapas para ir de uma tabela a um gráfico incorporado. Devido à facilidade de criar um gráfico XY (Dispersão), não há desculpas, especialmente quando um gráfico é um meio muito eficiente de identificar os problemas que podem induzi-lo ao erro, como alguns valores atípicos extremos ou talvez uma relação em forma de U, em vez de uma linha reta.

Uma vez que você criou o gráfico básico, configurar outras opções de gráfico também é fácil, por exemplo, opções como a localização, se a área gráfica apresenta linhas de grade, se tem legenda etc. Com o gráfico selecionado, acesse a aba Design da Faixa de Opções e clique no ícone Adicionar Elemento Gráfico no grupo Layout de Gráfico. A partir daí, é fácil definir mais elementos, como títulos de eixos, barras de erro e linhas de tendência. Ou selecione um elemento no gráfico, como sua legenda. Em seguida, vá para a aba Formatar da Faixa de Opções e clique em Formatar Seleção, no grupo Seleção Atual, para definir atributos como cor, tamanho, padrão e outros.

Seja lá qual for o tipo de gráfico — em Linha, XY (Dispersão), Coluna ou qualquer outra coisa — selecionado, se um dos campos da tabela for um campo de data, você obterá cada data individual dessa tabela no gráfico. Nas Figuras 7-1 a 7-5, fui cuidadoso para mostrar cada data como um mês separado. Se sua fonte de dados fornecer datas de vendas diariamente, o gráfico dessa tabela poderá resultar em um eixo de gráfico que mostra as vendas diárias e as datas podem ficar tão compactadas que será quase impossível lê-las. Uma forma de lidar com isso é formatar o eixo de data com uma unidade principal maior (7, talvez, em vez de 1). O Capítulo 8 mostra outra forma de agrupar os registros para obter resumos por semana, mês, trimestre ou ano. Depois que estiverem agrupados, você conseguirá criar um gráfico mais fácil de interpretar.

Aprimorando os gráficos

Continuo a falar a respeito dos gráficos e escrevo ainda mais sobre eles em outros capítulos deste livro, porque sempre achei que representar os dados da minha linha de base de modo visual fosse imprescindível. Observar como a linha de base cai ao longo do tempo é importante pelo modo como você a analisa. O gráfico pode muito bem convencê-lo a usar um método completamente diferente para criar a previsão, como a suavização ou médias móveis, em vez da regressão.

Depois de criar um gráfico, você pode modificá-lo de maneiras diferentes com o intuito de torná-lo mais informativo. Veja a seguir algumas delas:

Utilizando o menu gráfico

Comece de duas maneiras. Se você deixou o gráfico incorporado em uma planilha, conforme mostrado na Figura 7-5, clique nele para ativá-lo. Caso coloque o gráfico em sua própria planilha, sozinho, selecione essa planilha. Você terá duas abas da Faixa de Opções, as quais não verá a menos que um gráfico esteja ativo: Design e Formatar. Você pode usar o menu Design (veja a Figura 7-6) para controlar os seguintes elementos do gráfico:

» **Adicionar Elemento Gráfico:** Inclua elementos como títulos, rótulos de dados, legendas e linhas de grade.

» **Estilos de Gráfico:** Escolha dentre as inúmeras opções diferentes de estilos predefinidos (como cores, fontes e assim por diante) que modificam a aparência do gráfico.

» **Alternar Linha/Coluna:** Duvido que você use muito essa ferramenta. Um aspecto fundamental das tabelas do Excel está no fato de que registros diferentes ocupam linhas diferentes e variáveis diferentes ocupam colunas diferentes. Se você mudar as funções com essa ferramenta, estará informando ao gráfico para se comportar como se a tabela tivesse registros diferentes em *colunas* diferentes e cada linha tivesse uma variável diferente.

» Clique no ícone **Selecionar Dados** para alterar o local da planilha dos dados gráficos. Você pode adicionar uma série de dados ao gráfico ou removê-los. Também pode estender ou reduzir o tamanho de uma série de dados que já está no gráfico.

» **Alterar Tipo de Gráfico:** Alterne os tipos, digamos, de um gráfico XY (Dispersão) para um gráfico de linhas, de um gráfico de colunas para um gráfico de barras etc.

» **Mover Gráfico:** Armazene o gráfico em sua própria planilha de gráfico ou como um objeto incorporado em uma planilha diferente.

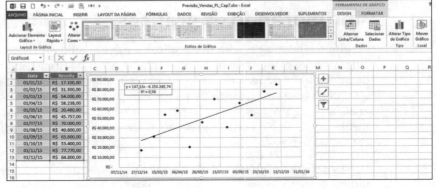

FIGURA 7-6: A aba Design Gráfico deixa você alterar muito do que o gráfico mostra.

Como seria de se esperar, a aba Formatar do gráfico, mostrada na Figura 7-7, oferece ferramentas para controlar *como* exibir o que a aba Design permite mostrar. Use as ferramentas da aba Formatar para:

- Formatar o elemento gráfico selecionado no momento. Use essa ferramenta para exibir um painel que apresenta opções de formatação para o elemento gráfico selecionado, como um título do gráfico ou uma linha de tendência. Essa ferramenta não é tão rápida como clicar com o botão direito no elemento gráfico e escolher, digamos, Formatar Título de Gráfico ou Formatar Linha de Tendência no menu de atalho. Porém descobri que, muitas vezes, é mais fácil selecionar um elemento gráfico na caixa suspensa na parte superior do grupo Seleção Atual do que tentar clicar com o botão direito no gráfico. (Isso se aplica, sobretudo, quando você está tentando formatar um elemento em um gráfico particularmente complexo.)

- Inserir formas como balões e caixas de texto no gráfico.
- Aplicar estilos predefinidos nas formas existentes, como as cores de preenchimento e contorno da forma.
- Usar os Estilos de WordArt para aplicar estilos predefinidos nos objetos de texto selecionados.
- Alinhar objetos no gráfico com área gráfica, agrupá-los (ou desagrupá-los) para facilitar a movimentação como se fossem um objeto só ou girá-los em torno de um ponto focal.

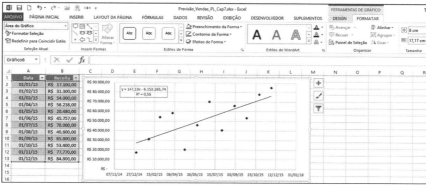

FIGURA 7-7: Utilize as ferramentas na aba Formatar do gráfico para ajustar a aparência dos elementos individuais.

Formatação dos eixos

Você pode controlar mais a aparência do gráfico focando os eixos.

1. Clique com o botão direito do mouse e selecione Formatar Eixo no menu de atalho.

Será exibido o painel Formatar Eixo. Nesse painel, há inúmeras opções relativas ao eixo e ao texto do eixo que você pode configurar, tais como a cor e a forma de seu preenchimento e linhas, efeitos como sombras e bordas suaves, o tamanho e as propriedades de diferentes partes do eixo, entre muitas outras opções, como os valores mínimo e máximo mostrados no eixo. É bom ter à disposição essas opções, e não custa nada conhecê-las, mas poucas delas têm alguma coisa a ver com a previsão em geral ou a previsão de vendas em particular. Uma exceção que foge a essa regra é o eixo de categorias de um gráfico de linhas.

2. **Configure um gráfico de linhas com valores de data exibidos na horizontal, o eixo de categoria.**

Clique nesse eixo e escolha Formatar Eixo no menu de atalho.

3. **Clique no ícone Opções de Eixo, na parte superior do painel Formatar Eixo, e expanda o item Opções de Eixo.**

Observe que você tem três opções quanto ao tratamento dos valores individuais no eixo:

- Selecionar automaticamente com base nos dados

- Eixo do texto

- Eixo da data

Na maioria dos aplicativos de previsão, você deve optar por tratar o eixo como um eixo de Data. Se você tratar um eixo de Data (ou qualquer eixo numérico) como um eixo de Texto ou deixar com que o Excel escolha e ele fizer uma péssima escolha, qualquer equação da linha de tendência que o gráfico calcule estará errada e a distância entre os rótulos no eixo não refletirá necessariamente o tempo transcorrido entre eles.

Geralmente, esse é um dos motivos pelos quais eu prefiro os gráficos XY (Dispersão), em vez dos gráficos de linha nas situações de previsão. Na maioria das vezes, tanto a variável preditora quanto a variável prevista são cálculos numéricos (o Excel trata datas como números) e os gráficos XY têm automaticamente dois eixos numéricos. Portanto, é mais difícil que dê errado.

Usando o Suplemento de Análise de Dados com Tabelas

O suplemento de Análise de Dados (conhecido nas versões anteriores do Excel como Analysis ToolPak ou ATP) ajuda você a fazer todos os tipos de análises estatísticas, e a previsão de vendas é definitivamente um tipo de análise estatística.

Um suplemento contém um código do Visual Basic: um programa muitas vezes escrito em uma versão do BASIC, que o Excel pode executar. É protegido por senha, bloqueado para que você não consiga ver o código em si. Até aí tudo bem; assim como não quer saber como são os bastidores de um frigorífico, também não vai querer saber onde está o código.

LEMBRE-SE

Você precisa instalar o suplemento de Análise de Dados no computador a partir do CD de instalação do Office ou da fonte de download. Você vai encontrá-lo entre os suplementos do Excel caso faça uma instalação personalizada; normalmente, o suplemento será instalado automaticamente se você fizer uma instalação completa.

Todavia, instalar o suplemento de Análise de Dados no computador não significa que ele esteja instalado no Excel. Caso você não veja as palavras Análise de Dados no grupo Análise da aba Dados da Faixa de Opções, então, pode tê-lo instalado somente no disco rígido. Como todos os suplementos, você precisa ativá-lo no Excel. Para tanto, siga os seguintes passos:

1. **No Excel, clique na aba Arquivo.**

2. **Selecione Opções, na barra de navegação à esquerda da janela do Excel.**

3. **Escolha Suplementos, na barra de navegação à esquerda da janela Opções do Excel. Clique em OK.**

4. **Verifique se a lista suspensa Gerenciar perto da parte inferior da janela Opções do Excel tem *Suplementos do Excel*. Clique em Ir.**

5. **Aparecerá a caixa de diálogo Suplementos. Verifique se a caixa de seleção ao lado de Analysis ToolPak (*tal como foi dito*) está marcada; clique em OK.**

Agora, você encontrará um item novo, Análise de Dados, na aba Dados da Faixa de Opções, no grupo Análise. Clique nesse item para acessar as ferramentas do suplemento.

Com o suplemento Análise de Dados instalado no computador e no Excel, você encontrará 19 ferramentas de análise. Suponha que você queira utilizar a ferramenta Média Móvel em sua tabela. Faça o seguinte:

1. **Clique na aba Dados da Faixa de Opções e clique em Análise de Dados no grupo Análise.**

    Aparecerá a caixa de diálogo Análise de Dados, como mostrada na Figura 7-8.

2. **Desça com a barra de rolagem na caixa de listagem Análise de Dados, clique em Média Móvel, em seguida, em OK.**

    Aparecerá a caixa de diálogo Média Móvel, conforme mostrada na Figura 7-9.

CAPÍTULO 7 **Trabalhando com Tabelas no Excel** 119

FIGURA 7-8: Nem todas as ferramentas de análise são úteis para fazer previsões. As três melhores são a suavização exponencial, a média móvel e a regressão, mas você pode querer usar outras para finalidades diferentes.

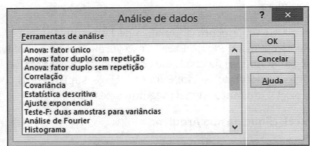

FIGURA 7-9: Usar uma ferramenta de Análise de Dados é mais fácil se a planilha que contém a tabela estiver ativa, porém isso não é necessário.

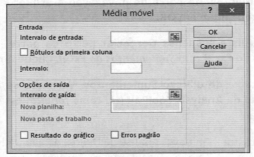

3. **Clique no campo Intervalo de Entrada e, usando o ponteiro do mouse, arraste nas Receitas de sua tabela.**

4. **Recomendo que você inclua o rótulo da coluna no Intervalo de Entrada. Se fizer isso, marque a caixa de seleção Rótulos na primeira linha.**

5. **Clique no campo Intervalo e digite o número de meses (ou qualquer período de data que sua tabela usa) nos quais você quer basear a média móvel.**

    Por exemplo, para basear sua média móvel em um intervalo de três meses, insira **3**. Se a tabela calcular as datas em semanas e você quiser basear a análise em um intervalo de duas semanas, digite **2**.

6. **Clique no campo Intervalo de Saída, em seguida, clique na célula da planilha onde deseja que os resultados comecem a aparecer.**

7. **Se você quiser ver um gráfico da média móvel, marque a caixa de seleção Saída do Gráfico.**

   Não me faça insistir aqui. Marque a caixa de seleção.

8. **Clique em OK.**

   Você verá os resultados mostrados na Figura 7-10.

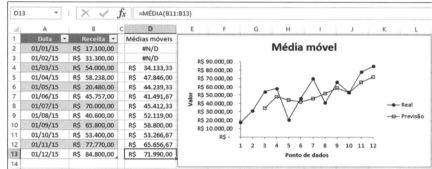

FIGURA 7-10: Essa média móvel é baseada em três intervalos, ou seja, cada média é composta de três meses.

Observe como a média móvel suaviza as observações individuais. Isso tende a suprimir o *ruído* (a variação aleatória em cada um dos registros da tabela) e destacar o *sinal* (a direção principal da linha de base).

Repare também como é mais fácil ver o que está acontecendo quando você olha o gráfico do que quando olha a tabela. Moral da história: transforme suas linhas de base em gráficos.

Há mais, muito mais informações para as médias móveis, e você pode encontrá-las nos Capítulos 13 e 14. Mas, agora, você sabe o básico sobre como obter e transformar em gráfico uma média móvel a partir de uma tabela.

Evitando as Armadilhas do Suplemento de Análise de Dados

Por anos, algumas ferramentas do suplemento de Análise de Dados (por exemplo, a ferramenta Regressão) têm confundido os intervalos de entrada e de saída. Como verá no Capítulo 16, na hipótese de uma previsão por meio da regressão, você precisará de, pelo menos, duas variáveis: uma variável preditora (como a data ou o investimento em publicidade) e uma variável prevista (nesse contexto, algo como o faturamento ou as vendas unitárias).

A ferramenta Regressão indica os valores da variável preditora como o Intervalo X de Entrada e os valores da variável prevista como o Intervalo Y de Entrada. Veja a Figura 7-11.

Agora, imagine que você faça isso:

1. **Vá para a aba Dados da Faixa de Opções e clique em Análise de Dados no grupo Análise.**

2. **Localize e clique na ferramenta Regressão na caixa de listagem e clique em OK.**

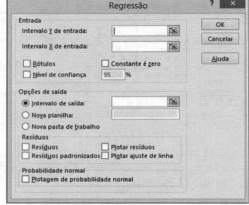

FIGURA 7-11: Esteja ciente de que caixa de edição de referência tem o foco.

3. **Clique no campo Intervalo Y de Entrada e arraste em algo, como os valores de faturamento na planilha.**

4. **Clique na caixa Intervalo X de Entrada e arraste em algo, como os valores de data na planilha.**

Observe que a opção padrão para as Opções de Saída é Nova Planilha.

Agora, se você substituir a opção padrão e selecionar o botão de opção Intervalo de Saída (que permite colocar a saída Regressão na mesma planilha com a tabela), o foco do programa voltará rapidamente para o Intervalo Y de Entrada. Caso você clique em alguma célula da planilha para selecioná-la como o local de saída, essa célula se tornará o Intervalo Y de Entrada. Como você normalmente quer usar um intervalo vazio para a saída, decerto que não selecionará uma célula com valores de entrada. Portanto, escolherá uma célula vazia e, devido à mudança de foco, essa célula se tornará o Intervalo Y de Entrada.

Dito de outro modo, a ferramenta Regressão está tentando fazer com que você escolha um intervalo, ou célula, sem nenhum dado para fornecer o Intervalo Y de Entrada, ou seja, os valores da variável que será prevista.

Se você não souber o que está acontecendo, perderá tempo sem necessidade e quebrará a cabeça à toa. Infelizmente, não se tem uma boa solução para isso — lembre-se, você não pode abrir o código que executa as ferramentas do suplemento de Análise de Dados — além de estar ciente de que acontece e saber que é necessário selecionar o botão de opção Intervalo de Saída e sua caixa de edição associada de novo para redefinir o foco no que deseja.

Inúmeras ferramentas no suplemento de Análise de Dados apresentam esse problema. Tome cuidado ao identificar um intervalo de saída para uma dessas ferramentas. Se o problema ocorrer, não será um prejuízo muito grande. Porém é bem desagradável passar por isso três ou quatro vezes seguidas.

Outro problema importante com o suplemento de Análise de Dados é que a saída dele geralmente é estática. A ferramenta Regressão, por exemplo, coloca os valores calculados em células, em vez de fórmulas que podem recalcular quando as entradas mudam. Se você obtiver valores novos ou alterados de entrada, terá que executar novamente a ferramenta para obter resultados atualizados.

Outras ferramentas, como a Média Móvel e a Suavização Exponencial, apresentam resultados como fórmulas, portanto, eles serão recalculados caso você modifique as entradas. Se você tiver valores novos para essas ferramentas usarem (por exemplo, seu intervalo de entrada muda de A1:A20 para A1:A25), precisará redefinir o endereço do intervalo de entrada; todavia, se estiver apenas atualizando um valor anterior, as fórmulas vão recalcular e os gráficos serão redesenhados, sem qualquer esforço adicional de sua parte.

124   PARTE 2 **Organizando os Dados**

Fazendo uma Previsão Básica

NESTA PARTE...

O Excel dispõe de algumas ferramentas robustas para ajudá-lo a fazer previsões. Uma delas é a Tabela Dinâmica, que organiza o histórico de vendas para você e faz a criação de sua linha de base em um piscar de olhos. A outra é o Gráfico Dinâmico; a importância de um gráfico para entender o que está acontecendo com as vendas é inestimável. Se você puder visualizar, será mais fácil de compreender. A Parte 3 também apresenta o suplemento de Análise de Dados (que tem ferramentas que o ajudam a fazer as previsões básicas a partir de uma variável) e a análise de regressão (um modo de prever as vendas utilizando outra variável).

> **NESTE CAPÍTULO**
>
> » **Familiarizando-se com as tabelas dinâmicas**
>
> » **Inserindo uma tabela dinâmica em sua planilha**
>
> » **Agrupando os registros similares**
>
> » **Evitando os problemas das tabelas dinâmicas**

Capítulo **8**

Sintetizando os Dados de Vendas com a Tabela Dinâmica

Se você for criar boas previsões, constantemente precisará combinar o montante de alguma receita com o período em que a receita entrou. Ou, se precisar lidar com o número de unidades vendidas em vez das receitas, terá que agrupar os cálculos das unidades e o período, à medida que elas forem vendidas. As tabelas dinâmicas do Excel viabilizam um excelente método para fazer isso, caso você configure seus dados corretamente.

Quando você tem sua tabela dinâmica, muitas vezes faz sentido analisar as receitas de diferentes pontos de vista, geralmente em termos de meses, trimestres ou anos, mas também por meio de outras variáveis, como a variação dos percentuais de comissão. As tabelas dinâmicas referenciam essas informações como *agrupamento*. Neste capítulo, eu abordo a criação de tabelas dinâmicas e o agrupamento de datas.

Entendendo as Tabelas Dinâmicas

Uma tabela dinâmica sintetiza uma variável, normalmente uma que pode ser calculada ou somada, como as unidades vendidas ou a receita, em termos de outra variável, em geral uma que vem em categorias. As tabelas dinâmicas são o método mais poderoso no Excel de resumir qualquer tipo de dados, incluindo as informações de vendas. Isso faz com que elas sejam um modo prático de elaborar uma linha de base para sua previsão.

Em geral, uma tabela dinâmica é baseada em uma tabela do Excel (caso você ainda não seja um crânio em tabelas, confira o Capítulo 6). As tabelas do Excel inserem variáveis diferentes, ou *campos*, em colunas diferentes e registros diferentes em linhas diferentes. Portanto, se você tivesse um faturamento diário em uma tabela do Excel, uma coluna teria o campo de data (como 10 de março de 2016) e a outra coluna, provavelmente uma adjacente, teria o campo do faturamento (como R$5.841). Uma linha mostraria a receita para 10 de março, a outra mostraria a receita para 4 de abril e assim por diante. Campos diferentes estão em colunas diferentes e registros diferentes estão em linhas diferentes.

LEMBRE-SE

Tabelas e *tabelas dinâmicas* são duas coisas completamente distintas. No Excel, uma tabela é apenas um intervalo de células que contém dados, com algumas características especiais, como uma Linha de Totais e ferramentas de classificação e filtragem. Uma tabela dinâmica é um mecanismo poderosíssimo que pode resumir os dados brutos de uma tabela em, por exemplo, uma discriminação dos resultados de vendas de acordo com a linha de produtos e os meses vendidos. As tabelas dinâmicas frequentemente utilizam as tabelas como fonte para seus dados.

Você pode criar uma tabela dinâmica que ajude a resumir as informações em uma tabela. As tabelas dinâmicas sempre têm um campo de *valor*. Se você tivesse uma tabela contendo as receitas por mês, provavelmente consideraria o campo de receita da tabela como o campo de valor da tabela dinâmica. Com a receita no campo de valor, você está preparado para somar (ou resumir) a receita por data, região, linha de produto ou qualquer outra variável de agrupamento na tabela original. (O termo *campo de valor* engana um pouco. Qualquer campo em uma tabela dinâmica contém valores. Mas o Excel reserva o *campo de valor* para um campo, como receita, que é analisado por alguma outra variável, muitas vezes uma variável de categoria, como por exemplo uma linha de produtos ou região de vendas.)

As tabelas dinâmicas também costumam ter campos de *linhas*. Se você quisesse analisar a receita por data, certamente decidiria usar o campo de data da tabela como o campo de linha da tabela dinâmica. Isso significa que as datas diferentes (por exemplo, meses diferentes) aparecem em linhas diferentes da tabela dinâmica, ao lado da receita para cada data diferente.

A partir dessa configuração, você pode *agrupar* o campo de data para que cada linha na tabela dinâmica tenha um intervalo maior do que somente um dia, ou seja, um mês, um trimestre ou um ano. A Figura 8-1 apresenta um exemplo de receita total por mês.

FIGURA 8-1: A tabela nas colunas A e B disponibiliza os faturamentos diários. A tabela dinâmica que começa na coluna D sintetiza as receitas por mês.

	A		B		C	D		E
1	Data da Venda		Faturamento					
2	01/01/2016	R$	5.860,00					
3	02/01/2016	R$	5.041,00			Soma do Faturamento		
4	03/01/2016	R$	4.036,00			Mensal	Total	
5	04/01/2016	R$	5.543,00			Jan	R$	150.045,00
6	05/01/2016	R$	5.429,00			Fev	R$	123.507,00
7	06/01/2016	R$	4.362,00			Mar	R$	139.794,00
8	07/01/2016	R$	4.993,00			Abr	R$	135.436,00
9	08/01/2016	R$	3.767,00			Mai	R$	138.606,00
10	09/01/2016	R$	5.795,00			Jun	R$	139.103,00
11	10/01/2016	R$	4.947,00			Jul	R$	140.048,00
12	11/01/2016	R$	4.461,00			Ago	R$	140.032,00
13	12/01/2016	R$	3.637,00			Set	R$	131.677,00
14	13/01/2016	R$	4.812,00			Out	R$	141.306,00
15	14/01/2016	R$	3.902,00			Nov	R$	138.164,00
16	15/01/2016	R$	5.259,00			Dez	R$	137.530,00
17	16/01/2016	R$	5.461,00			Total Geral	R$	1.655.248,00
18	17/01/2016	R$	5.325,00					

As tabelas dinâmicas são convenientes de diversas maneiras. Se você quiser projetar o gráfico de suas vendas por semana, mês, trimestre ou ano, poderá começar usando uma tabela dinâmica para sintetizá-las. Se quiser apenas uma tabulação, a tabela dinâmica fará isso para você. Caso queira utilizar o suplemento de Análise de Dados do Excel para criar uma previsão, a tabela dinâmica poderá providenciar somente o layout necessário.

Nas seções a seguir, veja como usar as tabelas dinâmicas para viabilizar as previsões, transformando os dados básicos de vendas em uma linha de base para a previsão e recebendo os resumos dos dados de receitas e os cálculos das unidades vendidas.

Distinguindo as linhas de base dos dados de vendas

A maioria das empresas que estão no ramo de vendas de produtos e serviços registra suas vendas diariamente, documentando as receitas ou o número de

CAPÍTULO 8 **Sintetizando os Dados de Vendas com a Tabela Dinâmica** 129

unidades vendidas. Em geral, é possível dizer, pelo sistema contábil da empresa, quanto dinheiro entrou em 4 de maio e 12 de outubro, ou quantos widgets foram vendidos em 8 de fevereiro e 25 de agosto.

Normalmente, o sistema de contabilidade entra em colapso com as vendas individuais. Desse modo, se a empresa fez dez vendas em 3 de junho, você verá um registro diferente para cada uma das dez vendas. É ótimo visualizar as vendas uma a uma se você é contador, tem outra razão para visualizar as vendas individualmente ou não consegue dormir se não as vê. Porém, se você está fazendo uma previsão, os registros individuais são um belo incômodo.

Você precisa de um modo que resuma e sintetize todos os registros individuais em uma linha de base para a previsão. Leve em consideração as seguintes ideias ao decidir sobre a melhor forma de sintetizar seus dados de vendas:

» **Você não precisa dos registros de vendas individuais.** Se sua empresa fez três vendas em 5 de janeiro — uma de R$2.500,00, outra de R$8.650,00 e uma terceira de R$4.765,00 — um fato importante que você quer saber é que, em 5 de janeiro, ganhou R$15.915,00.

» **Você não faz previsão de vendas diariamente.** Caso sua empresa seja como a maioria, você precisa de uma visão mais ampla. Com o intuito de planejar seus níveis de estoque, decidir sobre quantos vendedores a empresa precisa, descobrir o que pode esperar em termos de receita e quais serão as obrigações fiscais de sua empresa, você precisa de um período de tempo maior, como um mês ou um trimestre, para realizar a previsão.

» **Você precisa que a duração do seu período de tempo coincida com suas razões para fazer a previsão.** Tipicamente, os períodos de tempo são de um mês, um trimestre ou um ano, dependendo da razão pela qual você está prevendo. Para comprar materiais, você pode querer fazer a previsão de suas vendas para o próximo mês. Para estimar os ganhos, pode querer estimar as vendas para o próximo trimestre. Para tomar decisões de contratação, pode querer realizar a previsão de suas vendas para o próximo ano.

A questão, e isso realmente é importante, é que se você for prever as vendas para o próximo mês, precisará organizar a linha de base em meses: quanto você vendeu em janeiro, fevereiro, março e assim sucessivamente. Se for prever as vendas para o próximo trimestre, então, precisará organizar a linha de base assim: quanto vendeu no primeiro trimestre, no segundo trimestre, no terceiro trimestre etc.

LEMBRE-SE

Você precisa de uma linha de base muito maior do que apenas três períodos para fazer uma previsão que não o envergonhe.

As tabelas dinâmicas do Excel são ideais para ajudar a totalizar os dados de vendas a fim de implementar uma linha de base para a previsão. Você insere seus dados de vendas brutos no Excel, no qual é possível criar tabelas dinâmicas de duas maneiras principais:

- » **A partir de uma tabela do Excel:** Imagine que seu departamento de contabilidade ou TI possa enviar as informações de vendas em um formato de cópia eletrônica, como um arquivo `.csv` (valores separados por vírgula). Você pode colar esses dados em uma pasta de trabalho do Excel como uma lista, converter essa lista em uma tabela e utilizá-la como base para uma tabela dinâmica.

- » **A partir de (o que o Excel chama) *dados externos*:** Em outras palavras, os dados subjacentes, os números de vendas individuais, não são armazenados em uma planilha do Excel. Eles são mantidos em um banco de dados separado ou um arquivo de texto, ou até mesmo em outra pasta de trabalho do Excel.

Elaborar tabelas dinâmicas a partir de dados externos pode ser útil, porque os dados de vendas, em geral, são atualizados rotineiramente na fonte de dados externa (na prática, isso acontece em um banco de dados relacional verdadeiro, diferente de um arquivo simples, como uma lista ou uma tabela padrão do Excel). Desse modo, quando você quiser atualizar a previsão, não precisará pegar e colar novos dados em sua pasta de trabalho. A tabela dinâmica consegue automaticamente se atualizar a partir da fonte de dados externa.

Nas próximas seções, mostrarei alguns usos dos campos de linha, coluna e filtro nas tabelas dinâmicas.

Usando campos de linha

Os campos de linha são importantes nas tabelas dinâmicas, porque você pode usá-los para organizar seus dados como uma tabela sintetizada. Em situações de previsão, isso significa que cada linha na tabela dinâmica representa cada período de tempo na linha de base.

Por exemplo, suponha que você queira prever as vendas para o próximo trimestre. Você configura a tabela dinâmica para que cada um dos totais de vendas trimestrais dos últimos dez anos apareça em uma linha diferente, mesmo que cada registro em sua fonte de dados represente uma venda individual em determinado dia.

Para realizar a soma de acordo com os trimestres, meses ou algum outro intervalo de tempo, você precisa *agrupar* o campo de data. Acesse a seção "Agrupando os Registros", posteriormente neste capítulo, para obter mais informações.

Com sua tabela dinâmica configurada dessa maneira, é fácil usar o suplemento de Análise de Dados ou um gráfico XY (Dispersão) para criar uma previsão. E o período de tempo estará certo. Resumidos os totais trimestrais, você pode obter a estimativa do próximo trimestre. Resumidos os totais mensais, você pode obter a melhor estimativa para o próximo mês. Não será possível fazer isso se os dados ainda estiverem organizados por venda individual ou dia específico.

O modo de começar é inserir as datas em que as vendas foram feitas no campo de linha de uma tabela dinâmica. Se o sistema de contabilidade da empresa ou o banco de dados de vendas já sintetiza as vendas no período de tempo que você quer usar, melhor ainda. Assim, não é preciso fazer nenhum agrupamento de datas individuais em meses, trimestres ou anos. Do contrário, você pode fazer isso rapidinho (veja "Agrupando os Registros", mais adiante neste capítulo).

Usando campos de coluna

Ao configurar suas informações de vendas para fazer previsões, você usará muito mais os campos de linha do que os campos de coluna, pois o Excel lida muito bem com as tabelas.

Um campo de coluna coloca os registros diferentes em colunas diferentes, todavia, uma tabela do Excel pede que você insira os registros diferentes em linhas diferentes. Suponha que você tenha uma tabela que mostre a data e a receita de cada data. Você quer que a tabela dinâmica sintetize os dados de vendas por mês. Se colocar o campo de data na área Coluna, terminará com um mês diferente em cada coluna.

Isso é inconveniente, sobretudo se você quer usar o suplemento de Análise de Dados para elaborar uma previsão. (Isso também pode ser um pouco inconveniente caso queira gerar um gráfico de suas receitas ao longo do tempo.)

Na previsão de vendas, os campos da coluna realmente saltam aos olhos quando você tem inúmeras linhas de produtos ou regiões que quer analisar junto com as datas de vendas. As tabelas dinâmicas podem ter campos de linha *e* campos de coluna (e, a propósito, campos de filtro, que em algumas versões anteriores do Excel eram chamados de *campos de página*). A combinação de um campo de linha com um campo de coluna é perfeita para a previsão de vendas de diferentes linhas de produtos.

Sua tabela pode ter três campos: data de venda, linha de produtos e faturamento. Desse modo, a tabela dinâmica poderá utilizar os campos assim (veja a Figura 8-2):

132   PARTE 3 **Fazendo uma Previsão Básica**

- **Data de venda como um campo de linha:** Cada linha na tabela dinâmica corresponde a um total diferente de vendas durante um mês específico.
- **Linha de produtos como um campo de coluna:** Cada coluna na tabela dinâmica corresponde a uma linha de produtos diferente.
- **Faturamento como um campo de valor:** Cada célula na tabela dinâmica soma a receita de uma determinada linha de produtos em uma data específica.

Agora, a tabela dinâmica é semelhante a uma tabela padrão do Excel. Sua estrutura facilita obter uma previsão para cada linha de produto, independentemente de você estar utilizando o suplemento de Análise de Dados para fazer a previsão ou usando uma linha de tendência em um gráfico.

Obtendo subconjuntos com campos de filtro

Um campo de filtro é fundamentalmente diferente de um campo de coluna, de linha ou de valor. Um campo de valor, como mencionei em "Entendendo as Tabelas Dinâmicas", é o campo a partir do qual você está somando, calculando a média ou contabilizando os valores mínimos e máximos. Os campos de coluna e de filtro possibilitam um modo pelo qual você consegue visualizar algo como o total de receitas dos Fords versus Toyotas ou as unidades vendidas de Mixmasters versus Toastmasters.

Você usa um campo de filtro para obter um subconjunto de dados. Imagine que seus dados de vendas sejam parecidos com os da Figura 8-3.

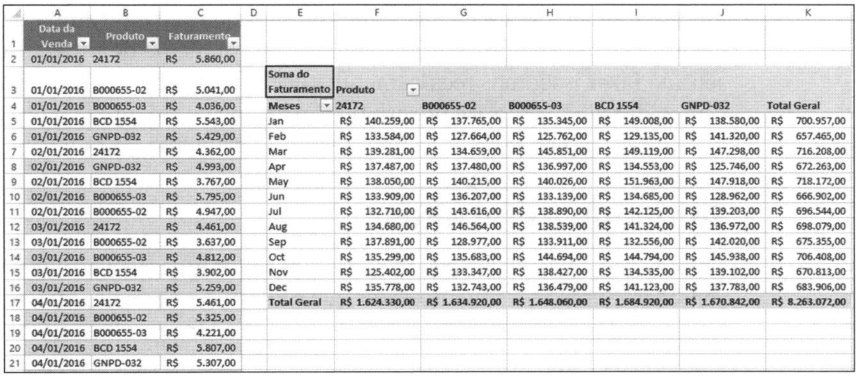

	A	B	C
1	Data da Venda	Produto	Faturamento
2	01/01/2016	24172	R$ 5.860,00
3	01/01/2016	B000655-02	R$ 5.041,00
4	01/01/2016	B000655-03	R$ 4.036,00
5	01/01/2016	BCD 1554	R$ 5.543,00
6	01/01/2016	GNPD-032	R$ 5.429,00
7	02/01/2016	24172	R$ 4.362,00
8	02/01/2016	GNPD-032	R$ 4.993,00
9	02/01/2016	BCD 1554	R$ 3.767,00
10	02/01/2016	B000655-03	R$ 5.795,00
11	02/01/2016	B000655-02	R$ 4.947,00
12	03/01/2016	24172	R$ 4.461,00
13	03/01/2016	B000655-02	R$ 3.637,00
14	03/01/2016	B000655-03	R$ 4.812,00
15	03/01/2016	BCD 1554	R$ 3.902,00
16	03/01/2016	GNPD-032	R$ 5.259,00
17	04/01/2016	24172	R$ 5.461,00
18	04/01/2016	B000655-02	R$ 5.325,00
19	04/01/2016	B000655-03	R$ 4.221,00
20	04/01/2016	BCD 1554	R$ 5.807,00
21	04/01/2016	GNPD-032	R$ 5.307,00

E	F	G	H	I	J	K
Soma do Faturamento	Produto					
Meses	24172	B000655-02	B000655-03	BCD 1554	GNPD-032	Total Geral
Jan	R$ 140.259,00	R$ 137.765,00	R$ 135.345,00	R$ 149.008,00	R$ 138.580,00	R$ 700.957,00
Feb	R$ 133.584,00	R$ 127.664,00	R$ 125.762,00	R$ 129.135,00	R$ 141.320,00	R$ 657.465,00
Mar	R$ 139.281,00	R$ 134.659,00	R$ 145.851,00	R$ 149.119,00	R$ 147.298,00	R$ 716.208,00
Apr	R$ 137.487,00	R$ 137.480,00	R$ 136.997,00	R$ 134.553,00	R$ 125.746,00	R$ 672.263,00
May	R$ 138.050,00	R$ 140.215,00	R$ 140.026,00	R$ 151.963,00	R$ 147.918,00	R$ 718.172,00
Jun	R$ 133.909,00	R$ 136.207,00	R$ 133.139,00	R$ 134.685,00	R$ 128.962,00	R$ 666.902,00
Jul	R$ 132.710,00	R$ 143.616,00	R$ 138.890,00	R$ 142.125,00	R$ 139.203,00	R$ 696.544,00
Aug	R$ 134.680,00	R$ 146.564,00	R$ 138.539,00	R$ 141.324,00	R$ 136.972,00	R$ 698.079,00
Sep	R$ 137.891,00	R$ 128.977,00	R$ 133.911,00	R$ 132.556,00	R$ 142.020,00	R$ 675.355,00
Oct	R$ 135.299,00	R$ 135.683,00	R$ 144.694,00	R$ 144.794,00	R$ 145.938,00	R$ 706.408,00
Nov	R$ 125.402,00	R$ 133.347,00	R$ 138.427,00	R$ 134.535,00	R$ 139.102,00	R$ 670.813,00
Dec	R$ 135.778,00	R$ 132.743,00	R$ 136.479,00	R$ 141.123,00	R$ 137.783,00	R$ 683.906,00
Total Geral	R$ 1.624.330,00	R$ 1.634.920,00	R$ 1.648.060,00	R$ 1.684.920,00	R$ 1.670.842,00	R$ 8.263.072,00

FIGURA 8-2: Essa tabela dinâmica se parece com uma tabela padrão e você pode utilizar o suplemento de Análise de Dados para criar previsões a partir dela.

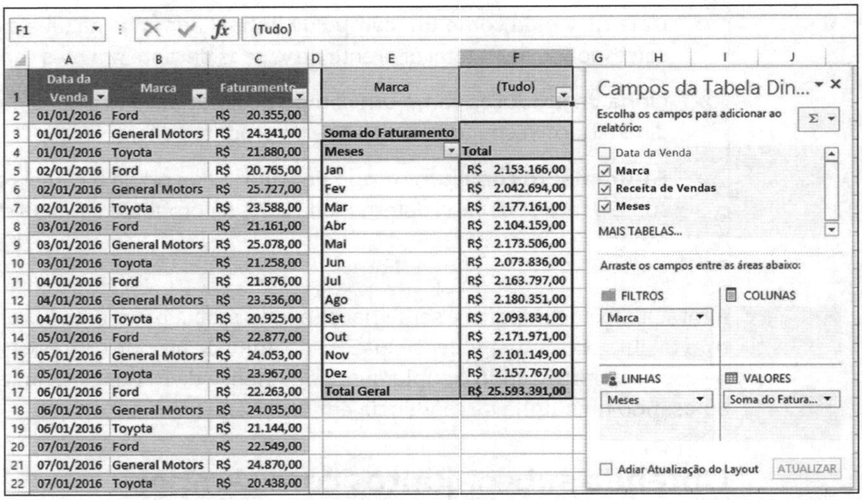

FIGURA 8-3: O campo de linha divide as receitas por mês. Aqui, você pode usar o campo de filtro para se concentrar nas vendas de Fords, GM, Toyota ou todas as marcas.

Clique na lista suspensa no campo de filtro. Na Figura 8-3, ela é a que está na parte superior da tabela dinâmica chamada Marca. Agora, você pode escolher Ford para ver o faturamento mensal dos Fords, Toyota para ver o faturamento mensal da Toyota ou General Motors para o faturamento mensal da GM.

O campo de filtro é muito parecido com um AutoFiltro. Use-o quando quiser dar um zoom apenas em um valor, por exemplo, Ford, Toyota, em um campo da fonte de dados subjacente da tabela dinâmica. Quando quiser combinar todos os valores no campo de filtro, basta selecionar Tudo.

Totalize os dados

Em uma tabela dinâmica, você sempre tem que ter um campo de valor. Você pode conseguir sem um campo de linha, de coluna ou de filtro; não tem muito sentido fazer isso, mas tecnicamente pode. O que você não pode é ficar sem um campo de valor. Sempre é preciso ter um campo de valor para que a tabela dinâmica possa somar, contabilizar ou resumir de alguma outra forma.

Somando as receitas

Na previsão de vendas, você tem que somar receitas e contabilizar as unidades vendidas. Então, geralmente, quer que seu campo de valor some as receitas, se for em dinheiro, ou conte as unidades, se for o número de itens vendidos.

A Figura 8-4 mostra como a planilha fica quando você está pronto para colocar um campo na área Σ Valores da Lista de Campos.

134 PARTE 3 **Fazendo uma Previsão Básica**

FIGURA 8-4: Você concluiu a tabela dinâmica assim que inseriu um campo na área Σ Valores.

O Excel fica no seu pé. Ele sempre vê o que você está fazendo. Imagine que o seu campo de valor seja a receita. É um campo *numérico*: são números. Quando você coloca um campo numérico dentro da área Valores Σ, o Excel percebe e automaticamente faz uma soma. Para cada valor do campo de linha ou coluna, você receberá uma soma, por exemplo, do seu faturamento.

Quase sempre você terá um campo de linha, coluna ou filtro na tabela dinâmica. Na previsão de vendas, geralmente acabará usando datas como um campo de linha, assim, janeiro pode ser uma linha, fevereiro pode ser a próxima e assim por diante. Na Figura 8-4, o campo Data da Venda da tabela dinâmica mostra a data de cada venda individual, portanto, terá que ser agrupado para ser sintetizado em um mês.

Para cada item no campo de linha, o campo de valor da tabela dinâmica dará o total de todas as receitas correspondentes a esse item. Talvez a sua lista mostre 50 registros de vendas para fevereiro. A tabela dinâmica pode calcular o total das receitas para esses 50 registros e mostrar a soma delas em uma linha, que então seria rotulada como "Fevereiro".

Contando as unidades

Mas e se quiser resumir as unidades vendidas em vez das receitas? Digamos que você venda carros. Assim, a tabela pode ter um campo chamado Marca. Você colocaria esse campo na área Linha e na área Σ Valores. Como Marca é um campo de texto, com valores como Ford, Toyota e General Motors, a área Σ Valores da tabela dinâmica é padronizada para contar, não para somar. Afinal de contas, não se pode adicionar um Ford a um Toyota. Porém pode-se contar o número de Fords, Chevys e GMs vendidos.

Aparentemente, inserir o mesmo campo na área Linha e na área Valores Σ é um pouco estranho, mas é desse jeito que isso é feito. Você terá uma linha diferente para cada valor distinto. E caso você tenha certeza de que é um campo de texto, você receberá uma contagem de registros para cada linha. A Figura 8-5 exemplifica isso.

FIGURA 8-5:
As tabelas dinâmicas usam Contagem como padrão quando o campo de valor tem valores de texto.

	A	B	C	D	E	F
1	Data da Venda	Produto	Faturamento			
2	01/01/2016	General Motors	R$ 20.355,00			
3	01/01/2016	Ford	R$ 24.341,00		Rótulos da Linha	Contagem do Produto
4	01/01/2016	Ford	R$ 21.880,00		Ford	449
5	02/01/2016	General Motors	R$ 20.765,00		General Motors	276
6	02/01/2016	Toyota	R$ 25.727,00		Toyota	373
7	02/01/2016	General Motors	R$ 23.588,00		Total Geral	1098
8	03/01/2016	General Motors	R$ 21.161,00			
9	03/01/2016	Ford	R$ 25.078,00			

Por vezes, o Excel predefine o resumo errado. Isso pode acontecer, por exemplo, quando você acaba, por acidente, com um valor de texto no que se esperava ser um campo totalmente numérico. Se o Excel encontrar até mesmo um valor de texto no campo de valor da tabela dinâmica, ele será padronizado para Contar como o resumo.

Caso isso ocorra, você precisa fazer duas coisas:

» Encontre o valor do texto na fonte de dados e altere-o para um número ou exclua-o.

» Clique com o botão direito do mouse em uma célula no campo de valor da tabela dinâmica e escolha Configurações do Campo de Valor no menu de atalho. Em seguida, clique em Soma na caixa de listagem Resumir campo de valor por.

Outros resumos

Quando você está fazendo a previsão de vendas, geralmente está mais interessado na receita total e na contagem das unidades vendidas. Mas, às vezes, quer saber outras informações, como a maior venda individual feita a cada mês ou o menor número de unidades vendidas a cada trimestre.

O campo de valor da tabela dinâmica oferece vários resumos além da Soma e da Contagem. Você pode ver Máximo, Mínimo e Média. (Também há vários outros resumos que não têm a menor serventia para a previsão de vendas. Eles têm a ver principalmente com como os registros individuais no conjunto de dados subjacentes variam em torno de seu valor médio.)

Criando uma Tabela Dinâmica

Certo, é hora de realmente criar uma tabela dinâmica e agrupar o campo de data. Você tem sua linha de base de dados, estruturada como uma tabela. E agora?

Suponha que a tabela se pareça com a da Figura 8-6.

A questão é que você não precisa prever as vendas por representante de vendas. E não precisa prever as vendas por dia. Neste caso, a ideia é fazer a previsão de vendas por mês. A empresa pouco se importa com quem fez a venda ou em que dia ela foi feita. Ela não quer saber quanto o Sérgio vendeu em 24 de fevereiro. Ela quer que você diga o quanto sua equipe de vendas venderá em janeiro de 2017. Para isso, não precisa das informações diárias de venda, nem dos dados do vendedor.

Você precisa saber dos totais mensais. Com essa informação, é possível gerar uma previsão que seja coerente e confiável. Você obterá os totais mensais, mas, primeiro, precisará criar a tabela dinâmica.

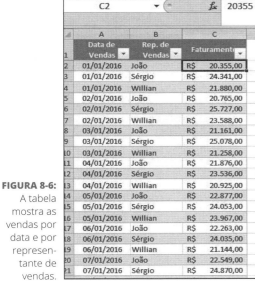

FIGURA 8-6: A tabela mostra as vendas por data e por representante de vendas.

DICA

1. **Clique em uma das células da tabela.**

   Ao criar a tabela dinâmica, o Excel precisa saber onde encontrar a tabela que contém os dados brutos. Se você começar selecionando uma célula nessa tabela, o Excel localizará as delimitações para você.

2. **Acesse a aba Inserir da Faixa de Opções e clique no ícone Tabela Dinâmica no grupo Tabelas.**

   Será exibida a caixa de diálogo mostrada na Figura 8-7.

3. **Selecione o botão de opção Planilha Existente, se quiser que a tabela dinâmica apareça na mesma planilha da tabela.**

   Sobretudo durante o desenvolvimento inicial, acho bem prático manter os dados brutos e a tabela dinâmica na mesma planilha.

4. **Clique na caixa de edição de referência Local, em seguida, clique em uma célula da planilha à direita ou abaixo da tabela. Clique em OK. Sua planilha será semelhante à mostrada na Figura 8-8.**

   Quando o Excel cria a tabela dinâmica, ela é criada à direita e abaixo da célula selecionada. Se você começar a tabela dinâmica à esquerda ou acima de sua lista, o Excel perguntará se você realmente quer substituir essas células.

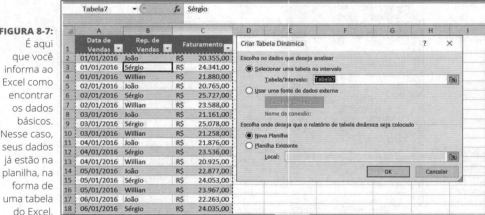

FIGURA 8-7: É aqui que você informa ao Excel como encontrar os dados básicos. Nesse caso, seus dados já estão na planilha, na forma de uma tabela do Excel.

138 PARTE 3 **Fazendo uma Previsão Básica**

FIGURA 8-8:
Termine a definição da tabela dinâmica com o painel Campos da Tabela Dinâmica.

5. **Clique e arraste o campo Data de Vendas da seção Campos para a área Linhas.**

   Dependendo da versão do Excel que está usando, o Excel pode adicionar um campo Meses junto com Data de Vendas à área Linhas. Se isso acontecer, você verá as vendas mensais na planilha como campo de linha da nova tabela dinâmica.

6. **Clique e arraste o campo Faturamento da seção Campos para a área Σ Valores.**

   Você tem agora uma tabela dinâmica que mostra uma linha de base dos faturamentos por data de vendas. Ela deve parecer com a tabela dinâmica da Figura 8-9.

FIGURA 8-9:
Você pode visualizar os dias, um a um, clicando na caixa de expansão ao lado do nome de qualquer mês.

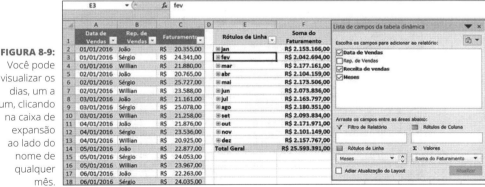

CAPÍTULO 8 **Sintetizando os Dados de Vendas com a Tabela Dinâmica**   139

DICA

O Excel pode inserir automaticamente o Mês nas linhas da tabela dinâmica. Se você não quiser, basta clicar em Mês na área Linhas do painel Campos da Tabela Dinâmica e arrastar o mês de volta até a seção Campos.

Veja a próxima seção "Agrupando os Registros", para obter informações a respeito de como mostrar o faturamento por mês (por ano ou algum outro agrupamento de datas), caso precise do campo de linha da tabela dinâmica para agregar os registros por um período diferente.

Nesse ínterim, geralmente é uma boa ideia formatar de modo correto o campo Valores. Aqui, ele está usando o formato Moeda. Veja o passo a passo:

1. **Com o painel Campos da Tabela Dinâmica visível, clique na seta suspensa ao lado da Soma do Faturamento na área Σ Valores.**

2. **Escolha Configurações do Campo de Valor no menu de atalho.**

3. **Clique no botão Formato de Número.**

4. **Escolha o formato Moeda.**

5. **Ajuste o número de casas decimais.**

6. **Clique em OK para retornar à caixa de diálogo Configurações do Campo de Valor e clique em OK novamente para retornar à planilha.**

Caso você esteja utilizando o Excel 2016, que disponibiliza o agrupamento automático, a tabela dinâmica deve parecer com a Figura 8-10. Do contrário, as linhas refletirão os períodos usados na fonte de dados da tabela dinâmica. Se você continua a visualizar as datas individualmente, por exemplo, em vez de meses, veja a próxima seção para obter informações sobre como organizar as datas individuais em períodos mais longos.

FIGURA 8-10: Agora, o campo Faturamento está formatado como Moeda.

Data de Vendas	Rep. de Vendas	Receita de vendas	Rótulos de Linha	Soma de Receita de vendas
01/01/2016	João	R$ 20.355,00	⊞ jan	R$ 2.153.166,00
01/01/2016	Sérgio	R$ 24.341,00	⊞ fev	R$ 2.042.694,00
01/01/2016	Willian	R$ 21.880,00	⊞ mar	R$ 2.177.161,00
02/01/2016	João	R$ 20.765,00	⊞ abr	R$ 2.104.159,00
02/01/2016	Sérgio	R$ 25.727,00	⊞ mai	R$ 2.173.506,00
02/01/2016	Willian	R$ 23.588,00	⊞ jun	R$ 2.073.836,00
03/01/2016	João	R$ 21.161,00	⊞ jul	R$ 2.163.797,00
03/01/2016	Sérgio	R$ 25.078,00	⊞ ago	R$ 2.180.351,00
03/01/2016	Willian	R$ 21.258,00	⊞ set	R$ 2.093.834,00
04/01/2016	João	R$ 21.876,00	⊞ out	R$ 2.171.971,00
04/01/2016	Sérgio	R$ 23.536,00	⊞ nov	R$ 2.101.149,00
04/01/2016	Willian	R$ 20.925,00	⊞ dez	R$ 2.157.767,00
05/01/2016	João	R$ 22.877,00	Total Geral	R$ 25.593.391,00
05/01/2016	Sérgio	R$ 24.053,00		
05/01/2016	Willian	R$ 23.967,00		

Agrupando os Registros

Você pode usar as tabelas dinâmicas para sintetizar os dados. Uma das maneiras de ajustar um resumo em uma tabela dinâmica é *agrupar* um campo de linha ou um campo de coluna.

Ao agrupar um campo de linha ou de coluna, você combina os valores nele. Por exemplo, você pode ter um campo que mostra as datas quando as vendas foram feitas. As tabelas dinâmicas do Excel possibilitam agrupar as datas individualmente, como 4 de setembro e 6 de setembro, e semanalmente, como 1º de setembro a 7 de setembro. Pode agrupar em meses, em trimestres ou anualmente. Tudo depende de como quer prever: por semana, por mês, por trimestre, por ano. Tenha em mente o período de tempo.

Saiba quando agrupar os registros

Se você seguiu os passos da seção anterior, terá uma tabela dinâmica que resume a receita, porém continua a exibi-la dia a dia. A razão pela qual isso ocorre é que a tabela que você usou como base para a tabela dinâmica exibe as receitas por dia. Seria muito melhor mostrar a receita por mês (semana, trimestre ou ano). Veja como fazer isso.

Observe que na Figura 8-10 a tabela subjacente apresenta inúmeras datas idênticas. A tabela dinâmica combina as datas idênticas em apenas uma linha, somando a receita ao longo do caminho. Uma das coisas que as tabelas dinâmicas fazem é combinar os valores idênticos da tabela no mesmo item em um campo de linha, coluna ou filtro.

Todavia, você não quer prever por datas individuais. Esse não é o período de tempo certo. Nesse tipo de situação, é preciso agrupar as datas individuais que pertencem ao mesmo mês em uma linha da tabela dinâmica. Em seguida, todas as receitas para as datas agrupadas também são totalizadas.

Claro que você não está limitado ao agrupamento em meses. Pode utilizar períodos de sete dias, trimestres, anos e outros (como períodos de três ou dez dias). Caso esteja interessado nas horas do dia, como pode estar em relação às vendas online, é possível usar a hora do dia como um período. Ou, se os dados brutos mostram a hora do dia quando uma venda foi feita, você pode agrupar as horas individuais em turnos de oito horas.

Crie os grupos

Vamos começar com o dia como campo de linha, conforme mostrado na Figura 8-11.

Depois de configurar uma tabela dinâmica, como na Figura 8-11, é simples agrupar as datas individuais no campo de linhas. Siga o passo a passo:

1. Clique com o botão direito em qualquer uma das células na coluna da tabela dinâmica que tenha as datas, por exemplo, a célula E7 da Figura 8-11.

2. Escolha Agrupar no menu de atalho.

3. Escolha Meses na caixa de listagem da caixa de diálogo Agrupamento. Veja a Figura 8-12.

4. Clique em OK.

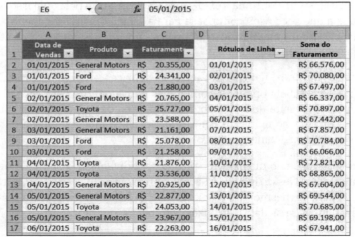

FIGURA 8-11: Você quer agrupar as vendas diárias em meses.

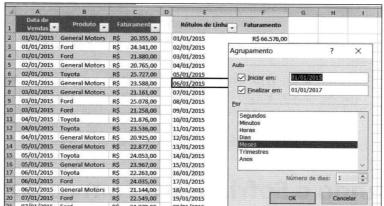

FIGURA 8-12: Você pode aninhar períodos selecionando mais de um fator de agrupamento.

Como você quer resumir as receitas por mês, pode aceitar a seleção padrão, Meses. Quando você clica em OK, a tabela dinâmica muda e fica parecida com a tabela mostrada na Figura 8-13.

Você sempre precisa saber como ela fica sem o agrupamento. Se quer desagrupar os registros, faça o seguinte:

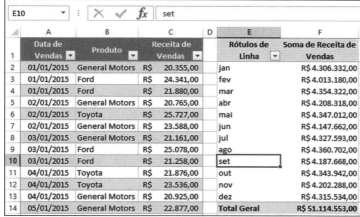

FIGURA 8-13: Agora, você pode ver a receita total de cada mês.

1. Clique com o botão direito em uma célula com registros agrupados.

Na Figura 8-13, é uma célula na área Linhas.

2. Escolha Desagrupar no menu de atalho.

Agora, você tem o campo de linha de volta ao seu estado original.

CAPÍTULO 8 **Sintetizando os Dados de Vendas com a Tabela Dinâmica**   143

Se quiser alterar um nível de agrupamento, digamos, de Meses para Trimestres, não será necessário desagrupá-lo primeiro. Basta clicar com o botão direito em uma célula agrupada, desmarcar Meses e selecionar Trimestres. Depois, clique em OK.

Em previsão, o agrupamento em tabelas dinâmicas costuma ocorrer com os campos de data. Porém esse recurso estende-se a qualquer campo numérico. Você pode agrupar as porcentagens de desconto para exibir as vendas nas quais aplicou um desconto de menos de 5%, de 5% a 10%, 10% a 15% e assim por diante. Ou poderia agrupar por tempo de locações de veículos.

Evitando o Sofrimento com as Tabelas Dinâmicas do Excel

Você precisa tomar cuidado com algumas coisas caso esteja agrupando um campo de data em uma tabela dinâmica do Excel: pode receber uma mensagem de erro que não informa qual é o problema; quer ajustar a tabela corretamente; quer ter certeza de que escolheu níveis de agrupamento suficientes. As próximas seções abordam esses problemas.

Não use datas em branco

Reexamine a tabela que a tabela dinâmica da Figura 8-13 resume. Todos os registros na tabela apresentam datas. Imagine que um registro (ou mais) na tabela esteja sem um valor de data, que o registro tenha somente uma célula em branco, em vez de uma data.

Você poderia criar uma tabela dinâmica a partir dessa tabela. E uma das linhas na tabela dinâmica exibiria (*em branco*), em vez de uma data. Em algumas versões do Excel anteriores a 2016, assim que você tentasse agrupar esse campo, o Excel sinalizaria um problema. Você veria uma caixa de mensagem com `Não é possível agrupar essa seleção`.

Na hipótese de ver essa mensagem, é quase certo que o problema seja um valor ausente (ou até mesmo um valor de texto) no campo que você está tentando agrupar. Veja como corrigir:

1. **Volte à tabela e localize o registro sem valor.**

Talvez você descubra qual deve ser o valor ausente.

Se não conseguir descobrir qual é o valor ausente, talvez seja melhor removê-lo da tabela.

2. **Preencha os dados que faltam com o que você acha que pode ser.**

3. **Com uma célula da tabela dinâmica selecionada, acesse a aba Analisar da Faixa de Opções e escolha Atualizar no grupo Dados.**

   Atualizar os dados da tabela dinâmica a obriga a voltar à sua origem — neste exemplo, a tabela — e substitui o valor ausente que a impedia de agrupar.

DICA

Sempre que os dados subjacentes forem alterados, você precisará atualizá-los para obrigar a tabela dinâmica a refletir a alteração. Isso não acontece automaticamente, como quando uma fórmula da planilha recalcula automaticamente.

LEMBRE-SE

O mesmo acontecerá se você estiver tentando agrupar um campo numérico padrão que não tem datas. Seja lá qual for o tipo de dados que esteja agrupando, e independentemente da versão do Excel que esteja usando, o importante é lembrar-se de que o Excel não pode agrupar com precisão um campo sem valores.

Crie diversos grupos

E se a tabela tiver datas que se estendem por mais de um ano? Se seus dados abrangem mais de um ano e você optar por agrupar apenas mensalmente, o Excel colocará março de 2015 com março de 2016 e vai chamá-los de março.

Você pode decidir agrupar as datas em anos diferentes por mês, pois pode ser interessante ver como os faturamentos variam a cada mês, independentemente do ano. Se vende jaquetas, por exemplo, é de se esperar um pico de vendas no outono e no inverno, depois, na primavera e no verão, você estará à mercê do seguro desemprego. (Eu mostro mais sobre as previsões e temporadas no Capítulo 18.)

Mas você normalmente desejará ver os resultados mensais (ou trimestrais) de 2016 separadamente dos resultados mensais de 2015. É bem fácil fazer isso. Siga as seguintes etapas:

1. **Clique com o botão direito em qualquer célula no campo de data do relatório da tabela dinâmica e escolha Agrupar no menu de atalho.**

2. **Como de costume, aceite o agrupamento padrão Meses.**

3. **Clique em Anos na parte inferior da caixa de listagem.**

   Você pode precisar descer com a barra de rolagem na caixa de listagem para encontrar Anos.

4. **Clique em OK.**

   Agora, poderá ver os meses dentro dos anos, conforme a Figura 8-14.

FIGURA 8-14:
Os anos aparecem em um campo de linha externa e os meses em um campo de linha interna.

	A	B	C	D	E	F
1	Data de Vendas	Produto	Receita de Vendas		Rótulos de Linha	Soma de Receita de Vendas
2	01/01/2015	General Motors	R$ 20.355,00		⊟ 2015	
3	01/01/2015	Ford	R$ 24.341,00		jan	R$ 2.153.166,00
4	01/01/2015	Ford	R$ 21.880,00		fev	R$ 1.970.486,00
5	02/01/2015	General Motors	R$ 20.765,00		mar	R$ 2.177.161,00
6	02/01/2015	Toyota	R$ 25.727,00		abr	R$ 2.104.159,00
7	02/01/2015	General Motors	R$ 23.588,00		mai	R$ 2.173.506,00
8	03/01/2015	General Motors	R$ 21.161,00		jun	R$ 2.073.826,00
9	03/01/2015	Ford	R$ 25.078,00		jul	R$ 2.163.796,00
10	03/01/2015	Ford	R$ 21.258,00		ago	R$ 2.180.351,00
11	04/01/2015	Toyota	R$ 21.876,00		set	R$ 2.093.834,00
12	04/01/2015	Toyota	R$ 23.536,00		out	R$ 2.171.971,00
13	04/01/2015	General Motors	R$ 20.925,00		nov	R$ 2.101.139,00
14	05/01/2015	General Motors	R$ 22.877,00		dez	R$ 2.157.767,00
15	05/01/2015	Toyota	R$ 24.053,00		⊟ 2016	
16	05/01/2015	General Motors	R$ 23.967,00		jan	R$ 2.153.166,00
17	06/01/2015	Toyota	R$ 22.263,00		fev	R$ 2.042.694,00
18	06/01/2015	Ford	R$ 24.035,00		mar	R$ 2.177.161,00
19	06/01/2015	General Motors	R$ 21.144,00		abr	R$ 2.104.159,00
20	07/01/2015	Ford	R$ 22.549,00		mai	R$ 2.173.506,00
21	07/01/2015	Ford	R$ 24.870,00		jun	R$ 2.073.836,00
22	07/01/2015	General Motors	R$ 20.438,00		jul	R$ 2.163.797,00
23	08/01/2015	Ford	R$ 23.399,00		ago	R$ 2.180.351,00

DICA

Você pode desmarcar qualquer nível de agrupamento já selecionado apenas clicando na caixa de diálogo Agrupamento. Por exemplo, Meses é o nível de agrupamento padrão para um campo de data. Caso você não queira agrupar Meses, clique nele para desmarcá-lo, em seguida agrupe o nível que quer usar, como Trimestres ou Anos.

DICA

Você não pode fazer um agrupamento em Semanas. É preciso selecionar Dias, em seguida especificar 7 com o controle giratório Número de Dias. O Excel habilita o controle giratório assim que você seleciona Dias. (*Controle giratório* é um tipo de controle em uma caixa de diálogo. Você pode encontrar um deles, embora não esteja muito claro, acima do botão Cancelar na Figura 8-12. Utilize-o para aumentar ou diminuir o número de dias a agrupar.)

NESTE CAPÍTULO

» Usando datas e horas no Excel

» Descobrindo o que está acontecendo na linha de base

» Usando gráficos dinâmicos para que seus dados tenham uma boa apresentação

» Usando mais de uma escala

Capítulo **9**

Gere um Gráfico a Partir da Linha de Base: É uma Excelente Ideia

Para fazer boas previsões, previsões que seus colegas considerem guias práticos para o futuro, você precisa saber o máximo que pode a respeito das linhas de base que determinam essas previsões. Você consegue realizar todos os tipos de testes estatísticos dos mais complicados em uma linha de base, porém uma de suas melhores fontes de informação é o gráfico mais simples. Por exemplo, se a linha de base descreve um U invertido, as estatísticas de regressão simples ou as correlações não informarão isso. Todavia, na maior parte das vezes, gerar um gráfico a partir da linha de base resulta no conhecido efeito de alto impacto: salta aos olhos e impressiona todo mundo.

CAPÍTULO 9 **Gere um Gráfico a Partir da Linha de Base: É uma Excelente Ideia** 147

Caso use uma versão mais recente do Excel, poderá utilizar um tipo especial de gráfico chamado gráfico dinâmico. Os gráficos dinâmicos são semelhantes às tabelas dinâmicas em dois aspectos principais:

» Você pode alterar facilmente a função de uma variável, por exemplo, movendo-a do eixo horizontal de um gráfico para o eixo vertical.

» Você pode exibir um campo de dados como qualquer um de um conjunto de opções de resumo: Contagem, Soma, Média etc.

Ocasionalmente, você quer fazer o gráfico de mais de uma série de dados de uma vez só, com o intuito de conseguir ver como duas variáveis de uma linha de base se comportam ao longo do tempo. Se essas séries de dados tiverem escalas muito diferentes, tais como as vendas mensais e as comissões de vendas mensais, as diferenças nas escalas poderão dificultar a visualização do que aconteceu durante a trajetória da linha de base. Inserir as duas escalas do eixo de valor no gráfico pode ajudar nesse caso.

Desbravando as Linhas de Base

Às vezes, você fica olhando fixamente para os números em uma linha de base até que eles começam a embaralhar e você não compreende absolutamente nada. Porém é necessário achar uma maneira de interpretar o que está acontecendo nessa linha de base. Ela pode estar subindo, caindo, pode permanecer estável ou simplesmente pode estar passeando pela planilha.

Nessas ocasiões, na verdade, em todas as ocasiões, você deve pensar na possibilidade de colocar uma linha de base no gráfico. Devido à natureza da previsão, muitos gráficos que o ajudam a entender a linha de base usam datas em um eixo do gráfico ou outro. Assim, você também pode começar a entender como o Excel controla as datas.

Usando data e hora no Excel

Sinto que eu deveria me desculpar por esta seção, mas não vou. Ela é um pouco chata, e eu procurei em vão animar as coisas com algumas piadinhas um tanto questionáveis. O negócio é que você tem que ter uma ideia de como as datas e as horas funcionam no Excel e, desse modo, como funcionam nas previsões de regressão e nos gráficos.

Como o Excel controla as datas

O Excel atribui um valor numérico a cada data desde 1º de janeiro de 1900 (1º de janeiro de 1904, nos computadores Macintosh). Você pode ver isso por si próprio seguindo estas etapas:

1. **Digite 1 em uma célula da planilha.**

2. **Clique com o botão direito na célula.**

3. **Selecione Formatar Células no menu de atalho.**

4. **Selecione a aba Número.**

5. **Na caixa listagem Categoria, escolha Data.**

6. **Na caixa de listagem Tipo, escolha qualquer formato de data que mostre o mês, o dia e o ano.**

7. **Clique em OK.**

   Dependendo de qual formato específico que você selecionou na Etapa 5, verá algo como 01/01/1900 ou 1º de janeiro de 1900.

Seguindo outra direção, se você inserir **2/1/1900** em uma célula da planilha e formatá-la como Número (como na Etapa 5), verá o valor 2 ou 2,00. Ou quantas casas decimais escolheu ao formatar o valor como um número. Dois de janeiro de 1900 é o segundo dia da sequência.

Portanto, apesar de seu formato na planilha, as datas no Excel são, na verdade, números. Esse fato tem consequências para o uso, por exemplo, a data de venda como uma variável preditora em uma previsão de regressão e como você visualiza a data de venda em um gráfico do Excel.

Como o Excel controla o tempo

O Excel também atribui um número à hora do dia. É um valor fracionário, que varia de 0,000 para meia-noite até 0,999 para 23:59. E o Excel adiciona esse valor fracionário ao valor de data inteiro, para que você possa especificar uma determinada hora do dia em uma data específica. Por exemplo, 17804,72917 representa o dia 28 de setembro de 1948, às 17:30.

Provavelmente, você não usará muito os valores de tempo fracionados na previsão de vendas, mas, se acontecer de encontrar um valor de data/hora com um componente fracionado, saberá do que se trata.

Projetando o gráfico de datas e horas no Excel

O Capítulo 7 expõe brevemente o assunto sobre o uso de gráficos na previsão, apenas o suficiente para aguçar sua curiosidade. Nesta seção, falo mais acerca da importância de escolher o tipo certo de gráfico ao projetar um gráfico de sua linha de base.

Há pelo menos dois eixos na maioria dos tipos de gráficos padrões do Excel (as exceções são os gráficos de pizza e rosca). Os gráficos tridimensionais têm três eixos. Os gráficos com dois eixos, como seria de esperar, apresentam um eixo vertical e um eixo horizontal. A Figura 9-1 mostra os dois eixos em um gráfico de linhas.

Um eixo do gráfico pode exibir variáveis de dois tipos distintos: o *valor* e a *categoria*. Estes são os termos do Excel e, infelizmente, o termo *valor* passa uma falsa impressão.

Um eixo da categoria tem por finalidade exibir rótulos, como Londres, Paris, Nova York e Boise. Não existe valor intrínseco em um rótulo. Tudo o que um rótulo faz é nomear uma categoria, como Londres, que é diferente de alguma forma (talvez em muitos aspectos) de outra categoria, como Paris.

FIGURA 9-1: O eixo horizontal é frequentemente denominado *eixo X* e o eixo vertical, *eixo Y*.

Se houvesse um valor intrínseco para uma categoria, você poderia colocar os rótulos em uma ordem que faria sentido. Mas normalmente não é possível fazer isso com as categorias, exceto a classificação alfabética, e agora você não está mais lidando com categorias, e sim com letras.

Em um gráfico de linhas, o eixo horizontal, ou eixo X, é projetado para exibir as categorias, o que significa que as categorias diferentes são igualmente espaçadas. Se uma categoria não tem nenhum valor intrínseco, tampouco diferenças entre categorias, o Excel apenas as coloca no eixo. A Figura 9-2 exemplifica isso.

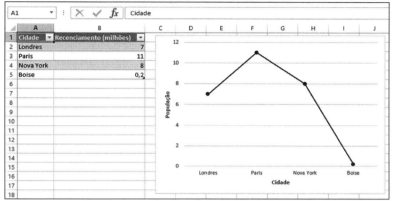

FIGURA 9-2: O eixo X é um eixo de categoria em um gráfico de linhas.

O outro tipo de eixo, chamado eixo de *valor*, leva em consideração as diferenças intrínsecas entre os valores. Todos os gráficos de linhas, como o da Figura 9-2, têm um eixo vertical que é um eixo de valor. Observe que na Figura 9-2 as distâncias verticais entre os pontos de dados refletem seus valores relativos.

Eu não gosto do termo *eixo de valor* porque ele sugere que os valores de texto (como Londres e Nova York) não são valores. Eles são valores, apenas não são valores numéricos. Teria sido muito melhor denominá-lo de *eixo numérico*. Parece até que estou sendo rabugento, mas não. As coisas precisam ter nomes descritivos e precisos, ou então as pessoas podem se enganar. Porém é assim que o Excel usa o termo, portanto farei o mesmo, ainda que contrariado.

O Excel tem 13 tipos de gráficos padrões. Eu os enumero aqui, junto com a natureza de seus eixos e alguns comentários:

» **Gráfico de Cilindro, Gráfico de Cone e Gráfico de Pirâmide:** Apresentam um eixo de categoria e um eixo de valor. Esses gráficos são apenas variações 3D dos gráficos de Coluna e de Barra. Eles não dispõem de três dimensões, e sim de marcadores de dados formatados para se parecerem com o formato 3D.

» **Gráfico de Pizza e Gráfico de Rosca:** Têm somente um eixo de valor. Não são apropriados para previsão devido ao design e eixo único.

» **Gráfico de Radar:** Tem um eixo de categoria e um eixo de valor. Não é adequado para a previsão devido ao layout não linear.

» **Gráfico de Área:** Apresenta um eixo de categoria e um eixo de valor. O problema é que o design visual do gráfico de área chama a atenção para a área abaixo dos pontos de dados, e não para a altura dos pontos em si.

CAPÍTULO 9 **Gere um Gráfico a Partir da Linha de Base: É uma Excelente Ideia**

» **Gráfico de Superfície:** Tem dois eixos de categoria e um eixo de valor. Um verdadeiro gráfico tridimensional. No entanto, um gráfico 3D, caso você esteja prevendo, lhe dará muitas informações visuais.

» **Gráfico de Colunas e Gráfico de Barras:** Apresentam um eixo de categoria e um eixo de valor. Esses gráficos são idênticos, exceto que o eixo X de um gráfico de colunas é um eixo de categoria e o eixo Y de um gráfico de barras é um eixo de categoria. Os marcadores de dados (colunas ou barras) desviam a atenção da questão principal : o valor da série de dados em cada ponto no eixo de categoria.

» **Gráfico de Bolhas:** Tem dois eixos de valor. Na verdade, existe um terceiro eixo de valor, representado pela área ocupada no gráfico por cada marcador de dados, portanto, esse tipo é inadequado para a previsão.

» **Gráfico de Linhas:** Tem um eixo de categoria e um eixo de valor. Excelente para a previsão.

» **Gráfico XY (Dispersão):** Tem dois eixos de valor. Excelente para a previsão.

Na previsão de vendas, você quer que a variável preditora siga da esquerda para a direita, ao longo de um eixo horizontal, e que o valor da variável de previsão seja vinculado ao eixo vertical. Visualmente, essa disposição é mais informativa e é o que você tem com os gráficos de linhas e os gráficos XY (Dispersão).

Um dos empecilhos dos gráficos XY (Dispersão) é que eles costumam alinhar mal os rótulos do eixo X com os pontos de dados da variável de previsão. A Figura 9-3 mostra o que acontece (apesar da presença das linhas entre os pontos, o segundo gráfico *é* um gráfico de dispersão).

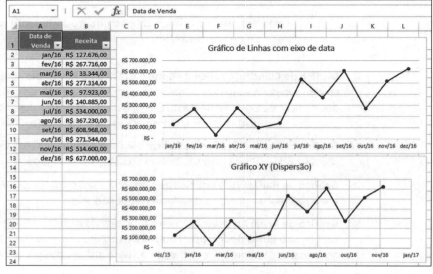

FIGURA 9-3: O gráfico de linhas alinha muito bem os rótulos com os pontos de dados, já o gráfico XY (Dispersão) não.

152 PARTE 3 **Fazendo uma Previsão Básica**

DICA

Você não controla muito a aparência de um eixo de valor e seus rótulos como controla um eixo de categoria. Portanto, recomendo que considere usar um gráfico de linhas, caso esteja projetando uma variável como o faturamento ou número de unidades vendidas ao longo do tempo. *No entanto*, tenha cuidado ao chamar uma linha de tendência ou sua equação no gráfico, a menos que se sinta à vontade em definir o tipo de eixo horizontal como um Eixo de Data. Consulte a próxima seção para saber mais sobre esse assunto.

Usando gráficos de linhas

Um olhar mais atento para o eixo de categorias em um gráfico de linhas mostra que as coisas são um pouco mais complicadas do que parecem. Para ver como isso funciona na prática, siga o passo a passo:

1. Clique em algum lugar em um gráfico de linhas para ativá-lo.

Não importa qual parte do gráfico você selecionou, só tenha certeza de ter ativado um gráfico de linhas.

2. Clique com o botão direito do mouse no eixo de categorias do gráfico.

É o eixo horizontal do gráfico.

3. Escolha Formatar Eixo no menu de atalho.

Veja a Figura 9-4.

FIGURA 9-4: Na terminologia do Excel, os pontos no gráfico (aqui, conectados por linhas) são chamados de *série de dados*.

Um eixo de categoria pode apresentar três subtipos (e isso vale para o eixo de categoria em qualquer tipo de gráfico, dado que o gráfico tem esse eixo).

CAPÍTULO 9 **Gere um Gráfico a Partir da Linha de Base: É uma Excelente Ideia** 153

Suponha que você queira usar o que quer que esteja em A2:A13 como valores para o eixo de categoria. Na aba Eixos, você pode escolher entre:

» **Selecionar automaticamente com base nos dados:** É o padrão. Se selecionar esta opção, deixa que o Excel decida por você. O Excel usa algumas regras bem inflexíveis para decidir se trata o eixo de categoria como uma série de valores de texto (categorias reais como Urbano, Suburbano e Rural) ou como datas. Trata-se de procurar os valores de texto em A2:A13 e se quaisquer valores numéricos são formatados como datas. Você pode substituir a decisão do Excel usando a opção Texto ou Data.

» **Eixo de Texto:** Ao selecionar essa opção, você força o Excel a tratar os valores como categorias, ou seja, como se fossem rótulos de texto. Não importa se os valores em A2:A13 são genuinamente numéricos, com ou sem um formato de data. Se você escolher essa opção, o Excel tratará os valores em A2:A13 como rótulos de texto, e voltamos para Londres, Paris e assim por diante.

» **Eixo de Data:** A única razão pela qual você seleciona essa opção é quando tem datas em A2:A13 e quer usá-las no eixo de categoria, porém essas datas estão no formato Número, não no formato Data. A Figura 9-5 mostra a diferença entre um eixo X, um eixo de categoria real, e um eixo X que o Excel dimensionou para as datas.

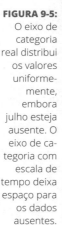

FIGURA 9-5:
O eixo de categoria real distribui os valores uniformemente, embora julho esteja ausente. O eixo de categoria com escala de tempo deixa espaço para os dados ausentes.

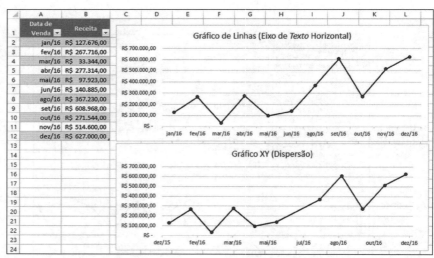

O que tudo isso tem a ver com previsão? Imagine que o eixo X de seu gráfico de linhas seja um eixo de categoria real. Os gráficos do Excel podem mostrar uma linha de tendência que represente a relação entre a variável preditora e a variável de previsão (veja o Capítulo 7). Os gráficos também podem mostrar o valor do R-quadrado e a própria equação de regressão.

Em um gráfico com um eixo de categoria com escala de data, a linha de tendência e as informações de regressão baseiam-se na relação entre a variável preditora e a variável de previsão.

Em um gráfico com um eixo de categoria real, o Excel tem que usar algum valor numérico a fim de representar as categorias para a linha de tendência e a regressão, desse modo, ele usa 1, 2, 3 etc. para seus cálculos. Em outras palavras, como o Excel não consegue calcular uma regressão, em que a variável preditora é Londres, Paris, Nova York e Boise, ele trataria Londres como numeral 1, Paris como o numeral 2 e assim por diante. A Figura 9-6 mostra o resultado, caso você tenha datas no eixo de categoria, primeiro como um eixo com escala de data e segundo como um eixo de categoria ou texto real.

O gráfico com o eixo de categoria com escala de tempo determina a equação da regressão calculando a relação entre os números de vendas e os números de datas (as datas, no formato Número, começam com 42.370 e terminam com 42.705). A equação de regressão que você utilizaria para obter a previsão para janeiro de 2017 seria:

```
Vendas de janeiro de 2017 = 1406 * 42.736 - 59.487.732
```

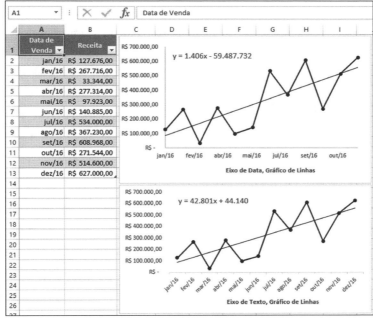

FIGURA 9-6: As equações de regressão são completamente diferentes nos dois gráficos.

O gráfico com o eixo de categoria real determina a equação de regressão calculando o relacionamento entre os números de vendas e os números de categoria (ou seja, 1, 2, 3, ... 12). A equação de regressão que você usaria para obter a previsão para janeiro de 2017 seria:

```
Vendas de janeiro de 2017 = 42.801 * 13 + 44.140
```

Portanto, caso você utilize essas equações, é melhor saber se o próximo valor preditor é o 39.083º dia a partir de 1º de janeiro de 1900 ou se é o 13º número ordinal da categoria desde o início da série. Por exemplo, você não quer confundir os valores de data com as categorias e inserir na planilha uma equação como esta:

```
Vendas de janeiro de 2017 = 1406 * 13 - 59.487.732
```

O que resulta em uma previsão de R$59.469.454,00 para janeiro de 2017. Se você entregasse essa previsão, provavelmente estaria repensando suas metas de carreira logo depois.

CUIDADO

Dependendo da escala de medida, as casas decimais nos coeficientes podem ou não ser importantes. Caso sejam, você certamente deve obter a equação de regressão na planilha com a função PROJ.LIN ou você deve ignorar a equação e, em vez disso, trabalhar com a função TENDÊNCIA, que fornecerá os valores de previsão sem que você precise ficar quebrando a cabeça com um monte de fórmulas e justificando o que quis fazer. (Veja o Capítulo 12 para saber mais informações sobre essas funções.)

Veja outro exemplo. Ocorre alguma sazonalidade real na Figura 9-7.

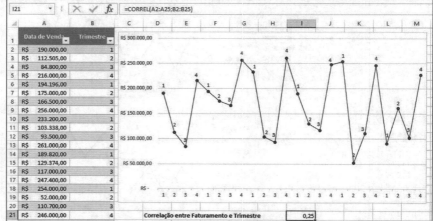

FIGURA 9-7: Uma correlação linear geralmente complica a regularidade sazonal em uma linha de base.

156 PARTE 3 **Fazendo uma Previsão Básica**

Praticamente todas as vezes que o quarto trimestre aparece, ele apresenta o faturamento mais alto do mês corrente. Mas você nem suspeitaria de tal regularidade na relação entre o trimestre do ano e as vendas se tudo o que analisasse fosse a correlação, pois 0,25 é insignificante, na melhor das hipóteses.

Por outro lado, se você olhar as vendas da linha de base e os trimestres em um gráfico, será bem difícil não perceber a sazonalidade.

DICA

Os números acima dos pontos de dados individuais no gráfico da Figura 9-7 são chamados de *rótulos de dados*. Nesse caso, cada rótulo de dados mostra o trimestre do ano ao qual o valor da receita pertence. Existem diferentes formas de obter os rótulos de dados. Uma delas é clicar com o botão direito na série de dados no gráfico e selecionar Adicionar Rótulos de Dados no menu de atalho. Você obterá os valores projetados (aqui, o faturamento) como rótulos de dados. Se quiser mostrar valores diferentes como rótulos, como aqui, clique com o botão direito em um rótulo de dados e escolha Formatar Rótulos de Dados no menu de atalho. Marque a caixa de seleção Valores das Células e arraste o intervalo dos rótulos desejados. Em seguida, desmarque a caixa de seleção Valor.

Você pode encontrar informações acerca da previsão das linhas de base que apresentam esse tipo de sazonalidade no Capítulo 18.

Usando gráficos XY (Dispersão)

Um gráfico XY (Dispersão) tem dois eixos de valor: o eixo X é um eixo de valor, assim como o eixo Y. (O restante desta seção simplifica as coisas chamando-os de *gráficos XY*.) Os gráficos XY são mais bem usados quando você está fazendo uma previsão em alguma base diferente da data. Veja a Figura 9-3 para ver por que os gráficos de linhas são melhores do que os gráficos XY se você está fazendo uma previsão de acordo com alguma data preditora. As datas no eixo horizontal do gráfico XY não se alinham corretamente com as receitas projetadas. Sem dúvida, um pequeno inconveniente.

Porém, caso você tenha um tipo diferente de variável preditora, como o tamanho da equipe de vendas ou o montante gasto em publicidade, pense em usar um gráfico XY. Veja o exemplo da Figura 9-8.

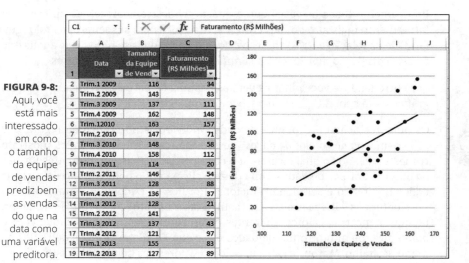

FIGURA 9-8: Aqui, você está mais interessado em como o tamanho da equipe de vendas prediz bem as vendas do que na data como uma variável preditora.

Os gráficos XY ajudam a avaliar a força de uma relação entre uma variável preditora e uma variável de previsão. As pessoas muitas vezes veem a correlação entre as duas variáveis e se a correlação é, digamos, entre −0,2 e 0,2, então, decidem que não existe uma correlação muito forte.

LEMBRE-SE

Os possíveis valores de uma correlação são de −1,0 a 1,0. Quanto mais perto de um desses dois valores, mais forte é a relação. Quanto mais próximo de 0,0, mais fraca é a relação. O valor de R-quadrado é o quadrado da correlação e ele calcula quanta variação em uma variável é atribuída a outra variável.

Porém observe o gráfico XY na Figura 9-9.

FIGURA 9-9: Denomina-se este padrão como *função U invertido*. O nome não importa; ela sobe e, depois, desce.

158 PARTE 3 **Fazendo uma Previsão Básica**

Caso observasse somente a correlação entre o número de anúncios em publicidade e o número de vendas, você a ignoraria. Uma correlação de 0,14 é bem pequena para se preocupar, a menos que seja baseada em centenas ou milhares de casos.

Todavia, quando você olha mais atentamente o gráfico do número de anúncios em relação às vendas, surge um panorama diferente. Vê-se que, até certo número de anúncios em publicidade, as vendas têm um aumento bastante significativo. Depois, elas se nivelam e, por fim, diminuem. Esse U invertido pode vir de um orçamento de publicidade relativamente fixo. Portanto, quando a empresa começa a investir em um número grande de anúncios, a despesa por anúncio diminui, e coisas como a conveniência da veiculação do anúncio, o tamanho, se tem cor ou não etc. Como consequência, as vendas caem.

Desse modo, existe uma relação importante que se pode aproveitar. Mas, porque uma correlação simples sugere uma relação linear, ela não informará o que você deseja saber. Essa é apenas uma das razões pelas quais você sempre deve gerar um gráfico de suas linhas de base.

Fazendo seus Dados Dançarem conforme a Música dos Gráficos Dinâmicos

O Capítulo 8 tem muito a informar acerca de como você pode utilizar o recurso Tabela Dinâmica do Excel para resumir os registros de vendas individuais em uma tabela. A tabela dinâmica pode mostrar o total do faturamento conforme a data, região, linha de produto, ou seja, qualquer variável que você queira usar para dividir os resultados da receita.

Desde o Excel 2000, adicionou-se um recurso à funcionalidade da tabela dinâmica: um gráfico dinâmico. Você ainda pode criar uma tabela dinâmica, como sempre pôde. Mas agora é possível decidir se quer criar um gráfico dinâmico, e uma tabela dinâmica vem junto com ele. Você tem à sua disposição todos os tipos de gráficos padrões, desde o Gráfico em Colunas ao Gráfico de Pirâmides e, claro, os Gráficos de Linhas e XY (Dispersão).

Se você leu o Capítulo 8, conhece as configurações básicas de uma tabela dinâmica no Excel. O processo de configuração de um gráfico dinâmico segue o mesmo conceito, é apenas um pouco diferente na execução.

CAPÍTULO 9 **Gere um Gráfico a Partir da Linha de Base: É uma Excelente Ideia**   159

Por que essa diferença? No fundo, é em virtude de a tabela dinâmica expressar o tamanho de seu campo de valor, isto é, o campo que a tabela dinâmica está resumindo, com número. Por exemplo:

» A soma das vendas durante cada mês, para cada linha de produto, para cada filial.

» O número médio de unidades vendidas de cada produto, em cada filial, para cada representante de vendas nela.

» A soma das receitas, das mercadorias separadas dos serviços, para cada linha de produto em cada filial.

Porém um gráfico não pode exibir somas, médias, cálculos e outras coisas em uma única célula. Aqui reside a vantagem e a desvantagem de um gráfico. A desvantagem: você tem que reservar uma dimensão inteira acima para os gráficos de linhas (e outros) e cruzar os gráficos XY, a fim de mostrar a magnitude que você vê em uma única célula de uma tabela dinâmica. A vantagem (pelo menos para a previsão de vendas): é possível ver como a magnitude cresce, desce, sobe e desce sazonalmente ou permanece, em geral, estática ao longo do tempo.

Comece com os dados da linha de base, dispostos em uma estrutura de tabela, como na Figura 9-10.

Depois, siga as seguintes etapas:

1. **Selecione qualquer célula na tabela.**

2. **Vá para a aba Inserir da Faixa de Opções e clique em Gráfico Dinâmico no grupo Gráficos.**

A caixa de diálogo Criar Gráfico Dinâmico (veja a Figura 9-11) será exibida.

3. **Selecione o botão de opção Planilha Existente.**

4. **Clique na caixa de edição Local, em seguida, clique na célula da planilha na qual deseja que os resultados comecem.**

5. **Clique em OK para começar a definir o gráfico dinâmico. Veja a Figura 9-12.**

FIGURA 9-10: Quando você está preparando uma tabela dinâmica ou um gráfico dinâmico, a ordem dos dados na tabela não importa.

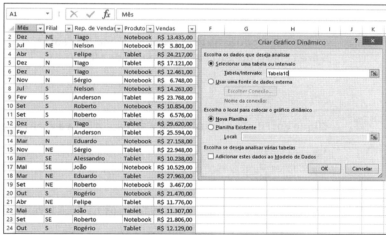

FIGURA 9-11: Como você começa selecionando uma célula na tabela, o Excel preenche a referência completa da fonte de dados para você.

Neste momento, você começa a projetar o gráfico dinâmico arrastando os campos para as quatro áreas na parte inferior do painel Campos do Gráfico Dinâmico. Siga estas etapas para finalizar o presente exemplo:

CAPÍTULO 9 **Gere um Gráfico a Partir da Linha de Base: É uma Excelente Ideia** 161

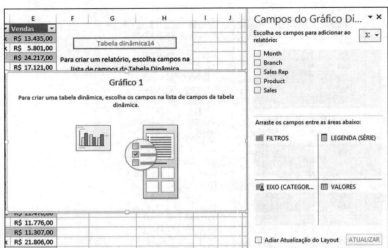

FIGURA 9-12: Neste momento, você pode usar a caixa Listar Campos da Tabela Dinâmica para arrastar os campos para as áreas onde quer que eles fiquem no gráfico.

1. **Clique em Mês na lista Campo, mantenha o botão do mouse pressionado e arraste o Mês para a área Eixo (Categorias). Solte o botão do mouse.**

2. **Clique em Produto na lista Campo e como fez com Mês, arraste-o para a área Eixo (Categorias), logo abaixo de Mês.**

   Quando você soltar o botão do mouse, terá implementado um campo *interno*: cada valor do Produto será repetido dentro de cada valor do Mês.

3. **Clique em Filial na lista Campo e arraste-a para a área Legenda (Série).**

   Agora, você terá uma série de dados diferente, cada qual representando uma filial diferente no gráfico dinâmico para cada combinação de Mês e Produto na tabela.

4. **Arraste o botão Vendas da lista Campos na área Σ Valores.**

   O resultado aparece como na Figura 9-13.

Você pode converter facilmente o gráfico de colunas em um gráfico de linhas:

1. **Selecione o gráfico dinâmico.**
2. **Acesse a aba Design da Faixa de Opções.**
3. **Clique em Alterar Tipo de Gráfico.**
4. **Escolha Gráfico de Linhas e clique em OK.**

A Figura 9-14 mostra o resultado:

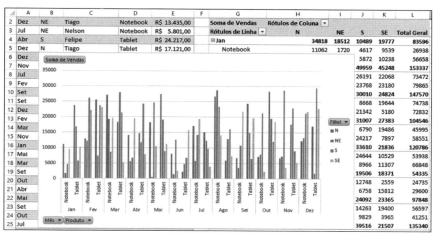

FIGURA 9-13: Um gráfico de colunas normalmente não é muito prático para representar uma linha de base. Um gráfico de linhas ou um gráfico XY é uma escolha melhor.

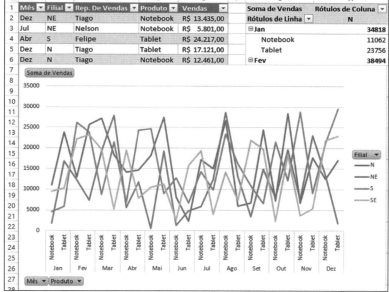

FIGURA 9-14: Isso está muito confuso. Provavelmente, você deve mover a Filial para a área Página e analisar cada uma por vez. Ou clique no botão do campo Filial e analise de dois a dois.

Depois de criar o gráfico dinâmico, se você achar que um layout diferente pode ser melhor visualmente, poderá arrastar um botão de campo de uma área para outra. Por exemplo, na Figura 9-14, você pode tentar arrastar o botão Filial para

CAPÍTULO 9 **Gere um Gráfico a Partir da Linha de Base: É uma Excelente Ideia**   163

a área Categoria junto com Mês e o botão Linha de Produtos da área Categoria para a área Séries. Talvez ache que é uma melhoria (eu não acho), mas, achando ou não, lembre-se de que é *possível*. Isso deve ser bem intuitivo: é por isso que se chama gráfico dinâmico.

DICA Dê uma olhada na tabela dinâmica que acompanha o gráfico dinâmico. Você pode controlar onde a tabela dinâmica é inserida. Muitas vezes, faz sentido colocar o gráfico na mesma planilha em que a tabela está, supondo que esteja usando uma tabela como base para o relatório.

Usando Dois Eixos de Valor

Há ocasiões em que você coloca duas séries de dados em um gráfico e elas estão em escalas de medida bem diferentes. Uma série pode encobrir a outra na parte inferior do gráfico.

Por exemplo, imagine que sua empresa construa e venda casas residenciais. Você quer criar uma linha de base do número de unidades habitacionais vendidas por mês, bem como o preço médio da região de moradias unifamiliares separadas por mês. A Figura 9-15 mostra como ficaria esta linha de base, acompanhada de um gráfico da linha de base.

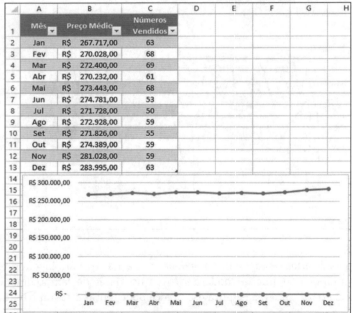

FIGURA 9-15: Ambas as séries de dados, unidades habitacionais e preço médio aparecem na mesma escala do eixo Y.

O fato de uma série de dados, Unidades Vendidas, não ultrapassar 69 e a outra série de dados, Preço Regional Médio, variar de R$267.717,00 a R$283.995,00 significa que você não consegue distinguir nenhuma das duas.

Os gráficos do Excel viabilizam uma boa solução com dois eixos de valor. Se você se deparar com uma situação como essa, siga estas etapas:

1. **Clique no gráfico para ativá-lo.**

2. **Clique com o botão direito em qualquer série de dados para selecioná-la.**

3. **Escolha Formatar Série de Dados.**

4. **Em Opções de Série, clique no botão Eixo Secundário.**

   Os botões Eixo Principal e Eixo Secundário não estão disponíveis, a menos que você tenha mais de uma série de dados no gráfico.

O resultado aparece na Figura 9-16.

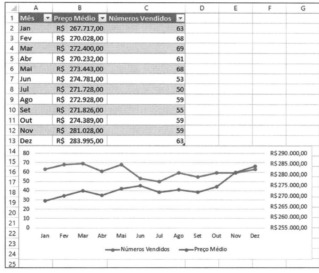

FIGURA 9-16: Com uma escala principal e uma secundária, você pode ver que as Unidades Vendidas estão se mantendo estáveis, conforme o Preço Regional Médio está subindo.

> **DICA** Quando você tem duas escalas em um gráfico, rotulá-las pode ser bem útil. Depois de criar a escala secundária, acesse a aba Design da Faixa de Opções, clique em Adicionar Elemento Gráfico e escolha Títulos dos Eixos. Em seguida, dê um nome para o eixo Vertical Principal e o eixo Vertical Secundário.

166 PARTE 3 **Fazendo uma Previsão Básica**

> **NESTE CAPÍTULO**
>
> » **Instale o suplemento de Análise de Dados**
>
> » **Trabalhe com as ferramentas Média Móvel, Suavização e Regressão**

Capítulo **10**

Fazendo Previsões com o Suplemento de Análise de Dados do Excel

Em meados da década de 1990, a Microsoft conseguiu reunir algumas ferramentas de análise estatística em um único pacote, para acompanhar o Excel 95 — a primeira versão do Excel a usufruir do Windows 95, até então, o sistema operacional novo da Microsoft para PCs.

Talvez inspirada pelo sucesso comercial avassalador de marcas como Kwik Kar Wash, Tastee Freez e Rite Aid, a Microsoft decidiu dar à sua coleção de ferramentas estatísticas um nome chamativo. Eles escolheram *Ferramentas de Análise (Analysis ToolPak)*, muitas vezes abreviado como *ATP*.

Atualmente, ao que tudo indica, a Microsoft acredita que o nome anterior era uma aberração, uma afronta aos princípios do bom e do belo. Ela renomeou sua coleção de ferramentas como *suplemento de Análise de Dados*. O termo Ferramenta de Análise ainda aparece aqui e ali no Excel, em uma caixa de listagem de suplementos disponíveis. Mas você acessa as ferramentas clicando em Análise de Dados na aba Dados da Faixa de Opções, e essa é a parte importante. Também é importante ter em mente que, se você já passou muito tempo aprendendo como usar a ATP, essa funcionalidade ainda se encontra disponível no suplemento de Análise de Dados. Só o nome mudou.

Suplementos são coleções de código do tipo BASIC, um código que, felizmente, você nunca precisa ver. O conceito por trás dos suplementos é que eles podem ampliar o alcance do Excel, normalmente com a finalidade de executar tarefas especializadas para você, como previsão usando médias móveis, suavização exponencial e regressão.

Como essas tarefas não são as padrões que o Excel opera de modo direto, tal como a inserção de colunas ou a criação de relatórios da tabela dinâmica, você tem que tomar algumas medidas especiais. Em particular, isso significa instalar os suplementos em seu computador e no Excel. Instalar os suplementos é um processo simples, mas pode ser difícil descobrir como fazer isso. Neste capítulo, eu mostro como.

A coleção de ferramentas de Análise de Dados é um suplemento, um dos poucos distribuídos com a versão avulsa do Excel. Ela dispõe de diversas ferramentas que o auxiliam a fazer previsões. Depois de instalar o suplemento, você tem opções. Afinal de contas, é um kit de ferramentas que apresenta uma série de outras ferramentas, e você precisa saber qual delas utilizar quando fizer uma previsão.

Há três métodos básicos para realizar previsões quantitativas: médias móveis, suavização exponencial e regressão. (Os métodos mais avançados usam essas três abordagens básicas como blocos de construção.) Neste capítulo, faço algumas recomendações a respeito de como escolher um desses métodos para elaborar suas previsões. Isso não é uma receita de bolo: depende muito da natureza de sua linha de base. Contudo, neste capítulo, procuro orientá-lo em que se deve prestar atenção e quando escolher um dos métodos.

Instalando os Suplementos: Onde Eles Estão?

Os suplementos não estão no topo da hierarquia de produtos da Microsoft. As tarefas que os suplementos executam podem ser importantes o suficiente para a automatização, mas eles não são considerados completos o bastante para fazer parte do Excel. (Se os suplementos tivessem esse grau de importância, haveria uma opção de Análise de Dados na aba Dados da Faixa de Opções, parecida com Classificar ou Filtrar.)

DICA

Os desenvolvedores que não são da Microsoft *oferecem* muitos suplementos. Em 2016, uma pesquisa no Google com as palavras *Excel* e *suplementos* retornou quase 30 milhões de resultados; isso comparado a meio milhão de resultados em 2005. Muitas dessas páginas oferecem suplementos para venda. Caso você saiba programar usando o Visual Basic for Applications e tenha uma cópia do Excel, poderá desenvolver um suplemento e vendê-lo em um site. Se estiver procurando algum tipo de ferramenta especializada que o Excel não oferece, mas poderia oferecer, confira na internet, mas esteja preparado para obter algo inferior ao que está procurando.

Em primeiro lugar, você precisa instalar o suplemento no computador. Em seguida, tem que obter o suplemento para o Excel. As seções a seguir descrevem como fazer isso em relação ao suplemento de Análise de Dados.

Confira rapidamente se o suplemento de Análise de Dados está instalado. Inicie o Excel e acesse a aba Dados da Faixa de Opções. Procure no grupo Análise por um ícone chamado Análise de Dados. Caso você o veja, provavelmente pode acessá-lo. (Uso a palavra "provavelmente" aqui com o intuito de evitar reclamações posteriores, pois com os suplementos você sempre corre o risco de alguém ter instalado algo que não é o suplemento de Análise de Dados, mas coloca o item Análise de Dados no grupo Análise. Não se preocupe. Se as pessoas quisessem colocar um ransomware [um tipo de malware] em seu computador, elas escolheriam uma maneira melhor. Pule para a seção intitulada "Usando as Médias Móveis.")

Se você não vir Análise de Dados no grupo Análise, deve fazer uma coisa bem rápida. O suplemento ainda pode estar em seu computador, mas ninguém informou isso ao Excel. Siga o passo a passo:

1. **No Excel, clique na aba Arquivo.**

2. **Escolha Opções da barra de navegação à esquerda da janela do Excel.**

3. **Escolha Suplementos na barra de navegação à esquerda da janela Opções do Excel.**

4. **Confira se a lista suspensa Gerenciar, perto da parte inferior da janela Opções do Excel, tem a opção *Suplementos do Excel*. Clique em Ir.**

5. **A caixa de diálogo Suplementos aparecerá, conforme mostra a Figura 10-1. Verifique se a caixa de seleção ao lado de Ferramentas de Análise (como já dito neste livro) está marcada e clique em OK.**

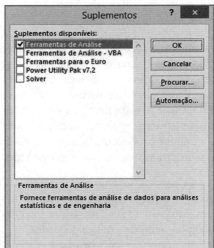

FIGURA 10-1: Há um problema de instalação se você não visualizar Ferramentas de Análise na caixa de listagem.

Caso a caixa de listagem mostrada na Figura 10-1 não exiba o item Ferramentas de Análise, o jeito será entrar em contato com quem instalou o Excel no computador e reclamar à beça.

DICA

Contanto que você esteja com a caixa de diálogo Suplementos aberta, também é possível marcar a caixa de seleção Solver, se já não estiver selecionada. O Solver do Excel é um utilitário poderoso, absolutamente indispensável quando se trata de previsão com os métodos de suavização exponencial.

DICA

Se você acha que precisa usar algumas funções especiais no suplemento de Análise de Dados em *seu próprio código VBA*, marque as caixas de seleção Ferramentas de Análise e Ferramentas de Análise — VBA. Caso contrário, selecione apenas a caixa de seleção Ferramentas de Análise. Esse é um dos poucos locais no Excel, no Excel 2016, que ainda fazem referência às Ferramentas de Análise com esse nome.

Usando as Médias Móveis

Depois de instalar o suplemento de Análise de Dados e disponibilizá-lo para o Excel, é possível selecionar qualquer uma de suas ferramentas de análise e executar essa análise nos dados de entrada fornecidos. No mundo da previsão, isso significa a linha de base que você agrupou e estruturou adequadamente em uma planilha.

A primeira ferramenta que talvez você pense em usar, apenas porque é mais fácil de utilizar e entender, é a ferramenta Média Móvel. Como sempre, no caso do suplemento, comece indo até a aba Dados da Faixa de Opções e escolha

170   PARTE 3 **Fazendo uma Previsão Básica**

Análise de Dados. Na caixa de listagem Ferramentas de Análise, selecione Média móvel e clique em OK.

A caixa de diálogo Média móvel, mostrada na Figura 10-2, aparecerá. Você pode encontrar instruções sobre como usar essa caixa de diálogo no Capítulo 13.

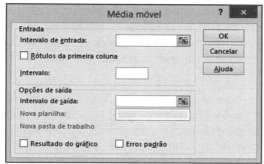

FIGURA 10-2: O intervalo é o número de valores reais de sua linha de base para usar em cada média móvel.

Dia de mudança: Indo daqui pra lá

Como é relativamente simples configurar e compreender as médias móveis, você acaba assumindo uma responsabilidade extra quando decide fazer a previsão com elas. A questão se trata de quantos períodos de tempo da linha de base deve incluir em cada média móvel.

DICA

Nem é necessário dizer, mas direi de qualquer forma: use o mesmo número de observações reais no cálculo de cada média móvel. Se a primeira média móvel que calculou no Excel usar três períodos da linha de base, então, todas as médias móveis em sua previsão usarão três períodos.

Você quer selecionar o número certo de períodos:

» Se você usar poucos períodos, as previsões responderão a choques aleatórios na linha de base, quando o que está procurando é amenizar os erros aleatórios e impulsionar os resultados de vendas.

» Se usar muitos, as previsões não acompanharão as mudanças reais e persistentes no nível da linha de base, talvez longe demais para reagir com eficiência.

Ao decidir utilizar a ferramenta Média Móvel ou, em termos mais gerais, usar as médias móveis independentemente de usar a ferramenta ou inserir as fórmulas por conta própria, você está assumindo uma posição em relação ao efeito dos valores da linha de base recentes versus o efeito dos valores da linha de base mais distantes.

Suponha que você tenha uma linha de base que se prolonga de janeiro de 2016 a dezembro de 2016 e use uma média móvel de três meses a partir dos resultados de vendas para as previsões. A previsão para janeiro de 2017 seria a média dos resultados de outubro, novembro e dezembro de 2016. Essa previsão depende completamente do último trimestre de 2016 e é matematicamente independente dos três primeiros trimestres de 2016.

E se em vez disso você tivesse escolhido uma média móvel de seis meses? Então, a previsão para janeiro de 2017 seria baseada na média de julho a dezembro de 2016. Seria totalmente dependente do segundo semestre de 2016 e o primeiro semestre de 2016 não teria nenhuma influência direta sobre a previsão de janeiro de 2017.

É possível que qualquer uma dessas situações ou outra, como uma média móvel de dois meses, seja exatamente o que você quer. Por exemplo, pode ser necessário que você faça sua previsão para enfatizar resultados recentes. Essa ênfase poderá ser particularmente importante se você suspeitar de que um acontecimento recente, como uma mudança significativa em sua linha de produtos, afetará as vendas.

Por outro lado, talvez não queira ressaltar demais os resultados de vendas recentes. Isso pode camuflar o que está acontecendo com a linha de base em longo prazo. Caso você não tenha certeza do quanto deve destacar os resultados recentes, mostro algumas boas opções:

» **Tente utilizar diferentes números de períodos para calcular as médias móveis.** Geralmente, essa abordagem é a melhor. O Capítulo 15 aborda uma maneira de avaliar as diferentes dimensões das médias móveis; essa maneira é adaptada para a suavização exponencial, porém é facilmente aplicada às médias móveis.

» **Use a suavização exponencial, que, apesar de utilizar toda a linha de base para obter uma previsão, confere maior peso aos valores mais recentes da linha de base**. A suavização exponencial confere um pouco menos de peso ao penúltimo valor da linha de base, um pouco menos de peso ao anterior e assim por diante, até o primeiro valor da linha de base, que impacta pouco a próxima previsão. (Veja "Usando a Suavização Exponencial", mais adiante neste capítulo, para obter mais informações.)

172   PARTE 3 **Fazendo uma Previsão Básica**

Médias móveis e linhas de base estacionárias

As médias móveis são bem apropriadas para as *linhas de base estacionárias* (linhas de base cujos níveis geralmente não aumentam nem diminuem durante um longo período de tempo). Você pode usar as médias móveis com linhas de base com tendência ascendente ou descendente, mas normalmente deve manipulá-las primeiro (veja o Capítulo 17 para obter mais informações); senão, use um dos modelos de média móvel mais complicados, que eu não abordo neste livro.

Como você informa a uma linha de base estacionária que outra linha apresenta uma tendência ascendente ou descendente? Uma maneira é olhar para ela. A Figura 10-3 é um exemplo disso. Aparentemente, a linha de base na Figura 10-3 é estacionária. Ela apresenta aumentos, altos e baixos, mas, no geral, a linha de base não parece ter uma tendência ascendente nem descendente.

O problema de somente ver a linha de base é que, por vezes, não fica muito óbvio se ela é estacionária ou tem alguma tendência. O que você acha da linha de base na Figura 10-4? Olhando o gráfico, é difícil dizer se a linha de base está parada. Pode até ser, porém, novamente, ela pode estar caindo aos poucos. Você pode fazer um teste rápido verificando a correlação entre data e receita. (Veja o Capítulo 4 para obter detalhes.)

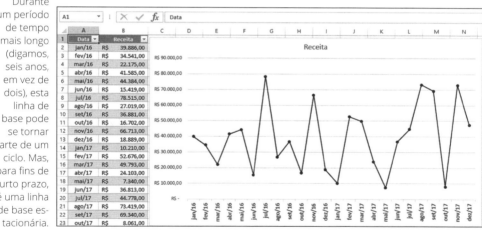

FIGURA 10-3: Durante um período de tempo mais longo (digamos, seis anos, em vez de dois), esta linha de base pode se tornar parte de um ciclo. Mas, para fins de curto prazo, é uma linha de base estacionária.

CAPÍTULO 10 **Fazendo Previsões com o Suplemento de Análise de Dados do Excel**

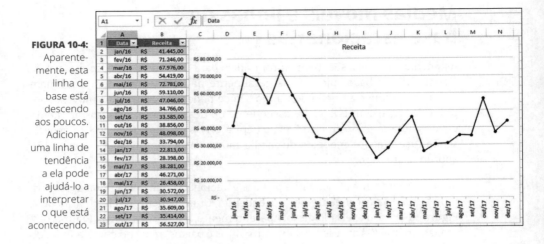

FIGURA 10-4: Aparentemente, esta linha de base está descendo aos poucos. Adicionar uma linha de tendência a ela pode ajudá-lo a interpretar o que está acontecendo.

Usando a Suavização Exponencial

A seção anterior a respeito das médias móveis sugere que você pode resolver o problema de quantos valores da linha de base incluir em uma média móvel ao utilizar a suavização exponencial. E isso é verdade até certo ponto: você não precisa decidir isso, porque toda a linha de base está envolvida de um jeito ou de outro.

Tomemos, por exemplo, a previsão para dezembro. Ela pode depender 30% do valor real de novembro, 20% do valor real de outubro, 15% do valor real de setembro etc., até o início da linha de base. Quanto mais antigos forem os valores reais, menor será sua influência na próxima previsão.

Todavia, você tem que arcar com um problema novo: até quanto deseja que os valores reais influenciem a próxima previsão? O melhor modo de decidir isso, pelo menos tomar uma decisão preliminar, é tentar utilizar diferentes influências e ver quanto erro cada uma provoca.

A última sentença significa muito mais do que aparenta. É mais fácil entendê-la em uma planilha do que com palavras. A Figura 10-5 exemplifica isso.

FIGURA 10-5: Este tipo de análise será muito mais fácil de configurar se você inserir as fórmulas sozinho, em vez de contar com o suplemento.

C28		fx	=C$2*$B26+(1-C$2)*C26				
	A	B	C	D	E	F	G	H
1					Constante de Suavização			
2	Data	Receita	0,3	0,4	0,5	0,6	0,7	0,8
3	jan/16	R$ 41.175,00	#N/D	#N/D	#N/D	#N/D	#N/D	#N/D
4	fev/16	R$ 47.504,00	R$ 41.175,00	R$ 41.175,00	R$ 41.175,00	R$ 41.175,00	R$ 41.175,00	R$ 41.175,00
5	mar/16	R$ 45.632,00	R$ 43.073,70	R$ 43.706,60	R$ 44.339,50	R$ 44.972,40	R$ 45.605,30	R$ 46.238,20
6	abr/16	R$ 59.351,00	R$ 43.841,19	R$ 44.476,76	R$ 44.985,75	R$ 45.368,16	R$ 45.623,99	R$ 45.753,24
7	mai/16	R$ 78.320,00	R$ 48.494,13	R$ 50.426,46	R$ 52.168,38	R$ 53.757,86	R$ 55.232,90	R$ 56.631,45
8	jun/16	R$ 98.703,00	R$ 57.441,89	R$ 61.583,87	R$ 65.244,19	R$ 68.495,15	R$ 71.393,87	R$ 73.982,29
9	jul/16	R$ 28.346,00	R$ 69.820,23	R$ 76.431,52	R$ 81.973,59	R$ 86.619,86	R$ 90.510,26	R$ 93.758,86
10	ago/16	R$ 20.000,00	R$ 57.377,96	R$ 57.197,31	R$ 55.159,80	R$ 51.655,54	R$ 46.995,28	R$ 41.428,57
11	set/16	R$ 29.347,00	R$ 46.164,57	R$ 42.318,39	R$ 37.579,90	R$ 32.662,22	R$ 28.098,58	R$ 24.285,71
12	out/16	R$ 20.898,00	R$ 41.119,30	R$ 37.129,83	R$ 33.463,45	R$ 30.673,09	R$ 28.972,48	R$ 28.334,74
13	nov/16	R$ 49.398,00	R$ 35.052,91	R$ 30.637,10	R$ 27.180,72	R$ 24.808,03	R$ 23.320,34	R$ 22.385,35
14	dez/16	R$ 24.830,00	R$ 39.356,44	R$ 38.141,46	R$ 38.289,36	R$ 39.562,01	R$ 41.574,70	R$ 43.995,47
15	jan/17	R$ 21.218,00	R$ 34.998,51	R$ 32.816,88	R$ 31.559,68	R$ 30.722,81	R$ 29.853,41	R$ 28.663,09
16	fev/17	R$ 21.122,00	R$ 30.864,35	R$ 28.177,33	R$ 26.388,84	R$ 25.019,92	R$ 23.808,62	R$ 22.707,02
17	mar/17	R$ 48.695,00	R$ 27.941,65	R$ 25.355,20	R$ 23.755,42	R$ 22.681,17	R$ 21.927,99	R$ 21.439,00
18	abr/17	R$ 20.000,00	R$ 34.167,65	R$ 34.691,12	R$ 36.225,21	R$ 38.289,47	R$ 40.664,90	R$ 43.243,80
19	mai/17	R$ 20.000,00	R$ 29.917,36	R$ 28.814,67	R$ 28.112,61	R$ 27.315,79	R$ 26.199,47	R$ 24.648,76
20	jun/17	R$ 20.901,00	R$ 26.942,15	R$ 25.288,80	R$ 24.056,30	R$ 22.926,31	R$ 21.859,84	R$ 20.929,75
21	jul/17	R$ 23.081,00	R$ 25.129,81	R$ 23.533,68	R$ 22.478,65	R$ 21.711,13	R$ 21.188,65	R$ 20.906,75
22	ago/17	R$ 70.793,00	R$ 24.515,16	R$ 23.352,61	R$ 22.779,83	R$ 22.533,05	R$ 22.513,30	R$ 22.646,15
23	set/17	R$ 45.690,00	R$ 38.398,51	R$ 42.328,77	R$ 46.786,41	R$ 51.489,02	R$ 56.309,09	R$ 61.163,63
24	out/17	R$ 79.861,00	R$ 40.585,96	R$ 43.673,26	R$ 46.238,21	R$ 48.009,61	R$ 48.875,73	R$ 48.784,73
25	nov/17	R$ 68.942,00	R$ 52.368,47	R$ 58.148,36	R$ 63.049,60	R$ 67.120,44	R$ 70.565,42	R$ 73.645,75
26	dez/17	R$ 34.473,00	R$ 57.340,53	R$ 62.465,81	R$ 65.995,80	R$ 68.213,38	R$ 69.429,03	R$ 69.882,75
27								
28	Previsão jan 2018		R$ 50.480,27	R$ 51.268,69	R$ 50.234,40	R$ 47.969,15	R$ 44.959,81	R$ 41.554,95
29								
30	Resumo dos Erros		R$ 23.493,94	R$ 23.397,53	R$ 23.429,34	R$ 23.565,94	R$ 23.796,41	R$ 24.127,81

Esses componentes da análise de suavização exponencial estão na Figura 10-5:

» A própria linha de base nas células A3: B26. (Aqui estou usando casualmente o termo *linha de base* para incluir os resultados de vendas reais e as datas associadas.)

» Inúmeras constantes diferentes que variam de 0,3 a 0,8 nas células C2:H2.

» As constantes da linha 2 são usadas para criar as previsões nas células C4:H26 e C28:H28. Cada coluna de C até H contém uma série de previsões baseadas na constante, na parte superior dessa coluna. O Capítulo 15 mostra como criar as previsões utilizando constantes.

» Os valores #N/D presentes na linha 3 são em virtude de que, sem os dados da linha de base anteriores, você não pode fazer uma previsão para janeiro de 2016.

» Os valores na linha 30 são cálculos da quantidade total de erro nas previsões. Por exemplo, há um erro relacionado ao valor da previsão na célula C5: é a diferença de R$2.558,00 entre a previsão na célula C5 e o valor real observado para março de 2016.

CAPÍTULO 10 **Fazendo Previsões com o Suplemento de Análise de Dados do Excel** 175

Os erros na previsão — as diferenças entre as previsões e os valores reais — são manipulados e totalizados até que você termine com um resumo dos erros considerando-se uma determinada constante de suavização. Esse resumo aparece em cada constante de suavização em C30:H30. Você também pode saber mais sobre esse método para obter resumos no Capítulo 15.

Um dos principais objetivos de fazer uma previsão é minimizar os erros de suas próprias previsões: todas as outras coisas sendo iguais, quanto mais próxima sua previsão estiver do resultado real, melhor. Na Figura 10-5, o menor índice de erro total da previsão está na célula D30: R$23.398,00. Desse modo, você usaria a constante que criou as previsões nessa coluna: o valor na célula D2 ou 0,4.

A praticidade dessa técnica não reside somente no fato de decidir o tamanho de uma constante a ser usada, mas também em decidir entre usar as médias móveis ou a suavização exponencial. Você pode calcular o resumo dos erros para uma média móvel de um determinado tamanho e a suavização exponencial para determinada constante. Depois, selecione o método que viabiliza o menor índice de erro para uma previsão.

PAPO DE ESPECIALISTA

Em vez de criar uma série de previsões, como nas colunas C até H da Figura 10-5, você também pode usar o Solver do Excel para ajudar a escolher a melhor constante. (Esse é um dos motivos pelos quais recomendo, anteriormente neste capítulo, que você instale o suplemento Solver junto com a Análise de Dados.) Embora a ferramenta integrada Atingir Meta do Excel seja outra possibilidade, você pode ter um controle melhor usando o Solver. O Solver minimizaria o resumo de erro da previsão selecionando o melhor valor da constante para a previsão de suavização.

DICA

Você pode encontrar instruções detalhadas para usar a caixa de diálogo Suavização Exponencial no Capítulo 15. Para ter uma ideia geral, você inicia todo o processo com as seguintes etapas:

1. Acesse a aba Dados da Faixa de Opções.

2. Clique em Análise de Dados.

3. Selecione Suavização Exponencial na caixa de listagem de Ferramentas de Análise. Dependendo da versão de seu Excel, pode aparecer como Ajuste Exponencial.

4. Clique em OK.

A caixa de diálogo Suavização Exponencial, mostrada na Figura, será exibida.

FIGURA 10-6: Caso você inclua um rótulo, como *Receita*, na parte superior do Intervalo de Entrada, marque a caixa de seleção Rótulos a fim de informar ao Excel para não tentar prever a partir desse rótulo.

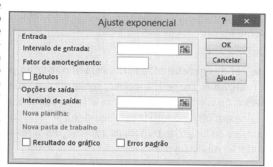

Veja a seguir algumas informações breves sobre os controles mostrados na Figura 10-6:

» Para o Intervalo de Entrada, arraste o intervalo para onde está a linha de base. Deve incluir apenas os resultados reais, em uma única coluna. Em outras palavras, se você tiver uma coluna adjacente de datas como na Figura 10-5, *não* a inclua.

» O Fator de Amortecimento é 1,0 menos a constante de suavização. Eu sei, é frustrante, mas você tem que fazer o melhor que pode.

» Em contraste com outras ferramentas do suplemento de Análise de Dados, a suavização exponencial exige que você coloque a saída na mesma planilha do Intervalo de Entrada.

» Se você quiser projetar um gráfico dos valores reais e das previsões, marque a caixa de seleção Saída do Gráfico. Conforme mostrado no Capítulo 15, seu trabalho ficará bem melhor se o fizer por conta própria.

» Não se preocupe em marcar a caixa de seleção Erros-Padrão.

Usando a Ferramenta de Regressão

Imagine que você tenha uma ou mais variáveis em sua linha de base, junto com os resultados de vendas, e tenha motivos para acreditar que eles possam estar associados a esses resultados. Nem as médias móveis, tampouco a suavização exponencial permitem o uso dessas outras variáveis: cada um desses métodos depende do uso da variável de previsão como sua própria variável preditora.

Em contrapartida, um método denominado *regressão* tem por finalidade usar essas variáveis na previsão de valores futuros. O processo de regressão não é tão intuitivo quanto as médias móveis ou a quanto a suavização exponencial, e algumas pessoas o evitam por essa razão.

Se você tiver dados adicionais, pelo menos pense na possibilidade de usá-los. Eis algumas coisas a considerar:

» **Os resultados de vendas geralmente estão relacionados ao período em que elas foram realizadas.** Ou seja, à medida que a linha de base avança no tempo, os resultados de vendas podem melhorar (com o amadurecimento do produto) ou cair (com um produto já estabelecido). Se os resultados de vendas forem estáveis ao longo do tempo, as informações a respeito da data de venda não ajudarão muito na previsão.

» **Você precisa saber os valores futuros das variáveis adicionais.** O período de tempo é fácil: você sabe como serão o próximo mês e o próximo ano. Descobrir quantos representantes de vendas você terá no mês que vem ou no próximo trimestre, ou quanto dinheiro a empresa gastará com publicidade e outros programas de marketing pode ser ainda mais difícil. Caso você não consiga acesso a essas informações futuras na forma de planos ou valores orçados, não será possível usá-las para realizar a previsão de vendas.

» **Você precisa de uma linha de base mais extensa do que é absolutamente necessário ao usar as médias móveis ou a suavização exponencial.** A própria matemática de regressão exige que você tenha mais períodos de tempo em sua linha de base do que variáveis na equação de previsão. Alguns analistas de previsão pretendem utilizar a regressão com pouquíssimos períodos, como 10 períodos vezes o número de variáveis preditoras, portanto, usam 3 variáveis preditoras e uma linha de base que tem, pelo menos, 30 períodos de extensão. Sinto-me muito mais à vontade com uma linha de base com 30 períodos de tempo para cada variável preditora, porém admito que linhas de base longas podem ser difíceis de obter. Também admito que não existe uma abordagem simples e prática para usar. Tudo depende muito de outros fatores além da extensão da linha de base e, especialmente, depende da força das relações entre as variáveis.

» **A regressão não funciona bem com linhas de base que apresentam mudanças repentinas e prolongadas de nível.** Imagine que sua linha de base esteja em um ritmo constante e gere um faturamento mensal de R$500 mil durante alguns anos, depois (talvez por causa do lançamento de um produto novo) ela salte para R$1 milhão por mês e fique mais ou menos nesse nível. A regressão tem dificuldade em lidar com essa situação (ela até *pode lidar*, mas a exploração necessária desse assunto foge ao escopo que eu adoto nesta obra).

Você pode encontrar muito mais detalhes acerca do uso da regressão para a previsão nos Capítulos 11 e 16. Para ter uma ideia do que é necessário providenciar, fazer um breve tour pela ferramenta Regressão do suplemento de Análise de Dados já é um bom começo.

Suponha que você tem uma planilha como a da Figura 10-7. Veja dois pontos a observar sobre o layout:

» Existem três variáveis na linha de base: Receita, o que você quer prever, Data e Representantes de Vendas, o que deseja utilizar para fazer a próxima previsão.

» Você não consegue ver todas essas variáveis na figura, mas existem 40 períodos de tempo na linha de base. Uma linha de base com essa extensão provavelmente mal consegue suportar uma análise de regressão com duas variáveis preditoras.

	A	B	C	D	E
1	Data	Rep. de Vendas	Receita		
2	01/01/2014	11	R$ 461.753,00		
3	01/02/2014	10	R$ 421.771,00		
4	01/03/2014	12	R$ 441.563,00		
5	01/04/2014	13	R$ 460.760,00		
6	01/05/2014	10	R$ 435.918,00		
7	01/06/2014	12	R$ 490.642,00		
8	01/07/2014	10	R$ 461.047,00		
9	01/08/2014	11	R$ 419.476,00		
10	01/09/2014	8	R$ 488.784,00		
11	01/10/2014	12	R$ 479.800,00		
12	01/11/2014	11	R$ 465.455,00		
13	01/12/2014	10	R$ 397.685,00		
14	01/01/2015	12	R$ 404.979,00		
15	01/02/2015	10	R$ 440.276,00		
16	01/03/2015	11	R$ 444.571,00		
17	01/04/2015	11	R$ 469.068,00		
18	01/05/2015	12	R$ 411.992,00		
19	01/06/2015	10	R$ 408.022,00		
20	01/07/2015	9	R$ 494.317,00		
21	01/08/2015	8	R$ 486.399,00		
22	01/09/2015	11	R$ 434.797,00		
23	01/10/2015	8	R$ 499.630,00		

FIGURA 10-7: Coloque suas variáveis preditoras (aqui, Data e Representantes de Vendas) em intervalos próximos.

CAPÍTULO 10 **Fazendo Previsões com o Suplemento de Análise de Dados do Excel** 179

Para prosseguir, siga as etapas:

1. **Acesse a aba Dados da Faixa de Opções e clique em Análise de Dados no grupo Análise.**

2. **Desça a caixa de listagem Ferramentas de Análise e selecione Regressão.**

3. **Clique em OK.**

Aparecerá a caixa de diálogo Regressão, mostrada na Figura 10-8.

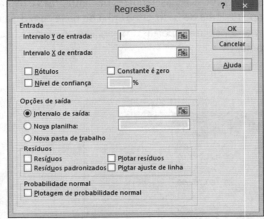

FIGURA 10-8: A caixa de diálogo Regressão.

4. **Forneça o endereço de um intervalo de planilha na caixa Intervalo Y de Entrada.**

Esse intervalo deve ocupar uma única coluna. Para a linha de base na Figura 10-7, você inseriria **$C$1:$C$41**. (Você também pode apenas clicar na caixa Intervalo Y de Entrada e arrastar o intervalo na planilha.)

5. **Forneça o endereço de um intervalo de planilha na caixa Intervalo X de Entrada.**

Esse intervalo contém a(s) variável(is) preditora(s). O intervalo não precisa ter apenas uma coluna, embora possa se você tiver apenas uma variável preditora. Deve ter o mesmo número de linhas do Intervalo Y de Entrada.

6. **Caso você inclua os rótulos das variáveis na parte superior de cada coluna nas caixas Intervalo de Entrada, marque a caixa de seleção Rótulos.**

7. *Não* marque a caixa de seleção Constante é Zero.

8. Se você adicionar um nível de confiança, ele aparecerá na saída *além* de aparecer o padrão de 95%.

   Se posteriormente você quiser excluir o nível adicionado, será necessário fazer isso especificamente na caixa de diálogo Regressão, desmarcando a caixa de seleção.

9. Escolha uma opção de saída, ou seja, onde deseja que a saída da ferramenta Regressão apareça.

10. Se você escolheu o Intervalo de Saída, *clique na caixa à direita* e preencha um endereço na célula. Se escolheu Novo Estrato de Planilha, clique na caixa à direita e preencha o nome do *estrato*.

11. Clique em OK.

O Capítulo 11 apresenta as informações sobre os gráficos que você pode criar nessa caixa de diálogo.

Tudo o que você precisa para realizar uma previsão de regressão é uma linha de base com uma variável de previsão, como o faturamento ou as unidades vendidas, e uma ou mais variáveis preditoras. O suplemento de Análise de Dados refere-se à variável de previsão como uma variável y e você fornece o intervalo de planilha que tem a linha de base para a variável de previsão na caixa Intervalo Y de Entrada.

A variável que você deve utilizar como variável preditora é a variável x e seu endereço de planilha fica na caixa Intervalo X de Entrada. Lembre-se de que é possível usar mais de uma variável preditora, mas, se fizer isso, as colunas que as variáveis preditoras ocupam deverão ser próximas: elas devem estar em colunas adjacentes e seus primeiros e últimos valores devem estar nas mesmas linhas. Todas as variáveis (de previsão e preditoras) devem ter o mesmo número de períodos da linha de base.

LEMBRE-SE

Fico feliz em dizer que esse uso, referindo-se à variável de previsão como Y, é consistente com a sintaxe da função PROJ.LIN. A função PROJ.LIN refere-se aos valores Y conhecidos como os valores para a variável de previsão e aos valores X conhecidos como os valores a serem usados para a(s) variável(is) preditora(s). Lembre-se disso quando ler os Capítulos 12 e 16, pode ser de grande ajuda.

182   PARTE 3 **Fazendo uma Previsão Básica**

> **NESTE CAPÍTULO**
>
> » Sabendo se deve usar ou não a ferramenta Regressão
>
> » Familiarizando-se com a ferramenta Regressão
>
> » Usando o método Regressão

Capítulo **11**

Previsões Baseadas na Regressão

A regressão é uma técnica padrão na previsão, seja para prever o faturamento, seja para as manchas solares. (E sim, meteorologistas e astrônomos têm utilizado a regressão por anos para prever as manchas solares.)

Este capítulo introduz a previsão baseada no método de regressão. A ideia é que você tenha em mãos uma variável (digamos, o preço que cobra por seu produto) que seja fortemente relacionada A outra variável (digamos, sua unidade de vendas) e use o que sabe acerca da primeira variável a fim de prever o que acontecerá com a segunda. Decerto que "o que você sabe sobre a primeira variável"oscila entre o óbvio ("o próximo mês é abril") e o misterioso ("será que o Banco Central vai aumentar as taxas de juros?"). Geralmente, você prefere evitar uma situação na qual acaba prevendo a variável preditora.

Isso é uma simples regressão: uma variável que prevê outra. Você também pode utilizar a regressão múltipla, em que usa mais de uma variável para prever outra. Um exemplo típico é usar o preço do produto e o índice de confiança do consumidor com a finalidade de prever as vendas. Dentro dos limites, você pode empregar quantas variáveis preditoras quiser; muitas vezes (novamente, dentro de certos limites), quanto mais variáveis preditoras você usa, mais precisa

CAPÍTULO 11 **Previsões Baseadas na Regressão** 183

é a previsão. É fundamental lembrar que quanto mais variáveis preditoras você tiver, mais registros serão necessários. Uma equação de regressão baseada em muitas variáveis e poucos registros torna-se instável.

Decidindo Usar a Ferramenta Regressão

A regressão parece muito mais complicada do que realmente é e um dos problemas é que a própria palavra *regressão* parece intimidante. Para falar a verdade, a regressão *pode* ser intimidadora, mas, na maioria das vezes, é bem simples.

Vejamos uma base. Você é mais alto agora do que quando tinha cinco anos de idade. Até certo ponto, é possível prever a altura de uma pessoa se souber a idade dela. Eu digo "até certo ponto" porque, mais cedo ou mais tarde, as pessoas param de ficar mais altas, porém, lamentavelmente, não param de envelhecer.

Veja este exemplo. Até os 18 anos de idade, você pode prever com precisão razoável a altura da pessoa, uma vez que saiba a idade dela. Mesmo que não saiba se a pessoa é do sexo masculino ou feminino, esta equação é um guia muito bom:

```
[(014 * Idade em Meses) + 38] * 0,0254
```

Ao pé da letra, multiplique a idade de alguém em meses por 0,14, some 38 e multiplique o resultado por 0,0254. Isso lhe dará uma boa aproximação da altura dela em metros. Pelo menos, até que a pessoa chegue aos 18 anos de idade.

É disso que se trata a regressão. É uma maneira de desenvolver uma equação que prevê uma variável (a altura, as vendas de sementes de papoula, as manchas solares, seja lá o que for) de outra variável (a idade, o valor gasto em publicidade para a semente de papoula, o ano civil etc.).

A lógica é utilizar não apenas uma, mas duas variáveis. Se você estivesse interessado em prever a altura a partir da idade, pegaria a altura e a idade de um grupo de crianças. As idades e alturas seriam, de certo modo, as linhas de base. Então, você saberia a altura de uma criança em determinada idade. A Figura 11-1 mostra algumas linhas de base. A Figura 11-2 demonstra o gráfico resultante dos dados nas linhas de base.

Agora, veja o que o Excel pode fazer se você deixar. Se ainda não instalou o suplemento de Análise de Dados do Excel, veja o Capítulo 10 para obter as instruções do passo a passo.

Depois de instalar o suplemento, você terá um item novo, Análise de Dados, no grupo Análise da aba Dados da Faixa de Opções. Vá para essa aba, clique em Análise de Dados e desça com a caixa de listagem Ferramentas de Análise, até ver Regressão. Selecione Regressão e clique em OK. Você verá a caixa de diálogo Regressão mostrada na Figura 11-3.

A ferramenta Regressão viabiliza certas opções padrões para o desenvolvimento de uma previsão baseada em regressão. Você tem um pouco menos de controle sobre o que está acontecendo do que se inserisse as fórmulas sozinho, todavia usar a ferramenta é, sem dúvidas, mais fácil.

FIGURA 11-1: Avaliar a relação entre idade e altura apenas olhando os números é difícil.

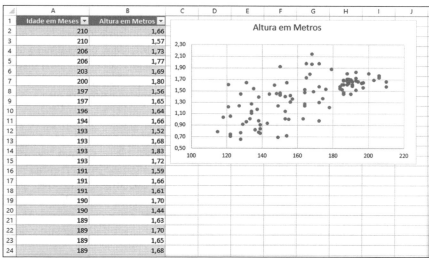

FIGURA 11-2: Depois de projetar um gráfico da relação, analisar o que está acontecendo é muito mais fácil.

CAPÍTULO 11 **Previsões Baseadas na Regressão** 185

Adote o método Regressão

Quando você decide usar a regressão para prever as vendas, precisa prestar atenção em algumas coisas:

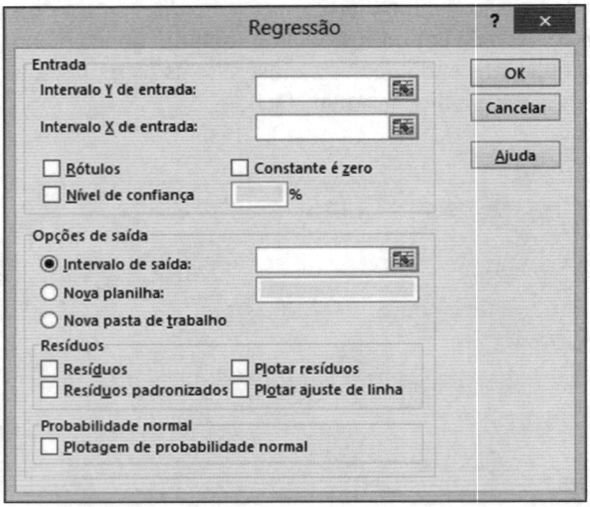

FIGURA 11-3: A ferramenta Regressão ajuda a desenvolver uma previsão sem precisar inserir fórmulas.

Utilize variáveis relacionadas

Na seção anterior, eu uso um par de variáveis, idade e altura, que se relaciona até o ponto em que as pessoas param de crescer. Antes de considerar o uso da regressão para a previsão de vendas, você tem que ter certeza de que dispõe de uma ou mais variáveis relacionadas aos níveis de vendas.

Um bom lugar para começar é com as campanhas de vendas, como o montante em dinheiro que a empresa gasta em publicidade ou o número de representantes de vendas que ela emprega. Se você puder ter em mãos o histórico de informações do, digamos, dinheiro gasto em publicidade e do faturamento, estará pronto para ver se existe uma relação consistente entre eles.

Você precisa conseguir atrelar os valores individuais às variáveis. Neste exemplo, é preciso saber o montante a ser gasto em publicidade e as vendas para janeiro, os gastos com publicidade e o faturamento para fevereiro e assim por diante. Faz-se necessário ter uma linha de base ininterrupta dos valores, portanto, se você tiver um ou dois meses ausentes (trimestres ou anos, dependendo de como está criando suas linhas de base), poderá ser preciso estimar alguns valores ausentes. Como em muitas situações de previsão, a melhor proteção para não ser induzido ao erro por sua estimativa de um valor ausente é ter uma linha de base boa e longa.

186   PARTE 3 **Fazendo uma Previsão Básica**

Mais adiante neste capítulo, em "Entendendo a Ferramenta Regressão do Suplemento de Análise de Dados", mostro como avaliar como as variáveis se relacionam.

Use uma variável que você pode prever

Quando se está elaborando uma previsão de vendas com base na regressão, é preciso escolher uma variável que seja previsível. Por exemplo, imagine que você utilize o montante gasto em publicidade para prever as vendas. Olhando as linhas de base, você pode ver que existe uma relação forte entre a publicidade e as vendas. E ao utilizar a ferramenta Regressão do suplemento de Análise de Dados nas linhas de base, pode obter uma equação que pega o montante gasto em publicidade e gera as previsões de vendas.

Porém, se não sabe quanto a empresa gastará em publicidade durante o próximo período de tempo, não é possível incluir esse valor na equação, tampouco fazer uma previsão. Antes de perder muito tempo e gastar energia reunindo os dados da linha de base e analisando-os, verifique se está usando uma variável adequada para a previsão. Neste exemplo, você pode ter informações do Marketing de Produtos a respeito do valor que eles pretendem comprometer em sua próxima compra de anúncios.

Use períodos de tempo

Caso seus dados de vendas mostrem uma tendência durante os períodos de tempo, você poderá usar os próprios períodos para fazer a previsão. A Figura 11-4 exemplifica isso.

FIGURA 11-4: Você sabe que outro período de tempo virá à tona, assim, pode usar isso para obter sua próxima previsão de vendas.

	A	B	C	D	E	F	G	H
1	Mês	Receita						
2	1	R$ 56.961,00						
3	2	R$ 28.567,00						
4	3	R$ 72.673,00						
5	4	R$ 196.847,00						
6	5	R$ 43.496,00						
7	6	R$ 85.282,00						
8	7	R$ 123.067,00						
9	8	R$ 103.114,00						
10	9	R$ 62.914,00						
11	10	R$ 188.218,00						
12	11	R$ 223.747,00						
13	12	R$ 221.337,00						
14	13	R$ 208.718,00						
15	14	R$ 31.189,00						
16	15	R$ 250.774,00						
17	16	R$ 204.110,00						
18	17	R$ 193.340,00						
19	18	R$ 351.986,00						
20	19	R$ 260.783,00						
21	20	R$ 155.533,00						
22	21	R$ 185.090,00						
23	22	R$ 187.761,00						
24	23	R$ 214.619,00						

Você não precisa utilizar valores de data reais para criar a previsão, embora possa, caso queira. Não importa se você usa, digamos, 1998, 1999, 2000, ... 2005 para a previsão ou 1, 2, 3, ... 8.

Use mais de uma variável preditora

Até o momento, eu mostrei um pouco a respeito da chamada *regressão simples:* usar o relacionamento entre uma variável e outra para prever uma delas. Você também pode utilizar duas ou mais variáveis preditoras de uma vez só, e a ferramenta Regressão do suplemento de Análise de Dados conseguirá administrar essa situação.

Suponha que você consiga obter três linhas de base: o montante de vendas mensais, o valor gasto mensal em publicidade e o número de representantes de vendas que trabalham para você durante cada mês. A ferramenta Regressão pode reportar que a equação que deve empregar para prever as vendas do mês é:

Vendas = (25 × Valor Gasto em Publicidade) + (802 × Representantes de Vendas) + 37.268

É aqui que as coisas começam a ficar um pouco complicadas. Quanto mais variáveis preditoras você usa, mais importante é ter uma linha de base longa. Caso contrário, suas previsões vão pular por toda parte como pipoca. E se o número de variáveis usadas se aproximar do número de registros na linha de base, as previsões ficarão muito duvidosas.

É por isso que gosto de fazer uma previsão usando um mês como o período de tempo na minha linha de base. Um mês é frequentemente um período adequado para se prever ("Quantos tablets vamos vender no próximo mês?") e tudo o que você precisa é de 4 anos de dados para ter uma linha de base de quase 50 períodos. Basta escolher bem as variáveis preditoras e, assim, estará prevendo as vendas utilizando anúncios, quantidade de representantes de vendas ou períodos de tempo em si, em vez de oferecer algum sacrifício aos Deuses do Olimpo. Quando você usa variáveis que se correlacionam bem às vendas, uma linha de base com 50 períodos já é o bastante.

Entendendo a Ferramenta Regressão do Suplemento de Análise de Dados

Nesta seção, mostro como utilizar o método de regressão para realizar a previsão de vendas. A Figura 11-5 exemplifica uma linha de base de dados. Primeiro, projetar um gráfico a partir dos dados, conforme mostrado na Figura 11-5, ajuda a decidir se continua com a análise. Se você vir algo como uma linha diagonal, talvez faça sentido prosseguir. Agora, caso veja algo mais parecido com um círculo, provavelmente nenhuma relação existe e você pode também encontrar uma variável diferente como sua preditora.

Com os dados dispostos em uma tabela do Excel, você pode usar a ferramenta Regressão do suplemento de Análise de Dados para ajudá-lo a obter uma previsão. Siga estas etapas:

1. **Acesse a aba Dados da Faixa de Opções.**

2. **Clique em Análise de Dados no grupo Análise.**

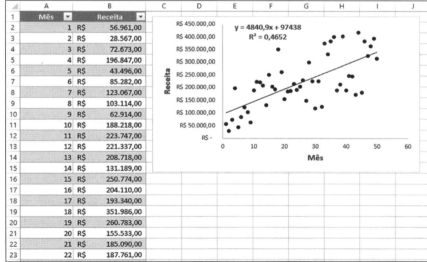

FIGURA 11-5: Esta linha de base é usada para fazer a previsão de vendas com base no período de tempo.

3. **Clique na ferramenta Regressão na caixa de listagem e clique em OK.**

   A caixa de diálogo da ferramenta Regressão aparecerá junto com seus dados (veja a Figura 11-6).

FIGURA 11-6:
Na caixa de diálogo Regressão, aparece um *estrato de planilha*, apenas um termo antigo para planilha.

4. Clique na caixa Intervalo Y de Entrada e arraste as células que contêm os valores que você quer para a previsão.

Aqui, é a Receita. A Figura 11-6 não mostra tudo, mas esse intervalo se estende de B1:B51.

PAPO DE ESPECIALISTA

Na regressão e, de fato, na maioria dos métodos de previsão, você geralmente encontra a variável que está sendo prevista denominada como variável *y*. As variáveis que estão sendo usadas como preditoras são frequentemente denominadas variáveis *x*.

5. Clique na caixa Intervalo X de Entrada e arraste as células que contêm os valores que você quer usar para a previsão.

Como você está fazendo a previsão usando o número do mês, arraste em A1:A51.

DICA

Um modo rápido de selecionar um intervalo de valores é usar o mouse para selecionar todas as células na linha superior e, simultaneamente, pressionar Ctrl+Shift+Seta para baixo. O Excel seleciona o intervalo para você, mas ele para quando encontra uma célula vazia; outro bom motivo para evitar a falta de dados.

6. Como você incluiu os rótulos das variáveis na linha 1 como parte dos intervalos de entrada, marque a caixa de seleção Rótulos.

Caso contrário, o Excel encontrará dados não numéricos nos intervalos de entrada e você verá uma mensagem de aviso.

7. Se necessário, selecione o botão de opção Intervalo de Saída.

CUIDADO

Quando você seleciona qualquer um dos botões de opção no quadro Opção de Saída, o Excel faz com que a caixa Intervalo Y de Entrada fique ativa. Se você não estiver prestando atenção no que está fazendo, poderá substituir facilmente o endereço de intervalo inserido como o Intervalo Y de Entrada pelo endereço que deseja usar para a saída. Não é um problema insolúvel, mas pode ser muito chato.

8. Quando tiver certeza de que selecionou a caixa Intervalo de Saída, clique em uma célula onde deseja que a saída seja iniciada, em seguida clique em OK.

O Excel elabora as informações de regressão mostradas na Figura 11-7.

Eu sei que a saída parece bem assustadora, mas você pode ignorar grande parte dela, caso prefira. Veja a seguir as coisas em que deve prestar atenção:

» **O número com o rótulo *R Múltiplo*:** Isso ocorre na célula E4 da Figura 11-7. Quanto mais próximo estiver de 1,0, mais forte será a relação entre a variável preditora (ou as variáveis) e a variável que você quer prever, portanto, mais poderá confiar nessa previsão. Quanto mais próximo de zero, pior a relação e menos você poderá confiar na previsão. Pode ir apenas de 0,0 a 1,0 e o valor 0,571 mostrado na Figura 11-7 é razoavelmente bom. Na regressão simples, o R Múltiplo é somente a correlação entre a variável preditora e a variável de previsão (embora um R Múltiplo seja sempre positivo, ao contrário de uma correlação simples).

» **Os dois números com os rótulos Intercepção e Mês**: Eles estão nas células E17 e E18, respectivamente. Você os usa em sua equação de previsão. (Aquele que está na E18 tem o rótulo *Mês* somente porque esse é o nome usado para essa variável na lista, na célula A1.)

FIGURA 11-7: Existem apenas alguns números mostrados aqui dos quais você precisa para fazer a previsão.

CAPÍTULO 11 **Previsões Baseadas na Regressão** 191

Portanto, ao utilizar as informações que você obtém da ferramenta Regressão, você pode arredondar um pouco os números e escrever esta equação:

Receita = (4.343 × Mês) + 109.615

Ao pé da letra, a equação informa que, dadas essas linhas de base, a melhor estimativa da Receita vem ao multiplicar o número do mês (aqui, 1 a 50) por 4.343, somando 109.615.

E se você quisesse fazer a previsão da receita para o mês 51, usaria esta fórmula em uma célula da planilha:

```
= (4343 * 51) + 109615
```

O que é igual a 331.108 ou a previsão baseada em regressão para o mês 51.

Verifique os erros de previsão

Como sempre me queixo neste livro, ao realizar uma previsão, você comete erros. E a regressão não é diferente de nenhum outro método de previsão quando se trata de erros.

No entanto, a regressão emprega um termo diferente: *resíduos*. Nesse sentido, os resíduos são erros. Dê outra olhada na fórmula no final da seção anterior. Em vez de colocar 51 na fórmula, você poderia inseri-la em qualquer número de mês de 1 a 50, e a fórmula preveria a receita para esse mês específico.

Desse modo, você pode subtrair o valor da receita prevista da receita real daquele mês, e o resultado são os resíduos. Utilizar a ferramenta Regressão para projetar os gráficos dos resíduos em relação ao número do mês, mostrado na Figura 11-8, é bem pertinente.

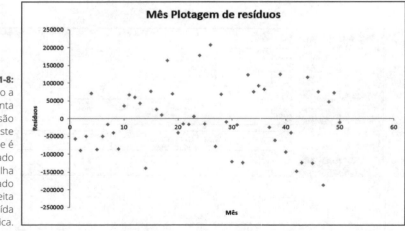

FIGURA 11-8: Quando a ferramenta Regressão cria este gráfico, ele é incorporado na planilha e colocado à direita da saída numérica.

Você obtém esse gráfico marcando a caixa de seleção Plotar Resíduos na caixa de diálogo Regressão (veja a Figura 11-6).

O padrão dos marcadores no gráfico é importante. Você gostaria de vê-los com uma forma parecida a um retângulo, paralelo ao eixo horizontal do gráfico. Na Figura 11-8, ele chega perto disso, porém acredito que se assemelhe a um retângulo, embora os marcadores costumem ficar mais próximos (verticalmente) à esquerda, nos primeiros meses, do que à direita, nos últimos meses. Às vezes, você também vê uma forma U rasa ou um retângulo inclinado, a partir do eixo horizontal.

Esse tipo de distribuição não aleatória dos resíduos em um gráfico pode significar que há algum tipo de padrão consistente para os dados que a previsão ainda não considerou. Nesse caso, talvez seja uma boa ideia adicionar uma variável preditora à análise. Imagine que você venda ventiladores em uma região de clima ameno e que, de repente, começam a ocorrer ondas de calor anuais, mais ou menos na mesma época do ano. Em alguns anos, esse tipo de evento passa a fazer parte do padrão e você passa a vender mais ventiladores em certos períodos do ano e em outros, menos. Se não considerar esse evento em seu modelo de previsão, adicionando uma variável sensível à ocorrência das ondas de calor, é provável que haja mais variações em seu modelo do que costumava ter antes de começarem os ciclos de tempestades. Suas previsões tenderão a ficar mais precisas se você puder contabilizar essa fonte de variação.

Projete os gráficos de suas receitas reais

Outro gráfico muito conveniente que a ferramenta Regressão criará para você é com a opção Plotar Ajuste de Linha. Usando o exemplo atual, ele mostra os faturamentos reais de vendas e as receitas previstas, projetadas em gráficos em relação ao mês. Você pode ver um na Figura 11-9.

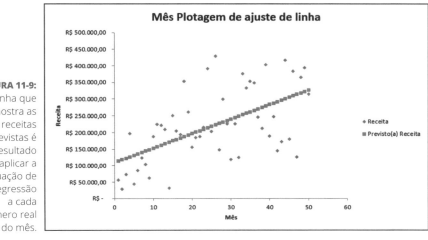

FIGURA 11-9: A linha que mostra as receitas previstas é o resultado de aplicar a equação de regressão a cada número real do mês.

A linha reta feita de pontos na Figura 11-9 é chamada de *linha de regressão* ou *linha de tendência*. Como a ferramenta Regressão gera esse gráfico não vem ao caso. Eu gosto de clicar para selecioná-lo e, em seguida, pressiono Delete. Desde que a Microsoft começou a incluir o suplemento de Análise de Dados no Excel, ela aprimorou as ferramentas de gráficos dele. Clique com o botão direito do mouse em qualquer marcador no gráfico que representa um valor de receita na linha de base. Então, escolha Adicionar Linha de Tendência no menu de atalho. Você verá o painel Formatar Linha de Tendência na parte direita da janela do Excel, conforme mostrado na Figura 11-10.

Desça com a barra de rolagem até a parte inferior do painel Formatar Linha de Tendência, se necessário. Você pode pedir que o Excel estenda a linha de tendência para frente, no futuro, ou para trás, no passado, segundo o número de períodos especificados nas caixas de edição.

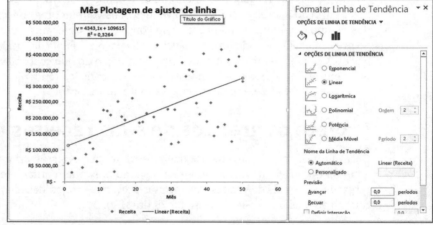

FIGURA 11-10: Geralmente, a melhor escolha é a linha de tendência Linear.

Ainda na Figura 11-10, observe que também é possível pedir que o gráfico exiba a equação de regressão e o valor de R^2, que é o quadrado do R Múltiplo que você encontrou anteriormente neste capítulo e representa o percentual de variabilidade que a variável prevista compartilha com a variável preditora (ou variáveis). O R^2 é um diagnóstico de estatística importante.

A linha de tendência é muito mais útil para a previsão do que a linha de valores previstos, criada pela ferramenta Regressão, que deletei no início desta seção.

Compreenda os níveis de confiança

Os níveis de confiança estão intimamente relacionados às probabilidades expressas como porcentagens. À direita da Figura 11-7, você vê algumas colunas com números rotulados como *95% inferiores* e *95% superiores*. Observe que o

Mínimo do mês previsto é 2532 e o Máximo é 6154. Esses dois números juntos criam o *intervalo de confiança*. Estamos 95% confiantes de que o coeficiente do mês, se calculado sobre a população total a partir da qual tiramos a linha de base da amostra, está entre 2532 e 6154.

Na previsão, muitas vezes obtemos amostras de dados para as linhas de base. Você pode pensar que sua amostra constitui uma linha de base longa o suficiente, porém o cenário poderia mudar radicalmente se você recuasse mais um ano. E os resultados da regressão, ou seja, tudo o que vê nos números da ferramenta Regressão, também mudariam. A questão é o quanto mudariam.

Suponha que você tenha 100 amostras diferentes da mesma população de dados, cada uma diferente. Observe o que significam os números de confiança de 95%: usando a análise mostrada na Figura 11-7, acreditamos que 95 dessas 100 amostras resultariam em um coeficiente para a variável Mês entre 2532 e 6154.

É claro que você nunca faria isso — coletar 100 amostras diferentes e calcular um coeficiente do mês para cada uma delas —, todavia, pode perceber, examinando os 95% inferiores e 95% superiores, como exatamente a combinação da linha de base com a análise de regressão estima os coeficientes que você usará para fazer a previsão.

Por que é importante conhecê-los? Imagine que o coeficiente do mês, se calculado utilizando a população inteira relevante da receita, fosse 0,0. Nesse caso, o mês em que as receitas ocorreram não afeta o valor da receita. Na equação de regressão, você multiplica o mês por seu coeficiente. Com um coeficiente 0,0, nada é adicionado, nem subtraído da receita prevista, em virtude do mês em que a receita ocorreu. Você também pode deixar o mês fora da equação.

Mas, neste exemplo, o intervalo de confiança de 95% vai de 2352 a 6154. O intervalo *não* chega a 0,0. Portanto, você pode concluir com 95% de confiança que o coeficiente Mês não é 0,0 e pode deixá-lo na equação de regressão. Manter o mês como um preditor não deixa as previsões mais precisas, porém você pode testar isso. E nesse meio-tempo, o fato de o intervalo de confiança não chegar a 0,0 indica que o mês ao menos deixa a equação *um pouco* mais precisa.

Não há nenhuma mágica em um nível de confiança de 95%. É somente um nível tradicional de probabilidade que os pesquisadores usam há décadas. Se você marcar a caixa de seleção Nível de Confiança na caixa de diálogo da ferramenta Regressão, sua caixa associada ficará habilitada e você poderá inserir outro nível de confiança. Esse nível de confiança é incluído na saída junto com o padrão de 95%. Em geral, um nível menor de confiança, como 90%, resulta em um intervalo mais estreito entre os valores máximo e mínimo. Isso significa que você pode estimar o valor real do coeficiente de forma mais restrita, todavia, com menos confiança em seu resultado.

Evite uma constante zero

A caixa de diálogo da ferramenta Regressão tem uma caixa de seleção denominada Constante É Zero. O termo *constante* é apenas outro termo para a interceptação que a ferramenta Regressão inclui em sua saída. Na equação mostrada no final da seção "Entendendo a Ferramenta Regressão do Suplemento de Análise de Dados", anteriormente neste capítulo, o valor é 109615. É chamada de interseção, pois, se você estendesse a linha de regressão até o eixo vertical, a linha poderia intersectar esse eixo em 109615.

Algumas pessoas que usam a regressão sabem que, na realidade, a interseção com base no conjunto de dados completo é zero e se a ferramenta Regressão calcular um valor diferente, isso ocorrerá por causa do erro de amostragem. À vista disso, elas marcam a caixa de seleção Constante É Zero.

Na previsão de vendas, esse quase certo não vem ao caso, a menos que sua empresa não tenha vendido nada durante o primeiro período de tempo. O problema é que, definindo a constante para zero, por causa do cálculo por trás da regressão, você pode acabar obtendo resultados bem malucos. Para citar apenas um exemplo, o R Múltiplo, que você analisa para avaliar a força do relacionamento entre o que está prevendo e suas variáveis preditoras, pode ficar seriamente aumentado e você se enganará a respeito da exatidão da previsão.

DICA

Em geral, é bem melhor deixar a caixa de seleção Constate É Zero desmarcada. Se a constante da população realmente for zero, uma boa amostra resultará em uma estimativa da constante próxima de zero, de qualquer forma.

Utilizando a Regressão Múltipla

Caso você tenha duas ou mais variáveis de previsão diferentes, geralmente, pode aprimorar as suas previsões. Trata-se da chamada *regressão múltipla* em razão de você empregar inúmeras variáveis de previsão. Este capítulo elucida brevemente esse método na seção "Use mais de uma variável preditora". Nesta seção, mostro como usar a regressão múltipla para fazer a previsão de vendas usando o mês e o montante gasto em publicidade.

Imagine que, além do faturamento e do número do mês, você tenha despesas com publicidade (isso é um pouco fora da realidade, pois as despesas com publicidade geralmente são os principais indicadores de vendas, mas nem sempre).

Os dados da Figura 11-11 são idênticos aos números anteriores deste capítulo, exceto pelo fato de que uma coluna extra, Gastos em Publicidade, foi adicionada à lista e ela é referenciada na caixa de diálogo Regressão, em Valores X de Entrada. A execução da ferramenta Regressão do suplemento de Análise de Dados nesses dados exige apenas uma pequena alteração na caixa de diálogo Regressão, de modo que os Valores X de Entrada sejam encontrados em A1:B51 (consulte a Figura 11-12 para ver a saída resultante).

O que qualifica uma boa variável preditora para adicionar a uma equação existente? Uma boa variável preditora ao ser adicionada apresenta duas características principais, uma tem a ver com a relação entre a variável preditora nova e a variável de previsão, e a outra com a relação entre a variável preditora nova e as variáveis preditoras que já existem.

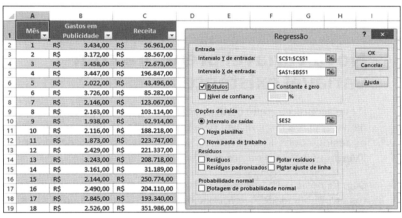

FIGURA 11-11: Verifique se as variáveis preditoras ocupam colunas adjacentes. Não as defina como, por exemplo, Mês, Faturamento, Gastos em Publicidade.

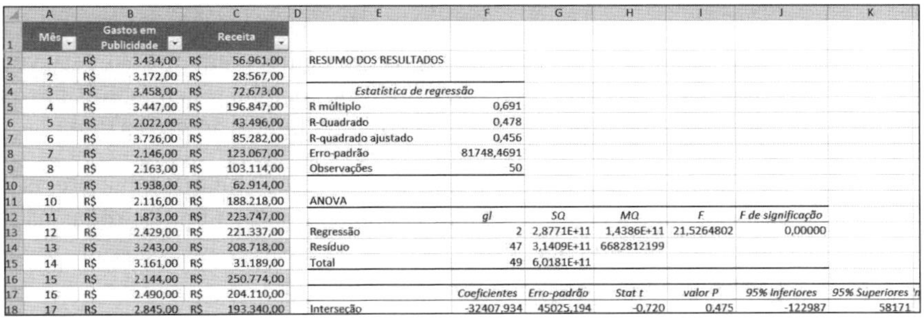

FIGURA 11-12: O layout básico da saída é igual, independentemente do número de variáveis preditoras.

Nova variável preditora com variável de previsão

Uma nova variável preditora, como Gastos em Publicidade neste exemplo, deve ter alguma relação com o valor que você quer prever; aqui, Faturamento. A correlação nesse exemplo entre os Gastos em Publicidade e o Faturamento é pequena: apenas 0,24. (Você pode verificar isso, se desejar, usando a função CORREL () na planilha da Figura 11-11 ou 11-12.) Isso está à beira da transição entre o que a maioria das pessoas consideraria como uma correlação fraca e uma moderada, e você pode achar que não vale a pena incluí-la na equação de regressão.

O valor do R Múltiplo na Figura 11-7 é 0,571. Todavia, veja o R Múltiplo na Figura 11-12: ele retornou para 0,691. É um retorno respeitável para uma variável preditora que se correlaciona apenas 0,24 à variável de previsão. A razão disso encontra-se na próxima seção.

Nova variável preditora com variável existente

O que aconteceu é que o Mês, conforme calculado pelo número do mês na linha de base, já era responsável pela maior parte do faturamento. O que sobrou são os resíduos nos Faturamentos, analisados na seção deste capítulo intitulada "Verifique os erros de previsão".

Ocorre, neste caso (e em muitos outros), que a variável adicionada —aqui, Gastos em Publicidade — correlaciona-se bem aos *resíduos*. Isso significa que há alguma variação sistemática sobrando nas Receitas após levar o Mês em consideração. A inclusão dos Gastos em Publicidade como uma variável preditora é responsável por algumas dessas variações restantes e as transfere da categoria Resíduos para uma categoria Explicada. Assim, as duas variáveis preditoras juntas podem explicar mais acerca do comportamento da variável de previsão do que uma variável preditora consegue sozinha, e seu R Múltiplo oscila mais do que um candidato à presidência em uma indicação do partido.

E, como você viu, quanto maior o R Múltiplo, melhor a sua previsão. Desde que todas as outras coisas fiquem iguais, claro. Entretanto, todas as outras coisas raramente são iguais, e não faria mal algum ler mais a respeito de como fazer previsão com a regressão nos Capítulos 12 e 16.

DICA

Diga-se de passagem, você não está limitado matematicamente a nenhum número determinado de variáveis preditoras, desde que tenha bastante observações (ou uma linha de base bem longa) para lidar com elas. Na prática, no entanto, o Excel o limita a 64 variáveis preditoras, independentemente do comprimento de sua linha de base.

Você também não está limitado a variáveis preditoras numéricas. Por exemplo, é possível adicionar a linha de produtos e vendas por região como variáveis preditoras. Mas para fazer isso você tem que converter nomes como Região Nordeste e Arco e flecha em códigos numéricos. Há alguns modos especiais para se fazer isso, às vezes chamado de *dummy Coding.* Eu não falo a respeito desse código neste livro, pois não há páginas suficientes e você pode encontrar vários livros mais avançados especificamente sobre regressão múltipla que abordam tal código. Basta lembrar que isso é possível e viável.

200   PARTE 3 **Fazendo uma Previsão Básica**

4

Fazendo Previsões Avançadas

NESTA PARTE...

Aqui você descobre como utilizar o Excel para realizar previsões mais avançadas. Com isso, quero dizer previsões que você possa controlar mais de perto. Por exemplo, ainda que o suplemento de Análise de Dados seja bem prático, você fica muito à mercê do que ele lhe informa. Porém, se souber como inserir as fórmulas por conta própria, terá mais controle sobre o que está acontecendo. Nesta parte, também mostro como mensurar a sazonalidade ao fazer previsões de vendas.

NESTE CAPÍTULO

» Compreendendo as fórmulas do Excel

» Aceitando um pouco de ajuda do Excel

» Familiarizando-se com as fórmulas de matriz

» Tentando usar as funções de regressão pela primeira vez

Capítulo **12**

Inserindo as Fórmulas por Conta Própria

Este capítulo começa com uma breve revisão, ou visão geral, das regras para as fórmulas do Excel. À medida que você se torna cada vez mais familiarizado com a previsão quantitativa, é provável que se dê conta de que confia menos nas ferramentas, como o suplemento de Análise de Dados, e mais em escrever suas próprias fórmulas.

O Excel dispõe de centenas de fórmulas predefinidas, chamadas *funções*. Um bom exemplo é a função MÉDIA. Tudo o que você precisa fazer é referenciar a função em uma célula da planilha e apontá-la em um intervalo de células com números. A função MÉDIA soma os valores no intervalo de células e divide pela quantidade de valores.

Neste capítulo, você obtém mais informações a respeito das funções do Excel recomendadas para a previsão. Além da função MÉDIA, existem algumas outras que são imprescindíveis em previsões que usam a regressão.

Algumas funções exigem que você insira uma matriz, caso estejam retornando os resultados que procura. Este capítulo apresenta alguns detalhes sobre como inserir uma fórmula em uma matriz, independentemente de a fórmula conter uma função ou não.

CAPÍTULO 12 **Inserindo as Fórmulas por Conta Própria** 203

Sobre as Fórmulas do Excel

As fórmulas são os alicerces do Excel, o que dificulta entender por que 80% das planilhas do Excel não contêm fórmulas, somente valores estáticos como 14 ou o nome *Sérgio* (é o que um estudo de pesquisa de mercado determinou há alguns anos). As fórmulas, juntamente com as funções, ajudam a resumir os dados com totais, analisar dados com médias, encontrar dados, reorganizar dados, converter dados; a lista de coisas que você pode fazer com as fórmulas da planilha é grande.

Esta seção recomenda que, às vezes, considere o uso de uma fórmula criada por você mesmo, em vez de depender do suplemento de Análise de Dados. Isso não é uma introdução às fórmulas. Se estiver à vontade em inserir uma fórmula, sem sombras de dúvidas, vá em frente.

Faça você mesmo: Para que se preocupar?

Como já deve ser óbvio agora, este livro é sobre previsão quantitativa, especialmente previsão quantitativa de vendas, usando o Excel. Os Capítulos 6 e 7 abordam a configuração de seus dados da linha de base em uma planilha do Excel. Com os dados configurados como uma tabela do Excel, você pode implementar o suplemento de Análise de Dados e obter uma previsão utilizando a ferramenta Média Móvel, Suavização Exponencial ou Regressão.

Desse modo, por que se preocupar em inserir as fórmulas no Excel por conta própria? Veja bem, se você usa fórmulas, tem mais controle sobre o que está acontecendo no desenvolvimento da previsão.

Por exemplo, imagine que use a ferramenta Média Móvel do suplemento de Análise de Dados para desenvolver uma previsão de média móvel. Embora as médias móveis que a ferramenta calcula sejam fórmulas, essas fórmulas usam uma constante: o tamanho do subconjunto dos valores da linha de base que são usados por determinada média móvel; 3, por exemplo, como esta fórmula:

```
=MÉDIA(A2:A4)
```

E se quisesse, porém, alterar o número de valores da linha de base que entram em cada média móvel, como, por exemplo:

```
=MÉDIA(A2:A5)
```

em que a média móvel tem um tamanho 4. Nesse caso, teria que percorrer cada fórmula da média móvel e ajustá-la ou teria que executar novamente a ferramenta Média Móvel. Mas e se quisesse voltar ao tamanho 3?

Se você escreveu sua própria fórmula, poderá usar algo assim:

```
=MÉDIA(DESLOC($A2;0;0;$C$1;1)
```

DICA

Quando você vê cifrões em uma célula ou uma referência de intervalo, como na fórmula anterior, sabe que é uma referência *absoluta*. Quando copia uma fórmula que não apresenta nenhum cifrão em uma linha ou coluna diferente, as referências da célula são ajustadas para levar em consideração o local para o qual a copiou. Entretanto, quando usa cifrões para fazer referências *absolutas* da célula de uma fórmula, pode copiá-la e colá-la em qualquer lugar da planilha que as referências da célula *não* se ajustam. *$C$1* é uma referência absoluta. *$A2* é uma referência mista: sempre apontará para a coluna A, devido ao cifrão antes da referência da coluna. *A$2*, outra referência mista, sempre apontará para a linha 2. *A2* é uma referência relativa e tanto sua linha quanto sua coluna serão ajustadas, dependendo de onde você copiou e colou.

Para que serve tudo isso? Apresento-lhe a função DESLOC. No exemplo a seguir, ela retorna um intervalo de células; especificamente, o intervalo que inicia na célula $A2 tem tantas linhas quanto o número na célula $C$1 e tem uma coluna de largura.

Suponha que $C$1 contenha o número 3. Nesse caso, esta fórmula:

```
=MÉDIA(DESLOC($A2;0;0;$C$1;1)
```

Caso seja inserida na linha 2, a fórmula retornará o valor médio no intervalo de células que deseja calcular: esse intervalo está na coluna A, inicia na linha 2, tem tantas linhas quanto o número na célula $C$1 e tem uma coluna. Como $A2 é uma referência mista, você pode copiar a fórmula para baixo, na linha 3, linha 4 etc., e a célula base mudará para $A3, $A4 e assim sucessivamente. (Mas, como a coluna é fixa, a célula base $A2 não mudaria se você a copiasse para uma coluna diferente.)

Essa abordagem é muito útil, porque você consegue alterar o número de células em cada média simplesmente alterando o número na célula C1.

Aqui, explico detalhadamente a fórmula, repetida por conveniência, partindo do princípio que ela foi inserida na célula B2:

```
=MÉDIA(DESLOC($A2;0;0;$C$1;1)
```

» Ela referencia a célula $A2. É a célula base que ancora o intervalo de células que estamos procurando, portanto, podemos calcular a média delas. Neste exemplo, seria sensato que $A2 fosse o primeiro valor na linha de base.

» Faz com que $A2 seja uma referência mista. O cifrão a ancora na coluna A: você pode copiar a fórmula para, digamos, a célula Q5, e ela ainda usará uma célula na coluna A (especificamente, usará A5 como uma célula base).

Todavia, como nenhum cifrão está ancorando a linha, se você copiar e colar a fórmula de B2 para, digamos, F20, a referência de $A2 mudará para $A20.

» Os dois zeros utilizados nos argumentos da função significam que o intervalo que o DESLOC retorna começa em $A2. Ou seja, o intervalo começará em zero linha e zero coluna distante de $A2. Se a fórmula fosse esta:

```
=MÉDIA(DESLOC($A2;1;0;$C$1;1))
```

então, o intervalo que o DESLOC retorna iniciaria uma linha abaixo de $A2 e

```
=MÉDIA(DESLOC($A2;1;0;$C$1;1))
```

faria com que o DESLOC retornasse um intervalo que começa em uma coluna direita à $A2, isto é, B2.

» Qualquer valor numérico inserido em $C$1 controla quantas linhas existem no intervalo retornado por DESLOC.

» O intervalo terá uma coluna de largura.

» Ao circundar a função DESLOC com a função MÉDIA, você obtém a média dos valores no intervalo retornado por DESLOC.

Desse modo, se o número 4 estivesse em $C1, a função DESLOC retornaria o intervalo A2:A5. A Figura 12-1 mostra como isso funciona na prática. (Tenha só mais um pouquinho de paciência: abordo como funciona a função INDIRETO e como StartRow é usado daqui a pouco.)

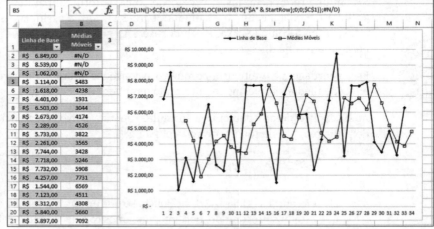

FIGURA 12-1: Esta é uma maneira de alterar o tamanho da seção da linha de base usada por cada média móvel.

Na Figura 12-1, você pode perceber o número de valores com médias calculadas para criar cada média móvel analisando a célula C1, que contém 3. Os três valores são combinados em cada média móvel.

Se você quiser dar uma olhadinha na série da média móvel com um tamanho 4, tudo o que precisa fazer é mudar o valor em C1 de 3 para 4 (veja a Figura 12-2).

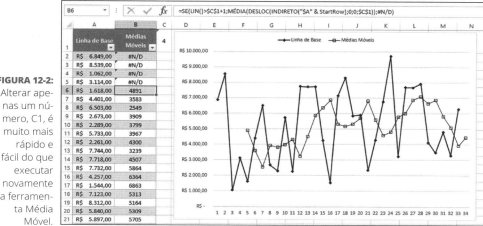

FIGURA 12-2: Alterar apenas um número, C1, é muito mais rápido e fácil do que executar novamente a ferramenta Média Móvel.

Ainda que o raciocínio seja o mesmo, na verdade, a fórmula usada na coluna B das Figuras 12-1 e 12-2 é um pouco mais complicada do que a que estamos analisando. Isso porque queremos que o ponto de partida da série da média móvel no gráfico dependa do tamanho que desejamos utilizar para a média móvel. Veja a fórmula:

```
=SE(LIN()>$C$1+1;MÉDIA(DESLOC(INDIRETO("$A"
    &StartRow);0;0;$C$1;1));#N/D)
```

É melhor fazer isso aos poucos e trabalhar de dentro para fora:

» Há um nome definido na pasta de trabalho, StartRow. É definido como:

```
=LIN()-$C$1
```

Onde quer que você digite o nome StartRow, ele retornará o número da linha em que o inseriu menos o valor na célula C1. Isso informa ao Excel até onde procurar o valor inicial da linha de base para a média móvel. Se 3 estiver em C1 e você inserir a fórmula em B15, será retornado 15 − 3 = 12. A média móvel atual deve calcular a média dos valores da linha de base a partir da linha 12; isso é StartRow.

» No Excel, se você definir um nome como StartRow para se referir a uma fórmula, como aqui, poderá utilizar o nome, em vez da fórmula, como neste segmento da fórmula completa:

```
INDIRETO("$A"&StartRow)
```

CAPÍTULO 12 **Inserindo as Fórmulas por Conta Própria** 207

Vamos continuar imaginando que StartRow retorna 12, dado o valor em C1, e que você insere essa fórmula na linha 15. Então, usar a função INDIRETO resultará em um endereço de célula, neste caso, A12. (Você define um nome no Excel acessando a aba Fórmulas da Faixa de Opções e clicando em Definir Nome no grupo Nomes Definidos. Digite o nome na caixa Nome e a fórmula, ou um endereço da célula, na caixa Refere-se a.) Neste momento, o fragmento INDIRETO acaba de ser separado para o endereço da célula A12.

» Ao expandir e simplificar um pouco mais o segmento, você tem esse segmento da fórmula:

```
DESLOC(A12;0;0;$C$1;1)
```

Em outras palavras, retorne o intervalo que começa em zero linha e coluna a partir da célula A12. Dê a esse intervalo tantas linhas quanto o número em $C$1, aqui se deduz que seja 3, e uma coluna.

» Obtenha a média dos valores nesse intervalo:

```
MÉDIA(DESLOC(A12;0;0;3;1))
```

ou:

```
MÉDIA(A12:A14)
```

» Por fim, a fórmula completa, conforme inserida na linha 15 (levando em consideração as simplificações que você já fez:

```
=SE(LIN()>$C$1+1;MÉDIA(A12:A14);#N/A)
```

e simplificando ainda mais):

```
=SE(LIN()>4;MÉDIA(A12:A14);#N/A)
```

Ao pé da letra, você percebe a fórmula só de olhar o número da linha em que está inserindo a fórmula. Se esse número for 15 (portanto, maior do que 4), retornará a média dos valores em A12:A14, ou seja, a média móvel atual. Caso contrário, retornará o valor de erro do Excel #N/D.

Essa fórmula tem alguns problemas. Um deles é que você receberá um erro #REF! caso insira essa fórmula nas linhas 1, 2, 3 ou 4, porque começará a se referir às células A0, A-1 e assim por diante (essas últimas referências são apenas para exemplificar, não existe *linha zero* ou *linha -1*. Na realidade, o Excel mostraria o valor de erro #REF!). Em vez disso, você usa a função SE para garantir que a fórmula não tenha sido inserida muito longe na planilha. Se tiver, ela retornará #N/D.

O outro problema é o uso de #N/D. Isso mantém essas células fora do gráfico e garante que as séries de valores da média móvel estejam nas linhas corretas em relação à linha de base. Veja o Capítulo 13 para obter informações sobre como os

208   PARTE 4 **Fazendo Previsões Avançadas**

valores da linha de base e da previsão devem se alinhar para que sua previsão seja para o período correto e para que a linha de base e a previsão sejam projetadas em um gráfico corretamente.

Há pelo menos três outros motivos pelos quais você deve pensar na possibilidade de inserir suas próprias fórmulas de previsão, em vez de confiar no suplemento de Análise de Dados.

Até as coisas darem certo

Algumas ferramentas do suplemento de Análise de Dados não realizam uma análise correta e a ferramenta Média Móvel é uma delas. Sem querer esticar muito o assunto, a ferramenta Média Móvel do suplemento de Análise de Dados não projeta corretamente em gráfico as previsões em relação aos valores reais na linha de base. O modo como a ferramenta Média Móvel alinha os valores da previsão com os valores da linha de base trata o valor real do período atual como parte da previsão desse período.

CUIDADO

Outro problema com o suplemento de Análise de Dados são os erros-padrão que a ferramenta Suavização Exponencial retorna. Você pode encontrar mais informações sobre isso no Capítulo 15.

Ou seja: se estiver esperando uma previsão de média móvel de tamanho 3 para julho, o que se deseja é que a previsão faça a média da linha de base para abril, maio e junho. Todavia, a ferramenta Média Móvel do suplemento de Análise de Dados faz uma previsão de julho através do cálculo médio de maio, junho e julho, o que está evidentemente errado. Caso esteja incluindo julho na previsão para julho, terá que esperar pelos valores reais de julho. Nesse caso, qual é o motivo de prever para julho? Você evita essa sinuca de bico ao calcular e inserir as médias móveis por conta própria.

Eletricidade estática

Todas as ferramentas no suplemento de Análise de Dados diferentes da Média Móvel e da Suavização Exponencial colocam valores estáticos em sua planilha. (Antes de escrever este livro, eu não havia contado nem verificado cada ferramenta do suplemento de Análise de Dados para ver se elas retornam fórmulas ou valores. Fiquei um pouco surpreso com o fato de que, das três ferramentas de previsão tratadas neste livro, duas delas são as únicas ferramentas no suplemento que retornam fórmulas.)

Geralmente, as fórmulas são melhores do que os resultados estáticos: com as fórmulas, você pode alterar as entradas e os resultados serão recalculados. O uso de uma ferramenta que retorna resultados estáticos significa que você precisará executar novamente a análise quando as entradas forem alteradas ou quando os valores reais do próximo período estiverem disponíveis.

Administre o layout

Ao utilizar suas próprias fórmulas, você pode configurar a planilha como quiser e recalcular com as entradas novas sem prejudicar o layout. No entanto, com o suplemento de Análise de Dados, se tiver entradas novas e estiver usando uma ferramenta que retorna valores estáticos, você precisará executar de novo a ferramenta e mover os resultados novamente para obter o layout desejado.

Obtenha a sintaxe correta

Funções como as utilizadas na última seção (como a MÉDIA e DESLOC) evitam uma bela dor de cabeça. Tudo o que precisa fazer é fornecer os valores corretos ou apontá-los para as células corretas, e elas se encarregarão do resto.

Às vezes, você tem que tomar cuidado para fornecer esses valores e células em uma ordem específica, outras não. Caso esteja usando a função SOMA, por exemplo, precisará informar quais valores totalizar ou quais células contêm os valores que deseja totalizar, todavia, a ordem não importa. Você pode usar isto:

```
=SOMA(5;4;3;2;1)
```

ou um equivalente:

```
=SOMA(1;2;3;4;5)
```

Ou, se você quiser obter a soma de muitas células (e esse é, de fato, o modo de fazer isso, em vez de colocar constantes entre parênteses), poderá usar isto:

```
=SOMA(A1;B2;C3;D4;E5)
```

Ou um equivalente:

```
=SOMA(E5;C3;A1;B2;D4)
```

Porém, outras funções são intransigentes a respeito da ordem dos números e endereços de célula que você fornece. Retornando à função DESLOC, considere que

```
=DESLOC(A1;1;0;1;2)
```

retorna o intervalo A2:B2. Mas trocar a ordem dos dois primeiros números e dos dois números seguintes

```
=DESLOC(A1;0;1;2;1)
```

retorna o intervalo B1:B2.

A propósito, os valores entre parênteses após o nome de uma função são chamados de seus *argumentos*. Os argumentos apenas fornecem à função as informações necessárias para operar corretamente.

DICA

Uma função do Excel não pode lidar com mais de 255 argumentos. Portanto, se quiser obter a soma de 256 números individuais, terá problemas. O Excel não reagirá bem se você inserir =SOMA(1;2;3;4;...;256). Mas — veja bem, um grande MAS — o Excel trata um intervalo de células como apenas um argumento. Assim, se você tivesse o número 1 na célula A1, o número 2 na célula A2 e assim por diante até o número 256 na célula A256, conseguiria obter a soma:

```
=SOMA(A1:A256)
```

Utilizando a Opção Inserir Função

Sem ter anos de experiência (e mesmo *com* muitos anos), lembrar-se da ordem exata dos argumentos de uma função é bem difícil. Felizmente, você não precisa. Use a opção Inserir Função, clicando no botão f_x, logo à esquerda da Barra de Fórmulas. Ao clicar nele, acontecem duas coisas:

» A Barra de Fórmulas se prepara para aceitar uma fórmula e inseri-la na célula ativa. (Observe na Figura 12-3 que a Barra de Fórmulas e a célula B3 agora contêm sinais de igual.)

» A caixa de diálogo Inserir Função é exibida.

Suponha que queira inserir a função DESLOC em sua planilha e deseje usar o botão Inserir Função para ajudá-lo com os argumentos da função DESLOC. Depois de clicar no botão para abrir a caixa de diálogo Inserir Função, existem quatro maneiras de conseguir esse auxílio:

» Selecione Tudo na caixa de listagem Selecionar uma Categoria. Desça com a caixa de listagem Selecionar Função até encontrar DESLOC, selecione-o e clique em OK.

» Por experiência própria, você deve saber que a função DESLOC pertence à categoria Pesquisa e Referência. Portanto, selecione Pesquisa e Referência na caixa de listagem Selecionar uma Categoria, desça com a caixa de listagem Selecionar uma Função, selecione DESLOC e clique em OK. O mérito de começar selecionando Pesquisa e Referência primeiro é que, neste caso, você tem que lidar com menos de 20 funções de Pesquisa e Referência na caixa de listagem Selecionar uma Função, em vez de 200.

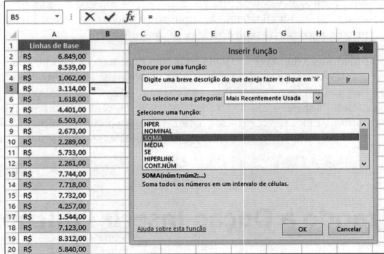

FIGURA 12-3: Mais de 200 funções de planilha estão disponíveis para você, assim, dividi-las em categorias faz muito sentido.

> » Se você usou a função SOMA recentemente (pelo menos recentemente no que diz respeito ao Excel), poderá começar escolhendo Mais Recentemente Usada, na caixa de listagem Selecionar uma Categoria. O Excel coloca as dez funções que você usou mais recentemente na caixa de listagem Selecionar uma Função, portanto, talvez você não precise descer a barra de rolagem até o fim. Selecione SOMA e clique em OK.
>
> » Caso não saiba nada a respeito (você não sabe a categoria da função, não sabe o nome dela e ela não aparece ao escolher a categoria Mais Recentemente Usada), você pode tentar digitar uma pergunta na caixa Procurar por uma Função e clicar em Ir. Como você depende de encontrar uma palavra-chave na descrição da função, essa é a maneira menos confiável de localizar uma função específica. Mas, às vezes, é tudo que tem à disposição.

Quando você não encontrar o que procura usando a opção Inserir Função, tente o Google. Faça uma busca pelas palavras relevantes no Google.

Depois de ter selecionado uma categoria, a caixa de listagem Selecionar uma Função ajusta as entradas (todas as funções disponíveis, todas as funções que pertencem a uma categoria menor, como Pesquisa e Referência, ou as 10 Mais Recentemente Usada), conforme mostrado na Figura 12-4.

A categoria à qual uma função pertence é um tanto arbitrária. Por exemplo, o Excel insere a função TRANSPOR na categoria Pesquisa e Referência. Isso não é um absurdo, porque a função TRANSPOR insere um intervalo horizontal de células (como A1:E1) em um intervalo vertical (como F1:F5) ou vice-versa e, assim, ela passa a pertencer à categoria Pesquisa e Referência. Colocá-la ali é um pouco exagerado, pois a função TRANSPOR não pesquisa nada, nem fornece uma referência, como a função COL. É de se esperar encontrá-la na categoria Matemática e Trigonométrica (a função TRANSPOR é usada em álgebra matricial) ou possivelmente na categoria Estatística (ela pode ser utilizada na análise de regressão). A questão é que se não encontrar o que procura em uma categoria, tente em outra possível categoria ou volte para a categoria Tudo.

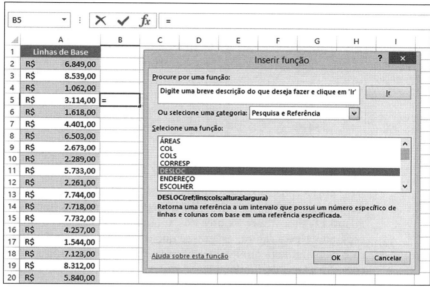

FIGURA 12-4: Clicar em uma função faz com que os nomes de seus argumentos e sua finalidade apareçam na caixa de diálogo Inserir Função.

DICA

Tenho sido um pouco modesto acerca dos números de funções que estão disponíveis no Excel, porque isso depende muito. Na hipótese de você não ter instalado o suplemento de Análise de Dados, terá 235 funções disponíveis. No entanto, o suplemento de Análise de Dados adiciona algumas funções, e só será possível e viável desenvolver suas próprias funções se estiver familiarizado com o Visual Basic. Caso instale o suplemento de Análise de Dados, você terá 103 funções adicionais disponíveis, em grande parte nas áreas de números imaginários e cupons (você usa as funções CUP ao analisar títulos e valores de créditos, não na fila rápida do caixa; pelo menos quando estiver na minha frente, não faça isso). E hoje há um monte de funções em idiomas diferentes, como RisolutoreAggiungi, com a maioria sendo, aparentemente, funções Solver.

Depois de ter selecionado a função DESLOC e clicado em OK, você verá a caixa de diálogo Argumentos da Função, mostrada na Figura 12-5.

Agora que está na caixa de diálogo Argumentos da Função, um monte de problemas se resolvem por si só. A caixa de diálogo mostra o nome de cada argumento; ela informa esses nomes na ordem em que a função espera que eles

CAPÍTULO 12 **Inserindo as Fórmulas por Conta Própria** 213

apareçam. Em cada caixa, basta colocar o valor desejado ou clicar primeiro na caixa que quer usar, em seguida clicar em uma célula da planilha que contém o valor.

FIGURA 12-5:
A caixa de diálogo Argumentos da Função mostra os nomes dos argumentos que a função *exige* em negrito.

À direita de cada caixa de argumento, há um rótulo que mostra o tipo de informação que você deve fornecer. É difícil ver na página impressa, portanto, a Figura 12-5 mostra os valores dos argumentos reais, não o tipo de argumento esperado. Nessa figura, espera-se que o argumento Referência seja um endereço de planilha (à direita da caixa está a palavra *referência* em uma fonte cinza com um plano de fundo cinza claro). O resto dos argumentos para a função DESLOC são todos *números*.

Se você vir uma *referência* ao lado de uma caixa de argumento, precisará inserir um endereço de célula ou um intervalo na caixa. Se vir um *número* ou um *texto*, poderá inserir um valor numérico ou de texto, ou inserir uma referência de célula que contenha o valor que deseja utilizar para esse argumento.

Assim que inserir o argumento final necessário, o resultado da função aparecerá na caixa de diálogo à direita de *Resultado da fórmula =*.

O Excel tem algumas funções (incluindo DESLOC, ALEATÓRIO e AGORA) que recalculam sempre que a planilha é modificada. A caixa de diálogo Inserir Função mostra seu valor como *Volátil*, seja qual for o valor retornado no momento em que você usa Inserir Função.

DICA

Há uma diferença entre uma fórmula e uma função do Excel. *Fórmula* é um termo mais abrangente. Ela pode conter uma função por si só:

```
=DESLOC(A1;5;3;10;1)
```

PARTE 4 **Fazendo Previsões Avançadas**

Somente valores fixos (isto é muito raro em uma planilha bem projetada):

```
=96/12
```

Ou uma combinação de uma função com valores fixos:

```
=ALEATÓRIO()*1000
```

Função refere-se à função em si, com seus argumentos. Por exemplo, você poderia se referir a

```
=DESLOC(A1;5;3;10;1)
```

como uma função ou uma fórmula. Mas

```
=96/12
```

não é uma função.

Conforme a caixa de diálogo Argumentos da Função sugere, você pode obter uma Ajuda detalhada sobre a função clicando no hiperlink Ajuda Sobre Esta Função, no canto inferior esquerdo da caixa de diálogo.

Há um botão na extremidade direita de cada caixa de argumento. Chama-se botão *Recolher Caixa de Diálogo*. Se clicar nele, a caixa de diálogo será recolhida e mostrará somente a caixa de argumento cujo botão você clicou. Isso o deixa com mais espaço na planilha (veja a Figura 12-6).

FIGURA 12-6: Clique no botão novamente para restaurar a caixa de diálogo Argumentos da Função.

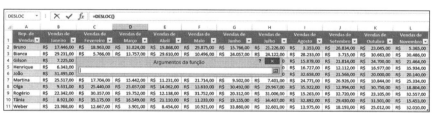

No entanto, você realmente não precisa desse botão. Sempre pode clicar na barra de título da caixa de diálogo e arrastá-la para tirar do caminho se estiver ocultando as células nas quais quer clicar.

DICA

Você pode inserir o endereço de um intervalo de células que estão em uma planilha diferente. Basta clicar na aba da planilha para ativá-la e arrastar nas células desejadas. Contudo, se a aba não estiver visível, talvez porque você tenha tantas planilhas abertas que não haja espaço para mostrar todas, terá que organizá-la para ficar visível antes de começar todo o processo, clicando no botão

Inserir Função. Um modo de tornar visível a aba da planilha escondida é paginar até que você possa vê-la, em seguida clicar com o botão direito nela e selecionar Mover ou Copiar Planilha no menu de atalho.

Supondo que queira os resultados de vendas mensais para o representante de vendas chamado João, usando a função DESLOC, a Figura 12-7 mostra como a caixa de diálogo Argumentos da Função ficaria depois de preencher as caixas de argumentos.

FIGURA 12-7: Observe que os argumentos são exibidos na ordem correta na Barra de Fórmulas.

DICA

Caso você omita o quarto e o quinto argumentos da função DESLOC, o padrão será o número de linhas e colunas no primeiro argumento da função DESLOC, *Referência*. Portanto, considerando que iniciou os argumentos de DESLOC com B6:L6, 11 colunas com uma linha de referência, a função DESLOC retornará uma referência com essas dimensões, como se você tivesse fornecido 1 e 11 como o quarto e o quinto argumentos. Em outras palavras, essas duas instâncias da função DESLOC retornam a mesma referência:

```
=DESLOC(B6;0;0;1;11)
=DESLOC(B6:L6;0;0)
```

Você pode achar mais fácil fornecer o argumento B6:L6 clicando e arrastando-o, em vez de inserir os argumentos 1 e 11 contando as linhas e a coluna.

Agora, clique em OK na caixa de diálogo Argumentos da Função para obter o resultado mostrado na Figura 12-8.

Vale lembrar algumas coisas, caso você esteja utilizando Inserir Função para inserir uma função em muitas células ao mesmo tempo, conforme mostrado da Figura 12-3 até a Figura 12-8:

» Comece selecionando todas as células que quer que a função ocupe. Na Figura 12-8, é B14:L14. Há 11 meses, precedidos pelo nome do representante de vendas e L é a 12º coluna da coluna A.

» Quando estiver pronto para clicar em OK na caixa de diálogo Argumentos da Função, primeiro pressione Ctrl e continue pressionando, enquanto clica em OK. Isso indica ao Excel que a função tem que ocupar todas as células selecionadas. Você fará isso diretamente na planilha, se não estiver usando a opção Inserir Função. Selecione um intervalo de células, insira uma fórmula e termine com Ctrl+Enter, em vez de apenas pressionar o Enter. (Isso é diferente das fórmulas de matriz, que geralmente ocupam também muitas células, porém você as insere com Ctrl+Shift+Enter. Veja a seção a seguir "Entendendo as Fórmulas de Matriz".)

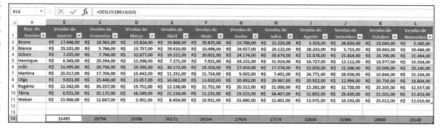

FIGURA 12-8: Uma função que pega os valores existentes e os mostra em outro lugar, como DESLOC ou ÍNDICE, obtém apenas os valores, não os formatos.

Entendendo as Fórmulas de Matriz

Você pode utilizar as fórmulas de matriz para obter muitos resultados incomuns, como:

» Inverter a ordem das letras em uma palavra ou frase (para que *Brasília* se torne *ailísarB*).

» Separar um sobrenome de um nome completo. Imagine que você tenha uma tabela de representantes de vendas com seus nomes completos na coluna A e queira classificar a lista pelo sobrenome. Uma fórmula de matriz bem complicada removerá os sobrenomes da lista e os colocará na coluna B, que você poderá utilizar para classificar a tabela. (Essa abordagem geralmente funciona melhor do que Texto para Colunas, quando algumas pessoas usam dois nomes e outras usam três, ou um título como Sr. ou Dr.)

» Determinar se dois conjuntos diferentes de dados têm valores duplicados.

CAPÍTULO 12 **Inserindo as Fórmulas por Conta Própria** 217

"Entendendo as Fórmulas de Matriz" é, sem sombra de dúvidas, o título mais pomposo e arrogante que já escrevi. Uso o Excel há cerca de 20 anos e ainda não entendo totalmente as fórmulas de matriz, então, como posso explicá-las na seção de apenas um capítulo? Porém sei quando devo *usar* uma fórmula de matriz.

Um guia bem simplista e geral é usar uma fórmula de matriz em vez de uma fórmula quando você:

> » Está usando uma função cuja finalidade *exige* que insira uma matriz.
>
> » Está usando uma função que normalmente não deve obter uma matriz de células da planilha como argumento. (Por exemplo, a função SE normalmente não deve obter uma matriz de células da planilha como sua condição, mas essa estrutura poderá ser muito útil se você tiver inúmeros valores para testar em um argumento.)
>
> » Está manipulando duas matrizes diferentes de células da planilha. (Por exemplo, multiplicando B2:B5 por C2:C5 para obter quatro produtos diferentes em D2:D5.)

Como acabei de indicar, algumas funções, como TRANSPOR, PROJ.LIN e TENDÊNCIA, exigem que você as insira na matriz; se não fizer isso, não obterá o resultado desejado e, em vez disso, poderá receber um valor de erro. A PROJ.LIN e a TENDÊNCIA são de interesse especial para a previsão, principalmente se estiver inserindo as fórmulas por conta própria, em vez de depender da ferramenta Regressão do suplemento de Análise de Dados. Além disso, a TENDÊNCIA facilita a previsão de valores, caso você esteja interessado em fazer uma previsão, e não na equação de regressão ou na análise estatística em si.

CUIDADO

Apesar do que a sentença anterior sugere, *nunca* é uma boa ideia aceitar sem pensar os resultados oriundos da função TENDÊNCIA. Existem inúmeras maneiras de isso dar errado e você não pode depender dos resultados da TENDÊNCIA para alertá-lo. Eu sempre uso PROJ.LIN junto com TENDÊNCIA para verificar se há condições inesperadas, tais como um coeficiente de regressão com um erro-padrão de zero.

Escolha o intervalo para a fórmula de matriz

Uma das razões pelas quais as fórmulas de matriz podem exigir algum conhecimento especializado é que é preciso selecionar o intervalo que os resultados ocuparão antes de inserir a fórmula de matriz. Suponha que você queira transpor o intervalo B1:F1 na Figura 12-9.

Você quer transpor B1:F1 para B3:B7, e um bom modo de fazer isso é usar a função TRANSPOR. Contudo, precisa saber que a transposição de um intervalo de, digamos, uma linha e cinco colunas resulta em um intervalo que ocupa cinco linhas e uma coluna. Do contrário, você não saberá as dimensões do intervalo onde vai inserir a matriz da função TRANSPOR.

FIGURA 12-9: O intervalo B1:F1 tem o mesmo número de colunas que B3:B7 tem de linhas.

DICA

Outro modo é acessar a aba Início da Faixa de Opções. Copie o intervalo B1:F1 e clique com o botão direito na célula B3. Clique em Colar Especial no menu de atalho, marque a caixa de seleção Transpor e clique em OK. Mas isso cola B1:F1 em B3:B7 como valores, não como fórmulas. Portanto, se mais tarde você alterar um valor em B1:F1, essa alteração não será refletida no intervalo B3:B7.

DICA

Os dados de transposição aparecem com frequência nos fóruns e grupos de discussões que envolvem o Excel. A questão geralmente surge quando alguém tem uma planilha que contém uma tabela de valores razoavelmente grande e quer usá-la em um relatório formal. O problema é que a tabela original não funciona bem em um relatório, porém, se você a girasse em um ângulo de 90 graus, ficaria perfeito. Por exemplo, a lista original pode inserir os nomes dos representantes de vendas em uma coluna e as vendas mensais em colunas adjacentes. Você gostaria de apresentá-la à sua equipe de gerenciamento empresarial de outra forma: os nomes dos representantes de vendas em uma linha e as vendas mensais nas linhas subsequentes. Para conseguir isso, a comunidade do Excel geralmente recomenda o uso da função TRANSPOR.

Desse modo, você precisa saber que a função TRANSPOR colocará os valores em B1:F1 em um intervalo de uma coluna com cinco linhas, e precisa começar selecionando um intervalo com essas dimensões. Em seguida, insira a matriz da função TRANSPOR usando o argumento B1:F1:

```
=TRANSPOR(B1:F1)
```

Como você insere a matriz em uma função ou uma fórmula? Use as teclas mágicas. Não, não estou falando de Ctrl+Alt+Del. Quero dizer as teclas mágicas do Excel (veja a seção a seguir).

Teclas mágicas do Excel: Ctrl+Shift+Enter

Diga ao Excel que você quer que sua fórmula seja tratada como uma fórmula de matriz usando uma sequência especial do teclado: Ctrl+Shift+Enter. Ou seja, depois de digitar a fórmula, mantenha pressionadas as teclas Ctrl e Shift ao mesmo tempo e, enquanto ainda estiver pressionando, pressione Enter. Então, solte as três teclas.

Você também teria utilizado Ctrl+Shift+Enter se tivesse usado a opção Inserir Função para criar a lista de argumentos da função. Depois de inserir os argumentos, você deve pressionar Ctrl e Shift e pressionar Enter ou clicar em OK na caixa de diálogo Argumentos da Função.

Observe a Figura 12-10 para ver o resultado do exemplo iniciado na Figura 12-9.

FIGURA 12-10: Usar Ctrl+Shift+Enter é a única maneira de obter o resultado em B3:B7 por meio da função TRANSPOR.

LEMBRE-SE

Selecione um intervalo com as dimensões corretas antes de inserir a matriz de sua fórmula. Isso aparece muito em fóruns e grupos de discussões: "Eu inseri a matriz de uma função. Os documentos de Ajuda dizem que devo ver valores em muitas células, mas vejo um valor em apenas uma célula. O que está acontecendo?" E a resposta inevitável e invariável é: "Comece selecionando o *intervalo* de células correto, não apenas uma única célula."

Reconheça as fórmulas de matriz

Vez ou outra, você acaba lidando com uma pasta de trabalho do Excel que não criou. Ela pode ter fórmulas de matriz, e se você for entender o que a planilha faz e como faz, terá que reconhecer que uma fórmula *é* uma fórmula de matriz.

Uma fórmula de matriz tem uma aparência especial na Barra de Fórmulas: ela fica entre chaves, assim:

```
{=TRANSPOR(B1:F1)}
```

Você não verá chaves nas células da planilha que contém a fórmula de matriz.

E tenha isso em mente: ao *inserir* uma fórmula de matriz, não digite as chaves. Deixe isso para o Excel. Se digitar as chaves, o Excel tratará a fórmula como texto.

Um problema especial com as fórmulas de matriz

As fórmulas de matriz representam um problema especial que exige tratamento especial. É tudo ou nada.

Alterando parte de uma fórmula de matriz

Não é possível.

Imagine que você tenha inserido uma fórmula de matriz em A1:A5 e, mais tarde, decida que não precisa ver o valor em A5. Assim, você seleciona A5, pressiona a tecla Delete ou tenta digitar outra fórmula ou valor no lugar. O Excel não o deixará fazer isso. Você receberá a mensagem de erro abrupta, e meio nervosinha, `Você não pode alterar parte de uma matriz`.

Também receberá essa mensagem se inserir uma fórmula comum ou uma fórmula de matriz em um intervalo de células que sobrepõe parte de uma fórmula de matriz existente.

Resistir é inútil

Porém não se deixe intimidar pelo Excel; quem manda aqui é você. Veja o caminho mais rápido para resolver o problema `Você não pode alterar parte de uma matriz`. Darei continuidade ao exemplo iniciado na seção anterior:

1. **Selecione o intervalo inteiro ocupado pela fórmula de matriz.**

Neste exemplo, é A1:A5. Você verá a fórmula na Barra de Fórmulas.

2. **Selecione o sinal de igualdade na Barra de Fórmulas arrastando-o.**

3. **Pressione a tecla Delete.**

Agora, você deve ver a fórmula, menos o sinal de igualdade, na Barra de fórmulas.

4. **Pressione Ctrl+Enter.**

Isso insere a fórmula no intervalo selecionado apenas como valores de texto.

5. **Selecione A5 e pressione a tecla Delete.**

6. **Selecione A1:A4, digite novamente o sinal de igual e pressione Ctrl+Shift+Enter.**

Agora, a fórmula de matriz ocupa o intervalo A1:A4 e A5 está livre para você usar alguma outra forma.

CAPÍTULO 12 **Inserindo as Fórmulas por Conta Própria** 221

Usando as Funções de Regressão para Realizar uma Previsão

Ao decidir usar fórmulas com funções que calculam uma equação de regressão e as estatísticas relacionadas, geralmente está pensando em usar PROJ.LIN e TENDÊNCIA. Se tiver apenas uma variável preditora, você também poderá usar a função INCLINAÇÃO para obter o melhor coeficiente de regressão e INTERCEPTAÇÃO para a constante a ser usada com sua variável preditora (basta usar Enter, e não Ctrl+Shift+Enter, para inserir as funções INCLINAÇÃO e INTERCEPTAÇÃO).

Usando a função PROJ.LIN

A função PROJ.LIN mostra as seguintes informações:

» **O coeficiente que você usa para multiplicar pela variável preditora com o intuito de obter a melhor estimativa de regressão da variável de previsão.**

» **O erro-padrão de cada coeficiente:** Você pode usar essas informações para decidir se quer incluir uma variável preditora na equação de regressão.

» **O valor de R-quadrado:** Este valor varia de 0,0 a 1,0. Quanto mais próximo ele estiver de 1,0, mais precisa será a equação de regressão como método para prever os dados que você entregou à função PROJ.LIN. Você pode interpretar o valor de R-quadrado como o percentual de variação na variável de previsão que pode atribuir à variável ou às variáveis preditoras.

» **O erro-padrão da estimativa:** É o desvio-padrão dos resíduos, isto é, as diferenças entre os valores reais na linha de base e os valores previstos pela equação de regressão. Quanto menor o erro-padrão de estimativa, melhor a previsão. (Se quiser verificar isso, use os graus de liberdade retornados pela PROJ.LIN, em vez de $n - 1$ no denominador do erro-padrão.)

» **Razão F, graus de liberdade, soma dos quadrados da regressão e soma residual dos quadrados:** Caso faça algum tempo que você tenha feito seu curso de Estatística ou se nunca ouviu falar a respeito desses termos de Estatística, não se preocupe. Você não precisa deles para fazer as previsões, embora eles possam fornecer boas informações sobre a *confiabilidade* de suas previsões. Se você já ouviu falar, já sabe do que se trata; não é algo que normalmente se fala em uma roda de amigos.

A Figura 12-11 mostra a função PROJ.LIN, a matriz inserida e os resultados da ferramenta Regressão do suplemento de Análise de Dados. Ambas são usadas no mesmo conjunto de dados, em A1:B41.

FIGURA 12-11: Todas as estatísticas retornadas por PROJ.LIN aparecem na saída da ferramenta Regressão.

E21		▼		fx	{=PROJ.LIN(B2:B41;A2:A41;;VERDADEIRO)}						
	A	B	C	D	E	F	G	H	I	J	K
1	Período de Tempo	Vendas		Ferramenta de Regressão	SAÍDA RESUMIDA						
2	1	R$ 2.660,00									
3	2	R$ 2.910,00			Estatísticas de Regressão						
4	3	R$ 1.062,00			R Múltiplo	0,675					
5	4	R$ 3.114,00			R-Quadrado	0,455					
6	5	R$ 1.618,00			R-Quadrado Ajustado	0,441					
7	6	R$ 4.401,00			Erro-Padrão	1928,630					
8	7	R$ 6.503,00			Observações	40					
9	8	R$ 2.673,00									
10	9	R$ 2.289,00			ANOVA						
11	10	R$ 5.733,00				gl	SQ	MQ	F	Significância de F	
12	11	R$ 2.261,00			Regressão	1	117992002,614	117992002,614	31,722	0,000	
13	12	R$ 5.010,00			Resíduo	38	141345323,361	3719613,773			
14	13	R$ 5.600,00			Total	39	259337325,975				
15	14	R$ 6.870,00									
16	15	R$ 4.580,00				Coeficientes	Erro-Padrão	Estat t	Valor p	Inferiores 95%	Superiores 95%
17	16	R$ 4.257,00			Interceptação	2596,608	621,504	4,178	0,000	1338,438	3854,777
18	17	R$ 4.520,00			Período de Tempo	148,786	26,417	5,632	0,000	95,308	202,265
19	18	R$ 7.123,00									
20	19	R$ 8.312,00									
21	20	R$ 5.840,00		PROJ.LIN	148,786	2596,608					

Nesse caso, você digitaria PROJ.LIN e seguiria este passo a passo:

1. **Selecione um intervalo com duas colunas de largura e cinco linhas de altura.**

2. **Digite** =PROJ.LIN(B2:B41;A2:A41;;VERDADEIRO) **na Barra de Fórmulas ou use Inserir Função para guiá-lo.**

Observe que você não inclui a linha 1, porque PROJ.LIN não pode lidar com os rótulos de texto.

3. **Insira a matriz da fórmula usando Ctrl+Shift+Enter.**

É uma boa ideia dar outra olhada na sintaxe de PROJ.LIN, seja digitando-a diretamente ou usando Inserir Função para ajudá-lo a acompanhar o caminho que ela faz:

» O primeiro argumento, B2:B41, é no qual o Excel procura os valores da linha de base da variável de previsão; neste caso, Vendas.

» O segundo argumento, A2:A41, é no qual o Excel encontra os valores da linha de base da variável preditora; neste caso, o Período de Tempo.

» O terceiro argumento fica em branco; observe os pontos e vírgulas consecutivos entre os argumentos. Se estiver em branco ou se você o definir para VERDADEIRO, a função PROJ.LIN calculará o valor da interceptação (ou a *constante*) normalmente. Isso informa que o valor de Vendas no Período de Tempo é zero: onde a linha de regressão intercepta o eixo vertical em um gráfico (é por isso que muitas vezes é chamado de *interceptação,* em vez de *constante*). Se o terceiro argumento for 0 ou se você defini-lo para FALSO, a função PROJ.LIN forçará a linha de regressão a interceptar o eixo vertical em seu ponto zero. Veja o Capítulo 11 para obter mais informações e saber por que isso raramente é uma boa ideia.

CAPÍTULO 12 **Inserindo as Fórmulas por Conta Própria** 223

» O quarto argumento, VERDADEIRO, informa ao Excel se é para calcular a terceira até a quinta linha de sua saída: o valor de R-quadrado, o erro-padrão da estimativa etc. Se VERDADEIRO, o Excel calculará essas estatísticas e vai exibi-las, caso você tenha começado selecionando um intervalo com cinco linhas. Se digitar FALSO, o Excel não calculará as estatísticas adicionais. Você não perde nada definindo o argumento para VERDADEIRO e pode ter um ganho considerável ao estimar o tamanho do valor de R-quadrado.

Veja o Capítulo 11 para obter informações a respeito de como usar a ferramenta Regressão para conseguir os resultados mostrados na Figura 12–11.

Na Figura 12–11, a saída da ferramenta Regressão no intervalo E1:K18 contém algumas células sombreadas. Essas células contêm valores que são fornecidos por meio da função PROJ.LIN, mostrada no intervalo E21:F25. Especialmente:

» Os coeficientes a usar na previsão são encontrados em F17 e F18 (ferramenta Regressão) e E21:F21 (PROJ.LIN). Então, a equação de regressão será:

```
Previsão, Período de Tempo 2 = 2596,608 + 148,786 * 2
Previsão, Período de Tempo 2 = 2894,18
```

Ao pé da letra, a previsão para qualquer período de tempo que você obtém usando a regressão nessa linha de base é a interceptação, 2596,608 mais o resultado da multiplicação do coeficiente para o Período de Tempo 148,786 pelo valor real desse período de tempo. A propósito, a ferramenta Regressão chama a interceptação de coeficiente para mantê-la na mesma coluna dos coeficientes reais e, assim, criar uma tabela mais limpa de estatísticas. Mas não é bem um coeficiente; é uma interceptação.

» O valor de R-quadrado para a equação de regressão é encontrado em F5 (ferramenta Regressão) e E23 (PROJ.LIN).

» Os erros-padrão para os coeficientes e a intercepção são encontrados em G17:G18 (ferramenta Regressão) e E22:F22 (PROJ.LIN).

» O erro-padrão de estimativa é encontrado em F7 (ferramenta Regressão) e F23 (PROJ.LIN).

» As somas dos quadrados são encontradas em G12:G13 (ferramenta Regressão) e E25:F25 (PROJ.LIN). Os graus de liberdade são encontrados em F13 (ferramenta Regressão) e F24 (PROJ.LIN). A razão F é encontrada em I12 (ferramenta Regressão) e E24 (PROJ.LIN).

Nitidamente, você obtém muito mais informações com a ferramenta Regressão do que com a função PROJ.LIN. É possível obter todas essas informações adicionais usando outras funções de planilha do Excel. Por exemplo:

224   PARTE 4 **Fazendo Previsões Avançadas**

>> A função DIST.T para obter o valor P para um coeficiente de regressão.

>> A razão entre o coeficiente ou a interceptação para seu erro-padrão com o intuito de obter o que a ferramenta Regressão chama de *Estat t.*

>> Dividir as somas dos quadrados pelos graus de liberdade para obter o quadrado médio (MQ).

Todavia, não tenho certeza do motivo de você precisar dessas outras informações. Para fazer uma previsão, você precisa do valor de R-quadrado para decidir se a regressão é uma boa ferramenta para utilizar em sua linha de base, da interceptação e do(s) coeficiente(s) para realizar a previsão na prática. Agora, caso queira desafiar os limites e avaliar a regressão em termos de probabilidades, *então* desejará utilizar a razão F e os graus residuais de liberdade. Contudo, as análises estatísticas que determinam as probabilidades exigem um planejamento experimental cuidadoso, o que geralmente falta às linhas de base de vendas. Consulte o Capítulo 16 para ver uma breve visão geral da razão F.

Selecione o intervalo de células correto

Caso você queria usar PROJ.LIN com a finalidade de obter as coisas realmente importantes para a previsão, precisará estar ciente de quantas linhas e colunas selecionar antes de inserir a fórmula PROJ.LIN.

>> O valor de R-quadrado aparece na terceira linha dos resultados de PROJ. LIN. Portanto, o intervalo de células selecionado antes de inserir a matriz da função PROJ.LIN deveria ter, pelo menos, três linhas (e não mais do que cinco; as linhas subsequentes no intervalo selecionado mostrarão apenas o valor de erro #N/D).

>> O intervalo que você seleciona para a função PROJ.LIN deve ter tantas colunas quanto as variáveis preditoras mais 1. PROJ.LIN retorna um coeficiente para cada variável preditora, além da interceptação.

Portanto, caso você esteja usando duas variáveis preditoras, deve selecionar um intervalo com três colunas e, pelo menos, três linhas (no máximo, cinco linhas).

Obtenha as estatísticas corretamente

A Figura 12-12 mostra um exemplo com duas variáveis preditoras, analisadas novamente usando a ferramenta Regressão e a função PROJ.LIN.

A posição das principais estatísticas de previsão é semelhante à situação do preditor único mostrada na seção anterior "Usando a função PROJ.LIN" deste capítulo. Uma diferença é que a saída da ferramenta Regressão tem uma linha

CAPÍTULO 12 **Inserindo as Fórmulas por Conta Própria** 225

adicional e a saída de PROJ.LIN tem uma coluna adicional, porque você está usando agora não uma, mas duas variáveis preditoras.

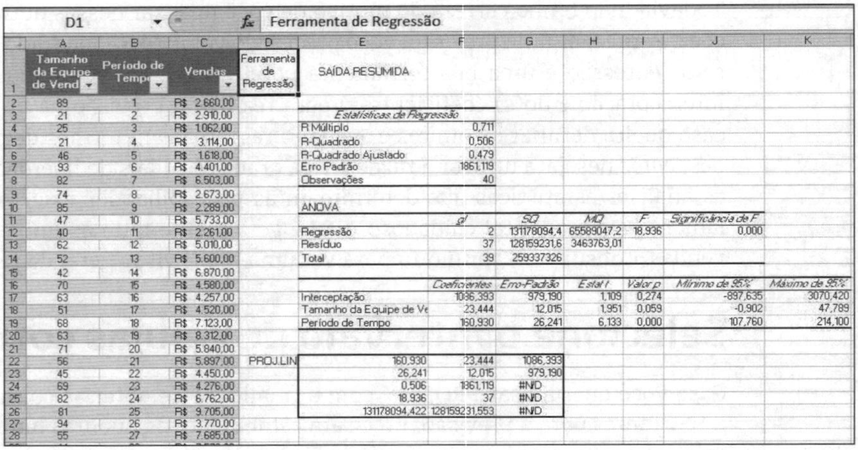

FIGURA 12-12:
Observe que os argumentos de PROJ.LIN especificam que as variáveis preditoras Tamanho da Equipe de Vendas e Período de Tempo ocupam as colunas A e B. Os múltiplos preditores resultam em uma regressão múltipla.

A Figura 12-12 sugere uma característica extremamente irritante da PROJ.LIN; na verdade, é um dos poucos inconvenientes dessa função, mas pode ser um dos principais. Compare a ordem dos coeficientes na PROJ.LIN com a ordem das variáveis preditoras na linha de base. Por exemplo:

>> O valor em G22 (retornado por PROJ.LIN) é igual ao valor em F17 (retornado pela ferramenta Regressão). É a interceptação da equação da regressão: PROJ.LIN sempre coloca a interceptação na primeira linha, na coluna final do intervalo ocupado. (Isso pressupõe que você começou selecionando um intervalo com o número correto de colunas.) Até agora, nenhum problema.

>> O valor em F22 (PROJ.LIN) é igual ao valor em F18 (ferramenta Regressão). É o coeficiente para o tamanho da Equipe de Vendas.

>> O valor em E22 (PROJ.LIN) é igual ao valor em F19 (ferramenta Regressão). É o coeficiente do Período de Tempo.

Portanto, PROJ.LIN insere o coeficiente para o Período de Tempo na coluna E e para o Tamanho da Equipe de Vendas na coluna F. Nos resultados da PROJ. LIN, o Período de Tempo vem antes da Equipe de Vendas. Mas, na linha de base, a Equipe de Vendas vem antes do Período de Tempo: a Equipe de Vendas

226 PARTE 4 **Fazendo Previsões Avançadas**

na coluna A, o Período de Tempo na coluna B. A PROJ.LIN inverte a ordem das variáveis preditoras.

Isso significa que, se você usar os resultados da PROJ.LIN em uma equação que retorna os valores previstos, será necessário se lembrar de alinhar o coeficiente correto com a coluna correta na linha de base. A Figura 12-13 mostra como fazer isso.

FIGURA 12-13:
Você precisará fazer isso sozinho, mas pode ser útil rotular as colunas dos resultados da PROJ.LIN de acordo com as variáveis preditoras que elas representam.

A fórmula na célula E2 da Figura 12-13 multiplica um valor preditor na coluna A (a coluna que a tabela rotula como Tamanho da Equipe de Vendas) por um coeficiente na coluna I e um valor preditor na coluna B (a coluna que a tabela rotula como Período de Tempo) pelo coeficiente na coluna H. Essa fórmula, copiada para baixo até a célula E31, desfaz a bagunça generalizada introduzida pela ordem em que PROJ.LIN retorna os coeficientes.

Não há nenhuma razão justificável para inverter a ordem na planilha das variáveis preditoras nos resultados da PROJ.LIN: nenhuma razão estatística, nenhuma razão que diz respeito à codificação, nenhuma razão relacionada a como a função é utilizada na planilha.

Esse é um bom exemplo do motivo pelo qual você precisa prestar bastante atenção antes de inserir um recurso, como uma função, em um aplicativo amplamente distribuído. Também é um bom exemplo do que acontece quando você se torna um programador descuidado com um livro sobre Estatística. Agora (várias versões do Excel após a PROJ.LIN ter sido incluída no Excel pela primeira vez), a Microsoft não ousaria corrigir a ordem dos coeficientes. Fazer isso danificaria muitas planilhas de clientes que assumem que os coeficientes estão de trás para frente.

Usando a função TENDÊNCIA

Uma maneira mais fácil de realizar as previsões de regressão, mais fácil do que usar a PROJ.LIN, é a função TENDÊNCIA. O dilema é que você não vê o valor do R-quadrado, os coeficientes, nem a interceptação. Naturalmente, não há nada que o impeça de usar PROJ.LIN e TENDÊNCIA.

Assim como em PROJ.LIN, você deve inserir a matriz da função TENDÊNCIA (veja a Figura 12-14 para ter um exemplo).

FIGURA 12-14: A previsão da TENDÊNCIA é idêntica à previsão baseada na PROJ.LIN.

	A	B	C	D	E	F
	Tamanho da Equipe de Vendas	Período de Tempo	Vendas		Previsão de Vendas	
1						
2	89	1	R$ 2.660,00		R$ 3.106,60	
3	21	2	R$ 2.910,00		R$ 2.437,09	
4	25	3	R$ 1.062,00		R$ 2.639,33	
5	21	4	R$ 3.114,00		R$ 2.744,72	
6	46	5	R$ 1.618,00		R$ 3.201,23	
7	93	6	R$ 4.401,00		R$ 3.924,12	
8	92	7	R$ 6.503,00		R$ 4.065,83	
9	74	8	R$ 2.673,00		R$ 4.001,71	
10	86	9	R$ 2.289,00		R$ 4.300,82	
11	47	10	R$ 5.733,00		R$ 3.982,43	
12	40	11	R$ 2.261,00		R$ 4.051,49	
13	62	12	R$ 5.010,00		R$ 4.471,68	
14	52	13	R$ 5.600,00		R$ 4.504,42	
15	42	14	R$ 6.870,00		R$ 4.537,16	
16	70	15	R$ 4.580,00		R$ 5.030,00	
17	63	16	R$ 4.257,00		R$ 5.099,06	
18	51	17	R$ 4.520,00		R$ 5.107,58	

Barra de fórmulas: E2 — {=TENDÊNCIA(C2:C31;A2:B31)}

A TENDÊNCIA é muito mais fácil de utilizar para fazer a previsão do que a função PROJ.LIN. Para obter os valores de previsão na Figura 12-14, siga estas etapas:

1. Selecione o intervalo E2: E31.

2. Digite esta fórmula:

```
=TENDÊNCIA(C2:C31;A2:B31)
```

na Barra de Fórmulas.

3. Pressione Ctrl+Shift+Enter.

Que tal prever o próximo período de tempo, aquele para o qual você ainda não tem valores reais? Como de costume, precisará de informações acerca dos valores do próximo período em seus preditores. No exemplo atual, você precisa saber (ou ter uma boa estimativa) a equipe de vendas da empresa no próximo mês; imagine que seja 52. O valor do próximo período para o Período de Tempo é apenas o próximo valor na linha de base; aqui, 31.

228   PARTE 4 **Fazendo Previsões Avançadas**

A Figura 12-15 mostra esses valores novos e como usar a função TENDÊNCIA para prever as vendas do próximo período. (Com o intuito de abrir espaço para a linha de base completa e a previsão para o Período 31, ocultei as linhas 11 a 21.)

Na Figura 12-15, a fórmula de matriz na célula E33 é:

```
=TENDÊNCIA(C2:C31;A2:B31;A33:B33)
```

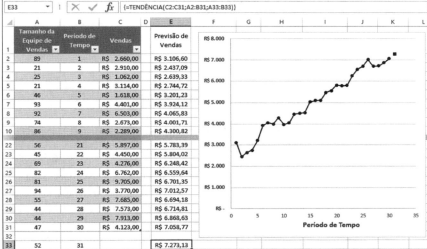

FIGURA 12-15: A previsão para o Período de Tempo 31 aparece no gráfico como um marcador quadrado no canto superior direito.

Essa forma da função TENDÊNCIA apresenta três argumentos. (*Lembre-se:* quando usado em uma função como aqui, um intervalo de células é um argumento para a função.)

» **C2:C31:** Esse intervalo de valores, as vendas reais, é o que o Excel chama de *y conhecido*. A letra y é frequentemente usada para representar a variável prevista em uma análise de regressão.

» **A2:B31:** Esse intervalo de valores, o Tamanho da Equipe de Vendas e o Período de Tempo reais, é o que o Excel chama de *x conhecido*. A letra x significa a variável preditora (ou, como neste caso, variáveis) em uma análise de regressão.

» **A33:B33:** O Excel denomina esse intervalo de valores como *x novo*. Inclui as variáveis preditoras que você espera para o próximo período de tempo, ainda não observado. Estão em A33:B33. O Período de Tempo é simples, mas você precisa de um conhecimento especial para determinar qual será o tamanho da equipe de vendas no próximo período.

CAPÍTULO 12 **Inserindo as Fórmulas por Conta Própria** 229

Portanto, estas são as etapas para usar a TENDÊNCIA para obter uma previsão para o próximo período de tempo:

1. Determine os valores desse período nas variáveis preditoras.

2. Insira os valores das variáveis preditoras para o período novo em uma linha abaixo dos valores das variáveis preditoras existentes.

Na Figura 12-15, você digitaria isso em A33:B33.

3. Selecione a célula que conterá o valor da previsão para o próximo período.

Na Figura 12-15, é E33.

4. Digite esta fórmula:

```
=TENDÊNCIA(C2:C31;A2:B31;A33:B33)
```

5. Insira a matriz da fórmula e pressione Ctrl+Shift+Enter.

DICA

Outra função da planilha, PREVISÃO, também prevê o próximo valor em uma linha de base. Tal como TENDÊNCIA, ela usa os ys conhecidos, os xs conhecidos e os novos xs conhecidos. Mas a PREVISÃO pode lidar apenas com uma variável preditora, ao passo que a TENDÊNCIA pode lidar com muitas. Para manter as coisas corretas e relativamente simples, recomendo que você decida sempre usar uma ou outra; e também acho que deve escolher a TENDÊNCIA.

DICA

As tabelas do Excel são uma mão na roda, úteis por várias razões, porém, em certas ocasiões, elas cometem alguns deslizes. Usar uma tabela como fonte de dados para a função TENDÊNCIA é uma delas. Quando você está usando a TENDÊNCIA para fazer uma previsão, geralmente quer que os *xs novos* fiquem na primeira linha após a linha de base. Mas, se os colocar lá, o Excel desejará torná-los parte da tabela existente. Todavia, você não quer isso, pois eles prejudicam o cálculo da equação de regressão.

Além do mais, se você tentar incluir as previsões de TENDÊNCIA como parte da tabela, colocando-as em uma coluna adjacente, o Excel se oporá, afirmando que as fórmulas de matriz da célula não são permitidas em uma tabela.

Veja a seguir algumas soluções aceitáveis:

1. Inicie as duas linhas do x novo após o final da tabela da linha de base, conforme é feito na Figura 12-15.

2. Não use uma tabela. Use a estrutura de lista antiga do Excel. Antes de inserir sua fórmula TENDÊNCIA, converta a tabela em um intervalo usando o botão Converter em Intervalo na aba Design da tabela. Você perderá as coisas, pelo menos temporariamente, como a linha Totais da Tabela e os menus suspensos do filtro. Quando tiver sua previsão, poderá retornar a lista ao status de tabela

3. Use os coeficientes e a intercepção de PROJ.LIN para calcular as previsões, conforme ilustrado na Figura 12-13. Você precisará inserir PROJ.LIN como uma fórmula de matriz, claro, mas ela não será parte da tabela. E as fórmulas que calculam as previsões não precisam ser fórmulas de matriz, portanto, podem ocupar a tabela.

232   PARTE 4 **Fazendo Previsões Avançadas**

NESTE CAPÍTULO

» **Decidindo o tamanho**

» **Descobrindo quantos valores da linha de base usar**

» **Como projetar a linha de tendência da média móvel**

Capítulo **13**

Utilizando Médias Móveis

Quando você decide analisar os valores da média móvel de uma linha de base, seja para ter uma ideia melhor do comportamento da linha de base ou com o intuito de fazer uma previsão, o número de valores que escolhe inserir em cada média tem consequências, algumas delas bem indesejáveis. Por exemplo, quanto mais valores em uma média, menor o número de médias.

E sua escolha impacta a estabilidade ou suavidade dessas médias móveis. Geralmente, quanto menos pontos de dados você incluir em uma média móvel, mais ela oscilará, porém reagirá mais rápido às alterações na linha de base. Quanto maior o número de pontos de dados, mais estável será, todavia, levará mais tempo para reagir. Esse efeito pode representar um dilema bastante difícil, pois muitas vezes partimos do princípio de que quanto mais estável é um conjunto de médias móveis, melhor ele representa o sinal em uma linha de base.

O suplemento de Análise de Dados do Excel dispõe de uma ferramenta chamada Média Móvel que você pode utilizar para colocar as médias em um gráfico, junto com a linha de base original. Neste capítulo, mostro algumas maneiras de incrementar a eficácia dessa ferramenta.

CAPÍTULO 13 **Utilizando Médias Móveis** 233

Escolhendo o Tamanho da Média Móvel

Se você já trabalhou com médias móveis antes, pode considerá-las básicas demais para serem analisadas em um livro que trata de um assunto tão grandioso quanto a previsão. A média móvel é tão singela assim?

Não. Embora a ideia básica das médias móveis seja simples e intuitiva, elas protagonizam um papel crucial em algumas previsões bem complicadas. Essas previsões complexas combinam a autorregressão com as médias móveis; na maioria das vezes, a média móvel é a *prima donna* e a autorregressão é apenas a figurante. (Na verdade, se você for além e analisar esse dois componentes, descobrirá que são iguais, mas as coisas não chegam a esse ponto aqui.)

Portanto, para prever as vendas ou qualquer outra coisa, valerá a pena levar a sério as médias móveis. Dois conceitos são úteis quando você está considerando as médias móveis: o sinal e o ruído.

Sinalização: Uma reviravolta se aproxima?

Uma linha de base que não é completamente aleatória apresenta o denominado *sinal*. O sinal é a parte verdadeira e confiável da linha de base, ora a direcionando para cima ou para baixo, ora mantendo-a estável, promovendo os altos e baixos devido às temporadas ou com ciclos de negócios regionais.

Caso você tivesse acesso a esse sinal, obteria a melhor estimativa do que está prestes a acontecer no futuro.

Pense no som que sai do alto-falante quando seu carro consegue sintonizar uma estação de rádio. Quando começa a encontrar uma estação, você ouve muita estática, mas percebe vagamente o sinal. Conforme consegue sintonizar a transmissão, ouve mais o locutor e menos a estática; por fim, nem ouve mais a estática, apenas um sinal limpo.

É semelhante às linhas de base, especialmente o faturamento e, em menor grau, as unidades vendidas. O sinal na linha de base é o resultado de todos os tipos de influências diferentes, entre elas:

» O tamanho, a experiência e as habilidades da equipe de vendas.

» O desejo crescente ou decrescente de ter o produto, muitas vezes em virtude de sua tecnologia, inovação ou aparência.

» Seu preço, em relação ao da concorrência.

234   PARTE 4 **Fazendo Previsões Avançadas**

» Dinheiro gasto com marketing, em particular, com publicidade.

» Mudanças nas atitudes sociais, por exemplo, parar de fumar e beber.

Por sorte, você não precisa identificar todas as influências sobre as vendas, enumerá-las, mensurá-las e, em seguida, prevê-las para obter uma previsão daquilo que realmente procura: o faturamento e as unidades vendidas. Todas as influências se combinam no sinal, e se você puder obter uma previsão confiável desse sinal, estará em condições de denominar o valor das vendas do próximo período.

Assim, como você identifica esse sinal? O conceito é que, ao longo do tempo, alguns eventos especiais e imprevisíveis, ou seja, o *ruído* ou a discrepância entre o sinal e os resultados reais, são nivelados. Algum evento indesejado e com ruído que puxe suas receitas reais para baixo do sinal em junho pode ser compensado por outros eventos desejados e com ruído em julho e agosto.

E as médias móveis se aproveitam disso. Se você está calculando uma média móvel de três meses, esses eventos com ruído (o baque sofrido em junho, a boa sorte em julho e agosto) tendem a se nivelar e a média proporcionada pelos três meses possibilita uma estimativa melhor do sinal do que as mensais.

Menos ruído, por favor

As médias móveis tentam fazer com que o ruído na linha de base se anule e, dessa forma, enfatize o sinal. De onde vem o ruído? Existem muito mais fontes de ruído do que de sinal. Cada um de seus clientes, cada um de seus representantes de vendas, instalações de produção, canal de distribuição, possivelmente os clientes de seus clientes, todos são uma fonte de ruído que afasta os resultados reais do sinal.

Imagine que você esteja calculando uma média móvel que inclui dois meses. Sua primeira média móvel pode incluir janeiro e fevereiro. O sinal invisível e imperceptível naqueles dois meses, ou seja, os efeitos combinados da equipe de vendas, do produto, dos preços etc., é de R$100 milhões para janeiro e de R$110 milhões para fevereiro. Mas o ruído comanda os resultados reais do sinal:

» Em fevereiro, há um surto de gripe que derruba muitos de seus representantes de vendas, bem como alguns compradores que normalmente compram dos representantes que não ficaram doentes.

» Em dezembro, um cliente com um ano fiscal de janeiro a dezembro faz uma grande compra de fim de ano com o intuito de abater o custo no ano fiscal atual. Sua empresa reconhece a receita em janeiro, o que aumenta artificialmente os resultados desse mês.

CAPÍTULO 13 **Utilizando Médias Móveis**   235

» Um dos maiores clientes da sua concorrência fica chateado com o aumento de preços, começa a comparar preços e decide que gosta mais da sua estrutura de preços, ainda que a linha de produtos não seja tão boa. Suas receitas de janeiro disparam.

» Um terremoto moderado atinge seu local de montagem e instalação em San Andreas, interrompendo a produção por algumas semanas durante o quarto trimestre do ano passado. Você não pode atender aos pedidos existentes no prazo e, como consequência, as receitas de janeiro despencam.

Observe que nem você, nem sua empresa podem prever ou controlar qualquer um desses eventos, talvez, salvo o caso de questionar o bom senso de ter uma instalação de produção próxima a uma falha geológica de terremoto. E essa é a definição de *ruído* ou, se você preferir, resíduo ou erro. O ruído é imprevisível e incontrolável. Todavia, pode ser mensurável. Seu valor esperado em longo prazo é zero. A Figura 13-1 mostra um exemplo de como isso funciona, pelo menos, em teoria.

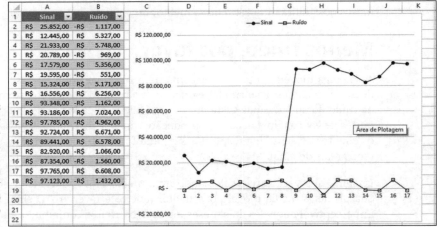

FIGURA 13-1: Isso é o que você gostaria de ver, se pudesse. Você nunca *sabe* o valor exato do sinal ou do ruído.

DICA

Esta é uma das razões pelas quais é uma boa ideia ver um gráfico de resíduos. Ao contrário da ferramenta Regressão do suplemento de Análise de Dados, nem a ferramenta Média Móvel, tampouco a ferramenta Suavização Exponencial calculam os resíduos e, portanto, não podem projetar gráficos. Consulte "Projete os resíduos em gráfico", mais adiante neste capítulo, para ver as etapas necessárias de criar um gráfico de resíduos a partir de uma análise de média móvel.

Na Figura 13-1, você tem o que nunca vê na prática: os valores reais do sinal e do ruído. O melhor que pode fazer é:

» Calcular uma média móvel utilizando seus resultados reais.

» Tratar a média móvel como se ela fosse o sinal; este é o ponto principal ao obter as médias móveis, ou seja, estimar o sinal da melhor maneira possível.

» Tratar a diferença entre os valores reais e a média móvel como se fosse ruído.

LEMBRE-SE

Conforme muitos outros capítulos neste livro mencionam, a diferença entre a previsão e o valor atual é o erro ou o resíduo. Ruído é apenas um termo mais geral.

Você pode analisar o ruído da linha base em um gráfico, como mostrado na Figura 13-2. O gráfico mostra que ele forma uma série de dados horizontal. E na célula B20 é possível ver que o valor médio dele é −R$489. No contexto dos valores reais que estão nas dezenas e até em centenas de milhares de dólares, −R$489 é praticamente zero.

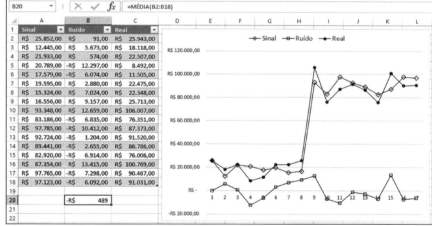

FIGURA 13-2: Nesse caso, os valores reais acompanham o sinal de perto, pois os erros são muito pequenos.

A Figura 13-2 exemplifica como o sinal e o ruído se combinam para formar os valores reais.

Novamente, você nunca vê o sinal, simplesmente faz o melhor que pode para estimá-lo com a fórmula de previsão. Eu não sou mais erudito que você, então, inventei o sinal e os valores reais (e, por subtração, o ruído) mostrados nas Figuras 13-1 e 13-2. A Figura 13-3 apresenta uma situação mais realista.

CAPÍTULO 13 **Utilizando Médias Móveis** 237

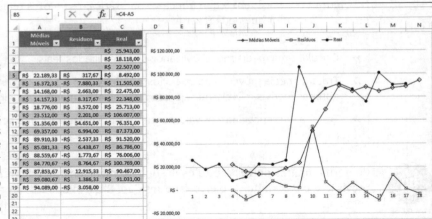

FIGURA 13-3: Aqui, o gráfico *estima* o sinal por meio das médias móveis e calcula o ruído residual subtraindo a média móvel do valor real.

Por que o gráfico mostrado na Figura 13-3 não é igual ao da Figura 13-2? Porque a Figura 13-2 é uma fantasia: ela age como se fosse possível saber qual é o sinal. E você nunca sabe. Só pode estimar — aqui, utilizando as médias móveis — e este exemplo chega bem perto.

A grande discrepância está no nono ponto de dados. O valor real e o sinal estão muito próximos na Figura 13-2, porém o real e a média móvel estão bem distantes na Figura 13-3. Isso ocorre porque as médias móveis na Figura 13-3 são baseadas nos três valores reais anteriores e os valores reais puxam para baixo a estimativa para R$23.512,00, em vez do valor do sinal hipotético de R$93.348,00 da Figura 13-2.

Redobre os esforços

Os valores reais nas Figuras 13-1 a 13-3 mostram um fenômeno com o qual as médias móveis (e também a suavização exponencial) lidam relativamente bem. Observe o grande salto no valor da linha de base no nono ponto de dados. Na terminologia de previsão, isso é chamado de *choque aleatório*. (Em alguns contextos, é chamado de *função degrau*.) Embora o termo *choque aleatório* possa fazê-lo pensar em algo completamente não planejado, na verdade, ele significa uma mudança no nível de uma linha de base que persiste ao longo do tempo, intencional ou não. É o que se vê na Figura 13-3, começando pelo nono período de tempo.

Um bom exemplo de um choque aleatório é uma compra para o estoque. Talvez o departamento de Gerenciamento de Produtos tenha a oportunidade de comprar um grande suprimento de materiais ou bens acabados a um preço unitário com desconto. O departamento faz isso e, agora, caso você mantenha o preço de venda atual, a margem de lucro da empresa por unidade aumentará. Você pode até mesmo dar um pouco de desconto sobre o preço de venda e, contanto que o desconto oferecido seja menor que o desconto obtido, você ainda aumentará sua margem de lucro.

Mas há custos envolvidos nessa decisão. Por um lado, há o custo temporal do dinheiro. Por outro lado, existem custos adicionais de armazenagem e manutenção, custos que podem continuar durante o tempo em que você mantém esse estoque adicional, dependendo de como o armazena. A equipe de vendas pode demorar para vendê-lo.

E essa é uma característica dos choques aleatórios: eles tendem a persistir. No entanto, isso não ocorre sempre; alguns aumentos ou diminuições repentinas no nível de uma linha de base se extinguem rapidamente, mas é mais frequente que desapareçam lentamente ou persistam por algum tempo. Na Figura 13-3, você vê como uma média móvel acompanha um choque aleatório; consulte a Figura 13-4 para ter um exemplo do motivo para querer usar médias móveis em vez da regressão para sua previsão.

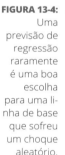

FIGURA 13-4: Uma previsão de regressão raramente é uma boa escolha para uma linha de base que sofreu um choque aleatório.

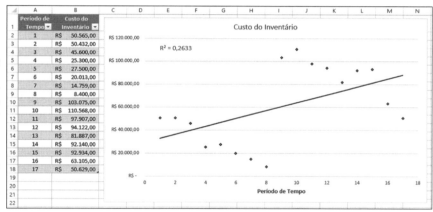

O melhor ajuste que você pode obter usando a regressão nessa linha de base apresenta um valor R-quadrado de 0,26. Isso significa que pode associar apenas um quarto da variabilidade nos custos do estoque ao período de tempo.

E até mesmo isso está equivocado. Antes e depois do choque aleatório, os custos de estoque estão diminuindo. Mas o cálculo da equação de regressão leva em conta o aumento súbito no nono período de tempo, que supera as quedas que começam no período 1 e no período 10. As análises de regressão linear *sempre* retornam uma linha reta; é por isso que são chamadas de *linear*. A multiplicação de uma variável, como o período de tempo (1, 2, 3, ...), pelo valor de uma constante, como um coeficiente de regressão, resulta inevitavelmente em uma linha reta.

Isso não quer dizer que você não possa fazer a chamada regressão *curvilínea* usando o Excel. Você pode. Só precisa criar um componente exponencial em suas variáveis preditoras. Em um contexto de regressão múltipla, por exemplo, pode ser correto prever utilizando tanto o número do período de tempo (1, 2, 3, ... 50) como o quadrado do número do período de tempo (1, 4, 9, ... 2.500). É apenas um exemplo, um dos milhares de exemplos possíveis. Não há nenhuma razão especial para usar o quadrado (ou o cubo, nesse caso) do número de um período de tempo como um preditor.

Lembre-se de projetar um gráfico de seus dados no início do processo de previsão. Há muito que um gráfico revelará facilmente, mas que um olhar vidrado em um monte de números ocultará. E se você observar um choque aleatório como o tratado nesta seção, lembre-se de considerar o uso de um modelo de previsão de média móvel (ou de suavização exponencial).

Reagindo Rapidamente versus Modelando o Ruído

Descobrir quantos valores reais da linha de base incluir em uma média móvel não é nada fácil. Alguns estudantes de Estatística fazem perguntas parecidas ao professor de Estatística Básica: "Qual tamanho da amostra devo considerar?" E o professor, que ainda não tem nenhuma informação a respeito do estudo que o aluno quer fazer e que quer dispensar a classe, diz: "Trinta. O tamanho da amostra deve ser 30."

Obviamente, uma resposta ridícula, porém você ficaria surpreso com a quantidade de pessoas que fizeram alguns cursos de Estatística e acreditam que o tamanho mínimo para uma amostra é 30 observações.

Há uma razão absurda para esse critério. Quando você está construindo uma distribuição de frequência e descobre que ela está começando a lembrar uma curva normal, percebe que a curva começa a ficar mais acentuada em 45 graus quando você tem cerca de 30 pontos de dados na distribuição.

Você precisa saber um pouco sobre as variáveis que está analisando antes de estimar o tamanho correto da amostra. A questão é que não pode simplesmente inventar um número — 2, 3, 4, 5, o que for — do nada e decidir quantos valores da linha de base entrarão em cada média móvel.

A escolha do número de valores da linha de base é uma questão de equilíbrio. Você está tentando alcançar a combinação certa de reagir às mudanças no nível da linha de base (também chamado de *acompanhamento*) e igualar os erros (também chamado de *suavização*).

Obtenha um panorama mais suave

O número de valores da linha de base que você insere em cada média móvel afeta a velocidade com que a média móvel reage às mudanças na linha de base. Quanto menos valores da linha de base em cada média móvel, mais rápido ela reage. Claro, existem dois extremos:

» **O menor número de valores em uma média móvel é 1.** Desse jeito, a média móvel reage extremamente rápido; na verdade, ela é idêntica à linha de base. Cada média móvel de tamanho 1 tem um valor na linha de base.

» **O maior número de valores em uma média móvel são todos os valores na linha de base.** Assim, você terá apenas uma média móvel e não conseguirá nada mais estável. Todavia, isso gera uma previsão pesada e ela informa pouco mais do que a média móvel de valor único.

A Figura 13-5 mostra visualmente como funciona a suavização lenta versus o acompanhamento rápido.

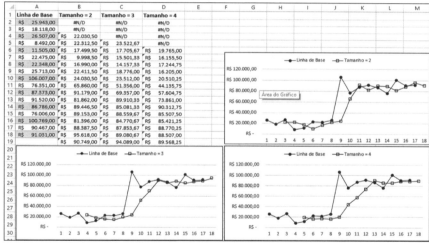

FIGURA 13-5: Quanto menos valores em uma média móvel, mais rápido ela acompanha.

Observe primeiro o gráfico que mostra a linha de base e as médias móveis de tamanho 2. Ele acompanha de perto a linha de base. Ele reage rapidamente às mudanças; veja especificamente o período 10, quando a linha de base e a média móvel são separadas por cerca de R$10.500,00, depois de terem uma diferença de cerca de R$80 mil no período 9.

O gráfico com as médias móveis de tamanho 3 apresenta uma linha de média móvel mais suave do que a linha da média móvel de tamanho 2. A suavidade em si não é o objetivo; aproximar-se do sinal é. Ainda que você não saiba ao certo como seria uma linha representando o sinal, sabe que uma média móvel de tamanho 3 dá ao ruído aleatório mais chances de igualar do que uma média móvel de tamanho 2.

Também no gráfico Tamanho = 3, observe o período 10. Aqui, a linha de base e a média móvel são separadas por quase R$25.000,00: a média móvel não alcança os valores reais tão rapidamente quanto na tabela do gráfico Tamanho = 2. A diferença entre os gráficos Tamanho = 2 e Tamanho = 3 é que as médias móveis com tamanho 2 reagem mais rápido:

» Quando o tamanho é 2, apenas dois valores entram na média. No décimo período de tempo, isso significa R$25.713,00 e R$106.007,00 ou U$65.860,00.

» Quando o tamanho é 3, há três valores na média: R$22.348,00, R$25.713,00 e R$106.007,00 ou R$51.356,00.

Portanto, inserir um terceiro valor na média móvel, um relativamente pequeno, afasta a média móvel da linha de base no ponto 10. É por isso que quanto mais pontos de dados de linha de base você coloca em uma média móvel, mais lentamente ela reage às mudanças nessa linha. Você está inserindo na média móvel mais pontos de dados que precedem a alteração na linha de base. Isso diminui o tempo de reação e, ao mesmo tempo, suaviza a linha da média móvel.

Por fim, observe o gráfico Tamanho = 4. A linha das médias móveis reage ainda mais lentamente às mudanças na linha de base. Na análise de comparação que tenho usado, o ponto 10 no gráfico, a diferença entre a linha de base e a média móvel associada é de R$32.215,00, em comparação a R$25.000,00 no Tamanho = 3 e cerca de R$10.500,00 no Tamanho= 2. É a mais suave das três linhas de média móvel e a mais lenta a reagir às mudanças na linha de base.

Cálculo e projeção de gráfico das médias móveis

Até agora, deixei alguns pontos subentendidos e chegou a hora de explicá-los. Eles têm a ver com quais valores da linha de base inserir em uma média móvel e como alinhar os valores de uma tabela para fazer com que o gráfico seja o mais claro possível.

Utilize um número contínuo de pontos

DICA

Pode parecer óbvio, porém muitas pessoas entendem isso errado: cada média móvel deve ter o mesmo número de pontos da linha de base. Se uma média móvel calcula a média de dois pontos da linha de base, as outras devem fazer o mesmo. Se uma média móvel incorpora três pontos da linha de base, todas as outras também devem fazer o mesmo.

Quais valores entram na previsão?

Uma previsão de média móvel para determinado período de tempo incorpora os períodos de tempo *anteriores*. Assim, para uma média móvel de tamanho 3, a previsão para abril inclui janeiro, fevereiro e março; para maio, inclui fevereiro, março e abril. Isso faz muito sentido, claro. Não tem nenhuma lógica a média móvel de maio incluir o valor da linha de base de maio; caso você procedesse dessa maneira, quando chegasse a hora de calcular a média móvel de maio, você já saberia o valor real de maio.

Onde a previsão entra na planilha?

A previsão — a média móvel — geralmente está na linha imediatamente após o ponto de dados da linha de base final que a média usa. Em outras palavras, está na mesma linha do período de tempo que ela prevê. Aparentemente, isso é insignificante, mas seu efeito é estender a coluna de médias móveis uma linha além do valor final da linha de base. É a sua previsão para o período que você ainda não viu.

Você perde as médias no começo da média móvel

Na Figura 13-5, observe que quanto mais pontos de dados da linha de base entrarem em uma média móvel, mais médias móveis você perderá no início da série. Em uma média móvel de Tamanho =4, você "perde" os primeiros quatro períodos na série da média móvel.

Não será possível calcular as quatro primeiras médias móveis se estiver usando o Tamanho = 4. Suponha, na Figura 13-5, que queira inserir uma média móvel na célula D5. Seria a média dos valores de A1:A4. Mas você não pode incluir o valor de texto "Linha de base" na média; o Excel vai ignorá-lo e fornecerá a média dos valores em A2:A4. Isso é equivalente a colocar um número diferente de valores em diferentes médias móveis, o que infringe as regras.

Portanto, em uma média móvel de tamanho 4, você começa na mesma linha do quinto valor da linha de base. Em um tamanho 3, começa na quarta linha da linha de base e, em um tamanho 2, inicia na terceira linha da linha de base. Assim, a estrutura da planilha coincide com estrutura da lógica e facilita a correspondência dos períodos apropriados em um gráfico.

Usando o Suplemento de Análise de Dados para Obter as Médias Móveis

A ferramenta Média Móvel do suplemento de Análise de Dados é uma maneira prática de obter uma média móvel rapidamente. Você também pode obter um gráfico da linha de base e da média móvel. No entanto, ela apresenta uma desvantagem grave. Conforme verá, ela não projeta corretamente os gráficos das médias móveis.

Usando a ferramenta Média Móvel do suplemento de Análise de Dados

Com o suplemento de Análise de Dados instalado no Excel e uma linha de base na planilha ativa, siga as seguintes etapas:

1. **Acesse a aba Dados da Faixa de Opções e clique em Análise de Dados no grupo Análise.**

Aparecerá a caixa de diálogo Análise de Dados.

2. **Desça com a barra de rolagem da caixa de listagem Ferramentas de Análise, se necessário, até encontrar a ferramenta Média Móvel, em seguida, clique nela.**

3. **Clique em OK.**

Aparecerá a caixa de diálogo Média Móvel (veja a Figura 13-6).

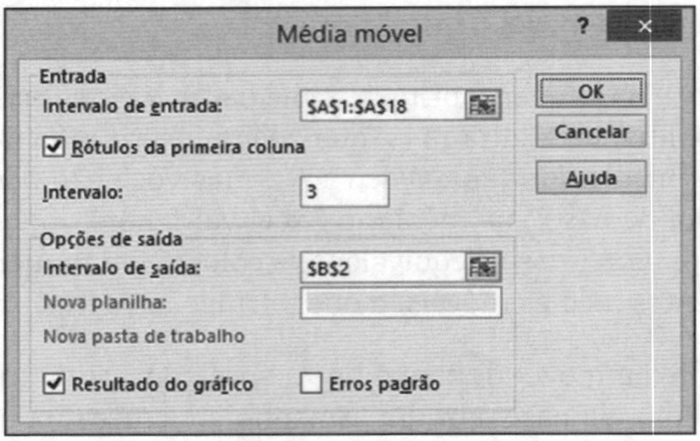

FIGURA 13-6: Embora você possa ver as opções Nova Planilha e Nova Pasta de Trabalho, elas estão desativadas na caixa de diálogo Média Móvel.

4. **Clique na caixa Intervalo de Entrada e arraste na linha de base.**

Caso você tenha usado uma estrutura de tabela do Excel para que sua linha de base tenha um nome de variável em uma célula na parte superior, inclua isso também. Na Figura 13-6, é a célula A1.

5. **Se você incluiu um nome de variável no intervalo de entrada, marque a caixa de seleção Rótulos na Primeira Linha.**

6. **Caso queira uma média móvel de tamanho 3, insira 3 como intervalo.**

A ferramenta Média Móvel refere-se ao número de pontos de dados da linha de base em uma média móvel como *intervalo*.

244   PARTE 4 **Fazendo Previsões Avançadas**

7. **Clique na caixa Intervalo de Saída.**

Você está com sorte. A ferramenta Média Móvel não pede que você escolha entre três locais de saída. Portanto, ela não volta inesperadamente à caixa Intervalo de Entrada assim que você faz sua escolha, como acontece com a Regressão e a Suavização Exponencial, e outras, como a Correlação.

8. **Com o cursor ainda na caixa Intervalo de Saída, clique na célula na qual deseja que as séries da média móvel comecem.**

Deixe a planilha do jeito que você quer para ser seu guia. A localização dos resultados não fará diferença na aparência do gráfico. Embora queira fazer a correção que sugiro mais adiante nesta seção, normalmente é uma boa ideia iniciar a saída na linha em que a linha de base inicia, em uma coluna à direita, em B2. Veja a Figura 13-7.

9. **Marque a caixa de seleção Saída do Gráfico e clique em OK.**

A ferramenta Média Móvel assumirá o controle, calculará as médias móveis e projetará um gráfico da linha de base e das médias móveis. (Ajustei o tamanho do gráfico para que seja mais fácil ver o que está acontecendo.)

Observe que na Figura 13-7 a ferramenta Média Móvel alinhou a primeira média móvel no gráfico com a *terceira* observação da linha de base, em vez de, do modo certo, com a quarta. Isso também vale para a maneira como os intervalos da média estão alinhados com a linha de base: o primeiro intervalo móvel está na linha 4, a mesma linha da terceira observação da linha de base. Todavia, com um intervalo móvel de tamanho 3, o primeiro intervalo móvel deve ser alinhado com a quarta, não com a terceira observação da linha de base.

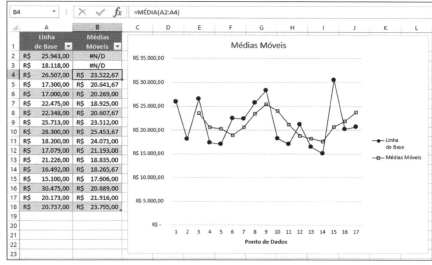

FIGURA 13-7: Escolhi um intervalo de 3 (isto é, uma média móvel de tamanho 3) e um intervalo de saída começando em $B$2 para esta análise.

CAPÍTULO 13 **Utilizando Médias Móveis** 245

Foi minha culpa? Eu não deveria ter começado o intervalo de saída em uma linha mais abaixo, em B3?

Foi e não foi. Iniciar o intervalo de saída em B3, em vez de em B2, faria com que os intervalos móveis fossem alinhados corretamente nas células da planilha. No entanto, isso não foi de muita ajuda para o gráfico.

PAPO DE ESPECIALISTA

O modo como duas séries de dados diferentes são alinhadas na planilha geralmente determina como elas se alinham em um gráfico. Porém esse não é o caso aqui, em que o intervalo dos valores do eixo x não é especificado na série de dados projetados no gráfico.

Na Figura 13-8, coluna B, inseri as fórmulas para calcular os intervalos móveis à mão. Não demorou muito tempo; digitei uma fórmula:

```
=MÉDIA(A2:A4)
```

na célula B5 e e ela foi preenchida automaticamente até B19.

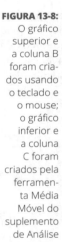

FIGURA 13-8: O gráfico superior e a coluna B foram criados usando o teclado e o mouse; o gráfico inferior e a coluna C foram criados pela ferramenta Média Móvel do suplemento de Análise de Dados.

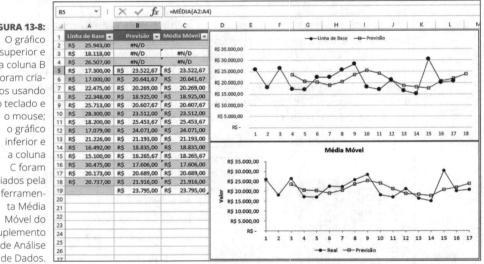

DICA

Veja como economizar tempo com o autopreenchimento. Nesse caso, depois de inserir a fórmula na célula B5, a selecionei novamente. Quando uma célula é selecionada, uma pequena caixa substitui o canto inferior direito da célula, e essa caixa é chamada de *alça de preenchimento*. Movi o ponteiro do mouse sobre a alça de preenchimento da célula. O ponteiro mudou de uma cruz para mira. Eu mantive pressionado o botão esquerdo, arrastei para B19 e soltei o botão do mouse. Essa sequência copiou a fórmula de B5 e colou-a em B6:B19, ajustando os endereços na fórmula adequadamente.

DICA

Para economizar ainda mais tempo com o autopreenchimento, *clique duas vezes* na alça de preenchimento da célula. O Excel verificará se há células preenchidas próximas a uma coluna ou linha adjacente. Em caso afirmativo, preencherá automaticamente o conteúdo da célula selecionada até o final das células preenchidas no intervalo adjacente.

A Figura 13-8 contém outro intervalo de médias móveis, na coluna C, rotulado como *Média Móvel*. Eles foram inseridos pela ferramenta Média Móvel do suplemento de Análise de Dados. Para corrigir o posicionamento das médias móveis, conforme mostrado na Figura 13-7, desloquei o intervalo de saída uma linha para baixo na caixa de diálogo Intervalo Móvel; em vez de começar na segunda linha, ele começa na terceira. Portanto, na planilha, os intervalos móveis calculados se alinham adequadamente com a linha de base.

Contudo, isso não ocorre no gráfico. Seja lá onde você informa à ferramenta Média Móvel para iniciar a saída na planilha, ela alinha o intervalo móvel no gráfico em uma linha muito alta. Com um intervalo 3, a ferramenta deve associar o primeiro valor do intervalo móvel no gráfico ao quarto valor da linha de base.

LEMBRE-SE

O que a caixa de diálogo Média Móvel chama de *intervalo* é o que a maioria dos analistas de previsão, e este livro, chamam de *tamanho*, como em "um intervalo móvel de tamanho 3".

Portanto, se você usar a ferramenta Média Móvel do suplemento de Análise de Dados para criar as médias móveis na planilha, o gráfico da linha de base e as médias móveis será necessário abrir o gráfico e clicar na série de dados que representa as médias móveis. Você consegue ver algo parecido com isso na Barra Fórmulas, imediatamente acima dos cabeçalhos da coluna da planilha:

```
=SÉRIE("Previsão";;Planilha1$C$3:$C$19;2)
```

Altere $C$3 para $C$2 e pressione Enter para que as médias móveis no gráfico iniciem uma linha acima da exigida pela ferramenta Média Móvel. Isso empurrará a série de dados dos gráficos um período de tempo para a direita e, agora, a linha de base e as médias móveis serão alinhadas corretamente no gráfico.

Caso você marque a caixa de seleção Erros-Padrão, receberá um erro-padrão diferente para cada média móvel. Não quero ficar resmungando aqui, então me limitarei a mencionar que não concordo com a ideia de que cada média móvel tem um erro-padrão diferente, então nunca marco essa caixa de seleção quando estou fazendo uma previsão séria de média móvel.

CAPÍTULO 13 **Utilizando Médias Móveis**

Se quiser, você pode evitar totalmente o suplemento de Análise de Dados e ainda ter médias móveis em um gráfico. Depois de ter projetado o gráfico de sua linha de base (somente), siga estas etapas:

1. **Clique no gráfico para selecioná-lo.**

2. **Clique com o botão direito na linha de base com o gráfico.**

3. **Escolha Adicionar Linha de Tendência no menu de atalho.**

   Será exibida uma linha de tendência linear, padrão, no gráfico e o painel Formatar Linha de Tendência aparecerá na janela do Excel.

4. **No painel Formatar Linha de Tendência, escolha o botão de opção Média Móvel.**

   A Figura 11-10 mostra como fica na janela do Excel.

5. **O painel Formatar Linha de Tendência, em comparação com o suplemento de Análise de Dados, chama o tamanho da média móvel de *período*. Use o controle giratório para definir o tamanho de quantos períodos que você quer incluir em cada média móvel.**

6. **Clique na planilha para fechar o painel Formatar Linha de Tendência.**

Se clicar na aba Opções na caixa de diálogo Adicionar Tendência, verá que a ferramenta Média Móvel não oferece a opção de fazer a previsão além do fim da linha de base por intermédio de uma linha de tendência. E mais, a linha de tendência não fornece valores reais na planilha; eles podem ajudar para uma análise posterior. Todavia, a linha de tendência Média Móvel pode ser um modo prático de dar uma olhadinha rápida nas médias móveis resultantes de sua linha de base.

Projete os resíduos em gráfico

É sempre uma boa ideia projetar o gráfico dos resíduos a partir de uma análise de média móvel, caso você ache que adotará o método da média móvel e se estiver razoavelmente satisfeito com os resultados da escolha de determinado tamanho para suas médias móveis.

A Figura 13-9 mostra um gráfico de resíduos.

O gráfico não revela nenhum padrão específico para os resíduos. Eles estão distribuídos igualmente acima e abaixo da média, o que é bem próximo de zero, já que a linha de base é calculada em 10.000.

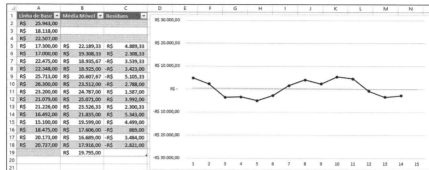

FIGURA 13-9: O gráfico é dos valores dos resíduos na coluna C.

Você obtém o gráfico seguindo as próximas etapas:

1. Com a linha de base e as médias móveis preparadas, subtraia o valor da linha de base de um valor da média móvel associado.

Na Figura 13-9, por exemplo, você pode subtrair a célula A5 da célula B5 para obter o primeiro resíduo. Como os dados são armazenados em uma tabela, a fórmula na célula C5 aparece na Barra de Fórmulas como:

```
=[@[Média Móvel]]-[@[Linha de Base]]
```

2. Use o autopreenchimento da fórmula até a última linha da linha de base.

Em uma tabela, o autopreenchimento é feito automaticamente. Infelizmente, o autopreenchimento ocorre também nos três primeiros períodos, portanto, você precisará substituí-los pelos valores #N/D ou simplesmente apagar o conteúdo das células.

3. Crie um gráfico de linhas com base nesses resíduos e examine-o a fim de conferir se há alguma regularidade nos resíduos, por exemplo, uma linha reta com tendência crescente ou decrescente.

Se você encontrar uma regularidade, convém considerar um método de previsão diferente ou uma transformação de sua linha de base, como a primeira diferenciação. (A *primeira diferenciação* envolve abordar a diferença entre valores consecutivos em sua linha de base e analisar essas diferenças, em vez dos valores originais. Os Capítulos 14 e 17 trazem muita informação acerca do processo de diferenciação.)

250   PARTE 4 **Fazendo Previsões Avançadas**

> **NESTE CAPÍTULO**
>
> » **Problemas com as médias móveis**
>
> » **Sabendo quando dois itens se correlacionam**
>
> » **Entendendo a autocorrelação**
>
> » **Lidando com a autocorrelação**

Capítulo **14**

Mudando de Pato para Ganso: Das Médias Móveis à Suavização

Devido a toda sua simplicidade e apelo intuitivo, as médias móveis têm uma bagagem e tanto. Um dos problemas se origina das linhas de base curtas (é incrível a quantidade de problemas de previsão que uma linha de base extensa consegue resolver). Mesmo se você optar por incluir somente dois valores reais em cada média móvel, perderá as duas observações de suas previsões. Escolher um tamanho mais curto ou menor para as médias é tanto uma questão de equilíbrio entre o acompanhamento e a suavização como também uma escolha da quantidade de dados que você está disposto a abrir mão.

Na previsão, a noção de correlação geralmente está associada às previsões de regressão, em virtude de as correlações serem os blocos de construção de qualquer análise de regressão. Mas as médias móveis e a suavização exponencial também estão relacionadas à correlação, um tipo especial chamado *autocorrelação*. Contudo, antes que você possa raciocinar de modo razoável a respeito da autocorrelação, é necessário ter um embasamento ao analisar a correlação comum, e você encontra esse embasamento neste capítulo.

Com a correlação como pano de fundo, a última seção mais importante deste capítulo trata da autocorrelação: como ela pode atrapalhar uma boa previsão de média móvel, como calculá-la e diagnosticá-la, e como fazer com que se afaste e não interfira em sua previsão.

Perdendo Médias Antecipadas

Um dos problemas com a previsão através das médias móveis é que você perde a oportunidade de fazer previsões antecipadas. A razão, quando pensa em como as previsões da média móvel funcionam, é realmente muito clara.

Uma previsão que tem por base uma média móvel é a média de dois ou mais períodos de tempo *anteriores*. Assim, uma média móvel de tamanho 2 é a média das duas observações anteriores, sejam elas resultados de vendas ou acidentes de trânsito. Ao utilizar uma média móvel de tamanho 2, a previsão do faturamento para março seria a receita de janeiro mais a receita de fevereiro dividida por dois.

Caso você calcule a média dos dois resultados para a prever o próximo, não obtém uma previsão para o segundo período. Não há nenhum resultado do tempo zero para obter a média com o primeiro resultado. O mesmo acontece com uma média móvel de tamanho 3: a primeira previsão que você pode obter é para o quarto período.

A palavra *previsão* não está restrita a um valor futuro que ainda não foi constatado. Também significa um valor previsto para um período no passado. Você pode obter a média de janeiro, fevereiro e março para prever o mês de abril, mesmo que esteja quase no mês de dezembro e já saiba a previsão de abril há oito meses. Você pode usar essas previsões para os períodos anteriores com o intuito de avaliar se seus métodos de previsão funcionam bem.

Esse tipo de coisa é mais fácil de se observar em um gráfico. A Figura 14-1 apresenta um exemplo.

Na Figura 14-1, a primeira média móvel legítima se encontra na célula C7. É a média do faturamento real mostrado nas células B4:B6. As tentativas anteriores de calcular as médias móveis são:

» **Célula C6:** Como você pode ver na fórmula, esta é a média dos valores nas células B3:B5. Porém o valor em B3 é um valor de texto. A função MÉDIA ignora os valores de texto, desse modo, a célula C6 mostra a média de B4:B5. A média dos dois meses do faturamento não está *errada* nem *diferente* das últimas médias móveis, e compará-las diretamente é um equívoco.

» **Célula C5:** Esta fórmula tenta obter a média de B2:B4. Existem dois valores de texto nessas células, que a MÉDIA ignora, por isso apenas retorna a "média" do primeiro mês do faturamento.

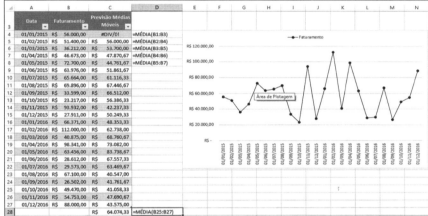

FIGURA 14-1: Você poderia obter uma previsão legítima adicional na célula C6, mudando para médias de dois períodos.

» **Célula C4:** Agora, fiquei sem números e quando a MÉDIA não tem números para trabalhar, retorna #DIV/0!, um valor de erro. Isso informa que, sem números para a média, o Excel tentou dividir uma soma por zero. Este é um erro matemático, claro, não um problema com as médias móveis.

O ponto principal é que você perde muitas previsões no início de sua linha de base, pois tem valores reais que contribuem para uma média móvel. O mesmo não acontece com o fim da linha de base, porque normalmente você não fica sem os valores reais anteriores.

Todavia, poderá ficar sem os valores reais anteriores se a linha de base for muito curta para o tamanho da média móvel. Uma linha de base com dois valores reais não pode suportar uma média móvel de tamanho 3. Espere entrar mais dados antes de começar a fazer a previsão.

Você pode melhorar um pouco as coisas se inserir um número menor de períodos para uma média móvel. Neste caso, poderia escolher dois períodos, em vez de três, e isso resultaria em uma previsão extra no início. Mas, depois, as previsões podem começar a acompanhar tanto o ruído como o sinal. Em geral, quanto menos períodos compõem uma média móvel, mais de perto a média móvel acompanha os valores reais e não suaviza o ruído na linha de base.

Em suma, as médias móveis são simples de calcular e entender. Elas ajudam a distinguir o sinal do ruído em uma série sequencial de observações, como o valor de um ano de vendas calculado em uma base mensal ou semanal. Porém as médias móveis apresentam desvantagens, como a perda de observações antecipadas e o fato de que somente um subconjunto (geralmente pequeno) de dados disponíveis contribui para cada média móvel.

Além das médias móveis, os dois principais métodos para a previsão de vendas que analiso neste livro são a regressão e a suavização exponencial. Essas duas técnicas podem obter previsões boas e sólidas, sem todos os inconvenientes das médias móveis. (Na verdade, a principal razão pela qual abordei as médias móveis é que o tópico possibilita um bom embasamento para entender as técnicas de suavização.)

Mas a correlação entre os diferentes segmentos de sua linha de base afeta o comportamento das previsões, esteja você usando a suavização ou a regressão para determinada projeção de vendas. O restante deste capítulo fornece um panorama a respeito do que são essas correlações, então, abordo os aspectos práticos da suavização exponencial e da regressão nos Capítulos 15 e 16.

Compreendendo a Correlação

A correlação é uma parte fundamental da previsão. Você pode fazer previsões sem saber nada sobre a correlação, porém ficará em desvantagem se não se importar em conhecê-la. As correlações são fundamentais para entender as previsões de regressão e elas desempenham um papel importante no diagnóstico de como as previsões de suavização funcionam. E, melhor ainda, as correlações não são difíceis de compreender.

Faça-me um favor: pelo menos, analise o material deste capítulo acerca da correlação. Se decidir que não é para você, tudo bem, sem problemas; você ainda conseguirá fazer a previsão, mesmo que não tenha todas as ferramentas disponíveis à mão.

254   PARTE 4 **Fazendo Previsões Avançadas**

Quando elas começam a andar juntas?

Você quer colocar suas mãos virtuais em duas variáveis. Vamos começar partindo do princípio que essas variáveis são a altura e o peso das pessoas. Agora, sabe por experiência que quanto mais alta uma pessoa é, mais peso ela costuma ter. Não é uma relação um por um, as pessoas automaticamente não pesam 1kg a mais para cada centímetro adicional de altura. Todavia, há uma forte tendência de altura e peso andarem juntos. Não é fácil mantê-los separados.

Suponha que você decida fazer uma pesquisa. Você fica na esquina de uma rua no bairro comercial de uma grande área metropolitana e aborda as pessoas que estão passando. Você conversa com cada pessoa e, enquanto as distrai, descobre a altura delas com uma fita métrica. Então, você pergunta quanto elas pesam. Algumas dizem, e você anota a altura e o peso. (Algumas simplesmente vão embora, e é por isso que faltam alguns dados.)

Depois de coletar os dados de cerca de 50 pessoas, você volta ao escritório e insere-os em uma planilha do Excel, algo parecido com os dados da Figura 14-2.

FIGURA 14-2: Só de olhar os números, não dá para você saber que existe uma forte relação entre altura e peso.

Pessoa	Altura (cm)	Peso (Kg)
1	198	83,5
2	155	78,5
3	142	67,1
4	173	85,7
5	137	64,4
6	140	71,7
7	157	73,5
8	124	59,4
9	185	86,2
10	127	64,9
11	145	72,6
12	183	76,2
13	137	73,9
14	168	69,9
15	152	76,7
16	185	84,4
17	196	80,3
18	124	67,6
19	168	83,0
20	178	78,0
21	168	84,4
22	163	81,6

Até agora, é apenas um emaranhado de números. Quando você encontra um monte de números, a primeira coisa a fazer é colocá-los em um gráfico, como o da Figura 14-3.

CAPÍTULO 14 **Mudando de Pato para Ganso: Das Médias Móveis à Suavização** 255

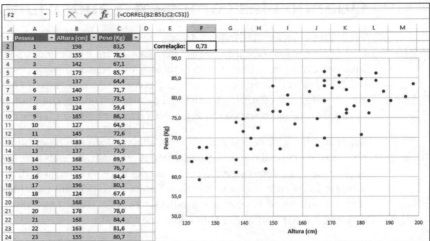

FIGURA 14-3:
Este é um gráfico XY (Dispersão), o melhor tipo de gráfico para mostrar duas variáveis numéricas.

Cada ponto no gráfico representa uma pessoa diferente com a qual você falou, permitindo que obtenha uma medida de altura e peso. Se escolher um ponto e examinar o eixo vertical, poderá ver qual é a altura dessa pessoa. E se olhar abaixo desse ponto até o eixo horizontal, poderá ver qual é o peso.

Agora, o emaranhado começa a apresentar alguns padrões:

» Os pontos no gráfico que estão mais acima no eixo vertical também tendem a ficar mais distantes no eixo horizontal.

» Os pontos têm uma forma esticada, indo da esquerda inferior até a direita superior.

» Os pontos *não* estão dispostos diretamente em linha reta, mas você pode imaginar uma passando pelo meio da forma, conforme a Figura 14-4. Ou pode desenhá-la: clique com o botão direito do mouse em um ponto da série de dados e escolha Adicionar Linha de Tendência, no menu de atalho.

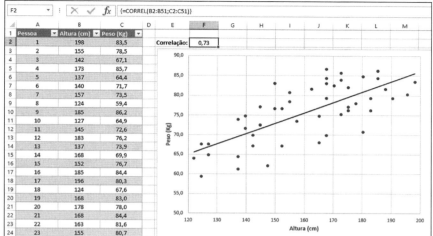

FIGURA 14-4: Esquerda inferior até direita superior significa uma correlação positiva ou *direta*.

Você pode fazer algumas afirmações sobre a relação entre as duas variáveis:

» Quanto mais próximos esses pontos estiverem da linha imaginária, mais forte será a relação entre as duas variáveis.

» Você pode expressar a força da relação com um número. Acontece que, devido ao modo como é calculado, o número deve estar entre −1 e +1. Esse número é chamado de *coeficiente de correlação*.

» Se o coeficiente de correlação for positivo, como 0,6, então a linha reta imaginária vai da esquerda inferior para a direita superior. Se o coeficiente de correlação for negativo, a linha vai da esquerda superior para a direita inferior.

» Quanto mais próximo o coeficiente de correlação for de +1,0 ou −1,0, mais forte será a relação. Quanto mais próximo estiver de zero, mais fraca será essa relação.

Imagine que você analisou as pontuações de golfe de 100 jogadores, cujos níveis de habilidade variam de iniciante a avançado. Você poderia inseri-los em um gráfico com, digamos, suas pontuações no eixo vertical e seus anos de experiência de golfe no eixo horizontal (veja a Figura 14-5).

CAPÍTULO 14 **Mudando de Pato para Ganso: Das Médias Móveis à Suavização** 257

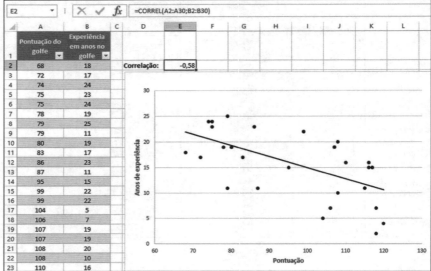

FIGURA 14-5: Esquerda superior para direita inferior significa uma correlação negativa ou *inversa*.

Portanto, você vê que quanto mais anos de experiência jogando golfe, menor a pontuação. O fato de a correlação ser negativa não tem nada a ver com a *força* da relação, apenas com sua direção.

Ao utilizar o Excel, você pode calcular o coeficiente de correlação entre duas variáveis com muita facilidade. Basta usar a função CORREL, com dois intervalos de valores reais como seus argumentos. Na Figura 14-5, a fórmula usada na célula D2 é:

```
=CORREL(A2:A30,B2:B30)
```

Projete o gráfico dos dados correlacionados

Quando você usa o Excel para projetar o gráfico dos dados correlacionados, quase sempre é melhor utilizar um gráfico XY (Dispersão).

PAPO DE ESPECIALISTA

Para simplificar, me refiro a ele como gráfico XY. O Excel usa o termo *Dispersão*, porque os aplicativos anteriores, lá nos primórdios do mainframe, referiam-se a esse tipo de gráfico como um *gráfico de dispersão* ou *diagrama de dispersão*.

A principal razão pela qual um gráfico XY é melhor é que, se você estiver trabalhando com correlações, trabalhará automaticamente com variáveis que são inteiramente numéricas. A altura e o peso são variáveis numéricas. A pontuação de golfe e os anos de experiência no esporte são variáveis numéricas.

Ao projetar o gráfico, você quer um gráfico que tenha um eixo horizontal (X) numérico e um eixo vertical (Y) numérico. Os outros tipos de gráfico não oferecem esse arranjo. Por exemplo, um gráfico de colunas pressupõe que as categorias (como marca de carro ou afiliação política) estão no eixo horizontal e os números (como o número de carros vendidos ou o número de eleitores registrados) no eixo vertical.

Um problema com a inserção de valores numéricos em um eixo de categoria é que o Excel não reflete a magnitude da diferença entre os números em seu espaçamento no eixo. Desse modo, os números 2, 4 e 8 apareceriam com distâncias iguais entre eles em um eixo de categoria. Mas a diferença entre 2 e 4 é 2, e a diferença entre 4 e 8 é 4. Somente um eixo numérico pode representar essas diferenças com precisão, e apenas um gráfico XY tem dois eixos numéricos para lidar com suas duas variáveis numéricas.

Existem outras razões para utilizar um gráfico XY em duas variáveis numéricas. Entre elas:

» As linhas de tendência são calculadas e desenhadas com precisão.

» Os valores do R-quadrado e das equações de regressão são baseados em valores apropriados.

Compreendendo a Autocorrelação

A autocorrelação é um tipo específico de correlação que aparece com frequência na previsão. Você a interpreta tal como faria com a correlação padrão: calculando a força da relação entre duas variáveis. A diferença é que você está correlacionando um conjunto de valores com um conjunto de valores diferente *da mesma variável*.

A seção anterior analisa a relação entre altura e peso: como as pessoas mais altas tendem a pesar mais e as pessoas mais baixas costumam pesar menos. Quando você está considerando a autocorrelação, pensa em termos diferentes. Você pensa em como os valores anteriores na linha de base estão relacionados aos valores posteriores na linha de base.

A partir da altura e do peso, você está analisando como altura de Sérgio refere-se ao peso de Sérgio e como altura de Anderson relaciona-se ao peso de Anderson e assim por diante.

Já com a autocorrelação e a previsão de vendas, você analisa como a receita de janeiro está relacionada à receita de fevereiro, como a receita de fevereiro está relacionada à receita de março etc.

CAPÍTULO 14 **Mudando de Pato para Ganso: Das Médias Móveis à Suavização**   259

DICA

Esse tipo de efeito não está limitado a uma relação de mês a mês. Pode se aplicar às receitas diárias, semanais, trimestrais e anuais.

Constantemente, o valor de um período de tempo anterior é transferido para um período posterior. Suponha que sua empresa fomente o SPIF de uma determinada linha de produtos por um mês. (*SPIF* é a abreviação para Fundo de Incentivo de Produtos Especiais, Fórmula de Incentivo ao Desempenho de Vendas ou algo mais, dependendo do plano de comissão que você está lendo.) O SPIF pode assumir a forma de bônus sobre a comissão normal, pelas vendas daquele produto durante o mês de maio. Às vezes, o efeito desse SPIF impacta em junho, julho e agosto, e vai até mais longe.

O SPIF de um mês em uma peça automobilística de suma importância, a proteção embaixo do carro, pode ter efeitos nas receitas nos meses subsequentes, por vários motivos, entre eles:

» À medida que os representantes de vendas se concentram em vender essa proteção, eles adquirem mais experiência em chamar a atenção dos clientes para seus efeitos incontestáveis no quesito durabilidade do veículo.

» Clientes satisfeitos indicam seus amigos para as concessionárias da empresa e todos esses clientes novos querem a proteção do carro.

» Algumas transações, talvez a maioria, podem ser na forma de financiamentos. Se a empresa reconhece a receita apenas quando recebe os pagamentos mensais, logo, a receita adicional devida ao SPIF será transferida na vigência de cada financiamento.

Diferentes situações provocam razões diferentes para que os resultados de um período de tempo possam perdurar em períodos de tempo posteriores. Se você está vendendo um candidato político em vez de uma proteção de cárter para carros — o que não faz diferença —, pode haver um efeito manada real. Quanto mais alto o candidato subir nas pesquisas, mais cobertura será feita pela mídia, mais o nome dele será reconhecido e mais ele subirá nas pesquisas.

» **Geralmente, na autocorrelação, os erros estão correlacionados.** Ou seja, a diferença entre o valor previsto e os valores reais de um período está relacionada à diferença do outro período. Se você estiver usando a regressão (em vez das médias móveis ou da suavização exponencial), isso vai contra uma das premissas que estabelecem a base de uma previsão de regressão: a independência dos erros.

» **Caso você esteja usando as médias móveis ou a suavização exponencial, a autocorrelação (seja ela positiva ou negativa) muitas vezes faz com que suas previsões fiquem bastante elevadas quando os valores reais são baixos, e muito baixas quando os valores reais são altos.**

Em ambos os casos, a resposta normalmente reside nas primeiras diferenças. Você pode encontrar mais informações a respeito das diferenças no Capítulo 17. Em resumo:

» Você obtém as primeiras diferenças calculando a diferença entre um valor real e um valor anterior; muitas vezes, mas nem sempre, o valor imediatamente anterior.

» Com a autocorrelação removida ao utilizar as primeiras diferenças, você pode ir em frente e fazer as previsões utilizando essas diferenças. Ainda é preciso ter que considerar a diferenciação na métrica original quando faz suas previsões; o Capítulo 17 mostra como fazer isso.

As primeiras diferenças na Figura 14-6 são calculadas subtraindo o valor anterior de um valor real. Por exemplo, você obtém a diferença na célula C3 -R$17.000,00 subtraindo B2 de B3.

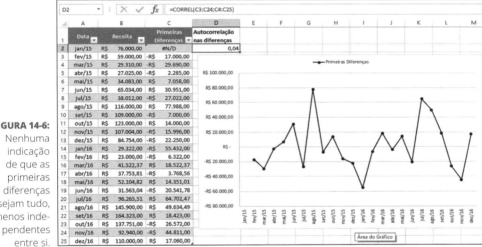

FIGURA 14-6: Nenhuma indicação de que as primeiras diferenças sejam tudo, menos independentes entre si.

A autocorrelação na série diferenciada de 0,04 é mostrada na célula D2. Esse coeficiente de correlação é muito próximo de zero. (Você verá como calcular uma autocorrelação no final deste capítulo, na seção intitulada "Calcule a autocorrelação".) Isso indica que você removeu a autocorrelação na série, obtendo as primeiras diferenças. E não há nenhuma regularidade especial no gráfico das primeiras diferenças, ou seja, a regularidade ainda pode ocorrer quando a primeira diferenciação não for suficiente para eliminar a autocorrelação e, em caso afirmativo, você pode querer fazer uma segunda diferenciação.

Em comparação com a linha de base original em B2:B25 da Figura 14-6, as primeiras diferenças em C3:C25 são as que você quer como base para sua previsão. Porém existem dois inconvenientes em usar as primeiras diferenças:

> » **Você perde os dados por um período de tempo.** Observe o valor #N/D na célula C2 da Figura 14-6. Quando você obtém as primeiras diferenças, sempre termina com um período de tempo menor que o da linha de base original. Com uma linha de base boa e extensa, digamos, 50 períodos de tempo, apenas como regra geral e sem teoria estatística para respaldar, a perda é insignificante.
>
> » **A princípio, não está intuitivamente claro o que as primeiras diferenças representam, muito menos as previsões das primeiras diferenças.** Não se preocupe: requer tempo e experiência para ter uma ideia do que está acontecendo. E quando você não diferencia os dados (visto mais adiante nesta seção), volta à escala original e se sente mais à vontade.

PAPO DE ESPECIALISTA

A autocorrelação que você vê na célula D2 da Figura 14-7 não é tecnicamente uma *função de autocorrelação* como o termo é usado na previsão, mas chega bem perto. No Capítulo 16, mostro como usar o código do VBA para calcular formalmente quais são as funções de autocorrelação.

FIGURA 14-7: As autocorrelações positivas causam desvio, como mostrado aqui. As autocorrelações negativas fazem a linha de base pular para cima e para baixo.

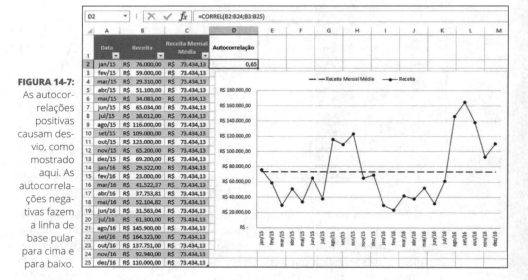

A linha de base mostrada e representada por um gráfico na Figura 14-7 é típica de uma autocorrelação positiva. Os dados flutuam abaixo do valor médio por muitos períodos, em seguida, passam alguns períodos acima da média e assim por diante. Esse padrão pode representar um *ciclo*, mas geralmente não uma linha de base *sazonal*

LEMBRE-SE

Um ciclo é diferente de um padrão sazonal, pois geralmente ele abrange mais de um ano e os pontos altos e baixos não seguem um cronograma regular. Um ciclo, como o ciclo comercial, normalmente dura muitos anos, mas é de se esperar que um padrão sazonal se repita a cada ano. Um ciclo pode atingir um ponto alto em 2018, em seguida cair em 2019, apenas para subir gradualmente e atingir outro pico em 2022. Porém as vendas de chinelo atingem índices astronômicos todo verão e caem a cada inverno.

A Figura 14-8 demonstra as previsões obtidas para a linha de base na Figura 14-7 e elas estão projetadas em gráficos junto aos valores reais. Esta previsão usa a suavização exponencial, em vez das médias móveis, com a finalidade de mostrar a autocorrelação em um contexto diferente. O gráfico também mostra o valor médio dos valores reais na linha de base.

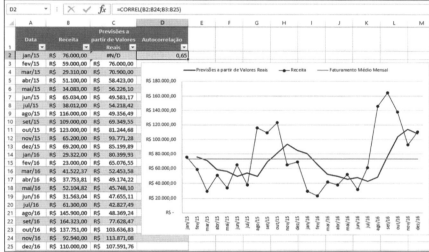

FIGURA 14-8: As previsões tendem a suavizar o ruído das observações reais.

DICA

Ao utilizar as médias móveis, cada previsão calcula a média de um número fixo de observações anteriores, normalmente de 3 a 8. Usando a suavização exponencial, cada previsão é uma média ponderada de todas as observações anteriores. Este livro faz uma análise detalhada da suavização exponencial no Capítulo 15.

Existem 23 períodos de tempo com valores reais e uma previsão. Em 19 dos 23 períodos:

» As previsões são maiores do que os valores reais quando eles estão abaixo da média (13 casos).

» As previsões são menores do que os valores reais quando eles são maiores do que a média (6 casos).

Conforme mencionei anteriormente neste capítulo, esse padrão é típico das linhas de base com valores autocorrelacionados positivos. Como você quer que as previsões sejam o mais precisas possível, gostaria de se livrar dessa fonte de erros.

DICA

Você pode ver a média dos valores reais no gráfico da Figura 14-8, mas não consegue ver os valores reais na planilha. No entanto, eles estão lá. Para evitar que as coisas fiquem ainda piores, deixei as médias invisíveis. Selecione o intervalo de células que contém os valores médios (para constar, é E5:E25) e escolha Formatar➪ Células, selecione a aba Número e escolha Personalizado na caixa de listagem Categoria. Na caixa Tipo, eu digito ;; (dois pontos e vírgulas consecutivos). Quando clico em OK, os valores médios desaparecem, embora estejam em suas células.

Você pode fazer a autocorrelação desaparecer obtendo as primeiras diferenças. A Figura 14-9 ilustra o processo, que é bem simples.

	A	B	C	D	E
1	Data	Receita	Primeiras Diferenças	Autocorrelação (Valores Reais)	Autocorrelação (Primeiras Diferenças)
2	jan/15	R$ 76.000,00		0,65	-0,10
3	fev/15	R$ 59.000,00	-R$ 17.000,00		
4	mar/15	R$ 29.310,00	-R$ 29.690,00		
5	abr/15	R$ 51.100,00	R$ 21.790,00		
6	mai/15	R$ 34.083,00	-R$ 17.017,00		
7	jun/15	R$ 65.034,00	R$ 30.951,00		
8	jul/15	R$ 38.012,00	-R$ 27.022,00		
9	ago/15	R$ 116.000,00	R$ 77.988,00		
10	set/15	R$ 109.000,00	-R$ 7.000,00		
11	out/15	R$ 123.000,00	R$ 14.000,00		
12	nov/15	R$ 65.200,00	-R$ 57.800,00		
13	dez/15	R$ 69.200,00	R$ 4.000,00		
14	jan/16	R$ 29.322,00	-R$ 39.878,00		
15	fev/16	R$ 23.000,00	-R$ 6.322,00		
16	mar/16	R$ 41.522,37	R$ 18.522,37		
17	abr/16	R$ 37.753,81	-R$ 3.768,56		
18	mai/16	R$ 52.104,82	R$ 14.351,01		
19	jun/16	R$ 31.563,04	-R$ 20.541,78		
20	jul/16	R$ 61.300,00	R$ 29.736,96		
21	ago/16	R$ 145.900,00	R$ 84.600,00		
22	set/16	R$ 164.323,00	R$ 18.423,00		
23	out/16	R$ 137.751,00	-R$ 26.572,00		
24	nov/16	R$ 92.940,00	-R$ 44.811,00		
25	dez/16	R$ 110.000,00	R$ 17.060,00		
26	jan/17				

FIGURA 14-9: Obter as primeiras diferenças geralmente faz com que uma linha de base seja estacionária.

1. **Limpe as previsões da coluna C mostradas na Figura 14-8.**

Se tiver certeza de que não tem nenhum outro dado na coluna que precisa manter, a maneira mais rápida é clicar no cabeçalho da coluna e pressionar a tecla Delete.

264 PARTE 4 **Fazendo Previsões Avançadas**

2. **Selecione a célula C3 e insira = B3-B2 digitando tudo ou selecionando as células com o mouse.**

3. **Clique com o botão direito na célula C3.**

4. **Escolha Copiar no menu de atalho.**

5. **Selecione o intervalo C4:C25.**

6. **Clique com o botão direito do mouse na célula C4 e escolha o ícone Colar no menu de atalho.**

Agora, você tem a série das primeiras diferenças na coluna C e pode usá-las para realizar suas previsões. Primeiro, porém, é preciso verificar se a primeira diferenciação realmente removeu a autocorrelação.

Essa verificação é mostrada na célula E2 da Figura 14-9. A autocorrelação nas primeiras diferenças é de −0,10, logo, pequena o bastante para ser insignificante. (Você pode ver a fórmula para a autocorrelação na Barra de Fórmula.)

Você está pronto para fazer uma previsão com base nas primeiras diferenças. Isso é mostrado na Figura 14-10.

FIGURA 14-10:
Você perdeu uma previsão devido à diferenciação e outra devido à suavização.

	A	B	C	D
	D16	▾	f_x	=$A$29*C15+$B$29*D15
1	Data	Receita	Primeiras Diferenças	Diferenças Suavizadas
2	jan/15	R$ 76.000,00	#N/D	#N/D
3	fev/15	R$ 59.000,00	-R$ 17.000,00	#N/D
4	mar/15	R$ 29.310,00	-R$ 29.690,00	-R$ 17.000,00
5	abr/15	R$ 51.100,00	R$ 21.790,00	-R$ 20.807,00
6	mai/15	R$ 34.083,00	-R$ 17.017,00	-R$ 8.027,90
7	jun/15	R$ 65.034,00	R$ 30.951,00	-R$ 10.724,63
8	jul/15	R$ 38.012,00	-R$ 27.022,00	R$ 1.778,06
9	ago/15	R$ 116.000,00	R$ 77.988,00	-R$ 6.861,96
10	set/15	R$ 109.000,00	-R$ 7.000,00	R$ 18.593,03
11	out/15	R$ 123.000,00	R$ 14.000,00	R$ 10.915,12
12	nov/15	R$ 65.200,00	-R$ 57.800,00	R$ 11.840,58
13	dez/15	R$ 69.200,00	R$ 4.000,00	-R$ 9.051,59
14	jan/16	R$ 29.322,00	-R$ 39.878,00	R$ 5.136,11
15	fev/16	R$ 23.000,00	-R$ 6.322,00	-R$ 15.558,68
16	mar/16	R$ 41.522,37	R$ 18.522,37	-R$ 12.787,68
17	abr/16	R$ 37.753,81	-R$ 3.768,56	-R$ 3.394,66
18	mai/16	R$ 52.104,82	R$ 14.351,01	-R$ 3.506,83
19	jun/16	R$ 31.563,04	-R$ 20.541,78	R$ 1.850,52
20	jul/16	R$ 61.300,00	R$ 29.736,96	-R$ 4.867,17
21	ago/16	R$ 145.900,00	R$ 84.600,00	R$ 5.514,07
22	set/16	R$ 164.323,00	R$ 18.423,00	R$ 29.239,85
23	out/16	R$ 137.751,00	-R$ 26.572,00	R$ 25.994,79
24	nov/16	R$ 92.940,00	-R$ 44.811,00	R$ 10.224,76
25	dez/16	R$ 110.000,00	R$ 17.060,00	-R$ 6.285,97
26	jan/17			R$ 717,82
27				
28		Constante de Suavização	Fator de Amortecimento	
29		0,3	0,7	

Na Figura 14-10, as diferenças da previsão aparecem no intervalo D4:D26. Elas foram criadas usando a suavização exponencial. A constante de suavização está na célula A29 e o fator de amortecimento está na célula B29 (essas duas constantes são analisadas rapidamente nos Capítulos 2 e 10, e você pode conhecer mais detalhes a respeito dela no Capítulo 15). As fórmulas em D4:D26 utilizam esses endereços em vez de números constantes, portanto, será possível alterar com facilidade a constante de suavização se quiser ver o resultado.

LEMBRE-SE

As diferenças de previsão, conforme mostradas no intervalo D4:D26 da Figura 14-11, são exatamente isso: previsões das diferenças entre os valores reais. Em cada célula no intervalo D5:D26, prevemos qual seria a diferença entre os dois valores reais específicos, caso a previsão anterior tivesse sido mais precisa; essa é a lógica básica que fundamenta a suavização exponencial. (Como a primeira previsão, D4 é calculada de maneira diferente do intervalo D5:D26.)

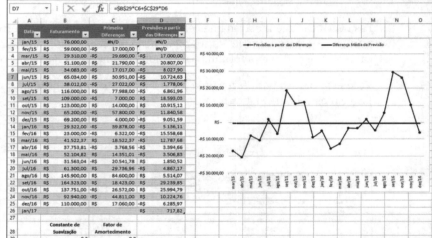

FIGURA 14-11: Os desvios abaixo e acima da média são muito mais curtos do que na linha de base original.

Finalmente, você está pronto para integrar as diferenças da previsão de volta aos valores reais originais. (*Nota*: chama-se *integração*, mas não estamos falando sobre cálculo aqui, prometo.) Esta última etapa, juntamente com um gráfico dos resultados, é mostrada na Figura 14-12.

Você faz a integração adicionando a diferença da previsão ao valor real associado que a precedeu. Assim, para obter a primeira previsão integrada de R$42.000 na célula E4 da Figura 14-12, você digitaria =**B3+D4**, copiaria e colaria no intervalo E5:E26. Projete o gráfico seguindo estas etapas:

1. Selecione A3:B26 e solte o botão do mouse.

2. Mantenha pressionada a tecla Ctrl e selecione E3:E26.

Agora, você deve ver dois intervalos destacados, um nas colunas A e B, e outro na coluna E.

3. **Vá para a aba Inserir da Faixa de Opções e escolha Gráfico de Linhas no grupo Gráficos. Escolha o subtipo que você prefere para criar o gráfico incorporado.**

Como o eixo horizontal representará os valores em A3:A26, as datas do período de tempo, um gráfico de linhas é uma boa escolha.

Observe na Figura 14-12 que as previsões acompanham os valores reais muito melhor do que na Figura 14-8, em que as previsões são baseadas nos valores reais, com toda essa autocorrelação.

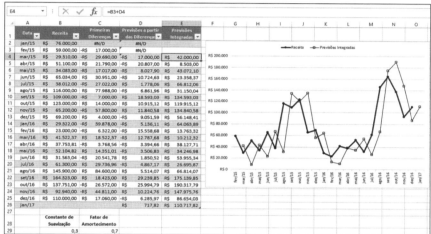

FIGURA 14-12: As previsões integradas ainda mostram alguma defasagem, mas não superestimam nem subestimam tanto quanto as previsões baseadas diretamente nos valores reais.

DICA

As etapas 1 e 2 o aconselharam a selecionar um intervalo (nas colunas A e B), em seguida, pressionar Ctrl e selecionar um terceiro intervalo (na coluna E). Caso você esteja selecionando intervalos ou células individuais, essa é a maneira de obter a *seleção múltipla* no Excel. Uma seleção múltipla são duas ou mais células ou intervalos que *não* estão próximos, e aqui o intervalo E3:E26 não está próximo ao intervalo A3:B26, porque as colunas C e D estão entre eles. Se você quiser selecionar um intervalo de células próximo (como A3:B26), clique em A3, mantenha a tecla Shift pressionada e clique em B26. Usar a tecla Shift significa que, neste exemplo, todas as células entre A3 e B26 são selecionadas, portanto, não é uma seleção múltipla.

Mais uma coisa: embora o exemplo tenha usado a suavização exponencial para criar as previsões nas Figuras 14-8 e 14- 12, você obteria aproximadamente o mesmo resultado se usasse as médias móveis ou a regressão.

Digo "aproximadamente o mesmo" porque as médias móveis, a suavização exponencial e a regressão sempre geram previsões que são, pelo menos, um pouquinho diferentes umas das outras. A questão é que as médias móveis e a regressão podem reagir à autocorrelação de maneiras que podem enganá-lo. Em particular, se você estiver usando a regressão, muitas vezes é melhor diferenciar a série para que os *erros* da previsão (as diferenças entre as previsões e os valore reais) sejam independentes.

Calcule a autocorrelação

A Figura 14-13 mostra um exemplo de cálculo de um coeficiente de autocorrelação.

	A	B	C	D	E
	Data	Receita			
1	Data	Receita			
2	jan/15	R$ 76.000,00		Autocorrelação	
3	fev/15	R$ 59.000,00		0,71	
4	mar/15	R$ 29.310,00			
5	abr/15	R$ 27.025,00			
6	mai/15	R$ 34.083,00			
7	jun/15	R$ 65.034,00			
8	jul/15	R$ 38.012,00			
9	ago/15	R$ 116.000,00			
10	set/15	R$ 109.000,00			
11	out/15	R$ 123.000,00			
12	nov/15	R$ 107.004,00			
13	dez/15	R$ 84.754,00			
14	jan/16	R$ 29.322,00			
15	fev/16	R$ 23.000,00			
16	mar/16	R$ 41.522,37			
17	abr/16	R$ 37.753,81			
18	mai/16	R$ 52.104,82			
19	jun/16	R$ 31.563,04			
20	jul/16	R$ 96.265,51			
21	ago/16	R$ 145.900,00			
22	set/16	R$ 164.323,00			
23	out/16	R$ 137.751,00			
24	nov/16	R$ 92.940,00			
25	dez/16	R$ 110.000,00			
26	jan/17				

Célula D3: =CORREL(B2:B24;B3:B25)

FIGURA 14-13: A função CORREL pode lidar com intervalos sobrepostos.

A autocorrelação de 0,71, mostrada na Figura 14-13, está entre os valores nas células B2:B24 e os valores nas células B3:B25. A fórmula na célula D3 é:

```
=CORREL(B2:B24;B3:B25)
```

Observe a semelhança entre essa fórmula e a fórmula usada na Figura 14-5:

```
=CORREL(A2:A30;B2:B30)
```

Em cada caso, você está utilizando a função CORREL para calcular uma correlação entre dois intervalos de planilha diferentes. A única diferença real entre as duas fórmulas é que, no caso da autocorrelação, você obtém a correlação entre o primeiro valor até o 23º e o segundo valor até o 24º da mesma variável.

268   PARTE 4 **Fazendo Previsões Avançadas**

Pode ser mais fácil ver o que está acontecendo dividindo a linha de base em dois intervalos diferentes. Isso é feito na Figura 14-14. A correlação de 0,71 na célula G3 da Figura 14-14 é a mesma da célula D3 da Figura 14-13. Não é nenhuma surpresa, porque os valores nos intervalos em cada figura são idênticos. O único aspecto incomum na Figura 14-13 é que os dois intervalos se sobrepõem.

FIGURA 14-14: Os valores na coluna E começam com o valor em B3.

	A	B	C	D	E	F	G
1	Data	Receita		Data	Receita		
2	jan/15	R$ 76.000,00		fev/15	R$ 59.000,00		Correlação
3	fev/15	R$ 59.000,00		mar/15	R$ 29.310,00		0,71
4	mar/15	R$ 29.310,00		abr/15	R$ 27.025,00		
5	abr/15	R$ 27.025,00		mai/15	R$ 34.083,00		
6	mai/15	R$ 34.083,00		jun/15	R$ 65.034,00		
7	jun/15	R$ 65.034,00		jul/15	R$ 38.012,00		
8	jul/15	R$ 38.012,00		ago/15	R$ 116.000,00		
9	ago/15	R$ 116.000,00		set/15	R$ 109.000,00		
10	set/15	R$ 109.000,00		out/15	R$ 123.000,00		
11	out/15	R$ 123.000,00		nov/15	R$ 107.004,00		
12	nov/15	R$ 107.004,00		dez/15	R$ 84.754,00		
13	dez/15	R$ 84.754,00		jan/16	R$ 29.322,00		
14	jan/16	R$ 29.322,00		fev/16	R$ 23.000,00		
15	fev/16	R$ 23.000,00		mar/16	R$ 41.522,37		
16	mar/16	R$ 41.522,37		abr/16	R$ 37.753,81		
17	abr/16	R$ 37.753,81		mai/16	R$ 52.104,82		
18	mai/16	R$ 52.104,82		jun/16	R$ 31.563,04		
19	jun/16	R$ 31.563,04		jul/16	R$ 96.265,51		
20	jul/16	R$ 96.265,51		ago/16	R$ 145.900,00		
21	ago/16	R$ 145.900,00		set/16	R$ 164.323,00		
22	set/16	R$ 164.323,00		out/16	R$ 137.751,00		
23	out/16	R$ 137.751,00		nov/16	R$ 92.940,00		
24	nov/16	R$ 92.940,00		dez/16	R$ 110.000,00		

G3 =CORREL(B2:B24;E2:E24)

Diagnóstico com a autocorrelação

No início deste capítulo, eu sugeri que, se a autocorrelação em uma linha de base fosse de 0,65, você deveria pegar as primeiras diferenças e remover a autocorrelação. Um pouco mais tarde, disse que a autocorrelação das primeiras diferenças era insignificante caso fossem tão pequenas quanto −0,10. Assim, isso levanta a questão: "O quanto é insignificante?"

Os Capítulos 4 e 17 descrevem testes que o ajudam a decidir se uma correlação é real ou imaginária. Aqui está outro teste que você provavelmente achará mais rápido de realizar do que os outros. Siga estas etapas:

1. **Copie a linha de base a partir da qual você vai prever (os valores reais ou as primeiras diferenças extraídas dos valores reais) e, por conveniência, cole-a em uma planilha nova.**

Cole, digamos, iniciando na célula A1. Estou usando as primeiras diferenças aqui a fim de demonstrar como os resultados da ferramenta Regressão mostram como você pode testar estatisticamente sua presença ou ausência.

CAPÍTULO 14 **Mudando de Pato para Ganso: Das Médias Móveis à Suavização** 269

2. **Selecione a célula B1 e cole novamente.**

Agora, você tem valores idênticos nas colunas A e B da planilha nova. Suponha que esses valores estejam em A1:A24 e B1:B24.

3. **Escolha Dados⇨Análise de Dados e selecione Regressão na caixa de listagem Ferramentas de Análise.**

Aparecerá a caixa de diálogo Regressão, mostrada na Figura 14-15.

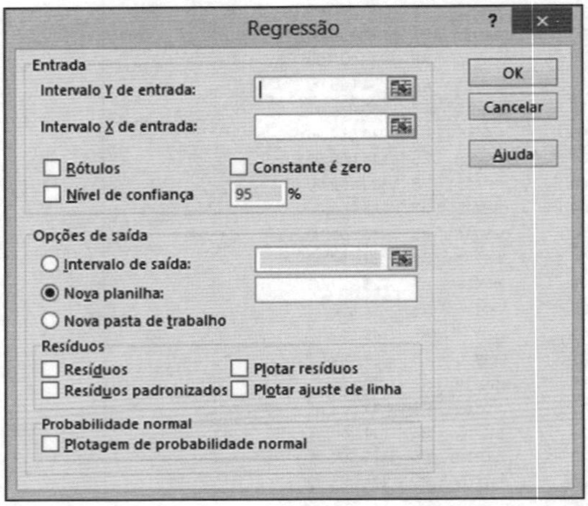

FIGURA 14-15:
A caixa Intervalo Y de Entrada pode conter o foco quando você seleciona o botão Intervalo de Saída, o que pode fazer com que o endereço na caixa Intervalo Y de Entrada se perca.

4. **Na caixa de diálogo Regressão, clique na caixa Intervalo Y de Entrada e arraste em B2:B24.**

5. **Clique na caixa Intervalo X de Entrada e arraste em A1:A23.**

A ferramenta Regressão não permitirá que esses dois intervalos se sobreponham na planilha e é por isso que esse passo a passo pede que você crie dois intervalos separados nas colunas A e B.

6. **Selecione a opção Rótulos.**

7. **Em Opções de Saída, clique em Intervalo de Saída**

8. **Clique em uma célula vazia à direita, por exemplo, a D1.**

9. **Clique em OK.**

Os resultados se parecem com os da Figura 14-16.

270   PARTE 4 **Fazendo Previsões Avançadas**

FIGURA 14-16: Veja a Significância de F para determinar se você deve tratar a autocorrelação como sendo real.

	A	B	C	D	E	F	G	H	I
1	Receita	Receita2		RESUMO DOS RESULTADOS					
2	-R$ 17.000,00	-R$ 17.000,00							
3	-R$ 29.690,00	-R$ 29.690,00		Estatística de regressão					
4	-R$ 21.790,00	R$ 21.790,00		R múltiplo	0,102				
5	-R$ 17.017,00	-R$ 17.017,00		R-Quadrado	0,010				
6	R$ 30.951,00	R$ 30.951,00		R-quadrado ajustado	-0,039				
7	R$ 27.022,00	-R$ 27.022,00		Erro padrão	36553,520				
8	R$ 77.988,00	R$ 77.988,00		Observações	22				
9	-R$ 7.000,00	-R$ 7.000,00							
10	R$ 14.000,00	R$ 14.000,00		ANOVA					
11	-R$ 57.800,00	-R$ 57.800,00			gl	SQ	MQ	F	Significância de F
12	R$ 4.000,00	R$ 4.000,00		Regressão	1	281129179,62	281129179,62	0,210	0,651
13	-R$ 39.878,00	-R$ 39.878,00		Resíduo	20	26723196178,90	1336159808,94		
14	-R$ 6.322,00	R$ 6.322,00		Total	21	27004325358,52			
15	R$ 18.522,37	R$ 18.522,37							
16	-R$ 3.768,56	-R$ 3.768,56							
17	R$ 14.351,01	R$ 14.351,01							
18	-R$ 20.541,78	-R$ 20.541,78							
19	R$ 29.736,96	R$ 29.736,96							
20	R$ 84.600,00	R$ 84.600,00							
21	R$ 18.423,00	R$ 18.423,00							
22	-R$ 26.572,00	R$ 26.572,00							
23	-R$ 44.811,00	-R$ 44.811,00							
24	R$ 17.060,00	R$ 17.060,00							

A célula que requer atenção é a que está rotulada como *Significância de F*. Como você configurou a análise de regressão, essa célula informa a significância estatística da correlação entre as células A1:A23 e B2:B24, que é, de fato, a autocorrelação entre A1:A23 e B2:B24.

Quanto maior o valor *Significância de F*, menos provável que a autocorrelação seja real. (Desculpe: as declarações de significância estatística são geralmente as que você menos espera.) Na Figura 14-16, o nível de significância é um pouco acima de 0,65. Isso significa que você teria uma autocorrelação tão grande quanto −0,10 65% das vezes, mesmo que não houvesse nenhuma autocorrelação real nos dados. Portanto, você pode supor que a autocorrelação nos valores reais da linha de base foi removida pela primeira diferenciação.

Imagine que a autocorrelação foi de 0,65 e o nível de significância resultante foi, digamos, de 0,05. Isso significaria que apenas 5% das vezes você veria uma autocorrelação tão grande quanto 0,65, caso a autocorrelação real fosse zero. Logo, nesse caso, você deve supor que a autocorrelação é real.

O que é uma autocorrelação "real"? Os valores que você está testando geralmente são amostras de uma linha de base muito mais longa. Talvez a linha de base *pudesse* retroceder a, digamos, janeiro de 1920, e você não tem tempo, paciência, nem recursos para recuperar todos esses valores. Se retrocedesse, poderia calcular a autocorrelação real, aquela baseada na população total de valores, em vez de apenas uma amostra dela. O que você está fazendo com o teste de significância é verificar a probabilidade de obter uma autocorrelação de até −0,10 na amostra, se a autocorrelação na população fosse zero. Se essa probabilidade for, digamos, de 0,65 (isto é, 65%), será difícil argumentar que a autocorrelação da população é diferente de zero.

CAPÍTULO 14 **Mudando de Pato para Ganso: Das Médias Móveis à Suavização** 271

Em suma, a presença da autocorrelação pode tanto dificultar quanto auxiliar as previsões. Eu a abordei um pouco neste capítulo porque você pode ver os efeitos da autocorrelação mais claramente nas previsões feitas pela suavização exponencial e regressão do que nas previsões feitas com médias móveis.

Seja lá qual método de previsão você escolher, a diferenciação da linha de base é, muitas vezes, a melhor maneira de administrar a autocorrelação. Você vê exemplos neste capítulo de como as primeiras diferenças de uma linha de base não mostram basicamente nenhuma autocorrelação. Você verá no Capítulo 17 como retornar as diferenças de previsão na linha de base ajuda a lidar com uma das causas da autocorrelação: a presença da tendência em uma série de tempo.

NESTE CAPÍTULO

» **Familiarizando-se com a suavização**

» **Trabalhando com a ferramenta Suavização Exponencial**

» **Decidindo sobre o uso de uma constante de suavização**

» **Resolvendo os problemas da suavização**

Capítulo **15**

Suavização: Como se Beneficiar de Seus Erros

A suavização, neste caso, a suavização *exponencial*, é um tipo de média móvel modificada. Não fique nervoso por conta do nome. Você não terá que lidar com nenhum expoente (ou, para falar a verdade, nem proponentes, depoentes, oponentes ou componentes). É uma ideia simples, com um visual repaginado, como tantas outras ideias simples, e um nome pomposo. A lógica é corrigir uma previsão pregressa e usar essa correção para realizar a próxima previsão. Bem simples, não acha?

O suplemento de Análise de Dados faz a suavização exponencial para você. A Suavização Exponencial é uma das ferramentas do suplemento de Análise de Dados que retorna uma fórmula, desse modo, caso você altere seus dados de entrada, as previsões se atualizarão automaticamente. Porém você pode querer um pouco mais de controle sobre as fórmulas do que a ferramenta Suavização Exponencial oferece, e este capítulo mostra como ter esse controle.

A suavização exponencial usa algo chamado (aqui está outro jargão) *constante de suavização*. Ela ajuda a detectar a quantidade de erro de uma previsão anterior a ser usada na criação da próxima previsão.

Depois de escolher uma constante de suavização, mesmo que por um momento, você acaba por escolher automaticamente um *fator de amortecimento* (mais um jargão). Não falarei dele aqui, porém a ferramenta Suavização Exponencial do suplemento de Análise de Dados usa esse termo.

O ponto que você deve aproveitar dessa introdução é que, assim que se acostumar com a terminologia esnobe, a suavização exponencial não é mais difícil do que os conceitos das médias móveis nos quais ela se baseia.

Corrija os Erros: A Lógica por Trás da Suavização

Você *não* precisa compreender a lógica por trás da suavização exponencial. Porém entendê-la não exige muito tempo nem esforço, e isso pode ajudá-lo a compreender o que está acontecendo quando você faz a previsão. E mais, caso lhe peçam para explicar uma previsão, não será necessário dizer: "Usamos o suplemento de Análise de Dados do Excel. Ele se encarregou das previsões dos valores reais. Muito conveniente." Isso não contribui em nada para sua credibilidade.

Muito melhor seria: "Usamos a suavização exponencial. É uma técnica padronizada de previsão. Poderíamos ter usado as médias móveis, mas, neste caso, teríamos perdido muito da linha de base. Poderíamos ter utilizado a regressão, porém a suavização exponencial nos viabilizou previsões mais precisas. Usar o erro na última previsão com o intuito de ajustar a previsão atual — essa é a lógica básica por trás da suavização exponencial — melhorou a precisão de nossas previsões. Agora, se pudermos voltar ao gráfico..."

Ajuste a previsão

Em geral, as previsões estão erradas. Na maioria das vezes, se são criadas racionalmente, as previsões não ficam *muito* fora da realidade, mas *ficam*.

Você adoraria voltar e ajustar sua previsão para, digamos, janeiro, após os valores reais estarem disponíveis. Pegaria a previsão de 26.000 unidades vendidas, a compararia com o valor real de 25.437 unidades vendidas e ajustaria sua previsão para um percentual de 563 unidades abaixo. Você seria visto como um profeta.

274   PARTE 4 **Fazendo Previsões Avançadas**

Infelizmente, não somos profetas. Mas, embora você não possa fingir que fez esse ajuste antes de ver os valores reais de janeiro, ainda é possível usá-lo. Pode utilizá-lo na próxima previsão.

Imagine que uma linha de base do faturamento esteja crescendo gradualmente. Alguns meses, as vendas estão com tudo, outros meses não, mas, quando você projeta o gráfico da linha de base, pode perceber que a tendência geral está em alta. Com base nessa tendência geral, você faz uma previsão para junho. Seus valores reais de maio foram de R$510.454,00 e você prevê R$519.827,00 para junho. Quando o próximo conjunto de valores reais estiver disponível, descobrirá que a receita de junho foi de R$516.188,00.

Óbvio que você gostaria de reconsiderar sua promissora previsão, mas não pode. O corpo de diretores já a viu, eles viram os valores reais e perceberam a diferença. Felizmente, você os preparou emocionalmente para esse tipo de coisa e sabe que não serão rudes com você, desde que saibam que você também percebeu o ocorrido e levará isso em consideração na próxima previsão.

E levará, se estiver usando a suavização exponencial. Veja a seguir como usá-la:

1. Decida quanto peso você quer dar ao erro na previsão de junho.

Isso ficará em algum lugar entre 0% e 100%. Suponha que você escolha 30%.

2. Multiplique o peso pelo erro.

O erro de junho foi de R$516.188,00 - R$519.827,00 ou -R$3.639,00. Trinta por cento de -R$3.639,00 é -R$1.091,70, um erro ponderado.

3. Adicione o erro ponderado à previsão anterior.

Neste ponto, o erro é um número negativo. Isso ocorre porque a previsão era muito alta e você subtrai a previsão do valor real para obter o erro. O efeito de adicionar o erro ponderado negativo de junho à previsão de junho é puxar a previsão de julho para baixo.

O resultado seria:

Previsão de julho = Previsão de junho + 0,3 (Valor real de junho - Previsão de junho)

Previsão de julho = R$519.827,00 + [0,3 × (-R$3.639,00)]

Previsão de julho = R$518.735,30

Você gostaria de ter feito isso em junho, pois faria com que sua previsão de junho ficasse mais próxima do valor real de junho. Todavia, não é tarde demais para incorporá-la à previsão de julho.

Lembre-se de algumas coisas sobre o método de suavização exponencial:

» **Ele ajuda as previsões a começarem a reagir rapidamente quando uma linha de base está começando a subir ou descer.** Na verdade, isso começa logo no próximo período. Se as coisas começarem a cair em junho, sua previsão de julho refletirá isso, assim como refletiria um aumento.

» **Sua escolha em relação a isso, depois de decidir usar a suavização exponencial, é limitada *a quanto* você reagirá ao erro anterior.** Nesse exemplo, você fez essa escolha quando decidiu dar 30% de peso ao erro na previsão anterior.

» **Esse peso de 30% (equivalente a 0,3) é a constante de suavização.** É necessário que a constante de suavização fique entre 0,0 e 1,0, inclusive.

A Figura 15-1 mostra um exemplo de previsão com a suavização exponencial.

Existe uma forma mais prática de equação do que a que vimos até agora e você a verá com mais frequência do que qualquer outra. Na célula C4 da Figura 15-1, ela é:

```
=0,3*B3+0,7*C3
```

Ou seja, a constante de suavização multiplicada pelo valor real anterior mais o fator de amortecimento multiplicado pela previsão anterior. Essa forma é prática para copiar e colar na planilha, mas não informa o que realmente está acontecendo; pelo menos, não em um sentido intuitivo. Para isso, veja a seção seguinte.

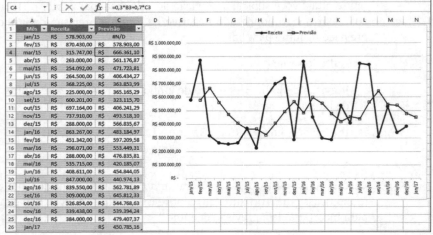

FIGURA 15-1: As previsões na coluna C foram criadas pela ferramenta Suavização Exponencial do Excel.

276 PARTE 4 **Fazendo Previsões Avançadas**

A razão pela qual a chamam de "suavização exponencial"

Você pode pular esta seção com toda certeza e ainda usar a suavização exponencial como um método para fazer previsões. Mas, caso esteja interessado, continue lendo.

Faça estas suposições:

> » Você está trabalhando com uma linha de base criada a partir de dados mensais.
> » A linha de base começa em abril.
> » A constante de suavização que está utilizando é de 0,3.

Portanto, a previsão para julho seria:

Previsão de julho = 0,3 × Valores reais de junho + 0,7 × Previsão de junho

Qual é a previsão de junho? É:

Previsão de junho = 0,3 × Valores reais de maio + 0,7 × Previsão de maio

Aqui, a constante de suavização é 0,3 e o fator de amortecimento é, portanto, 0,7.

LEMBRE-SE

A constante de suavização e o fator de amortecimento sempre somam 1,0. Se você sabe um deles, já sabe o outro.

Expandindo a equação

Na previsão de julho, se você remover o valor da previsão de junho e substituí-lo pela *fórmula* para a previsão de junho, obterá:

Previsão de julho = 0,3 × Valor real de junho + 0,7 × (0,3 × Valor real de maio + 0,7 × previsão de maio)

A previsão de maio é:

0,3 × Valor real de abril + 0,7 × Previsão de abril

Agora, se a linha de base começar em abril, não será possível retroceder para março e prever um valor para abril: você não tem um valor real, tampouco um resultado previsto para março, e ambos são necessários para realizar uma previsão para abril. Além do mais, sem uma previsão para abril, você não pode fazer uma previsão para maio. Então, para evitar que essa série sofra com um efeito dominó, deve considerar o valor real de abril como previsão de maio. Este é o procedimento padrão para a previsão. Quando você volta para quase o início de uma linha de base procurando uma previsão do segundo valor da linha de base, usa o valor real do primeiro período. (Não há nenhum valor anterior disponível a partir do qual prever.)

DICA

Existem outras maneiras de obter a primeira previsão. Uma delas é denominada de *backcasting*. A ideia é inverter a linha de base e realizar a previsão do passado, e não do futuro. (Mais ou menos como Spock e Kirk passando por aquele portal até o século XX, onde eles encontram Joan Collins. Certo?) Existem algumas outras maneiras de resolver esse problema de previsão. Não as abordo neste livro, mas você deve estar ciente de que existem.

Portanto, a previsão de julho é:

=0,3 × Valor real de junho + 0,7 × Previsão de junho

Substituindo a fórmula da previsão de junho:

Previsão de julho = 0,3 × Valor real de junho + 0,7 × (0,3 × Valor real de maio +0,7 × Previsão de maio)

Porém a previsão para maio é tomada como a observação do valor real para abril, em virtude de abril ser o primeiro período na linha de base. Desse modo, a previsão para julho seria:

Previsão de julho = 0,3 × Valor real de junho + 0,7 × (0,3 × Valor real de maio + 0,7 × Valor real de abril)

Compare essas equações com as do intervalo C3:C5 da Figura 15-1.

Entenda os expoentes

Suponha que você esteja no final do terceiro mês de acompanhamento das vendas de um produto, e esteja pronto para realizar a previsão do valor das vendas que serão realizadas no quarto mês. (Claro, normalmente você esperaria por uma linha de base mais extensa, mas isso esclarece a discussão sobre trabalhar com uma amostra menor.) Use esta fórmula:

$$\hat{y}_4 = \alpha y_3 + (1-\alpha)\hat{y}_3$$

Ou seja, a previsão para o Mês 4 ($\hat{y}_4$) é igual a:

Alfa (α, também denominado constante de suavização)

Multiplicado pelas vendas reais durante o Mês 3 (y_3)

Somado com (1 − α)

Multiplicado pela previsão do Mês 3 feita no final do Mês 2 ($\hat{y}_3$)

Agora, na previsão do Mês 4, substitua a previsão do Mês 3, $\hat{y}_3$, por seu próprio cálculo:

$$\hat{y}_3 = \alpha y_2 + (1-\alpha)\hat{y}_2$$

Então:

$$\hat{y}_4 = \alpha y_3 + (1-\alpha)(\alpha y_2 + (1-\alpha)\hat{y}_2)$$

Agora, a previsão para o Mês 2 é o valor real observado para o Mês 1:

$$\hat{y}_2 = y_1$$

Portanto:

$$\hat{y}_4 = \alpha y_3 + (1-\alpha)\left(\alpha y_2 + (1-\alpha)y_1\right)$$

Expanda o segundo termo multiplicando por $(1-\alpha)$:

$$\hat{y}_4 = \alpha y_3 + (1-\alpha)\left(\alpha y_2\right) + (1-\alpha)(1-\alpha)y_1$$

$$\hat{y}_4 = \alpha y_3 + (1-\alpha)\left(\alpha y_2\right) + (1-\alpha)^2 y_1$$

Agora, se você elevar um número à potência 0, o resultado será 1. Em caso de você elevar qualquer número à potência 1, obterá o número em si. Desse modo, é possível reescrever a equação anterior desta forma:

$$\hat{y}_4 = (1-\alpha)^0 \alpha y_3 + (1-\alpha)^1 \alpha y_2 + (1-\alpha)^2 y_1$$

Por fim, basta reorganizar a ordem dos termos na equação anterior para mostrar as observações mais antigas à esquerda e as mais recentes à direita. Isso faz com que seja mais fácil ver o que está acontecendo:

$$\hat{y}_4 = (1-\alpha)^2 y_1 + (1-\alpha)^1 \alpha y_2 + (1-\alpha)^0 \alpha y_3$$

Imagine que você defina α para o valor de 0,3. Depois, utilize os números em vez de $(1-\alpha)$ elevado a alguma potência.

$$\hat{y}_4 = .49 y_1 + .7\alpha y_2 + 1\alpha y_3$$

Posso até imaginar seu olhar vazio e sua cara de paisagem. Porém tenha um pouco mais de paciência comigo. Você pode ver que cada uma das observações dos primeiros três meses — y_1, y_2 e y_3 — aparece na previsão do Mês 4. A observação mais antiga, y_1, é multiplicada por $0,7^2$ ou 0,49. A próxima observação, y_2, é multiplicada por 0, 7^1 ou 7. E a observação mais recente, y_3, é multiplicada por 7^0 ou 1. Quanto mais antiga a observação, menor o múltiplo e, portanto, menor a contribuição da observação para a previsão atual.

CAPÍTULO 15 **Suavização: Como se Beneficiar de Seus Erros** 279

Compreenda as equações

E é por isso que a chamamos de suavização exponencial. Quanto mais você se aproxima do início da linha de base, maior o expoente para $(1 - \alpha)$ ou, se preferir, menor a constante de suavização. E como você está elevando uma fração (neste exemplo, é 0,7) a potências cada vez mais altas, a contribuição dos valores reais mais antigos fica cada vez menor ($0,7^2 = 0,49$, $0,7^3 = 0,34$, $0,7^4 = 0,24$ e assim por diante).

Intuitivamente, é assim que as coisas deveriam ser. Quanto mais distante um valor da linha de base está dos dias atuais, menor espera-se que seja sua influência.

Brincando com a constante de suavização

Talvez a ideia de brincar com uma constante de suavização nunca lhe tenha ocorrido. De qualquer modo, é um exercício conveniente.

O Capítulo 13 fala sobre o efeito dos tamanhos maiores e menores de uma linha de base que contribuem para uma média móvel. Outras condições sendo iguais, as seguintes afirmações são verdadeiras:

» Quanto mais períodos da linha de base entrarem em uma média móvel, mais lentamente a média móvel reagirá às mudanças na linha e mais suaves serão as séries de previsões. Além disso, você pode fazer menos previsões, pois perde mais períodos no início da linha de base.

» Quanto menos períodos da linha de base entrarem em uma média móvel, mais rapidamente a média móvel reagirá, ou *acompanhará*, as mudanças na linha de base e mais próximas as previsões chegarão dos valores da linha de base em si. Ademais, você perde menos períodos no início da linha de base.

Você pode observar o mesmo efeito na suavização exponencial, mas, devido à constante de suavização e ao fator de amortecimento, o efeito é um pouco diferente em relação às médias móveis. A propósito, aqui estão alguns outros fatos sobre a suavização exponencial:

» Quanto mais alta a constante de suavização, mais rapidamente a previsão acompanha a linha de base.

» Quanto mais baixa a constante de suavização, mais lento o acompanhamento, portanto, a série de previsão tende a parecer mais suave.

Observe o que acontece com a equação nos extremos 1,0 e 0,0 da constante de suavização:

Previsão de julho = Constante de suavização × Valor real de junho + Fator de amortecimento × Previsão de junho

Previsão de julho = 1,0 × Valor real de junho + 0,0 × Previsão de junho

Desse modo, com uma constante de suavização de 1,0, as previsões acompanham os valores reais com exatidão, ficando apenas um período atrasado. Quanto mais próxima a constante de suavização for de 1,0, mais próximo o acompanhamento.

Por outro lado:

Previsão de julho = 0,0 × Valores reais de junho + 1,0 × Previsão de junho

Nesse caso, o único valor real que entra em jogo é o primeiro na linha de base. Como o primeiro valor da linha de base também é tomado como a previsão do segundo período, todas as previsões são iguais para o primeiro valor na linha de base.

As Figuras 15-2 e 15-3 mostram como isso funciona. Por uma questão prática, as previsões na Figura 15-2 são inúteis, porque são apenas valores reais, com um mês de atraso. A previsões da Figura 15-3 são irrelevantes, porque não são nada mais, nada menos, do que o valor real de janeiro de 2014 previsto para os próximos 23 meses.

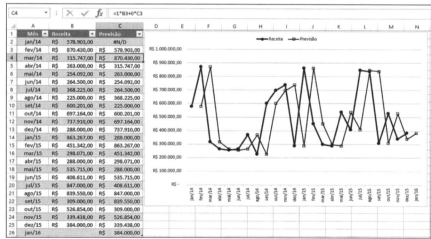

FIGURA 15-2: Acompanhamento perfeito (mas com ruído).

CAPÍTULO 15 **Suavização: Como se Beneficiar de Seus Erros** 281

Portanto, na prática, você nunca deve usar 0,0 ou 1,0 como uma constante de suavização. Todavia, ver o que acontece quando você utiliza esses valores ajuda a lembrá-lo do que ocorre ao usar uma constante de suavização maior ou menor.

Para ter um panorama mais realista, veja a Figura 15-4. É outra versão da Figura 15-1, mas a constante de suavização era 0,3 (portanto, o fator de amortecimento foi 0,7). A Figura 15-4 inverte-os: a constante de suavização é 0,7 e o fator de amortecimento é 0,3.

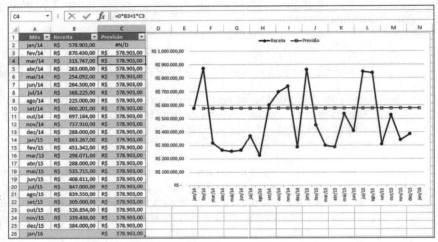

FIGURA 15-3: Suavização perfeita (mas sem informações).

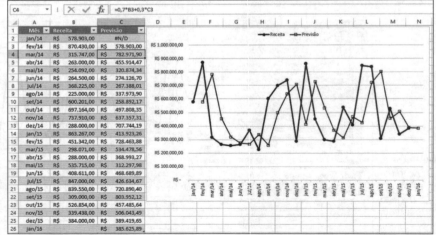

FIGURA 15-4: Observe que as previsões são mais voláteis do que na Figura 15-1.

Na Figura 15-4, em que a constante de suavização é de 0,7, as previsões acompanham os valores reais mais de perto do que na Figura 15-1, em que a constante

282 PARTE 4 **Fazendo Previsões Avançadas**

de suavização é 0,3. Mais uma vez, o problema é o acompanhamento versus a suavização. Quanto mais alta a constante de suavização, mais de perto as previsões acompanham os valores reais, mais esse ruído entra em cena, e quanto mais ruído, mais o sinal fica mascarado. Quanto mais suavização houver nas previsões, mais lentamente elas reagem às mudanças fundamentais e duradouras na linha de base, portanto, mais tempo você leva para reconhecer que algo importante ocorreu.

Usando a Fórmula da Ferramenta Suavização

O Capítulo 10 apresenta uma breve síntese do uso do suplemento de Análise de Dados para fazer uma previsão por meio de sua ferramenta Suavização Exponencial. Esta seção recapitula esse processo e mostra como retocar as previsões após o trabalho preliminar básico ter sido feito.

Obtenha uma previsão por meio da ferramenta Suavização Exponencial

A Figura 15-5 mostra uma linha de base com a qual você pode começar.

	A	B	C	D	E	F	G	H	I
1	Mês	Unidades vendidas							
2	jan/14	R$ 283.827,00							
3	fev/14	R$ 423.000,00							
4	mar/14	R$ 252.807,00							
5	abr/14	R$ 66.557,00							
6	mai/14	R$ 191.595,00							
7	jun/14	R$ 112.950,00							
8	jul/14	R$ 480.000,00							
9	ago/14	R$ 447.000,00							
10	set/14	R$ 239.079,00							
11	out/14	R$ 464.860,00							
12	nov/14	R$ 336.000,00							
13	dez/14	R$ 232.940,00							
14	jan/15	R$ 284.959,00							
15	fev/15	R$ 437.854,00							
16	mar/15	R$ 171.704,00							
17	abr/15	R$ 33.833,00							
18	mai/15	R$ 229.253,00							
19	jun/15	R$ 87.895,00							
20	jul/15	R$ 289.019,00							
21	ago/15	R$ 87.000,00							
22	set/15	R$ 213.257,00							
23	out/15	R$ 63.524,00							
24	nov/15	R$ 305.242,00							
25	dez/15	R$ 153.337,00							

FIGURA 15-5: Você não precisa das informações de data, mas tê-las permite verificar os montantes de vendas.

Veja aqui o passo a passo para adicionar uma série de previsões a essa linha de base usando a ferramenta Suavização Exponencial do suplemento de Análise de Dados:

1. Verifique se o suplemento de Análise de Dados está instalado no Excel.

Veja o Capítulo 7 para obter informações sobre a instalação.

2. Caso necessário, ative a planilha que contém a linha de base.

3. Vá para a aba Dados da Faixa de Opções e clique em Análise de Dados no grupo Análise.

Será aberta a caixa de diálogo Análise de Dados.

4. Na caixa de diálogo Análise de Dados, clique em Suavização Exponencial na caixa de listagem e clique em OK.

5. Clique na caixa Intervalo de Entrada e arraste o intervalo B1:B25 na planilha.

6. Clique na caixa Fator de Amortecimento e digite 0,7.

Isso corresponde a uma constante de suavização de 0,3.

7. Como o intervalo de entrada incluiu a célula B1, que nomeia a linha de base em B2:B25, marque a caixa de seleção Rótulos.

8. Clique na caixa Intervalo de Saída, em seguida, clique na célula em que deseja que a saída seja iniciada.

Na planilha mostrada na Figura 15-5, seria a C2, e não a C1. A ferramenta Suavização Exponencial não fornece um rótulo para as previsões, portanto, clicar em C1 colocaria o primeiro valor de saída em C1, uma linha acima do primeiro valor na linha de base. O primeiro valor de saída é sempre #N/D, porque a ferramenta Suavização Exponencial não tem como prever um valor para o primeiro período. Iniciar a saída em C2 coloca o primeiro valor observado no local correto, a célula C3, como a previsão para o segundo período.

A Figura 15-6 mostra como a caixa de diálogo fica antes de você clicar em OK.

9. Clique em OK.

FIGURA 15-6: Este exemplo continua colocando as previsões em um gráfico novo, assim, não se preocupe em marcar a caixa de seleção Saída do Gráfico.

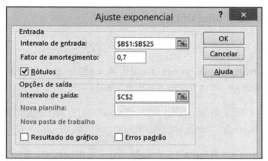

10. **Digite o rótulo** Previsões **na célula C1.**

    Você encontrará os resultados do uso da ferramenta Suavização Exponencial na coluna C da Figura 15-7.

Um problema com a ferramenta Suavização Exponencial é que ela não fornece automaticamente a previsão para o período após o último período da linha de base, e isso é o que mais interessa. Então, para obter esse valor, siga as etapas:

1. **Usando o layout na Figura 15-7, selecione a célula C25.**

    Em termos mais gerais, selecione a célula mais baixa que a ferramenta Suavização Exponencial retornou.

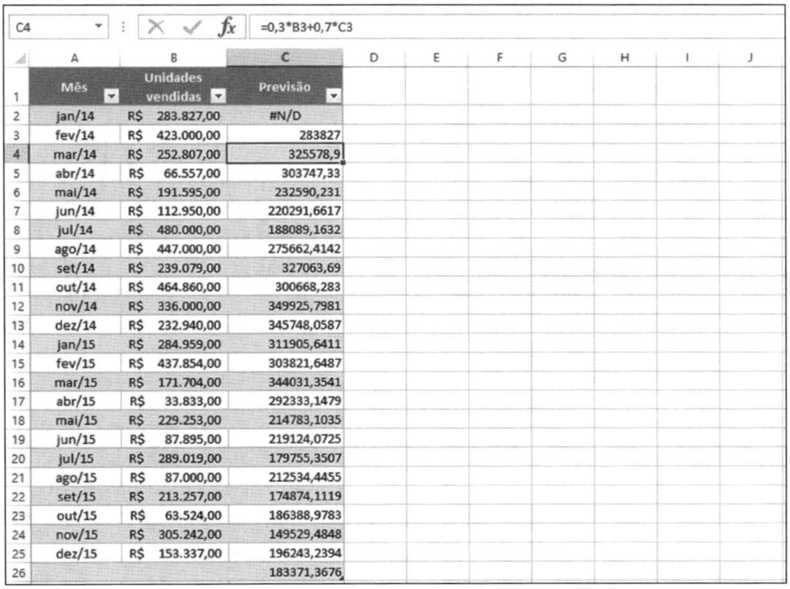

FIGURA 15-7: A ferramenta Suavização Exponencial não aplica os formatos (aqui, moeda) do intervalo de entrada em seu intervalo de saída.

CAPÍTULO 15 **Suavização: Como se Beneficiar de Seus Erros**   285

2. **Mova o ponteiro do mouse sobre o canto inferior direito da célula até que ele mude para uma mira.**

   Esse canto é chamado de *alça de preenchimento*.

3. **Pressione e mantenha pressionado o botão esquerdo do mouse, arraste para baixo uma linha e solte o botão.**

   As etapas de 1 a 3 fornecem uma previsão para o próximo período de tempo. Tudo o que resta é colocar as previsões no gráfico.

4. **Usando o layout na Figura 15-7, selecione o intervalo B1:C26.**

   Em termos mais gerais, selecione a célula que contém o rótulo para o campo da linha de base; na Figura 15-7, é B1.

5. **Acesse a aba Inserir da Faixa de Opções e clique no ícone para Gráfico de Linhas no grupo Gráficos. Selecione um subtipo de gráfico de linhas.**

Altere formatação do gráfico como quiser. Na Figura 15-8, aumentei o gráfico arrastando as alças do canto, defini para 11 o tamanho da fonte de todo o texto no gráfico e inseri uma legenda na parte superior.

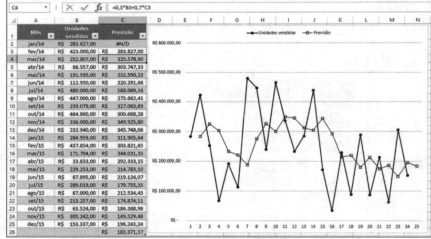

FIGURA 15-8: Uma célula que contém um valor em branco ou um valor #N/D não aparecerá no gráfico.

LEMBRE-SE

Quando você está utilizando a ferramenta Suavização Exponencial do suplemento de Análise de Dados, é preciso pensar em termos de fator de amortecimento, porque a ferramenta insiste nisso. Especificar um fator de amortecimento e obter a constante de suavização subtraindo 1,0 do fator não é um absurdo, mas é incomum.

286 PARTE 4 **Fazendo Previsões Avançadas**

Não tente colocar o fator de amortecimento em uma célula da planilha, em seguida fazer referência à célula na caixa Fator de Amortecimento da caixa de diálogo Suavização Exponencial. Essa caixa não aceita um endereço de célula. Se você quiser seguir esse rumo, e eu recomendo (veja a próxima seção), terá que fazer isso depois de a ferramenta ter criado a previsão.

Modifique a constante de suavização

Após a ferramenta Suavização Exponencial fornecer uma série de previsões, você poderá alterá-la ajustando o valor da constante de suavização. As fórmulas para as previsões seguem as formas mencionadas no final da seção "Ajuste a previsão", no início deste capítulo. As fórmulas para as previsões no intervalo C4:C6 da Figura 15-8 são:

```
=0,3*B3+0,7*C3
=0,3*B4+0,7*C4
=0,3*B5+0,7*C5
```

Há uma boa e uma má notícia. A boa notícia é que você dispõe de fórmulas para trabalhar, não de valores estáticos como estes:

```
325578,90
303747,33
232590,23
```

que são resultados das fórmulas em C4:C6.

A má notícia é que as fórmulas contêm constantes como 0,3 e 0,7, que você não pode alterar facilmente. É possível transformar essas más notícias em boas seguindo estas etapas, usando a planilha na Figura 15-8 como base:

1. **Na célula B28, digite** =1 - A28**.**

Não importa onde você insira, contanto que esteja em alguma célula em branco para não sobrescrever nada importante.

2. **Na célula A28, digite** 0,3**.**

Mais uma vez, não importa onde é digitado.

3. **Se necessário, formate o intervalo A28:B28 para o formato Número, com duas casas decimais: selecione A28:B28, acesse a aba Início da Faixa de Opções e selecione Número na lista suspensa na parte superior do grupo Número.**

4. **Selecione a célula C4.**

Na Barra de Fórmulas, você verá a fórmula:

```
=0,3*B3+0,7*C3
```

5. **Clique na Barra de Fórmulas, altere 0,3 na fórmula para $A$28, altere 0,7 na fórmula para $B$28 e pressione Enter ou clique no botão Entrar.**

Agora, a fórmula deve ser:

```
=$A$28*B3+$B$28*C3
```

6. **Caso necessário, selecione a célula C4 novamente. Então, mova o ponteiro do mouse sobre o canto inferior direito até que ele se transforme em uma mira. Pressione e segure o botão esquerdo do mouse, arraste para baixo até a célula C26 e solte. Em vez de arrastar para baixo, você poderia simplesmente clicar duas vezes na alça de preenchimento.**

CUIDADO

Não se esqueça de incluir os cifrões na Etapa 5. Caso não inclua, as referências serão relativas. Portanto, quando você fizer o autopreenchimento na Etapa 6, as referências subsequentes à constante de suavização e ao fator de amortecimento apontarão para células diferentes e vazias, e suas previsões terão um valor zero. Uma alternativa, se você é um entendido de nomes do Excel, é nomear as células A28 e B28, usando referências absolutas.

Os efeitos das etapas 1 a 6 são para:

» Inserir os valores da constante de suavização e do fator de amortecimento explicitamente na planilha.

» Fazer com que as fórmulas da previsão na coluna C se refiram à constante de suavização e ao fator de amortecimento em A28:B28.

Agora, você pode alterar a constante de suavização em A28. Quando faz isso, o fator de amortecimento em B28 muda de acordo. E quando muda, o mesmo acontece com as previsões na coluna C que dependem desses dois valores. Ademais, o gráfico é atualizado. Isso é muito mais eficiente do que a alternativa que a ferramenta Suavização Exponencial oferece, que é usar o recurso Localizar e Substituir nas fórmulas toda vez que você quer testar o efeito de um conjunto diferente de constantes.

A Figura 15-9 mostra o resultado de mudar a constante de suavização em A28 de 0,3 para 0,5.

Ao comparar as Figuras 15-8 e 15-9, vê-se que o gráfico de previsões da Figura 15-8 fica um pouco mais suave do que o da Figura 15-9. O outro lado da moeda é que as previsões da Figura 15-9 respondem um pouco mais rápido às alterações na linha de base do que as previsões da Figura 15-8. Você pode testar as constantes de suavização com diferentes valores para ver qual efeito elas têm sobre as previsões projetadas em gráfico.

Testar diferentes constantes de suavização é uma boa maneira de se familiarizar com a relação entre as constantes, a previsão e a aparência das previsões quando são projetadas em gráficos com valores reais da linha de base. Mas, quando chega a hora de ajustar uma constante de suavização para suas previsões, não há nada como executar números.

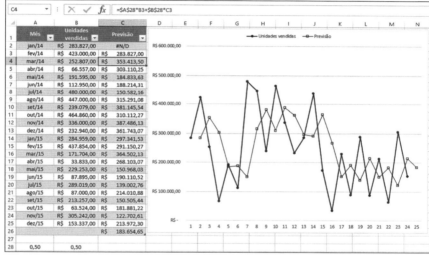

FIGURA 15-9: Uma constante de suavização 0,5 acompanha a linha de base mais de perto do que uma constante de suavização 0,3.

Encontrando a Constante de Suavização

Talvez o melhor modo de decidir a respeito de um valor para a constante de suavização seja usar algum tipo de parâmetro para comparar os resultados obtidos com as diferentes constantes. Provavelmente, o método padrão para minimizar os erros de previsão seja começar com constantes diferentes.

LEMBRE-SE

O erro de previsão, ou apenas *erro*, é a diferença entre a previsão para um determinado período e o valor real para o mesmo período.

Desenvolva um parâmetro

A Figura 15-10 mostra uma linha de base, uma constante de suavização e um fator de amortecimento, as previsões criadas pela ferramenta Suavização Exponencial do suplemento de Análise de Dados e os erros de previsão obtidos ao subtrair as previsões dos valores reais.

Aqui está uma visão geral do que está por vir: você vai inserir uma fórmula que informa quanto erro existe em todas as previsões consideradas em conjunto. Depois de ter essa fórmula, você usará o princípio de tentativa e erro (ou um breve procedimento do VBA) para informar o melhor valor da constante de suavização com o intuito de *minimizar* esse erro. Este é o parâmetro.

FIGURA 15-10: Neste ponto, você não tem ideia de se uma constante de suavização 0,1 é boa, ruim ou indiferente.

	A	B	C	D	E	F	G	H
	Mês	Receita	Previsão	Erro de previsão		Constante de suavização	Fator de amortecimento	Total
2	01/01/2016	3029	#N/D					
3	01/02/2016	2825	3029,0	-204,0		0,1	0,9	1
4	01/03/2016	3746	3008,6	737,4				
5	01/04/2016	3945	3082,3	862,7				
6	01/05/2016	3007	3168,6	-161,6				
7	01/06/2016	3309	3152,4	156,6				
8	01/07/2016	3404	3168,1	235,9				
9	01/08/2016	3933	3191,7	741,3				
10	01/09/2016	3883	3265,8	617,2				
11	01/10/2016	4042	3327,5	714,5				
12	01/11/2016	3934	3399,0	535,0				
13	01/12/2016	3231	3452,5	-221,5				
14	01/01/2017	3434	3430,3	3,7				
15	01/02/2017	3564	3430,7	133,3				
16	01/03/2017	3396	3444,0	-48,0				
17	01/04/2017	3471	3439,2	31,8				
18	01/05/2017	3940	3442,4	497,6				
19	01/06/2017	3488	3492,2	-4,2				
20	01/07/2017	3745	3491,8	253,2				
21	01/08/2017	3088	3517,1	-429,1				
22	01/09/2017	2862	3474,2	-612,2				
23	01/10/2017	3609	3413,0	196,0				
24			3432,6					

Célula D4 = B4-C4

A fórmula começa com a função SOMAXMY2 da planilha do Excel, uma função de aparência nada amigável que significa:

SOMA: a soma dos resultados

X: o intervalo de valores da planilha

M: menos (subtração)

Y: outro intervalo de valores da planilha

2: ao quadrado

290   PARTE 4 **Fazendo Previsões Avançadas**

Portanto, SOMAXMY2(B3:B23;C3:C23) significa:

1. Subtrair os valores em C3:C23 daqueles no intervalo B3:B23 (isto é, obtenha B3 – C3, B4 – C4 e assim por diante).

Os resultados são os erros em suas previsões, as diferenças entre a previsão de um período e seu resultado real. Essa é a parte XMY da função.

2. Elevar ao quadrado os resultados.

Essa é a parte XMY2 da função.

3. Obter a soma dos quadrados.

Essa é a parte SOMA da função.

PAPO DE ESPECIALISTA

A ideia por trás de elevar ao quadrado as diferenças é fazer com que elas sejam valores positivos. Se você usasse apenas diferenças simples, algumas seriam positivas e outras negativas, e elas costumam se anular. Você poderia utilizar a soma do valor absoluto das diferenças, e alguns analistas de previsão utilizam algo chamado Desvio Absoluto Médio (DAM). Todavia, a técnica que descrevo aqui tem uma aplicabilidade mais ampla do que o DAM.

Agora, divida SOMAXMY2(B3:B23;C3:C23) pelo número de previsões:

```
SOMAXMY2(B3:B23;C3:C23)/CONTAR(B3:B23)
```

A função CONT.NÚM fornece o número de valores numéricos em um intervalo. De fato, você está obtendo o erro médio ao quadrado em suas previsões.

Finalmente, pegue a raiz quadrada do erro médio ao quadrado:

```
=RAIZ(SOMAXMY2(B3:B23;C3:C23)/CONT.NÚM(B3:B23))
```

Na Figura 15-11, o resultado aparece na célula G6. É o valor do parâmetro que indica o quanto suas previsões são boas. Quanto maior o valor, maiores os erros, piores as previsões.

O resultado de calcular a raiz quadrada é chamado de *raiz quadrada do erro quadrático médio* (a maioria dos analistas de previsão chama isso de *raiz do erro quadrático médio* ou *RQME*, abreviado).

FIGURA 15-11: Comece e termine a fórmula com linhas que tenham um valor real da base e uma previsão; aqui, as linhas 3 e 23.

Célula G6: `=RAIZ(SOMAXMY2(B3:B23;C3:C23)/CONT.NÚM(B3:B23))`

	A	B	C	D	E	F	G	H
1	Mês	Receita	Previsão	Erro de previsão		Constante de suavização	Fator de amortecimento	Total
2	01/01/2016	3029	#N/D					
3	01/02/2016	2825	3029,0	-204,0		0,9	0,1	1
4	01/03/2016	3746	2845,4	900,6				
5	01/04/2016	3945	3655,9	289,1				
6	01/05/2016	3007	3916,1	-909,1			445,0	
7	01/06/2016	3309	3097,9	211,1				
8	01/07/2016	3404	3287,9	116,1				
9	01/08/2016	3933	3392,4	540,6				
10	01/09/2016	3883	3878,9	4,1				
11	01/10/2016	4042	3882,6	159,4				
12	01/11/2016	3934	4026,1	-92,1				
13	01/12/2016	3231	3943,2	-712,2				
14	01/01/2017	3434	3302,2	131,8				
15	01/02/2017	3564	3420,8	143,2				
16	01/03/2017	3396	3549,7	-153,7				
17	01/04/2017	3471	3411,4	59,6				
18	01/05/2017	3940	3465,0	475,0				
19	01/06/2017	3488	3892,5	-404,5				
20	01/07/2017	3745	3528,5	216,5				
21	01/08/2017	3088	3723,3	-635,3				
22	01/09/2017	2862	3151,5	-289,5				
23	01/10/2017	3609	2891,0	718,0				
24			3537,2					

Em seguida, a ideia é encontrar a constante de suavização que *minimiza* a raiz do erro quadrático médio (isto é, a constante que fará com que cada valor de previsão em sua linha de base — e assim se espera para o próximo valor real e ainda desconhecido — seja o mais preciso possível).

Minimize a raiz quadrada do erro quadrático médio

Imagine que você coloque a constante de suavização e o fator de amortecimento na planilha, como em F3 e G3 da Figura 15-10, e aponte as fórmulas de previsão para essas células. Por exemplo, como na célula C4 da Figura 15-10:

```
=$F$3*B3+$G$3*C3
```

Agora, você pode alterar a constante de suavização; o fator de amortecimento recalcula de acordo com ela, bem como as previsões. Com a fórmula da raiz do erro quadrático médio na planilha (célula G6 na Figura 15-11), é possível tentar inserir valores diferentes para a constante de suavização e encontrar aquele que minimiza o valor da raiz do erro quadrático médio no parâmetro.

Sua tarefa não é muito difícil. Normalmente, é suficiente testar as constantes de suavização entre 0,1 e 0,9, sempre observando o resultante da raiz do erro quadrático médio.

292   PARTE 4 **Fazendo Previsões Avançadas**

Veja um breve procedimento do Visual Basic for Applications (VBA) que o ajudará a se concentrar na melhor constante de suavização para essa linha de base, aquela que resulta na menor raiz do erro quadrático médio.

```
Sub Minimizar_Constante_de_Suavização()
Dim i As Single, NúmeroDaLinha As Integer
NúmeroDaLinha = 12
With ActiveSheet
    For i = 0,1 To 1 Step 0,1
        .Cells(3, 6) = i
        .Cells(NúmeroDaLinha, 6) = i
        .Cells(NúmeroDaLinha, 7) = .Cells(6, 7)
        NúmeroDaLinha = NúmeroDaLinha + 1
    Next i
End With
End Sub
```

Vejamos o código. Caso você não esteja familiarizado com o VBA, a sequência a seguir dará uma ideia de como é fácil utilizá-lo. Além disso, demonstrará de forma muito concreta como você pode encontrar a melhor constante de suavização, face aos dados de sua linha de base:

» A instrução `Sub` somente nomeia o procedimento. Você pode se referir ao seu nome, `Minimizar_Constante_de_Suavização`, de inúmeros modos diferentes. Um deles é mostrado na lista de etapas enumeradas quase no final desta seção.

» A instrução `Dim` nomeia as variáveis que o procedimento usa. Ela informa que `i` pode assumir valores decimais (`single` significa *precisão única* e define uma variável decimal) e `NúmeroDaLinha` é um inteiro.

» `NúmeroDaLinha` está definido para começar no número 12. Isso significa que a primeira linha de resultados é registrada na linha 12.

» Inicia-se um bloco `With`. Nesse caso, qualquer coisa no bloco que começa com um ponto (tal como `.Cells`) é considerada como parte de `ActiveSheet`.

» Inicia-se um loop. A palavra-chave `For` informa: "Aqui começa o loop". Um loop é apenas uma sequência de instruções que se repetem várias vezes. Aqui, as instruções se repetem à medida que vou de 0,1 a 1, em incrementos, ou *passos* de 0,1. Portanto, `i` será igual a 0,1, em seguida, 0,2 e 0,3 etc. até chegar a 1.

DICA

Você pode conseguir ainda mais precisão nesse tipo de análise tornando os incrementos ainda menores, como 0,05 em vez de 0,1.

» A cada loop, as quatro instruções após `For` são executadas. A instrução `Next` informa: "Aqui termina o loop." Internamente, o VBA verifica se deve executar o loop novamente, ou seja, caso o `i` tenha ultrapassado o valor final de 1. Quando isso acontece, o loop finaliza e a instrução `End Sub` avisa que o procedimento acabou.

As instruções dentro do loop fazem o seguinte:

» `.Cells(3, 6) = i:` O valor atual de `i` é escrito na planilha ativa, na terceira linha e na sexta coluna (isto é, na célula F3). É a instrução-chave. Ela define a constante de suavização para o valor atual de `i` (0,1, 0,2, 0,3 ... 0,9). Quando isso acontece, todas as previsões em C3:C24 são recalculadas, assim como o valor da raiz do erro quadrático médio na célula G6. Observe que `ActiveSheet`, usada com a instrução `With`, é levada para a "própria" célula F3.

» `.Cells(NúmeroDaLinha, 6)) = i:` O valor de `i` é escrito na sexta coluna da planilha ativa, na linha identificada por `NúmeroDaLinha`. `NúmeroDaLinha` começa com um valor 12, assim, na primeira passada no loop, o valor atual de `i` é escrito na célula F12. `NúmeroDaLinha` será incrementada em 1 a cada loop, para que os loops posteriores registrem as informações mais abaixo na planilha.

» `.Cells(NúmeroDaLinha, 7) = .Cells(6, 7):` O valor atual da raiz do erro quadrático médio está na coluna G, linha 6, que coincide com `Cells(6, 7)`. Essa instrução pega esse valor e escreve-o na linha identificada por `NúmeroDaLinha`, na coluna 7 (ou G), ao lado do valor atual de `i`.

» `NúmeroDaLinha = NúmeroDaLinha + 1:` `NúmeroDaLinha` é incrementada em 1. No próximo loop, o valor de `i` e o valor atual da raiz do erro quadrático médio são escritos na próxima linha abaixo. Depois disso, o bloco `With` e a sub-rotina dele são finalizados.

Para executar o código, siga as etapas:

1. Veja se a aba Desenvolvedor está visível na Faixa de Opções.

Se não estiver, clique na aba Arquivo e escolha Opções na barra de navegação. Escolha Personalizar na Faixa de Opções no menu Opções do Excel. Preencha a caixa de seleção Desenvolvedor na caixa de listagem Guias Principais e clique em OK. Agora, você deve ter uma nova guia Desenvolvedor na Faixa de Opções do Excel.

2. **Com a pasta de trabalho deste capítulo aberta e a planilha chamada Fig 15-11 ativa, acesse a aba Desenvolvedor.**

   Na verdade, você pode abrir qualquer pasta de trabalho que contenha uma sub-rotina chamada Minimizar_Constante_de_Suavização.

3. **Clique no ícone Macros no grupo Código. A caixa de diálogo Macro será aberta.**

4. **Selecione** Minimizar_Constante_de_Suavização **na caixa de listagem Macros e clique em Executar.**

   A macro mostrada na Figura 15-12 será executada e colocará os diferentes valores da constante de suavização em F12:F20 e os valores correspondentes da raiz do erro quadrático médio em G12:G20.

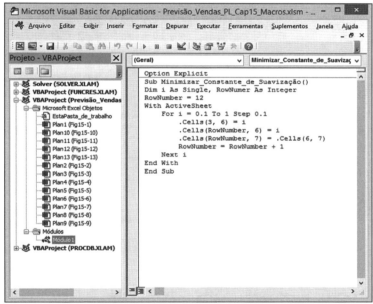

FIGURA 15-12: Editor do Visual Basic.

Os resultados aparecerão na Figura 15-13.

Ao analisar a raiz quadrada do erro quadrático médio em G12:G20, você pode ver que ela é minimizada quando a suavização é 0,3. Desse modo, é possível inserir 0,3 na célula F3 e saber que você escolheu a constante que minimiza a quantidade de erro em suas previsões (veja a Figura 15-14).

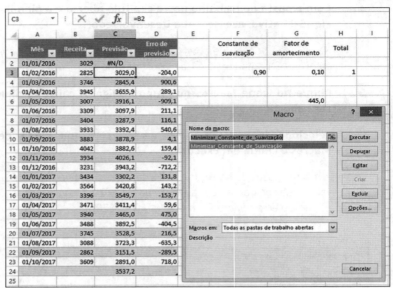

FIGURA 15-13: Você pode percorrer o seu código, instrução por instrução, se clicar em Depurar, em vez de em Executar.

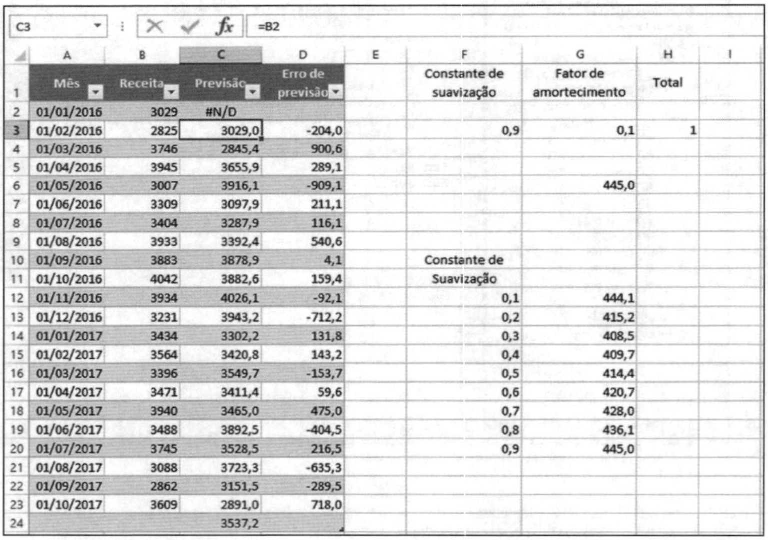

FIGURA 15-14: Você pode usar as informações nas células F12:G20 para selecionar o melhor valor para a constante de suavização.

Se você estiver familiarizado com o Solver, outro suplemento que vem com o Excel, poderá querer usá-lo para encontrar o valor ideal para a constante de suavização; essa estratégia muitas vezes funciona bem. Você informaria ao Solver para minimizar o valor da raiz quadrada do erro quadrático médio, alterando a constante de suavização e especificando os critérios de que a constante de suavização deve estar entre 0 e 1. Usar o Solver dessa forma é quase obrigatório em situações mais complexas de suavização, como com as linhas de base sazonais e de tendência, quando se usa mais do que apenas uma constante de suavização abordada aqui.

CUIDADO

Se você usar uma rotina do VBA ou do Solver para minimizar a raiz quadrada do erro quadrático médio, saiba que a linha de base com *tendência* geralmente resulta em uma constante de suavização de 1,0. Isso, por sua vez, resulta no que é chamado de *previsão ingênua*, em que cada previsão é exatamente igual aos valores reais anteriores. Caso sua linha de base mostre uma tendência, alta ou baixa, será melhor usar os métodos descritos nos Capítulos 17 e 18. Um desses métodos se trata de diferenciar as séries para obter uma linha de base estacionária das diferenças e prever as diferenças antes de integrá-las novamente à linha de base original.

Problemas com a Suavização Exponencial

Nada é perfeito, muito menos um analista de previsão. Dois dos problemas com a suavização exponencial não são tão terríveis assim. Mostrarei os pequenos detalhes desagradáveis nas próximas seções:

Perder uma observação no começo

Você provavelmente percebeu que o primeiro valor que a ferramenta Suavização Exponencial do suplemento de Análise de Dados retorna é #N/D ou Não Disponível. Isso ocorre porque não há observação antes de você basear uma previsão do primeiro período de tempo.

E a primeira previsão que você faz é o valor real do primeiro período de tempo. É porque as previsões subsequentes são uma combinação do valor real anterior e da previsão anterior. Mas não há previsão para o primeiro período de tempo e o melhor que pode fazer é utilizar o valor real do primeiro período.

É melhor do que os períodos que você perde com as médias móveis, nos quais perde um, dois ou mais períodos de tempo no início, dependendo de quantos valores reais entram em suas médias móveis.

PAPO DE ESPECIALISTA

Na verdade, uma técnica chamada *backcasting* pode retorná-lo a antes do primeiro período de tempo; é como perguntar o que precedeu o Big Bang. Eu não a abordo aqui, mas, se você realmente mergulhar de cabeça na previsão, deve saber que existe para poder investigar

Erros-padrão da ferramenta Regressão: Eles estão incorretos

A ferramenta Suavização Exponencial no suplemento de Análise de Dados tem uma opção de saída de erros-padrão. Aqui está um exemplo das fórmulas que ela retorna:

```
=RAIZ(SOMAXMY2(A2:A4;C2:C4)/3)
```

Parece familiar? É muito semelhante à fórmula desenvolvida anteriormente neste capítulo para a raiz quadrada do erro quadrático médio. A única diferença é que ela se limita a três valores da linha de base e seus respectivos valores de previsão.

Não há nada na teoria estatística ou de previsão que sustente que os erros-padrão devem ser baseados em três valores. Ademais, a noção de que diferentes partes da linha de base têm diferentes erros-padrão não possui um consenso geral.

Não sei o que aconteceu com a ferramenta Suavização Exponencial aqui. A hipótese mais provável é que um desenvolvedor estava tentando adicionar um recurso de Erros-Padrão à ferramenta, conseguiu fazer com que funcionasse satisfatoriamente no caso de três valores e, depois, esqueceu-se de ampliar esse recurso.

Seja lá qual for a razão da existência da ferramenta Erros-Padrão ou o motivo pelo qual ela foi desenvolvida como tal, minha recomendação é que você não se preocupe com isso.

> **NESTE CAPÍTULO**
>
> » **Usando a regressão múltipla**
>
> » **Projetando um gráfico da linha de tendência de regressão**
>
> » **Analisando as previsões de regressão**

Capítulo 16

Ajuste Fino das Previsões de Regressão

Os outros capítulos, particularmente o Capítulo 11, analisam o uso da regressão para prever uma variável, como o faturamento, a partir de uma variável preditora, como período de tempo ou o número de representantes de vendas. Às vezes, esse tipo de análise é chamada de *regressão simples*. A previsão de uma variável a partir de mais de uma variável preditora é possível e, por vezes, ajuda muito. Você pode tentar prever o faturamento *a partir* do período de tempo e do número de representantes de vendas. Esse método é denominado *regressão múltipla* e este capítulo mostra como fazer isso no Excel.

Talvez o aspecto mais valioso dos gráficos do Excel tenha surgido à medida que eles introduziram a linha de tendência. Ao utilizar tal linha, você consegue, em uma única etapa, exibir a relação entre as variáveis preditoras e a variável de previsão. A linha de tendência pode ser linear, não linear ou representar uma

CAPÍTULO 16 **Ajuste Fino das Previsões de Regressão** 299

média móvel. A linha de tendência pode informá-lo visualmente sobre o rumo e a força da relação entre as variáveis preditoras e a previsão. Você também pode escolher se quer mostrar informações subjacentes, como o valor do R-quadrado e a própria equação de regressão.

Utilizar um número criado por um computador sem a criptografia de dados aleatórios é tentador. Pense bem a respeito dessa situação. Além das advertências usuais ao realizar a previsão, como a venerável "entra lixo, sai lixo", há outras pedras em seu caminho. Você poupará muito sofrimento caso avalie suas previsões antes de adotá-las, portanto, é bom que existam algumas ferramentas disponíveis no Excel para ajudá-lo a tomar as devidas cautelas.

Fazendo a Regressão Múltipla

A regressão múltipla é uma forma de utilizar mais de uma variável preditora para a previsão de outra variável, como o faturamento. Ela pode fazer com que as previsões fiquem mais precisas, porém é preciso saber como fazer com que o Excel realize essa regressão múltipla. Você não só precisa saber como fazer, mas também como interpretar os resultados. O restante deste capítulo mostrará como.

Usando mais de um preditor

Como você pode usar mais de um preditor por vez com o intuito de prever outra variável? Aqui é que entra a regressão múltipla. Ela combina, digamos, duas variáveis preditoras para formar uma nova variável composta.

Imagine que você esteja interessado na previsão do peso dos homens entre a infância e 18 anos. Você pode ter, em uma planilha do Excel, informações sobre 30 homens, incluindo o peso, altura e idade. Se você direcionar a atenção do Excel para essas três variáveis do jeito certo, suas funções de regressão farão o seguinte:

» Combinarão a altura e a idade em uma variável nova.

» Calcularão essa variável nova para que seja a melhor preditora possível do peso de homens jovens, considerando as informações que você disponibilizou no Excel.

Por exemplo, a regressão múltipla pode calcular essa variável nova como:

Variável nova = –20,34 + (3,92 × Idade) + (2,21 × Altura)

A Regressão escolheria os fatores, geralmente denominados *coeficientes*, para a idade e a altura (3,92 e 2,21 respectivamente) a fim de que a variável nova tenha a maior correlação com o peso possível, segundo os dados em sua planilha. A ferramenta Regressão do suplemento de Análise de Dados não mostra essa variável nova, a menos que você escolha uma das opções de saída do resíduo. Mas você consegue criá-la de modo bem fácil com seus dados da idade e da altura, em combinação com os fatores que a regressão descobre. Ou, com menos esforço, você pode utilizar a função TENDÊNCIA do Excel para exibir a variável nova. Ela é encontrada na coluna E da Figura 16-1.

DICA

A linguagem da previsão em geral (incluindo a usada neste livro) costuma se referir à linha de base, aquela que vai para cima ou para baixo quando usa o termo *tendência*. Não se deixe enganar pela escolha da Microsoft da palavra *tendência* para nomear a função TENDÊNCIA da planilha. Essa função funciona igualmente bem para qualquer linha de base linear, seja sua direção geral para cima, para baixo ou para os lados.

FIGURA 16-1: Você precisa inserir a matriz da fórmula TENDÊNCIA da mesma forma que faz com PROJ.LIN, usando Ctrl+Shift+Enter.

A variável nova é, na verdade, os valores previstos para o peso: faça a previsão multiplicando a idade de uma pessoa pelo coeficiente, a altura da pessoa pelo coeficiente e adicione os resultados ao que é denominado constante ou *interceptação*. Então, é para a próxima pessoa prever o *próprio* peso. A Figura 16-1 mostra esse processo em detalhes.

A Figura 16-1 exemplifica a situação que esta seção analisa: previsão do peso, sabendo a idade e a altura. (Eu sei que você não está interessado em prever o peso, porém usar essas variáveis facilita a análise. Continuo com as previsões de vendas com a regressão em "Interpretando os coeficientes e seus erros-padrão".)

Os dados básicos estão na Figura 16-1, nas colunas A, B e C. A função TENDÊNCIA está na coluna E: ela mostra as previsões de peso, idade e altura. Outra maneira de expressar isso é que a coluna E contém a combinação de idade e altura que apresenta a maior correlação possível com o peso real nesse conjunto de dados.

Se você só estivesse interessado nas previsões, poderia parar por aí. E seria compreensível, pois as previsões são o que procura. Mas você ainda não foi longe o suficiente. Examinar as outras informações sobre uma análise de regressão é importante. Essas informações mostrarão muitas coisas, tais como:

- Se vale a pena fazer a previsão do peso a partir da idade e da altura.
- Se você deve usar a idade e a altura, ou se uma ou outra seria suficiente.
- O quanto será útil a equação de regressão se você usá-la com um conjunto diferente de entradas.

Isso é uma coisa importante, pois ajuda a decidir se e como usar a equação de regressão, se você deve procurar mais variáveis preditoras além da idade e da altura, se a equação é estável, à medida que sua linha de base fica mais longa e assim sucessivamente. Uma análise mais completa — que mostra mais do que apenas os valores da previsão — é mostrada na Figura 16-2.

I2 =$F$2*A2+$E$2*B2+$G$2

	A	B	C	D	E	F	G	H	I	J
1	Altura (m)	Idade (anos)	Peso (Kg)		=PROJ.LIN(C2:C25,A2:B25,,VERDADEIRO)				Previsões do peso com PROJ.LIN	
2	0,79	3	19,96		1,787	39,233	-9,092		27,16	
3	0,84	3	21,77		0,948	13,852	12,502		29,15	
4	0,89	3	27,22		0,836	9,351	#N/D		31,15	
5	1,02	5	54,43		53,672	21	#N/D		39,70	
6	1,14	6	60,78		9386,774	1836,371	#N/D		46,47	
7	1,22	7	55,34						51,25	
8	1,24	6	64,41						50,46	
9	1,32	7	58,97						55,24	
10	1,32	9	59,87						58,81	
11	1,42	7	52,16						59,22	
12	1,47	8	62,14						63,00	
13	1,50	8	48,53						64,00	
14	1,50	9	53,52						65,79	
15	1,50	7	65,77						62,21	
16	1,52	9	56,70						66,78	
17	1,63	17	78,47						85,06	
18	1,63	10	76,20						72,56	
19	1,65	13	66,22						78,91	
20	1,73	17	83,46						89,05	
21	1,75	12	86,18						81,11	
22	1,78	14	95,25						85,68	
23	1,80	16	97,52						90,25	
24	1,80	16	99,79						90,25	
25	1,83	17	91,63						93,04	

FIGURA 16-2: Os coeficientes retornados pela PROJ.LIN em E2:F2 aparecem na ordem inversa em que as variáveis associadas aparecem na planilha.

A coluna I na Figura 16-2 mostra as previsões da variável Peso, sabendo as variáveis Idade e Altura. Observe que os valores da previsão são idênticos aos mostrados na Figura 16-1. Observe também que as previsões são calculadas multiplicando os coeficientes de regressão retornados por PROJ.LIN em E2:F2 e os valores de Idade e Altura observados ao adicionar a constante na célula G2. Evidentemente, a função TENDÊNCIA usada na Figura 16-1 é simplesmente uma maneira mais rápida e fácil de obter as previsões do que usar os coeficientes e as constantes retornadas por PROJ.LIN na Figura 16-2.

A Figura 16-2 também mostra como a função PROJ.LIN fornece algumas das informações necessárias para interpretar uma regressão múltipla. Veja as etapas a tomar para obter a função PROJ.LIN na planilha. Essas etapas deduzem que você tem os dados dispostos conforme a Figura 16-2. Caso os dados estejam em colunas ou linhas diferentes, apenas altere os endereços usados nas etapas 1 e 2 de acordo.

1. **Conte o número de variáveis preditoras e adicione 1.**

    Na Figura 16-2, existem duas variáveis preditoras (altura e idade), assim, você tem 3.

2. **Selecione um intervalo de células, em branco, a menos que você tenha algumas células com dados que não lhe interessam, que tenham cinco linhas e tantas colunas quanto o número obtido na Etapa 1.**

    Neste exemplo, você selecionaria um intervalo de células de cinco linhas altas e três colunas de largura; a Figura 16-2 usa E2:G6.

3. **Digite** =PROJ.LIN(C2:C25;A2:B25;;VERDADEIRO)**, mas *não* pressione Enter ainda.**

4. **Pressione Ctrl+Shift+Enter.**

    Isso *insere a matriz* da fórmula. PROJ.LIN é uma das funções do Excel em que você deve inserir a matriz para obter os resultados corretos.

LEMBRE-SE

Se, como aqui, você inseriu a matriz de uma fórmula que ocupará um intervalo de células, comece selecionando o intervalo completo. O Excel não descobre as dimensões do intervalo e as preenche por conta própria. Por mais incrível que seja o aplicativo Excel, existem algumas áreas extremamente obscuras, e essa é uma delas.

Veja o que PROJ.LIN mostra:

» A primeira linha sempre tem o que é chamado de *coeficientes* e *interceptação* (ou *constante*). São os números que você usa junto com seus valores reais para elaborar previsões. Na Figura 16-2, eles estão nas células E2:G2.

» A segunda linha sempre apresenta os *erros-padrão* dos coeficientes e a interceptação. Isso o ajuda a decidir se você deve ficar atento a uma variável ao criar uma previsão. Na Figura 16-2, eles estão nas células E3:G3.

> » Da terceira até a quinta linha estão as informações úteis somente na primeira e na segunda colunas. As colunas restantes sempre mostram o valor de erro #N/D na terceira, quarta e quinta linhas. Na Figura 16-2, essa informação útil está nas células E4:F6.

Do que se trata essa informação útil? Aqui está uma visão geral. E quero dizer visão geral. Até os textos estatísticos intermediários têm capítulos inteiros dedicados a cada um desses tópicos.

R-quadrado

Na terceira linha, na primeira coluna dos resultados de PROJ.LIN, você encontrará o valor do R-quadrado. É o quadrado do coeficiente de correlação entre os valores reais e as previsões. Na Figura 16-2, é o quadrado da correlação entre os valores em C2:C25 (os valores reais) e os valores em I2:I25 (as previsões). Nesse caso, o valor do R-quadrado é 0,836. Esse é o quadrado do *R múltiplo*, calculado explicitamente na célula H2 da Figura 16-1.

O valor do R-quadrado é, na verdade, uma porcentagem. Ele informa qual é o percentual de variação, ou *spread*, na variável de previsão que você pode atribuir à variação nas variáveis preditoras. Neste exemplo, pode atribuir 83,6% da variação no peso real à combinação de idade e altura. Então, as diferenças em pesos estão associadas às diferenças em idade e altura.

Caso você desconfie que isso seja o significado de uma correlação, acertou. O R-quadrado tem esse nome pois é o quadrado do coeficiente de correlação (o coeficiente de correlação é geralmente chamado de *r*, em letra minúscula, ao passo que a correlação múltipla é sempre *R*, em letra maiúscula).

Quanto mais alto o R-quadrado, melhor é o trabalho que as variáveis preditoras estão desempenhando como previsoras. Como é um número ao quadrado, o R-quadrado nunca pode ser negativo. E como o valor máximo de um coeficiente de correlação é 1,0, o próprio R-quadrado nunca pode ser maior que 1,0.

Portanto, nos resultados da PROJ.LIN, procure o valor de R-quadrado na terceira linha da PROJ.LIN, na primeira coluna. Quanto mais próximo o número for de 1,0, melhor será a previsão. Quanto mais perto de 0,0, pior ela será.

Ninguém é perfeito...

Tampouco a PROJ.LIN. O valor na terceira linha da segunda coluna da PROJ.LIN é o *erro-padrão de estimativa* e o ajuda a entender quanto de erro está envolvido nas previsões que você faz usando a PROJ.LIN.

Na Figura 16-2, o erro-padrão de estimativa é encontrado na célula F4 e é cerca de 9,3. Se você ficar com dois erros-padrão para mais ou menos em qualquer previsão, poderá agrupar a previsão dentro de dois números (com parênteses) e, assim, terá 95% de certeza de que uma observação real estará entre esses dois números.

Por exemplo, suponha que você quisesse prever o peso de um jovem cuja idade era de 13 anos e altura era de 1,62m. A equação que a PROJ.LIN retorna na Figura 16-2 preveria isso:

-9,092 + (1,787 x Idade) + (39,233 x Altura) = Previsão de peso

-9-092 + (1,787 x 13) + 39,233 x 1,62) = 77,7

LEMBRE-SE

O Capítulo 12 analisa o fato de que PROJ.LIN exibe os coeficientes na ordem *inversa* em que aparecem na planilha. É por isso que você usa 1,787 para a Idade e 39,233 para a Altura, embora na planilha os valores da Altura estejam em primeiro e os da Idade em segundo, e a ordem dos coeficientes seja o contrário.

Agora, o erro-padrão da estimativa, nesse caso, é 20,6. Logo, se você fizesse essa previsão, poderia ter 95% de confiança de que o peso real da pessoa estaria entre 130,6 e 213,0:

77,7 - 2 x 9,351 = 59,0

77,7 + 2 x 9,351 = 96,4

PAPO DE ESPECIALISTA

Não raro, as pessoas interpretam mal a frase "95% de confiança". Isso não significa que a probabilidade é de 95% de que o valor real esteja entre o limite inferior de 59,0 e o limite superior de 96,4. Essa probabilidade é de 0,0 (não está dentro desses limites) ou de 1,0 (está). Porém, se você fizesse esses cálculos em milhares de jovens do sexo masculino e executasse a PROJ.LIN, 95% dessas pessoas teriam um peso real dentro de dois erros-padrão do seu peso previsto.

Como se pode imaginar, quanto maior o valor do R-quadrado (uma medida de precisão da previsão), menor o erro-padrão da estimativa (uma medida da imprecisão da previsão).

Outras estatísticas da PROJ.LIN

As linhas 4 e 5 e as colunas 1 e 2 dos resultados da PROJ.LIN são bastante obscuras e, a menos que você se sinta à vontade com a análise estatística intermediária, sugiro que as ignore. São os blocos de construção para mais análises que informam se você pode considerar os resultados como "estatisticamente significativos".

Provavelmente, há três categorias de interesse dos usuários nesse tipo de coisa:

» **Usuários pouco interessados:** Você deve simplesmente ignorar essas coisas e usar a função TENDÊNCIA para obter as previsões.

» **Usuários com interesse moderado:** Você deve usar o suplemento de Análise de Dados para obter as informações sobre a equação de regressão. Ele realiza análises novas para você. Veja o Capítulo 11 para obter informações acerca de como interpretar os resultados obtidos com a ferramenta Regressão do suplemento de Análise de Dados.

PAPO DE ESPECIALISTA

» **Usuários muitíssimo interessados:** Esta é a categoria dos sadomasoquistas. Se você é louco o bastante para querer saber os detalhes, confira a lista a seguir:

- **Razão F:** A razão F divide o quadrado médio (regressão) pelo quadrado médio (residual). A razão F está na quarta linha, na primeira coluna dos resultados da PROJ.LIN. Se você usar a função DIST.F do Excel juntamente com a razão F, o número de variáveis preditoras e os graus residuais de liberdade (veja o próximo item), poderá determinar a significância estatística da regressão. É o mesmo que testar se o R-quadrado é significativamente diferente de zero.

- **Graus residuais de liberdade:** Os graus de liberdade (ou *gl*) são encontrados na quarta linha, na segunda coluna da PROJ.LIN. Eles informam o que dividir para converter a soma residual dos quadrados em um quadrado médio residual. Eles também informam o terceiro argumento para DIST.F.

- **Soma da regressão dos quadrados:** A soma da regressão dos quadrados (ou *QS*) está na quinta linha, na primeira coluna da PROJ.LIN. Divida-a pelo número de variáveis preditoras para obter a regressão do quadrado médio.

- **Soma residual dos quadrados:** O resíduo SS está na quinta linha da segunda coluna da PROJ.LIN. Divida-o pelos graus residuais de liberdade para obter o quadrado médio residual. Divida a regressão do quadrado médio pelo quadrado médio residual para obter a razão F.

A abordagem do ser que pensa em regressão múltipla

A seção anterior menciona a ferramenta Regressão do suplemento de Análise de Dados como uma abordagem intermediária para obter uma previsão de regressão. Ela disponibiliza a maioria dos resultados da PROJ.LIN que você deseja, tanto para gerar as previsões quanto para diagnosticar como sua equação de regressão realiza bem a previsão. Então, se você decidiu usar o suplemento de Análise de Dados, decidiu não ignorar completamente os resultados da PROJ.LIN.

Ao mesmo tempo, decidiu que não quer fazer todos esses diagnósticos sozinho, baseando-os nos resultados da PROJ.LIN. Você até poderia fazer, é verdade, mas é o tipo de coisa que só um purista faria, e o resultado seria algo que só as mães poderiam gostar.

O Capítulo 11 dá uma visão geral das partes da saída da ferramenta Regressão que são realmente importantes de analisar antes de você apresentar uma previsão. Veja um resumo, acompanhado de uma visão geral, *muito* breve, de cada:

» **R múltiplo:** Isto é, redundantemente, a raiz quadrada do R-quadrado. Você pode analisá-la para avaliar a precisão da equação de regressão. Se estiver mais à vontade para raciocinar em termos de coeficientes de correlação, veja o R múltiplo. Caso prefira raciocinar em termos de proporções de variância compartilhada, observe o R-quadrado.

» **Intercepção e coeficientes:** São os números que você aplica aos valores dos preditores que tem em mãos, a fim de obter a melhor previsão disponível.

» **Níveis de confiança:** Incluem a interceptação e os coeficientes, dando uma noção do quanto eles podem oscilar, caso você tenha outras amostras das variáveis preditoras e da variável de previsão.

» **Projeção residual:** Observe esse gráfico para ver se você tem algo estranho acontecendo com os valores de erro.

» **Gráfico de ajuste de linha:** Esse gráfico representa os valores reais e os valores previstos em relação aos valores da variável preditora. É menos útil em uma situação de regressão múltipla do que com uma única variável preditora, pois, como o gráfico é projetado, ele não pode lidar com mais de um variável preditora por vez.

A incrível contração do R-quadrado

A Figura 16-3 mostra um exemplo da saída, com base nos mesmos dados de Idade, Altura e Peso mostrados.

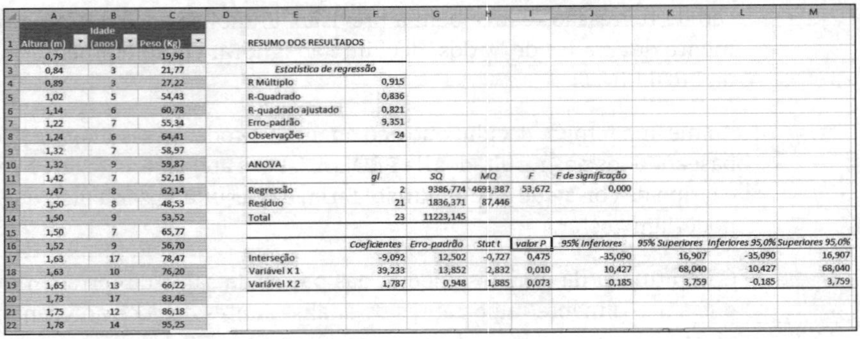

	Altura (m)	Idade (anos)	Peso (Kg)
2	0,79	3	19,96
3	0,84	3	21,77
4	0,89	3	27,22
5	1,02	5	54,43
6	1,14	6	60,78
7	1,22	7	55,34
8	1,24	6	64,41
9	1,32	7	58,97
10	1,32	9	59,87
11	1,42	7	52,16
12	1,47	8	62,14
13	1,50	8	48,53
14	1,50	9	53,52
15	1,50	7	65,77
16	1,52	9	56,70
17	1,63	17	78,47
18	1,63	10	76,20
19	1,65	13	66,22
20	1,73	17	83,46
21	1,75	12	86,18
22	1,78	14	95,25

RESUMO DOS RESULTADOS

Estatística de regressão	
R Múltiplo	0,915
R-Quadrado	0,836
R-quadrado ajustado	0,821
Erro-padrão	9,351
Observações	24

ANOVA

	gl	*SQ*	*MQ*	*F*	*F de significação*
Regressão	2	9386,774	4693,387	53,672	0,000
Resíduo	21	1836,371	87,446		
Total	23	11223,145			

	Coeficientes	*Erro-padrão*	*Stat t*	*valor P*	*95% Inferiores*	*95% Superiores*	*Inferiores 95,0%*	*Superiores 95,0%*
Interseção	-9,092	12,502	-0,727	0,475	-35,090	16,907	-35,090	16,907
Variável X 1	39,233	13,852	2,832	0,010	10,427	68,040	10,427	68,040
Variável X 2	1,787	0,948	1,885	0,073	-0,185	3,759	-0,185	3,759

FIGURA 16-3: Você tem uma relação entre custo e benefício maior ao usar a ferramenta Regressão do que a função PROJ.LIN, porém ela tem também algumas desvantagens.

O R-quadrado ajustado aparece na célula F6 da Figura 16-3. Outro termo para R-quadrado ajustado é Estimador de Contração. No entanto, se você estiver prevendo as vendas, desejará prestar atenção nisso.

Imagine que você obtenha dados em outra amostra de homens e use a interceptação e os coeficientes obtidos *nessa* amostra com uma amostra nova. Em outras palavras, você poderia pegar os valores das células F17 a F19 da Figura 16-3 e usá-los junto com a idade e a altura dos homens em sua amostra nova para prever o peso deles.

Desse modo, poderia encontrar a correlação dessas previsões novas com os valores reais novos. (É isso que o R múltiplo na Figura 16-3 está fornecendo: a correlação entre as previsões e a composição dos valores reais em sua amostra original.)

O R múltiplo novo será quase sempre menor que o Múltiplo original, isto é, *contraído*. As razões para isso são um tanto misteriosas, mas elas têm a ver com uma capitalização de chances na amostra original. Por que você deveria se preocupar com isso? Existem alguns bons motivos.

Na previsão de vendas, chegam dados novos constantemente. Logo após fazer a previsão de julho ou a previsão para o segundo trimestre, o próximo conjunto de valores reais chega e é hora de fazer uma previsão para agosto ou o terceiro trimestre. Claro, você quer comparar esses valores reais novos com as previsões do período anterior. Tem que fazer isso para saber se suas previsões são precisas, imprecisas ou algo intermediário.

Se prestar atenção no R-quadrado ajustado, você terá um tipo de estimativa das mais desfavoráveis em relação a quanto a precisão da previsão poderia diminuir caso tenha usado uma equação de regressão em um lote inteiro de observações novas. É claro que em uma situação de previsão, somente o período novo entra, não a substituição de todo o conjunto de dados. Se o R-quadrado ajustado ainda for aceitável, você poderá se sentir razoavelmente à vontade de que suas previsões continuarão bastante precisas.

Outra razão importante para prestar atenção no R-quadrado ajustado é que ele é sensível à relação entre o número de observações na linha de base e o número de variáveis preditoras na equação. Veja a fórmula:

$$\text{R-quadrado ajustado} = 1 - [(1 - \text{R-quadrado}) \times ([N - 1] \div [N - K - 1])]$$

N é o número de observações e K é o número de variáveis preditoras na análise. Uma boa maneira de conceitualizar isso é lembrar-se de que quanto maior o número de observações em relação ao número de variáveis preditoras, mais precisa é a equação de previsão.

Para saber como a fórmula funciona com os dados de vendas, veja a Figura 16-4. Nela, usei a ferramenta Regressão do suplemento de Análise de Dados em um conjunto de dados que mostra receitas, montante gasto em publicidade, tamanho da equipe de vendas e desconto oferecido aos clientes (os descontos se basearam na necessidade de reduzir o estoque). A saída da ferramenta Regressão aparece no intervalo F1:L20.

FIGURA 16-4: A tabela SAÍDA RESUMIDA contém valores estáticos, não fórmulas. Você terá que executar novamente a ferramenta regressão se suas entradas mudarem.

	A	B	C	D	E	F	G	H	I	J	K	L
4	R$ 4.340,00	R$ 3.834,00	14	26%		R Múltiplo	0,791					
5	R$ 8.413,00	R$ 2.798,00	54	37%		R-Quadrado	0,626					
6	R$ 371,00	R$ 795,00	11	5%		R-Quadrado Ajustado	0,555					
7	R$ 706,00	R$ 3.534,00	13	1%		Erro-Padrão	1811,845					
8	R$ 255,00	R$ 2.143,00	21	12%		Observações	20					
9	R$ 762,00	R$ 1.518,00	38	1%								
10	R$ 6.758,00	R$ 207,00	25	33%		ANOVA						
11	R$ 352,00	R$ 289,00	5	38%			*gl*	*SQ*	*MQ*	*F*	*F de significação*	
12	R$ 429,00	R$ 1.022,00	30	17%		Regressão	3	87732076,672	29244025,557	8,908	0,001	
13	R$ 3.068,00	R$ 5.195,00	56	4%		Resíduo	16	52524496,328	3282781,021			
14	R$ 5.775,00	R$ 5.489,00	27	36%		Total	19	140256573,000				
15	R$ 3.664,00	R$ 7.093,00	21	1%								
16	R$ 497,00	R$ 405,00	10	1%			*Coeficientes*	*Erro-Padrão*	*Estat t*	*Valor p*	*95% Inferiores*	*95% Superiores*
17	R$ 592,00	R$ 627,00	4	14%		Interceptação	-1211,183	962,353	-1,259	0,226	-3251,280	828,914
18	R$ 5.937,00	R$ 3.736,00	36	33%		Gastos em Publicidad	0,413	0,218	1,893	0,077	-0,050	0,876
19	R$ 3.007,00	R$ 560,00	32	24%		Equipe de Vendas	34,543	25,437	1,358	0,193	-19,381	88,468
20	R$ 4.974,00	R$ 924,00	56	26%		Desconto %	13908,522	3134,294	4,438	0,000	7264,115	20552,929
21	R$ 7.616,00	R$ 1.282,00	3	31%								
22						Número dos Preditores	R-Quadrado Ajustado					
23						3	0,56	=1-(1-$G$5)*(($G$8-1)/($G$8-F23-1))				
24						4	0,53	=1-(1-$G$5)*(($G$8-1)/($G$8-F24-1))				
25						5	0,49	=1-(1-$G$5)*(($G$8-1)/($G$8-F25-1))				
26						6	0,45	=1-(1-$G$5)*(($G$8-1)/($G$8-F26-1))				
27												

Ao aplicar a fórmula do R-quadrado ajustado na célula G23, você obtém 0,56, como informado pela ferramenta Regressão na célula G6. Adicionar mais variáveis preditoras à equação faz com que o R-quadrado ajustado caia rapidamente, até chegar a 0,45 com seis variáveis preditoras, conforme mostrado na célula G26.

Agora, lembre-se de que essa é uma análise de "outras coisas sendo iguais". Por exemplo, se uma das variáveis que você adicionar à análise de regressão tivesse uma correlação 1,0 perfeita com o faturamento, então, o valor de R-quadrado saltaria para 1,0. Com isso, tanto eu como o R-quadrado ajustado passaríamos por mentirosos. Desse modo, primeiro encontre um variável que preveja o faturamento perfeitamente, *depois* entre em contato comigo.

Contagem

A saída da ferramenta Regressão também mostra o número de observações, em um contexto de previsão, que é o número de registros na linha de base, incluídas na análise de regressão. Na Figura 16-4, você as encontrará na célula G8. Poderá ser útil se você estiver calculando valores de R-quadrado ajustados. Observe que todas equações do R-quadrado ajustado no intervalo G23:G26 dependem de G8 para fornecer a contagem das observações.

Graus de liberdade

Dois valores são de interesse: os graus de liberdade para a regressão e para o resíduo. Compreender bem o *porquê* dos graus de liberdade pode levar um bocado de tempo e requer uma boa dose de estudo. Por ora, basta saber que você divide as somas dos quadrados em H12:H13 por seus respectivos graus de liberdade para obter o quadrado médio.

Quadrados médios

Um *quadrado médio* (MQ) é apenas outro termo para variância. (Uma definição de uma variância é o desvio do quadrado médio de cada observação a partir da média do conjunto de dados. Consequentemente, o *quadrado médio*.) Você divide o MQ da regressão pelo MQ do resíduo. O resultado é a razão F.

Razão F

A razão F é o que você realmente testa para ajudá-lo a decidir se a regressão é significativa: mais precisamente, se o valor de R-quadrado é significativamente diferente de zero. Este capítulo aborda o problema em "Outras estatísticas da PROJ.LIN".

Significância de F

A análise a respeito da PROJ.LIN no início do capítulo menciona como usar a função DIST.F, juntamente com a razão F e os graus de liberdade para determinar o quanto você pode confiar que o verdadeiro R-quadrado é maior do que zero. A ferramenta Regressão do suplemento de Análise de Dados faz isso. Na Figura 16-4, você pode encontrar o nível de significância na célula K12. Quanto menor o nível de significância (e 0,001 é bem pequeno), mais confiante você pode estar de que tem uma regressão estatisticamente significativa.

310   PARTE 4 **Fazendo Previsões Avançadas**

Aparentemente isso é importante, e talvez seja. Mas tudo o que realmente significa é que o verdadeiro R-quadrado, aquele que você calcularia se tivesse acesso a todas as possíveis observações da linha de base na população de seu faturamento periódico, é muito improvável que seja zero.

Todas essas estatísticas inusitadas, SQ, gl e MQ, para a regressão, o resíduo e a razão F, são mostradas pela ferramenta Regressão do suplemento de Análise de Dados por uma questão de convenção. Desde que Sir Ronald Fisher inventou a Análise de Variância (ou, como é rotulado na célula F10 da Figura 16-4, *ANOVA*), costuma-se mostrar todos esses valores em uma tabela ANOVA. O suplemento de Análise de Dados está apenas seguindo a convenção. É bom saber esses números, mas apenas a Significância de F (se for o caso) é necessária para você decidir se o relacionamento entre as análises preditoras e o faturamento é diferente de 0,0.

Interpretando os coeficientes e seus erros-padrão

A seção final da saída da ferramenta Regressão tem a ver com a interceptação e os coeficientes usados para realizar a previsão. Na Figura 16-4, você encontrará a intercepção na célula G17 e os coeficientes nas células G18:G20.

Mesmo que seja encontrada em uma coluna rotulada como *Coeficientes*, a Interceptação não é um coeficiente. É somente um número que você adiciona à equação de regressão como um ajuste de escala. Os coeficientes são números pelos quais você multiplica suas variáveis preditoras.

Os erros-padrão associados aos coeficientes e à interceptação ajudam a determinar se eles realmente pertencem à equação. Esses erros-padrão são usados de forma muito semelhante ao erro-padrão da estimativa, que analiso na seção "Ninguém é perfeito...", no início do capítulo. É típico adicionar dois erros-padrão ao coeficiente, subtrair dois erros-padrão do coeficiente, em seguida avaliar se o intervalo resultante ultrapassa zero. Dois erros-padrão a mais ou a menos é um agrupamento, um intervalo de valores. Você também pode elaborar um agrupamento definido de *três* erros-padrão para mais ou para menos. A Figura 16-5 demonstra como isso funciona com os dados de vendas da Figura 16-4.

FIGURA 16-5: Se o agrupamento de um coeficiente for zero, você precisará lidar com a possibilidade de que ele realmente é zero.

	A	B	C	D	E	F	G	H	I
1									
2				Coeficientes	Erro-Padrão	Estat t	Valor p	95% Inferiores	95% Superiores
3			Interceptação	-1211,183	962,353	-1,259	0,226	-3251,280	828,914
4			Gastos em Publicidade	0,413	0,218	1,893	0,077	-0,050	0,876
5			Equipe de Vendas	34,543	25,437	1,358	0,193	-19,381	88,468
6			Desconto%	13908,522	3134,294	4,438	0,000	7264,115	20552,929
7									
8									
9			Preditor	Coeficiente	Coeficiente menos 2 erros-padrão	Coeficiente mais 2 erros-padrão	Atinge zero?		
10			Interceptação	-1211,183	-3135,889	713,522	Sim		
11			Gastos em Publicidade	0,413	-0,023	0,850	Sim		
12			Equipe de Vendas	34,543	-16,331	85,418	Sim		
13			Desconto%	13908,522	7639,933	20177,111	Não		
14									

Todas as colunas no intervalo C2:I6 estão mostrando a mesma coisa: apenas a variável Desconto relacionada ao faturamento é confiável, pelo menos no conjunto de dados no qual se calculou a regressão.

Em particular, se você adicionar e subtrair dois erros-padrão da interceptação e dos coeficientes, cada um dos agrupamentos resultantes será zerado, exceto o Desconto. Isso significa que você não pode depender do fato de que os coeficientes reais da população para Publicidade e Equipe de Vendas não *sejam* zero. E se utilizar um coeficiente zero na equação, junto com uma interceptação de zero, a equação poderá mudar de:

Receita = −1211,18 + (0,41 × Montante em Publicidade) + (34,54 × Equipe de Vendas) + (13908,52 × Desconto)

para:

Receita = 0 + (0 × Montante em Publicidade) + (0 × Equipe de Vendas) + (13908,52 × Desconto)

Ou seja, a interceptação, o montante em publicidade e a equipe de vendas saem da equação, pois você não tem razão para acreditar que os coeficientes verdadeiros e a interceptação verdadeira são diferentes de zero.

Talvez um termo mais familiar para os agrupamentos analisados nesta seção seja *intervalos de confiança*. A ferramenta Regressão os calcula para você. Você encontrará os limites mínimos e máximos dos intervalos de confiança de 95% dos coeficientes de regressão em H3:I6 da Figura 16-5. Eles não corresponderão exatamente aos limites obtidos para mais ou para menos dos dois erros-padrão dos coeficientes calculados, mas chegarão perto. "Dois erros-padrão" são apenas uma aproximação. (A discrepância ocorre porque o número de erros-padrão que definem os limites do intervalo de confiança varia um pouco de acordo com o número de observações na análise de regressão.)

312   PARTE 4 **Fazendo Previsões Avançadas**

O Capítulo 4 menciona que um dos objetivos do método de regressão para a previsão é a *parcimônia*: quanto menos variáveis preditoras, melhor. Com base nesse princípio, se você puder se livrar do Montante de Publicidade e do Tamanho da Equipe de Vendas e ainda conseguir uma boa previsão, já ajudará. No mínimo, poupará tempo e trabalho de reunir as informações a respeito dessas variáveis preditoras a cada mês ou a cada trimestre. E recordando o que este capítulo tem a dizer sobre o R-quadrado ajustado e a contração, restringir o número de variáveis preditoras pode ser uma boa ideia de qualquer maneira.

A Figura 16-6 demonstra outra maneira de ver as coisas. Na verdade, o restante desta seção mostra como você pode usar as informações na saída da ferramenta Regressão para evidenciar se um coeficiente é confiável (ou seja, se é significativamente diferente de zero) ou não (se não é significativamente diferente da zero). Até agora, mostrei rapidamente os agrupamentos usando os erros-padrão. Em seguida, vamos nos aprofundar mais na estatística t e nos intervalos de confiança. Em suas próprias previsões, todos devem chegar às mesmas conclusões. Se não chegarem, você deve conferir o que estão informando.

FIGURE 16-6: Compare os valores rotulados como *Valor p* (em G2:G6) e os valores em DIST.T (G10:G13).

	F11		▼	🔎	*fx*	=D11/E11			
	A	B	C	D	E	F	G	H	I
1									
2				*Coeficientes*	*Erro-Padrão*	*Estat t*	*Valor p*	*95% Inferiores*	*95% Superiores*
3			Interceptação	-1211,183	962,353	-1,259	0,226	-3251,280	828,914
4			Anúncios	0,413	0,218	1,893	0,077	-0,050	0,876
5			Equipe de Vendas	34,543	25,437	1,358	0,193	-19,381	88,468
6			Desconto%	13908,522	3134,294	4,438	0,000	7264,115	20552,929
7									
8									
9			Preditor	Coeficiente	Erro-Padrão	Coeficiente sobre erro--padrão	DIST.T		
10			Interceptação	-1211,183	962,353	-1,259	0,226 =T.DIST.2T(ABS(F10),16)		
11			Anúncios	0,413	0,218	1,893	0,077 =T.DIST.2T(ABS(F11),16)		
12			Equipe de Vendas	34,543	25,437	1,358	0,193 =T.DIST.2T(ABS(F12),16)		
13			Desconto%	13908,522	3134,294	4,438	0,000 =T.DIST.2T(ABS(F13),16)		
14									

Uma estatística chamada distribuição t de Student (ou apenas *estatística t* ou *razão t*) ajuda a avaliar a significância estatística da diferença de um número a partir de zero. Conforme utilizado aqui, o termo *significância estatística* expressa simplesmente a probabilidade de obter um coeficiente de regressão tão grande quanto o que você observou em sua amostra, caso o coeficiente na população total seja zero.

Imagine que você use a regressão para avaliar a relação entre a altura de uma pessoa e o CEP dela. Você pega uma amostra de pessoas e descobre que, nessa amostra, a distribuição t para CEP é 3,5. Qual é a probabilidade de obter uma distribuição t tão grande na amostra quando a mesma estatística, se calculada

CAPÍTULO 16 **Ajuste Fino das Previsões de Regressão** 313

em toda a população, for zero? Dito de outra forma, qual é a probabilidade de se obter uma distribuição t realmente grande com base em uma amostra ruim a partir de uma população, sem haver relação nessa população entre a altura de uma pessoa e o CEP dela? É isso que a significância estatística avalia.

Nessa situação, você pode calcular a distribuição t dividindo o número (a interceptação ou o coeficiente) pelo erro-padrão. Isso foi feito em F10:F13 da Figura 16-6, e você pode dizer que os resultados são idênticos às distribuições t que a ferramenta Regressão retorna (F3:F6 na Figura 16-6).

A ferramenta Regressão também testa a significância estatística da distribuição t e os resultados são mostrados em G3:G6. Você interpreta esses resultados da mesma maneira como faz com a significância de F (veja a seção anterior "Significância de F").

No caso da interceptação e dos coeficientes para o Montante em Publicidade e a Equipe de Vendas, os valores p reportados pela ferramenta Regressão não estão abaixo do nível de 0,05 que tradicionalmente foi adotado como critério de significância estatística. A variável preditora Desconto, no entanto, tem um valor p menor do que 0,0 e, segundo esse critério, essa análise informa que seu coeficiente é significativamente maior do que zero. (Todavia, cabe a você decidir se uma probabilidade em 20, ou 0,05, é suficientemente incomum para decidir que o coeficiente de regressão de Desconto é realmente diferente de zero. De fato, você deve decidir sobre esse critério antes de ver os resultados de sua análise.)

LEMBRE-SE

Quanto *menor* o valor p (ou, na tabela ANOVA, a Significância de F), *mais* significativo o número que está sendo testado.

Esses valores p também foram calculados no intervalo G10:G13 usando a função DIST.T do Excel. Observe que os valores p são idênticos àqueles retornados pela ferramenta de Regressão.

CUIDADO

A função DIST.T do Excel não consegue lidar com uma distribuição t negativa. Se você usar essa função, pense na possibilidade de utilizá-la em conjunto com a função ABS do Excel, que retorna o valor absoluto de um número. (O valor absoluto é sempre positivo: o valor absoluto de −2,6 é +2,6.) Caso você não use a função ABS, conforme mostrado nas células G10:G13 da Figura 16-6, a DIST.T retornará o valor de erro #NUM! se o primeiro argumento for negativo. Esse problema é bem complicado, e se você não é um especialista em Estatística, encontre um (e pode mencionar que eu mandei). Você pode ser trapaceado por uma coisa chamada hipóteses não direcionais.

Portanto, essa análise da distribuição t tem o mesmo resultado da análise dos agrupamentos de intervalo zero: você está bem usando o Desconto para prever esses faturamentos, mas não há nenhum argumento para usar outras variáveis quando os intervalos de confiança de 95% ultrapassam o zero ou, igualmente, quando o valor p da distribuição é maior do que 0,05.

Por fim, considere as informações obtidas na análise do intervalo de confiança da ferramenta Regressão (veja a Figura 16-7).

FIGURA 16-7: Usando a distribuição t de Student para criar intervalos de 95%.

	A	B	C	D	E	F	G	H	I	J
1										
2				Coeficientes	Erro-Padrão	Estat t	Valor p	95% Inferiores	95% Superiores	
3			Interceptação	-1211,183	962,353	-1,259	0,226	-3251,280	828,914	
4			Anúncios	0,413	0,218	1,893	0,077	-0,050	0,876	
5			Equipe de Vendas	34,543	25,437	1,358	0,193	-19,381	88,468	
6			Desconto%	13908,522	3134,294	4,438	0,000	7264,115	20552,929	
7										
8										
9			Preditor	Coeficiente	Erro-Padrão	INV.T(0.025,16)	95% Inferiores		95% Superiores	
10			Interceptação	-1211,183	962,353	-2,120	-3251,280	=D10+E10*F10	828,9135157	=D10-E10*F10
11			Anúncios	0,413	0,218	-2,120	-0,050	=D11+E11*F11	0,876419327	=D11-E11*F11
12			Equipe de Vendas	34,543	25,437	-2,120	-19,381	=D12+E12*F12	88,46797875	=D12-E12*F12
13			Desconto%	13908,522	3134,294	-2,120	7264,115	=D13+E13*F13	20552,92926	=D13-E13*F13

Como era de se esperar das análises anteriores, a interceptação, o Montante em Publicidade e a Equipe de Vendas apresentam agrupamentos que ultrapassam zero: os 95% superiores são, em cada caso, maiores do que zero, e os 95% inferiores estão abaixo de zero (ver as células H3:I5 na Figura 16-7). Desse modo, você não pode rejeitar a possibilidade de que os coeficientes reais da população (e da interceptação) sejam, de fato, zero. Isso, mais uma vez, leva você a acreditar que a melhor previsão é baseada unicamente na variável preditora Desconto.

A diferença entre os agrupamentos 95% inferiores e superiores e os agrupamentos criados com +/- dois erros-padrão é que os primeiros são baseados em um valor t de 2,1, em vez de um valor de 2,0 sem variações ou flutuações. Como observei anteriormente, as razões para isso são um pouco complicadas, mas têm a ver com o fato de que o valor da distribuição t é parcialmente uma função do tamanho da amostra e não uma constante independente do número de observações.

CUIDADO

A função INV.T que usei aqui é muito diferente da função mais antiga INVT do Excel, tanto para argumentos quanto para resultados. Se você é um usuário de longa data do Excel, verifique se seus argumentos e expectativas para INV.T estão atualizados.

Assim, você pode calcular os valores 95% inferiores e superiores usando o valor retornado por INV.T, conforme mostrado em F10:F13 da Figura 16-7. Com 0,025 como o primeiro argumento (que é (1 - 0,95)/2; se quisesse um valor de 90%, usaria 0,05 em vez de 0,025) e o número de graus de liberdade como o segundo argumento, você obtém um valor de 2,12. Multiplicando 2,12 pelo erro-padrão e somando o resultado ao coeficiente ou à interceptação, você obtém os valores 95% superiores. E chega aos valores de 95% inferiores subtraindo, não somando.

CAPÍTULO 16 **Ajuste Fino das Previsões de Regressão** 315

Neste exemplo, todos os três métodos apontam para a mesma conclusão: use o Desconto como sua variável preditora; a regressão calculará uma interceptação nova para você. Há alguns casos precisos nos quais os métodos não concordam (embora o método de distribuição t e o método do agrupamento de 95% quase sempre apontem para a mesma conclusão). Quando não concordam, sua melhor aposta é obter mais dados: voltar ao passado ou aguardar mais valores reais. Mais dados geralmente trazem à baila um resultado confuso.

E lembre-se de que as fórmulas mostradas ou implícitas das Figuras 16-5 a 16-7 fornecem uma maneira de permitir que as análises sejam atualizadas se você alterar seus valores de entrada. Esse é o principal motivo pelo qual, em longo prazo, prefiro usar minhas próprias fórmulas, em vez de confiar nos valores estáticos fornecidos pelo suplemento de Análise de Dados.

Obtendo uma Linha de Tendência de Regressão em um Gráfico

Observar a previsão de regressão em um gráfico quase sempre é útil para que você possa comparar visualmente a linha de base, o que já aconteceu, com o que a regressão previu que acontecerá a seguir. Essa é a função das linhas de tendência e esta seção mostra como utilizá-las.

Nunca é uma boa ideia apenas acatar uma previsão gerada por computador (ou qualquer tipo de análise, por falar nisso) sem questionar. Você precisa examinar algumas estatísticas subjacentes para avaliar se a previsão faz sentido ou é um absurdo. Na seção anterior, mostrei como usar as estatísticas que o Excel envia de volta, de modo a fazer esse tipo de avaliação.

Porém os números não contam toda a história. A Figura 16-8 mostra uma situação em que o número sozinho induziria ao erro, ao passo que analisar os dados em um gráfico o colocaria no caminho certo de novo.

FIGURA 16-8: O Eta ao quadrado é uma versão generalizada do R-quadrado. Ele retorna o mesmo valor para uma relação linear e é um índice mais preciso da força de um relacionamento não linear.

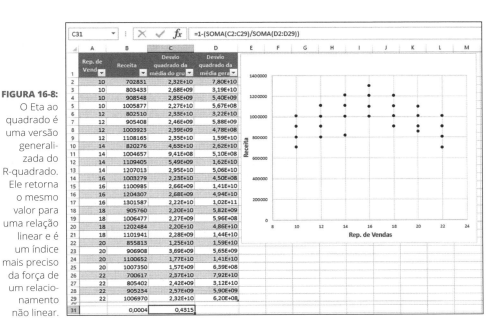

A Figura 16-8 retrata uma relação clara entre o número de representantes de vendas e o faturamento. Até certo ponto, quanto mais representantes você tiver, maiores são as receitas. Porém, com mais de 16 representantes, as receitas começam a cair. Isso pode acontecer por vários motivos, entre eles:

» Os territórios são definidos geograficamente e por contas nacionais. Nesses casos, a conta nacional de Jaime pode ter uma presença no território geográfico de Jean. Sem comissões duplas, essa situação leva à concorrência dentro do escritório de vendas, do tipo não saudável.

» O território de vendas pode suportar até um determinado número de representantes de vendas, mas não mais do que ele.

» Uma terceira variável, como uma linha de produtos que está perdendo participação no mercado, leva a gerência a colocar mais representantes no território, em vez de estudar a comercialização do próprio produto.

O coeficiente de correlação, também analisado no Capítulo 14, é uma estatística *linear*. Em outras palavras, supõe-se que as duas variáveis que você passa para essa estatística tenham um relacionamento linear e reto entre si, algo como a altura e o peso de uma pessoa. A relação não precisa ser perfeita, mas, em geral, quanto maior uma variável, maior a outra.

LEMBRE-SE

A relação pode funcionar ao contrário, como o que ocorre entre a frequência de acidentes de carro e a idade do motorista (até 30 anos, digamos). Quanto mais velho o motorista, menos acidentes. Isso resultaria em uma correlação negativa, mas que poderia ser forte.

Na Figura 16-8, o R-quadrado entre os representantes de vendas e o faturamento aparece na célula A31. Você pode ver que, na verdade, é zero. Mas a relação não linear, calculada por uma estatística chamada *Eta ao quadrado* ou *razão de correlação*, na célula B31, concorda com o gráfico: tanto o gráfico quanto a célula B31 sugerem fortemente que existe uma relação confiável entre o número de representantes de vendas e a quantidade do faturamento; só não é linear.

DICA

A célula A31 na Figura 16-8 calcula o R-quadrado como o quadrado da CORREL. Se você calcula o R-quadrado com frequência (como eu), pode achar mais conveniente usar a função RQUAD do Excel, que calcula o R-quadrado diretamente. Nesse caso, você usaria =RQUAD(A2:A29;B2:B29).

Outra maneira de ver as coisas é dispensar a análise numérica e apenas observar o gráfico. A linha de tendência linear coloca você em posição de avaliar como uma análise linear se ajusta bem aos dados (veja a Figura 16-9).

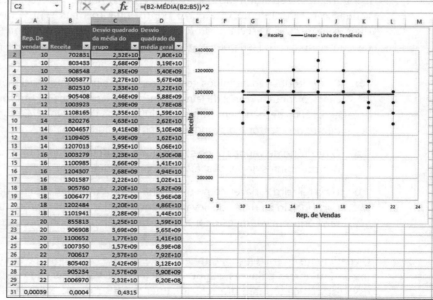

FIGURA 16-9: Este é um exemplo extremo, usado para demonstrar um ponto. Você poderia dizer que tem uma situação não linear mesmo sem a linha de tendência.

Você obtém a linha de tendência seguindo estas etapas:

1. **Clique no gráfico para ativá-lo.**

   Observe que a guia Design aparece em Ferramentas de Gráfico na Faixa de Opções.

2. **Clique com o botão direito do mouse na série de dados de gráficos e escolha Adicionar Linha de Tendência no menu de atalho.**

   A caixa de diálogo Formatar Linha de Tendência (*sic*), mostrada na Figura 16-10, será exibida.

3. **Escolha Linear em Opções de Linha de Tendência. Se você quiser parar neste ponto, clique em uma célula na planilha.**

   Observe na Figura 16-9 que a linha de tendência é virtualmente horizontal.

DICA

Caso você tenha mais de uma série de dados em um gráfico, primeiro selecione a série de dados para a qual deseja a linha de tendência, na Etapa 1 da lista anterior.

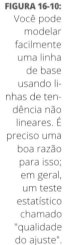

FIGURA 16-10: Você pode modelar facilmente uma linha de base usando linhas de tendência não lineares. É preciso uma boa razão para isso; em geral, um teste estatístico chamado "qualidade do ajuste".

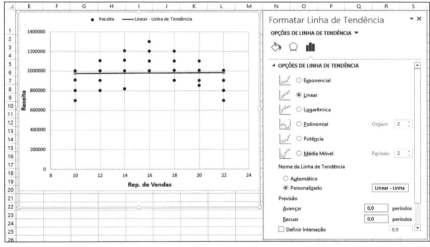

DICA

Quando há uma forte correlação entre duas variáveis, os pontos de dados projetados no gráfico ficam próximos da linha de tendência. O próprio cálculo da correlação faz isso.

Se você souber quando chamar pela primeira vez a linha de tendência para obter informações adicionais, poderá continuar a partir daqui depois de escolher o tipo de linha de tendência na lista anterior. Caso necessário, desça com a barra de rolagem até a parte inferior do painel Formatar Linha de Tendência.

As opções disponíveis são as seguintes:

» Você pode dar um nome mais descritivo do que o padrão à linha de tendência. Isso ajuda muito, sobretudo se você está incluindo uma legenda no gráfico, que pode exibir o nome escolhido. Selecione o botão de opção Personalizado e digite o nome na caixa de texto.

» Se você escolheu qualquer tipo de linha de tendência diferente da Média Móvel, pode estender a previsão para a frente, no futuro, ou para trás, no passado. Clique na seta para cima em um dos controles giratórios para aumentar o número de períodos a serem previstos e a seta para baixo para reduzir.

» Você pode definir a interceptação para um valor específico. Marque a caixa de seleção Definir Interseção e digite um valor na caixa. Não recomendo o uso dessa opção.

» Pode exibir a equação no gráfico. Marque a caixa de seleção associada.

» Pode exibir o valor de R-quadrado no gráfico. Novamente, marque a caixa de seleção associada. (É a mesma coisa que os termos do R-quadrado do suplemento de Análise de Dados: a proporção de variabilidade na variável de previsão atribuível às variáveis preditoras.)

E aqui estão algumas informações adicionais sobre a interseção, a equação da linha de tendência e o valor de R-quadrado:

» Definir a interseção manualmente não é recomendado. Analistas iniciantes acham que podem aumentar o R-quadrado definindo a interseção para, digamos, zero. No entanto, eles estão vendo uma peculiaridade no cálculo da regressão. Se seu conjunto de dados realmente tiver uma interseção zero, a análise vai colocá-la em zero ou próxima o bastante.

» Você pode deslocar a equação e os rótulos do R-quadrado no gráfico para tirá-los do caminho de outros elementos, tais como as linhas de grade. Clique no rótulo e arraste-o para onde quiser.

» É possível ajustar o número de decimais e o tamanho da fonte da equação e do valor de R-quadrado. Clique com o botão direito do mouse no rótulo e escolha Formatar Rótulo da Linha de Tendência. Escolha Número na lista suspensa Categoria e ajuste a opção Casas Decimais.

CUIDADO

Algumas pessoas tentam prever os valores usando a equação que, opcionalmente, acompanha a linha de tendência. É um erro. A interseção e os coeficientes quase sempre não exibem números decimais o bastante, é muito fácil cometer um erro de digitação ao transcrever os números para a planilha e é um desperdício de tempo. Em vez disso, use PROJ.LIN para colocar a interseção e os coeficientes diretamente na planilha ou use TENDÊNCIA para ignorar a equação completamente e obter os valores de previsão em uma etapa. Veja o Capítulo 12 para obter informações a respeito de como usar a função TENDÊNCIA.

Avaliando as Previsões de Regressão

Quando você faz uma previsão de regressão, deve estar atento a alguns problemas além dos mencionados em outros capítulos, como a independência dos erros. Dois dos problemas mais importantes que podem surgir dizem respeito à autorregressão e ao uso de duas séries com tendência.

Use a autorregressão

O tópico autorregressão surgiu em vários outros capítulos deste livro. Resumidamente, quando você usa a autorregressão, utiliza um conjunto de valores em sua linha de base para prever outro conjunto de valores na mesma linha de base. É muito mais fácil ver a autorregressão do que ler sobre ela, assim, dê uma olhada na Figura 16-11.

FIGURA 16-11: Observe os nomes da PROJ.LIN em A3:A26 primeiro, pois essas células representam a variável y, aquela que é prevista. Isso está de acordo com a sintaxe da PROJ.LIN.

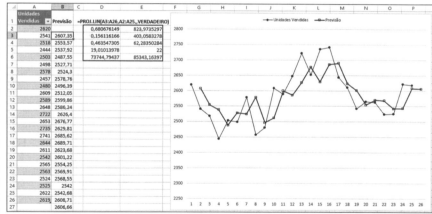

Na Figura 16-11, a fórmula PROJ.LIN (nas células D2:E6) usa os valores em A2:A25 como a variável preditora e os valores uma linha abaixo, A3:A26, como a variável prevista. Na verdade, o que você está pedindo para a PROJ.LIN fazer é prever cada valor na linha de base a partir do valor anterior. Ao pé da letra, você está dizendo: "Por favor, preveja o segundo valor da série a partir do primeiro valor, dado o que sei sobre a relação entre A2:A25 e A2:A26. Então, preveja o terceiro valor da segunda e assim por diante."

Ao menos, a autorregressão é semelhante à suavização exponencial simples executada pelo suplemento de Análise de Dados: ela usa o valor de um período anterior para ajudar a prever o valor do próximo período.

Uma das diferenças, no entanto, entre autorregressão e suavização exponencial simples é que a suavização exponencial simples sempre utiliza o valor real anterior na linha de base para ajudar a prever o próximo período. Na autorregressão, convém prever usando não o valor do período anterior, mas o valor com dois ou até três períodos anteriores.

Ao usar a equação PROJ.LIN na Figura 16-11, é possível obter as previsões mostradas na coluna B a partir do coeficiente e da constante (também conhecida como interseção). Por exemplo, o valor na célula B3 é obtido com esta fórmula:

```
=$E$2+$D$2*A2
```

Ou seja, some a interseção ao produto do coeficiente e aos valores reais do período anterior. Copie e cole essa fórmula até B27 para obter as previsões restantes.

Todavia, restam ainda dois problemas. Um deles é que você quer trabalhar com uma linha de base estacionária; por outro lado, se a linha de base apresentasse uma tendência, você poderia facilmente obter alguns resultados falsos. O outro é que não sabe a que distância voltar para procurar o valor preditor: um período? Dois? Três ou mais? Na Figura 16-11, você olha um período atrás. Mas, para responder a essas duas perguntas de outros conjuntos de dados, é preciso examinar alguns gráficos.

Você pode acessar os exercícios com as planilhas do Excel no endereço www.altabooks.com.br. Procure pelo título do livro/ISBN. Inclusive, disponibilizei uma pasta de trabalho do Excel chamada Correlogramas.xlsm que contém o código VBA que analisará sua linha de base e informará, primeiro, se é estacionária, segundo, quanto você deve voltar na linha de base para elaborar a fórmula PROJ.LIN (ou, igualmente, a fórmula TENDÊNCIA).

DICA

Deixei o código do VBA em Correlogramas.xlsm desprotegido, portanto, se você quiser, pode ver como as funções de autocorrelação e as funções de autocorrelação parciais são calculadas.

Quando você abre a pasta de trabalho chamada Correlogramas.xlsm, obtém um novo item de menu, Correlogramas, na aba Suplementos. Adicione uma planilha à pasta de trabalho Correlogramas.xlsm e coloque sua linha de base lá. Em seguida, clique em Correlogramas na aba Suplementos. Aparecerá uma caixa de diálogo chamada Identificação do Modelo de Box-Jenkins, com uma caixa de edição de referência rotulada Intervalo de Entrada para Série Temporal, na qual você pode digitar o intervalo que a linha de base ocupa. Quando você clica em OK na caixa de diálogo, uma pasta de trabalho nova é aberta com dois gráficos: um gráfico ACF e um gráfico PACF.

ACF significa função de autocorrelação e *PACF*, função de autocorrelação parcial. Não se preocupe com os termos; você não precisa deles. Só precisa ver os gráficos. A Figura 16-12 mostra o gráfico ACF para os dados da Figura 16-11.

Os gráficos ACF (um tipo de *correlograma*) mostram as autocorrelações entre uma série de observações e outras observações do mesmo conjunto de dados que estão um período, dois períodos, três períodos atrás etc. Em uma série de dados estacionária, você espera ver todas essas correlações em zero ou próximas de zero. Uma série com tendência, para cima ou para baixo, tem autocorrelações que são grandes nos intervalos menores de tempo e caem gradualmente para zero e abaixo, conforme a Figura 16-12. Elas podem até voltar a subir, dependendo do comprimento de sua série temporal e do número de intervalos que Correlogramas.xlsm é solicitado a exibir.

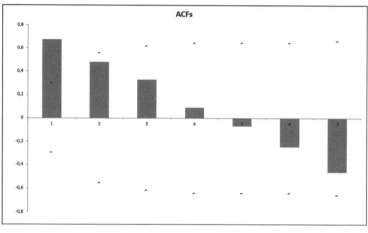

FIGURA 16-12: A altura da coluna representa o tamanho da autocorrelação.

As linhas tracejadas nas Figuras 16-12 e 16-13 (que são curvadas em um gráfico ACF e retas em um gráfico PACF) mostram o limite de significância estatística: você pode considerar um ACF ou um PACF que se estende além desse limite como sendo estatisticamente significante, isto é, um resultado confiável.

Se você elabora um gráfico ACF que mostra esse padrão, no qual o tamanho das correlações diminui gradualmente, logo, não tem uma linha de base estacionária e deve manipulá-la pegando as primeiras diferenças e, se necessário, as segundas diferenças (é raro precisar ir além das primeiras diferenças; veja o Capítulo 14 para obter mais informações).

A Figura 16-13 mostra o gráfico PACF. É um bom guia para *quão longe* você precisa ir para criar sua análise de autorregressão. Nesse caso, o primeiro PACF aumenta acima do limite de significância (as linhas em +/− 0,4), mas nenhum dos outros aumenta. Isso indica que é preciso voltar apenas um período de tempo para desenvolver a equação de previsão, ou seja, a fórmula PROJ.LIN envolveria A2:A25 para prever A3:A26, como na Figura 16-11.

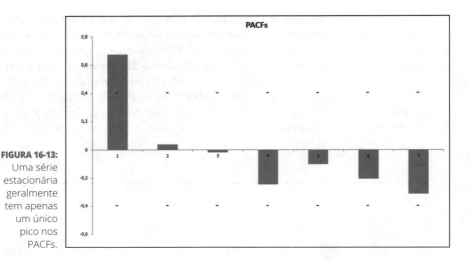

FIGURA 16-13: Uma série estacionária geralmente tem apenas um único pico nos PACFs.

No entanto, se o segundo PACF aumentasse, você retornaria dois períodos e usaria A2:A24 para prever A4: A26 (dois períodos atrás), bem como (talvez) A3:A25 para prever A4:A26 (um período atrás).

Regressão de uma tendência a outra

Se a frase "causalidade e correlação" parece familiar, provavelmente é porque em algum momento você leu sobre a diferença entre as duas. Suponha que um sociólogo estude em 100 comunidades a relação entre o número de livros nas bibliotecas públicas e o número de moradores dessas comunidades que estudam e trabalham com a Teoria das Cordas.

O sociólogo encontra uma relação forte e positiva entre estas duas variáveis: número de livros e número de seguidores da Teoria. Isso significa que se uma comunidade aumenta o número de livros em suas bibliotecas, o número de graduados do ensino médio da comunidade que vão para a faculdade e a pós-graduação também aumentará?

Claro que não. Não há causalidade aqui, apenas correlação. Decerto, há outra variável (ou grupo de variáveis) por trás da descoberta do sociólogo. Comunidades com renda per capita maior gastam mais com recursos para a própria comunidade, tais como as bibliotecas. E as famílias que vivem nessas comunidades têm mais recursos pessoais disponíveis para bancar o ensino superior de seus filhos.

Todavia, se você tivesse alguma maneira de aumentar a renda per capita de uma comunidade, poderia ver um aumento no número de livros nas bibliotecas e no número de estudantes indo para o ensino superior. Este é o padrão de excelência para decidir se a causalidade existe: aplicar um tratamento em um grupo constituído aleatoriamente, separá-lo do outro e procurar uma diferença entre os dois grupos.

O mesmo efeito pode ocorrer quando você usa a regressão para investigar o relacionamento entre uma variável que deseja prever e alguma outra variável que possa estar relacionada a ela. Imagine que você tenha os resultados de vendas que apresentam uma tendência de alta nos últimos dez anos. Você percebe que, no mesmo período de tempo, sua empresa oferece cada vez mais linhas de produtos.

É possível concluir que você pode aumentar as vendas aumentando o número de linhas de produtos, especialmente se houver alguma diferenciação real percebida entre os produtos. Mas as coisas não são bem assim. Por um lado, tanto a linha de produtos de uma empresa quanto suas vendas tendem a crescer com o tempo. A linha de produtos, porque as empresas precisam acompanhar as novas tecnologias; as vendas, porque, em longo prazo, as empresas expandem ou desaparecem.

A questão aqui é que as vendas e a quantidade da linha de produtos mudam em resposta ao tempo, não necessariamente uma a outra. Uma terceira variável, a passagem do tempo, está em ação aqui, assim como a renda per capita age tanto no número de livros de uma comunidade quanto no número de estudantes da pós-graduação.

Uma solução é manipular primeiro a série, depois ver se é possível obter uma equação de regressão útil na série manipulada. Existem várias maneiras de manipular (como mudar uma variável para uma taxa como a renda per capita), mas uma conveniente é pegar as primeiras diferenças (veja o Capítulo 17).

326   PARTE 4 **Fazendo Previsões Avançadas**

NESTE CAPÍTULO

» **Entendendo quando remover a tendência de uma linha de base**

» **Mantendo a linha de base pulando**

» **Fazendo com que as partes de uma linha de base voltem a ficar juntas**

Capítulo **17**

Administrando as Tendências

À s vezes, você preferirá usar um método de previsão de variável única; por exemplo, um dos dois métodos de variável única que este livro aborda: médias móveis e suavização exponencial simples. Se fizer isso — e há boas razões para seguir esse rumo, incluindo uma precisão maior e a presença da sazonalidade na linha de base —, primeiro, deve verificar se a linha de base apresenta uma tendência. Conforme vários outros capítulos analisam, uma tendência é a propensão em uma linha de base de se deslocar para cima ou para baixo (normalmente não nas duas direções) ao longo do tempo. As médias móveis e a suavização exponencial simples se comportam melhor em linhas de base que não têm uma tendência.

Uma boa maneira de remover uma tendência de uma linha de base é chamada de *diferenciação*. Se você utilizar a diferenciação, subtrairá um valor na linha de base de um valor subsequente. Fazer essa subtração tem algumas consequências para os valores que você usa para prever. No entanto, a decisão de usar a diferenciação não é um tiro certeiro; algumas concessões estão envolvidas no processo.

Caso você utilize a diferenciação, aplique seu método de previsão nas diferenças. Depois de obter a previsão, ainda terá que colocá-la de volta na escala original da linha de base. Isso é chamado de *integração*, e este capítulo mostra como fazer.

Saiba Por que Você Pode Querer Remover a Tendência de uma Linha de Base

Você pode remover a tendência de uma linha de base de várias maneiras, e este capítulo as examina na seção "Como Deixar a Linha de Base Estável". Em primeiro lugar, no entanto, você precisa saber mais por que pode querer remover uma tendência de uma linha de base e algo sobre os modos de diagnosticar se uma tendência está realmente presente em uma linha de base.

Compreenda por que a tendência é um problema

Alguns analistas de previsão argumentaram que remover a tendência de uma linha de base antes de fazer qualquer previsão era quase sempre o melhor. Citaram três razões:

>> O método de regressão geralmente *aproveita* a tendência em uma linha de base. Mas, como as equações de previsão que usam a regressão eram mais difíceis de calcular do que outros métodos, você precisava de uma boa razão para usar a regressão em vez de outro método mais simples.

>> A regressão deduz várias coisas sobre os dados que os outros métodos não conseguem. Portanto, você tem que testar essas deduções em seus dados para decidir se realmente pode *utilizar* a regressão com a consciência limpa.

>> Sempre existe autocorrelação, muitas vezes significativa, em uma série com tendência. Por diversas razões, analisadas nos Capítulos 2, 4, 14 e 16, a autocorrelação pode representar um problema. Há uma autocorrelação em uma linha de base a partir da qual a tendência foi removida, mas geralmente menos — muitas vezes, bem menos — do que em uma linha de base que apresenta uma tendência.

A primeira objeção, a complexidade dos cálculos, deixou de existir nos anos seguintes. Se você tiver um PC e o Excel, poderá executar uma análise de regressão em um minuto ou menos; ainda menos se digitar rápido e mais, caso não digite tão rápido assim.

A segunda objeção é complicadíssima. Há várias hipóteses que devem ser testadas antes de usar os resultados de uma análise de regressão. Não entrarei em detalhes aqui, mas só para você ter uma ideia geral:

» A média dos erros (também conhecidos como *resíduos*) na variável prevista em cada valor da variável preditora é zero. Por exemplo, suponha que você esteja prevendo os faturamentos usando a data de vendas como variável preditora. Se tirasse a diferença entre cada valor de receita real em qualquer data de venda do seu valor de previsão associado (ou seja, o erro na previsão) e calculasse a média desses resíduos, obteria um valor médio zero ou muito próximo de zero.

» Os erros são normalmente distribuídos. Ou seja, caso você projete em gráfico a frequência dos intervalos dos valores de erros, veria uma distribuição normal ou uma "curva em formato de sino".

» A variabilidade dos erros é a mesma para cada valor da variável preditora. Se sua variável preditora for o período de tempo, essa hipótese não será um problema: você tem uma observação para cada valor da variável preditora, portanto, não há variabilidade. Porém imagine que esteja usando uma variável preditora, como o preço unitário, que pode ter inúmeros valores de previsão, como as vendas unitárias para cada valor de preço unitário. Então, se tiver projetado em gráfico os erros de previsão em relação ao preço unitário, a variância (*não* o intervalo) desses erros no eixo vertical deverá ser aproximadamente a mesma para cada preço unitário.

» Os resíduos não são autocorrelacionados. Ou seja, caso você calcule a correlação entre, digamos, os resíduos dos períodos 1 até 49 e os resíduos dos períodos 2 até 50, a correlação não seria muito diferente de zero.

As descrições formais de como testar cada uma dessas hipóteses fogem ao escopo deste livro. Você pode ter uma ideia se alguma hipótese está sendo violada fazendo os gráficos de erros em relação aos períodos de tempo. O suplemento de Análise de Dados do Excel faz isso para você, caso o peça para fazê-lo (é só uma questão de preencher uma caixa de seleção; para obter mais informações, veja o Capítulo 11).

Quanto à autocorrelação, se você estiver preocupado com a magnitude, lembre--se de que uma linha de base a partir da qual a tendência foi removida tenderá a apresentar menos autocorrelação do que a linha de base original.

O que tudo isso tem a ver com deixar a linha de base estável? Bem, suponha que você não possa fazer com que dados se comportem de modo a ter confiança de

CAPÍTULO 17 **Administrando as Tendências** 329

que atendeu a todas as suposições feitas pelo método de regressão Nesse caso, provavelmente será melhor você usar um dos outros métodos, entre eles, as médias móveis e a suavização exponencial, que não fazem suposições restritivas sobre a linha de base. E se fizer isso, deve remover a tendência da linha de base da variável de previsão. Isso significa que vai transformá-la de uma variável que sobe ou desce ao longo do tempo em uma variável que seguirá mais ou menos na horizontal com o tempo. E é mais fácil do que você pode imaginar. Um bom lugar para começar é na seção mais adiante, "Subtraia um valor do próximo valor".

Diagnosticando uma tendência

O Capítulo 4 entra em detalhes sobre como diagnosticar se uma tendência existe ou não em uma linha de base. Às vezes, você pode diagnosticá-la facilmente só de olhar atentamente um gráfico da linha de base, porém, em outras vezes, você só chega perto de identificar se uma tendência existe ou não. Nesse caso, desejará usar um teste numérico que o ajude a decidir.

O Capítulo 4 descreve um teste de correlação entre o período de vendas e o faturamento. O teste o ajuda a decidir se os dados apresentam ou não uma tendência. Eu recomendo outro, um teste de tendência mais rápido e simples, aqui chamado de Teste de Sinal. Embora não seja um teste tão meticuloso quanto o descrito no Capítulo 4, ainda é um bom guia para saber se uma linha de base apresenta uma tendência.

A Figura 17-1 mostra um exemplo do Teste de Sinal. Na Figura 17-1, os números mostrados nas células D24:D30 são calculados com estas fórmulas:

>> D24 contém o número das primeiras diferenças positivas na coluna B. Ela é calculada com esta fórmula de matriz:

```
=SOMA(SE(B3:B21>0;1;0))
```

Você também pode usar algo como esta fórmula, que não exige que insira a matriz:

```
=CONT.SE(B3:B21;">0")
```

Ao pé da letra, a fórmula analisa B3:B21 e se um valor nesse intervalo for positivo, então, a função vai contá-lo; caso contrário, será ignorado. Em seguida, ela pega todos os valores no intervalo para fornecer uma contagem dos números positivos em B3:B21.

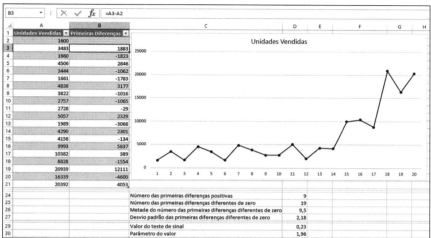

FIGURA 17-1: Um exemplo de Teste de Sinal para a tendência em uma linha de base.

» D25 contém o número das primeiras diferenças distintas de zero. As primeiras diferenças que são iguais a zero poderão vir à tona se a linha de base contiver dois valores consecutivos iguais entre si. Você pode obter esse número com esta fórmula de matriz:

```
=SOMA(SE(B3:B21<>0;1;0))
```

Este é outro exemplo de uma fórmula de matriz. Desta vez, a fórmula está contando o número das primeiras diferenças distintas de zero em B3:B21, não simplesmente o número de valores positivos. Uma alternativa é:

```
=CONT.SE(B3:B21;"<>0")
```

» D26 contém metade do número das primeiras diferenças distintas de zero:

```
=D25/2
```

» D27 contém o desvio-padrão do número das primeiras diferenças distintas de zero. Para o Teste de Sinal, isto é:

```
=RAIZ(D25/4)
```

» D29 contém o próprio valor do Teste de Sinal, usando a função ABS do Excel para retornar o valor absoluto:

```
=ABS(D24-D26)/D27
```

CAPÍTULO 17 **Administrando as Tendências** 331

> » D30 contém o valor fundamental que é comparado ao valor do Teste de Sinal. Se o valor absoluto do Teste de Sinal for superior ao valor em D30, você decidirá se a linha de base apresenta uma tendência. Caso contrário, decidirá que não. O valor absoluto de um número sempre é positivo. O valor absoluto de 31,2 é 31,2; o valor absoluto de –31,2 é 31,2. A célula D30 contém:
>
> ```
> =INV.NORMP.N(0,975)
> ```
>
> na qual 0,975 é 1 – 0,025. Eu decidi que tolero a probabilidade de tomar uma decisão ruim sobre a presença da tendência na linha de base em 5% das vezes. Divido 5% (0,05) por 2 e obtenho 0,025, em seguida subtraio isso de 1,0.

Nesse caso, o valor absoluto do Teste de Sinal é 0,23 e é menor do que o valor fundamental de 1,96. Portanto, apesar do fato de a linha de base ser crescente durante quatro dos seis pontos finais, o Teste de Sinal considera a linha de base uma linha estacionária.

Como Deixar a Linha de Base Estável

Quando você tem uma linha de base com uma tendência, para cima ou para baixo, pode decidir deixar a tendência. Se tomar essa decisão, de fato decidiu adotar a regressão como seu método de previsão.

E talvez seja uma ótima escolha. Muitas vezes, mas nem sempre, é o caso em que uma previsão baseada em regressão é mais precisa do que as alternativas, como as médias móveis e a suavização exponencial.

Subtraia um valor do próximo valor

Há um método chamado *primeira diferenciação* que geralmente remove a tendência de uma linha de base. Para usá-lo, basta subtrair um valor do próximo na linha de base; por isso, é chamado de *diferenciação*. Os resultados das subtrações são chamados de *diferenças* ou *primeiras diferenças*. Vez ou outra, você pode precisar fazer a distinção das diferenças, chamada de *segunda diferenciação*. Você pode descobrir que tem que fazer isso caso sua série original esteja crescendo exponencialmente, isto é, nada parecida com uma tendência em linha reta, crescendo com um valor mais ou menos fixo de um período para outro. Em vez disso, é uma curva que fica mais acentuada quanto mais distante você fica na linha de base.

332   PARTE 4 **Fazendo Previsões Avançadas**

A Figura 17-2 mostra um exemplo de linha de base com uma tendência linear reta e as primeiras diferenças da linha de base. As primeiras diferenças formam o que geralmente é chamado de série de valores *estacionária*.

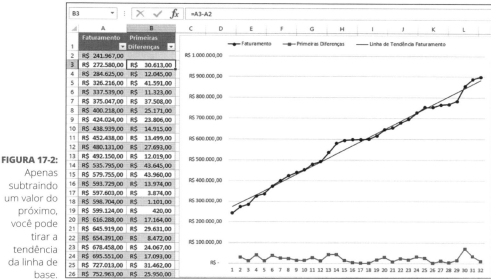

FIGURA 17-2: Apenas subtraindo um valor do próximo, você pode tirar a tendência da linha de base.

Observe que na Figura 17-2 a linha de base original apresenta uma tendência crescente fortíssima. Porém as primeiras diferenças formam uma série horizontal estacionária.

Eu sei o que você está pensando: "Se eu tenho que realizar uma previsão a partir da linha de base transformada estacionária, essa previsão ficará abaixo de R$100 mil, mas o próximo valor real estará próximo de R$1 milhão. Qual é o problema?"

Boa pergunta. No final deste capítulo, há uma seção chamada "A Grande Ilusão: Reunindo uma Linha de Base Novamente". Essa seção mostra como desfazer a primeira diferenciação, geralmente chamada de *integração* dos valores diferenciados.

Você não vê isso o tempo todo, apenas de vez em quando, portanto, observe a Figura 17-3 para ter um exemplo de linha de base que exige uma segunda diferenciação.

CAPÍTULO 17 **Administrando as Tendências** 333

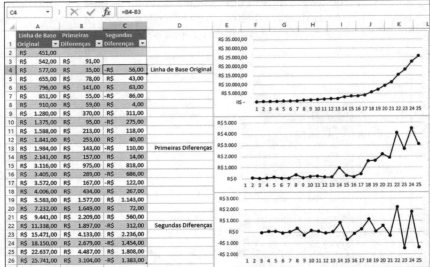

FIGURE 17-3: Quando a linha de base original não é linear, você pode precisar obter as segundas diferenças.

Na Figura 17-3, a curva na linha de base é tão acentuada que as primeiras diferenças também têm uma curva para representá-las. (Uma curva suave original normalmente produziria as primeiras diferenças mais parecidas com uma tendência em linha reta.) Mas as segundas diferenças são finalmente horizontais. São os valores que você usaria para realizar a previsão. Desse modo, reintegraria essa previsão duas vezes para conseguir compará-la com a escala da linha de base original. (Veja a seção mais adiante neste capítulo, "A Grande Ilusão: Reunindo uma Linha de Base Novamente".)

Divida um valor pelo outro

Outra abordagem para estabilizar uma linha de base com uma tendência é dividir, em vez de subtrair, um valor pelo valor anterior. O resultado forma uma série dos chamados *vínculos relativos*. A Figura 17-4 mostra os vínculos relativos para a linha de base usada nas Figuras 17-1 e 17-2.

FIGURA 17-4:
Vínculos relativos geralmente formam séries estacionárias.

	A	B
1	Linha de Base Original	Links Relativos
2	R$ 451,00	
3	R$ 542,00	R$ 1,20
4	R$ 577,00	R$ 1,06
5	R$ 655,00	R$ 1,14
6	R$ 796,00	R$ 1,22
7	R$ 851,00	R$ 1,07
8	R$ 910,00	R$ 1,07
9	R$ 1.280,00	R$ 1,41
10	R$ 1.375,00	R$ 1,07
11	R$ 1.588,00	R$ 1,15
12	R$ 1.841,00	R$ 1,16
13	R$ 1.984,00	R$ 1,08
14	R$ 2.141,00	R$ 1,08
15	R$ 3.116,00	R$ 1,46
16	R$ 3.405,00	R$ 1,09
17	R$ 3.572,00	R$ 1,05
18	R$ 4.006,00	R$ 1,12
19	R$ 5.583,00	R$ 1,39
20	R$ 7.232,00	R$ 1,30
21	R$ 9.441,00	R$ 1,31
22	R$ 11.338,00	R$ 1,20
23	R$ 15.471,00	R$ 1,36
24	R$ 18.150,00	R$ 1,17
25	R$ 22.637,00	R$ 1,25
26	R$ 25.741,00	R$ 1,14

Para fazer o Excel calcular os vínculos relativos, siga estas etapas:

1. **Usando o layout da Figura 17-4, selecione a célula B3.**
2. **Digite** =A3/A2 **e pressione Enter.**
3. **Selecione a célula B3 e selecione Editar ⇨ Copiar.**
4. **Selecione o intervalo B4:B26 e selecione Editar ⇨ Colar.**

DICA

Existem maneiras mais rápidas de estender a fórmula para baixo na coluna. Na Etapa 3, depois de selecionar a célula B3, mova o ponteiro do mouse sobre o quadrado preto no canto inferior direito de B3 (chamado de *alça de preenchimento*). Clique nele, mas não solte o botão do mouse, e arraste para baixo até a célula B26. Ou basta clicar duas vezes na alça de preenchimento.

Agora, você tem os links relativos. Você já deve ter projetado o gráfico da linha de base original para determinar se ela já está na condição de estacionária (se projetou, não precisa fazer isso; o único motivo para calcular as primeiras diferenças ou os links relativos é se a linha de base original apresenta uma

CAPÍTULO 17 **Administrando as Tendências** 335

tendência para cima ou para baixo). Para obter links relativos nesse gráfico, faça o seguinte:

1. **Selecione o intervalo inteiro dos links relativos, incluindo o cabeçalho da coluna.**

   Na Figura 17-4, é o intervalo B1:B26.

2. **Vá para a aba Início da Faixa de Opções e clique em Copiar no grupo Área de Transferência.**

   DICA

   Sim, isso significa que você incluiu uma célula em branco, B2, no intervalo copiado. Ao selecionar a célula em branco, você alinha as duas séries de dados corretamente no gráfico. Ao incluir o cabeçalho da coluna Links Relativos, você nomeia a série, o que será exibido na legenda do gráfico.

3. **Selecione o gráfico clicando nele.**

4. **Selecione Colar de, no grupo Área de Transferência da aba Início.**

   O gráfico agora aparece como na Figura 17-5.

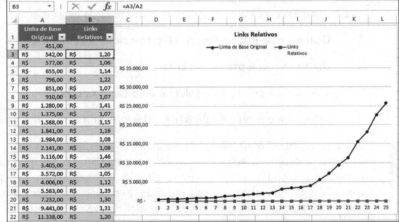

FIGURA 17-5: O eixo vertical principal do gráfico oculta os links relativos na parte inferior da área de plotagem.

Como são proporções de valor da linha de base para o valor da linha de base anterior, os links relativos geralmente variam de 0 a 2. Portanto, se você quiser projetá-los juntamente com os valores da linha de base original, como na Figura 17-5, talvez precise utilizar dois eixos verticais diferentes. Se usar um eixo apenas, os valores dos links relativos muitas vezes ficarão misturados no eixo horizontal.

336 PARTE 4 **Fazendo Previsões Avançadas**

Para corrigir o problema, siga estas etapas:

1. **Clique com o botão direito na série Link Relativos no gráfico (Figura 17-6) e escolha Formatar Série de Dados no menu de atalho.**

   Você pode achar mais fácil ir para o grupo Formato do gráfico na Faixa de Opções e selecionar a série Links Relativos na lista suspensa no grupo Seleção Atual. Em seguida, clique em Formatar Seleção.

2. **Em Opções de Série no painel Formatar Série de Dados, selecione o botão de opção Eixo Secundário.**

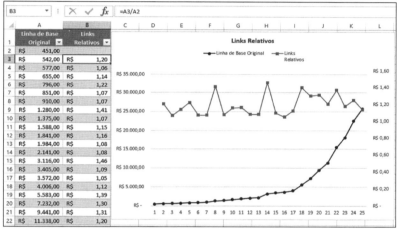

FIGURA 17-6: Agora você pode ver o link relativo de modo mais claro.

Obtenha taxas

Outra maneira de criar uma linha de base estacionária com tendência é transformá-la em algum tipo de taxa. Por exemplo, fora da área de previsão de vendas, você pode querer prever os acidentes de trânsito que ocorrerão durante o próximo trimestre. Se dividisse o número de acidentes em sua linha de base pelo número de motoristas habilitados durante o trimestre, é bem provável que a proporção formaria uma linha de base estacionária.

É um tipo de taxa per capita e as pessoas costumam entender as taxas per capita mais facilmente do que as primeiras diferenças ou os links relativos.

Todavia, caso adote essa abordagem para manipular uma linha de base, precisará prever o índice de acidentes e o número de motoristas habilitados, em seguida, aplicar a taxa à previsão dos motoristas. Desse modo, os erros da previsão em cada linha de base tenderão a se somar.

A desvantagem da diferenciação

Dê uma olhada nas Figuras 17-1 e 17-3. Você perceberá que perdeu um valor no início da linha de base das primeiras diferenças, bem como dos links relativos. A razão é que, em cada caso, você está convertendo dois valores em um.

Este ainda é outro motivo para se esforçar um pouco mais em conseguir uma linha de base tão longa quanto puder. Quando a linha de base contém apenas dez valores, a primeira diferenciação (ou o uso dos links relativos) faz com que você perca 10% de seus dados. Se conseguiu coletar 50 valores sem perder muito tempo fazendo isso, a primeira diferenciação perderá apenas 2%; geralmente não é uma grande perda.

Não se perde somente o número bruto de valores, mas também o poder dos testes estatísticos que podem ser aplicados para determinar se você realmente removeu a tendência (veja o Capítulo 4). Quanto menor for o número de pontos de dados envolvidos no teste, menos minucioso ele será.

Mas, espere... Tem mais. Sempre que você diferencia uma linha de base, a quantidade de erro de previsão aumenta. Dê uma olhada na Figura 17-7.

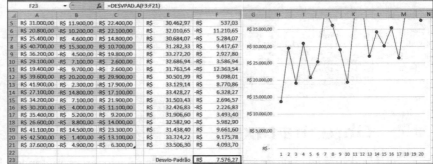

FIGURA 17-7: Observe que a linha de base das receitas tem uma tendência clara.

Na Figura 17-7:

> » A coluna A contém a linha de base original. O gráfico mostra que a linha de base tem uma tendência, então você consideraria manipulá-la.

> » A coluna B contém as primeiras diferenças da linha de base original.
> Por exemplo, a célula B4 contém a diferença entre A3 e A4, B5 contém a diferença entre A5 e A4 e assim por diante.

> » A coluna C contém as segundas diferenças da linha de base original.
> Por exemplo, a célula C5 contém a diferença entre B5 e B4, C6 contém a diferença entre B6 e B5 e assim sucessivamente.

Com esses dados nas colunas A, B e C, você pode fazer algumas previsões. A função TENDÊNCIA da planilha do Excel vem bem a calhar aqui. A TENDÊNCIA faz o seguinte:

» Ela pega alguns valores reais que você já conhece, como uma linha de base do faturamento.

» Ela pega alguns valores de previsão associados que você também já conhece.

» Ela calcula uma equação de regressão entre os valores preditores e os valores reais.

» Ela aplica essa equação aos preditores e retorna as previsões calculadas pela equação de regressão.

Na Figura 17-7, a coluna E contém a função TENDÊNCIA. Sua variável prevista é composta pelas receitas nas células A3:A21. Sua variável preditora consiste nas receitas nas células A2:A20. Em termos gerais, a função TENDÊNCIA prevê os valores da 2ª a 20ª linha de base, usando os valores da 1ª a 19ª linha como preditoras.

CUIDADO

Isto é uma autorregressão clássica, na qual você realiza a previsão com base na própria variável, ou seja, usa um valor anterior para prever um valor posterior. Formalmente, primeiro você deve manipular a série. (Este primeiro exemplo não é manipulado, para mostrar o aumento dos erros quando você faz isso.)

Você pode inserir a função TENDÊNCIA como uma fórmula de matriz. Na Figura 17-7, selecione E3:E21 e digite a seguinte equação:

```
=TENDÊNCIA(A3:A21;A2:A20)
```

LEMBRE-SE

Você insere a matriz de uma fórmula não pressionando Enter, mas Ctrl+Shift+Enter.

Muitas funções no Excel estão relacionadas à regressão e exigem que você insira a matriz da fórmula:

» **PROJ.LIN:** Essa função retorna os coeficientes de regressão, bem como várias estatísticas que o ajudam a avaliar a precisão da equação de regressão.

» **TENDÊNCIA:** Veja a análise anterior nesta seção.

» **MATRIZ.INVERSO:** Essa função retorna o inverso de uma matriz. É a versão de diversos valores de um inverso regular; por exemplo, 2/7 é o inverso de 7/2.

» **MATRIZ.MULT:** Essa função retorna o produto de duas matrizes.

CAPÍTULO 17 **Administrando as Tendências** 339

Você também usa as fórmulas de matriz fora do contexto de regressão. As fórmulas de matriz, adequadamente projetadas, podem retornar resultados elegantes e impossíveis de serem obtidos de outra maneira.

Por exemplo, na célula E3 da Figura 17-7, você vê R$29.761,00. É o resultado de integrar o primeiro valor real, R$13.700,00, à equação de regressão. A célula E4, R$31.829, 00, é o resultado de integrar o segundo valor real, R$29.600,00, à equação.

A coluna F na Figura 17-7 é a diferença entre as previsões na coluna E e os valores reais na coluna A. São os erros de previsão ou *resíduos*. Quanto menor a variabilidade — o spread — nos erros de previsão, mais precisa será sua previsão.

A célula F23 contém o desvio-padrão dos erros de previsão no intervalo F3:F21. O desvio-padrão é uma medida da quantidade de spread em um conjunto de números. Se não estiver familiarizado com os desvios-padrão, poderá ver o intervalo na célula F25: a diferença entre os valores máximo e mínimo em um conjunto de números.

Agora, faça o mesmo com as primeiras diferenças da linha de base, mostradas na coluna B da Figura 17-7. O resultado aparece na Figura 17-8.

A Figura 17-8 adiciona duas colunas à Figura 17-7. A coluna H usa a função TENDÊNCIA como a coluna E, salvo que ela faz as previsões empregando as primeiras diferenças. Desenvolve-se uma equação que usa uma primeira diferença anterior para prever uma primeira diferença subsequente.

Não se deixe levar pela diversão aqui. Agora, a questão principal não é o significado da previsão da primeira diferença; a questão é a quantidade de erro extra que você provocou ao diferenciar uma linha de base.

E23 | *fx* Desvio-Padrão

	A	B	C	D	E	F	G	H	I
1	Receitas	Primeiras Diferenças	Segundas Diferenças		Previsão a partir da Linha de	Erros de Previsão		Previsão a partir das Primeiras	Erros de Previsão
2	R$ 13.700,00								
3	R$ 29.600,00	R$ 15.900,00			R$ 29.760,67	-R$ 160,67			
4	R$ 19.100,00	-R$ 10.500,00	-R$ 26.400,00		R$ 31.828,57	-R$ 12.728,57		-R$ 5.770,31	-R$ 4.729,69
5	R$ 31.000,00	R$ 11.900,00	R$ 22.400,00		R$ 30.462,97	R$ 537,03		R$ 5.703,08	R$ 6.196,92
6	R$ 20.800,00	-R$ 10.200,00	-R$ 22.100,00		R$ 32.010,65	-R$ 11.210,65		-R$ 4.031,91	-R$ 6.168,09
7	R$ 25.400,00	R$ 4.600,00	R$ 14.800,00		R$ 30.684,07	-R$ 5.284,07		R$ 5.572,70	-R$ 972,70
8	R$ 40.700,00	R$ 15.300,00	R$ 10.700,00		R$ 31.282,33	R$ 9.417,67		-R$ 859,35	R$ 16.159,35
9	R$ 36.200,00	-R$ 4.500,00	-R$ 19.800,00		R$ 33.272,20	R$ 2.927,80		-R$ 5.509,55	R$ 1.009,55
10	R$ 29.100,00	-R$ 7.100,00	-R$ 2.600,00		R$ 32.686,94	-R$ 3.586,94		R$ 3.095,49	-R$ 10.195,49
11	R$ 19.400,00	-R$ 9.700,00	-R$ 2.600,00		R$ 31.763,54	-R$ 12.363,54		R$ 4.225,45	-R$ 13.925,45
12	R$ 39.600,00	R$ 20.200,00	R$ 29.900,00		R$ 30.501,99	R$ 9.098,01		R$ 5.355,40	R$ 14.844,60
13	R$ 41.900,00	R$ 2.300,00	-R$ 17.900,00		R$ 33.129,14	R$ 8.770,86		-R$ 7.639,08	R$ 9.939,08
14	R$ 27.100,00	-R$ 14.800,00	-R$ 17.100,00		R$ 33.428,27	-R$ 6.328,27		R$ 140,23	-R$ 14.940,23
15	R$ 34.200,00	R$ 7.100,00	R$ 21.900,00		R$ 31.503,43	R$ 2.696,57		R$ 7.571,85	-R$ 471,85
16	R$ 30.200,00	-R$ 4.000,00	-R$ 11.100,00		R$ 32.426,83	-R$ 2.226,83		-R$ 1.945,84	-R$ 2.054,16
17	R$ 35.400,00	R$ 5.200,00	R$ 9.200,00		R$ 31.906,60	R$ 3.493,40		R$ 2.878,19	R$ 2.321,81
18	R$ 26.600,00	-R$ 8.800,00	-R$ 14.000,00		R$ 32.582,90	-R$ 5.982,90		-R$ 1.120,11	-R$ 7.679,89
19	R$ 41.100,00	R$ 14.500,00	R$ 23.300,00		R$ 31.438,40	R$ 9.661,60		R$ 4.964,26	R$ 9.535,74
20	R$ 42.500,00	R$ 1.400,00	-R$ 13.100,00		R$ 33.324,22	R$ 9.175,78		-R$ 5.161,87	R$ 6.561,87
21	R$ 37.600,00	-R$ 4.900,00	-R$ 6.300,00		R$ 33.506,30	R$ 4.093,70		R$ 531,36	-R$ 5.431,36
22									
23					Desvio-Padrão	R$ 7.576,27			R$ 9.185,77

FIGURA 17-8: A variabilidade ou o spread nos valores de erro das primeiras diferenças da previsão aumenta.

A coluna I mostra a diferença entre as primeiras diferenças previstas e reais. Veja as células I23 (o desvio-padrão dos erros de previsão) e I25 (seu intervalo). Ambas são maiores do que os erros de previsão baseados na linha de base original, mostrada em F23 e F25. O ato de diferenciar a linha de base aumentou a variabilidade nos erros de previsão.

Por último, a Figura 17-9 mostra que o mesmo efeito permanece na segunda diferenciação. As previsões, usando a função TENDÊNCIA nos valores da coluna C, estão na coluna K e os erros de previsão — as diferenças entre as segundas diferenças e a segunda previsão — estão na coluna L. Observe que nas células L23 e L25, o desvio-padrão e o intervalo são maiores do que os apresentados nas primeiras diferenças.

Por que isso é importante? Porque quanto maior for a variação do erro, menos exata será a previsão. E essa é a contrapartida envolvida ao manipular uma série:

» Você pode utilizar um dos métodos mais simples para a previsão, em particular, a suavização exponencial simples, manipulando a série. Porém, desse modo, está causando mais variabilidade nos erros de previsão, fazendo com que a previsão fique menos precisa.

» Você pode deixar a tendência vigente e usar uma abordagem de regressão, normalmente utilizando o período de tempo como a variável preditora. Entretanto, você está fazendo suposições mais restritivas sobre seus dados (particularmente, a independência e o caráter aleatório dos resíduos) que, na teoria, deve testar, e esses testes podem ser demorados e não são necessariamente fáceis de interpretar.

FIGURA 17-9: Quanto mais longe você for na linha de base original, maior será a variação de erro.

CAPÍTULO 17 **Administrando as Tendências** 341

Sou propenso a seguir os dois processos descritos anteriormente e constatar qual deles parece fornecer as previsões mais precisas. (Os testes de diagnóstico envolvidos na verificação das hipóteses de regressão são bem rápidos, mas isso é porque tenho prática de muitos anos.)

A Grande Ilusão: Reunindo uma Linha de Base Novamente

Caso você decida diferenciar uma linha, para ser estacionária antes de usá-la para fazer uma previsão, terá um pouco mais de trabalho antes de poder anunciar tal previsão.

Conforme viu, quando você diferencia uma linha de base, geralmente acaba com valores bem menores nas primeiras diferenças que estão na linha de base original. Na Figura 17-9, por exemplo, as primeiras diferenças na coluna B são muito menores do que os valores da linha de base original na coluna A.

E como explica este capítulo, a ideia por trás de diferenciação é remover a tendência de uma linha de base antes da previsão com um dos métodos de variável única, como as médias móveis e a suavização exponencial. Eles são mais eficazes quando você os implementa em uma linha de base estacionária.

PAPO DE
ESPECIALISTA

Isso acontece, sobretudo, em virtude de ser uma boa ideia encontrar a melhor constante de suavização que utiliza um recurso de otimização, como o Solver do Excel. (O Solver é um suplemento que vem com o Excel.) Mas, se fizer isso com uma linha de base que ainda apresenta uma tendência, o Solver muitas vezes informará que a melhor constante de suavização é 1,0, o que resulta em uma previsão simplista; cada previsão é exatamente igual aos valores reais anteriores.

Portanto, quando você faz sua previsão, ela está nas unidades da primeira diferença, não nas unidades da linha de base original (veja a Figura 17-10).

FIGURA 17-10: A suavização exponencial prevê um valor de R$6 na célula D24. Você ainda precisará reintegrar as previsões na linha de base original.

Você não pode divulgar uma previsão para o período 23 de R$5,92. As pessoas não entenderão quando disser que está prevendo uma primeira diferença. Elas recorrerão a um feiticeiro.

Você precisa integrar sua previsão da primeira diferença na linha de base primeiro. Isso é mostrado, juntamente com um gráfico da linha de base e a previsão reintegrada, na Figura 17-11.

Você obteve as primeiras diferenças subtraindo um valor da linha de base do valor seguinte. Agora que você fez a previsão das primeiras diferenças (incluindo a previsão de R$5,92 para o 23º período), é necessário adicioná-las novamente à linha de base. Isso é como voltar à escala original. Neste exemplo, a escala original na linha de base vai de R$209,00 a R$674,00 e a escala das diferenças da previsão vai de R$107,00 negativos a R$83,00 positivos.

CAPÍTULO 17 **Administrando as Tendências** 343

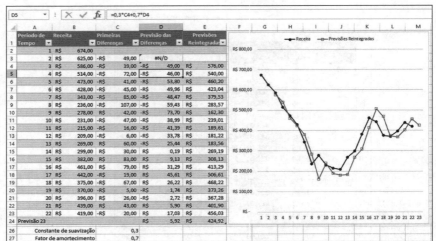

FIGURA 17-11: Diferenciar e depois integrar as diferenças previstas pode resultar em uma boa previsão de uma série de dados com tendência.

Combinar a linha de base e as diferenças de previsão é fácil. Usando o exemplo da Figura 17-11, insira a seguinte fórmula na célula E5:

```
=B4+D5
```

Aqui você está pegando o valor na linha de base, que é a base para a diferenciação, e adicionando-o de volta à diferença prevista para o período atual. O resultado é que você retorna à escala original da linha de base.

Este capítulo já mencionou as duas desvantagens principais da diferenciação: a perda de pelo menos um valor (diferenciar primeiro uma linha de base com 20 valores, por exemplo, resulta nas 19 primeiras diferenças) e uma maior variabilidade nos erros de previsão. Ao utilizar a suavização exponencial para fazer a previsão, você perde outro valor. Conforme mostra o Capítulo 15, não é possível fazer uma previsão a partir do valor na linha de base que precede o primeiro, porque ele não existe. Portanto, seu primeiro valor de previsão sempre está indisponível ou, em termos de planilha do Excel, #N/D.

A conclusão é que você acabará com dois valores de previsão a menos que os valores em sua linha de base: um perdido para a primeira diferenciação, outro perdido para a suavização exponencial. A perda pode ser ainda maior com as médias móveis, dependendo de quantos valores na linha de base entram em cada média móvel.

NESTE CAPÍTULO

» Reconhecendo os padrões sazonais na suavização exponencial

» Calculando sua primeira previsão

» Alterando as fórmulas para finalizar a previsão

Capítulo **18**

Mesma Época do Ano Passado: Faça Previsões de Vendas Sazonais

Os anos têm estações que deixam sua marca nas vendas, particularmente no setor de varejo. Se você fizer a previsão de vendas em um segmento de negócios que apresenta picos e quedas sazonais, precisará de um mapa topográfico. E pode conseguir esse mapa contabilizando as estações em sua suavização. É apenas um passo mais complicado do que a velha e rotineira suavização exponencial. Sua previsão sazonal é baseada não apenas na observação mais recente, mas também na última vez que tal estação esteve presente no calendário de vendas.

Portanto, quando você começa a percorrer os caminhos da linha de base, há dois componentes para uma previsão sazonal e um deles é o componente de

CAPÍTULO 18 **Mesma Época do Ano Passado: Faça Previsões de Vendas Sazonais** 345

nível. Esse componente é análogo ao valor da linha de base real anterior usado na suavização exponencial, descrito no Capítulo 15. O nível da linha de base atual precisa de alguns ajustes antes que você aplique a constante de suavização, a fim de separar o efeito sazonal para que possa focar o nível.

O segundo componente é *sazonal*. A ideia é que, a cada ano, as estações têm efeitos similares nas vendas. Na preparação para fazer uma previsão, você precisa quantificar esses efeitos. Deve atribuir um número a cada estação, ou seja, pode ter descoberto que, ao longo do tempo, teve uma baixa de R$2 mil durante a primavera e um aumento de R$4 mil durante o inverno. É possível usar essas informações para melhorar a precisão de suas previsões. E não menos importante, pode usá-las para estender o número de períodos de tempo no futuro no qual pode prever.

Claro, muitas vezes há um terceiro componente, a *tendência*. A tendência é geralmente prevista especificamente, como os componentes de nível e sazonais. Porém, para simplificar as coisas neste livro, analiso a diferenciação como um meio de lidar com a tendência, em vez de prevê-la por meio de outra constante de suavização. Os modelos, frequentemente denominados *modelos de Holt*, são ótimas alternativas à diferenciação como instrumentos para lidar com as linhas de base com tendência.

Por fim, neste capítulo, mostro a diferença entre as previsões que estão dentro dos períodos da linha de base e as que se estendem além do final da linha de base, aquelas nas quais estamos realmente interessados. E mostro como usar um recurso que desenvolvi para aliviar sua carga de trabalho: ele insere as equações para as linhas de base sazonais em uma planilha, facilitando sua vida.

Fazendo uma Suavização Exponencial Sazonal Simples

A suavização exponencial simples sazonal fundamenta-se nos conceitos que você usa nos exemplos de suavização exponencial vistos no início deste livro. A diferença entre as duas é que muitas vezes você reconhece um padrão sazonal, como o tempo mais frio durante o inverno ou o aumento nas vendas de varejo durante as férias de inverno.

À vista disso, você precisa considerar uma abordagem mais complicada que atenda ao problema da previsão. Por "considerar", entende-se que você precisa tentar ambas as abordagens e ver qual funciona melhor.

DICA

Recomendo que se você não leu atentamente os capítulos do livro a respeito da suavização exponencial simples, faça isso antes de se aprofundar neste capítulo. Será muito mais fácil acompanhar se você já tiver ouvido falar sobre coisas como constantes de suavização e redução de influências.

Relacione um período aos anteriores

Relembre como a suavização exponencial funciona. Ela utiliza uma fórmula como a mostrada a seguir para basear a próxima previsão, em parte no valor real anterior, em parte na previsão anterior:

Previsão nova = (0,3 × Valor real anterior) + (0,7 × Previsão anterior)

Isso equivale a uma média ponderada dos dois números anteriores: o valor real e a previsão. Essa fórmula específica dá um pouco mais de peso à previsão do que ao valor real. Você deve testá-la um pouco com alguma linha de base específica para obter a constante de suavização correta (que é 0,3 na fórmula) e o fator de amortecimento correto (que é 0,7 na fórmula).

A lógica aqui é que um período de tempo na linha de base estará intimamente relacionado ao período de tempo seguinte. Se a temperatura máxima de hoje fosse 21°C, você teria que me mostrar uma frente fria se aproximando a fim de me convencer de que a máxima de amanhã será de 10°C. Sem informações adicionais, contrárias, prefiro apostar em 21°C. Ontem tende a prever hoje, e hoje tende a prever amanhã.

Mas vamos mudar para meses. A temperatura média de um determinado mês está muito mais relacionada à média histórica desse mês do que com a temperatura média do mês anterior. Se a média diária máxima de maio fosse 21°C, eu ainda preferiria 21°C para junho, porém, antes de apostar nisso, gostaria de saber qual foi a *última* média diária de junho.

Assim, veja o que farei: em vez de usar apenas uma constante de suavização, usarei duas. Em vez de usar apenas uma constante junto com o valor imediatamente anterior da linha de base, utilizarei uma para o valor anterior (suavização de maio para ajudar na previsão de junho) e outra para o período que está um ano atrás (a suavização de junho do ano passado para auxiliar na previsão do próximo mês de junho).

A Figura 18-1 mostra uma linha de base de vendas sazonal, bem como as previsões associadas, na prática.

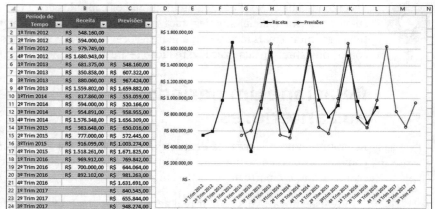

FIGURA 18-1: As previsões sazonais não podem começar até que uma sequência de períodos da linha de base tenha passado.

Observe na Figura 18-1 como as vendas sobem invariavelmente durante o terceiro trimestre de cada ano e atingem o pico durante o quarto trimestre. Então, caem durante o primeiro e segundo trimestres. A figura mostra também as previsões, que capturaram o padrão sazonal em uma equação de suavização, fazendo com que as previsões sejam muito mais precisas.

E se eu usasse a suavização exponencial simples, do tipo descrito no Capítulo 15? A Figura 18-2 traz algumas notícias nada boas.

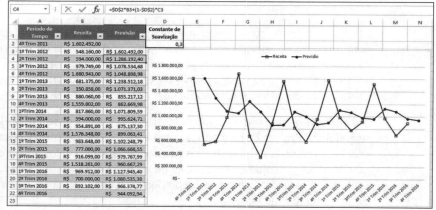

FIGURA 18-2: As previsões suavizam o sinal na linha de base.

Aqui, a constante de suavização é 0,3 e as previsões são relativamente insensíveis às flutuações nos valores reais da linha de base. As previsões oscilam com as altas e as baixas na linha de base, mas é um tipo de oscilação desprezível.

E se eu potencializasse a constante de suavização para que as previsões acompanhassem os valores reais mais do que os suavizam? Essa situação é mostrada na Figura 18-3, em que a constante é 0,7.

Na Figura 18-3, as altas e as baixas são representadas de forma mais clara, mas ficam um período atrás de sua ocorrência real. Compare a Figura 18-3 e suas previsões tardias com a Figura 18-1 e suas previsões na hora. As previsões na Figura 18-1 podem aparecer na hora certa porque estão atentas ao que aconteceu no ano passado. E aparecem com 85% de vida.

A Figura 18-4 mostra como eu combino os componentes para obter um valor de previsão. Não se preocupe, a origem dos componentes e o que eles significam ficam claros à medida que eu desenvolvo a previsão sazonal.

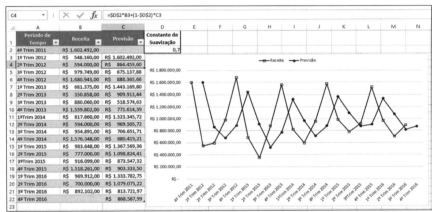

FIGURA 18-3: As previsões estão atrasadas para refletir as mudanças na linha de base.

FIGURA 18-4: Os efeitos sazonais estão acima (valores positivos) e abaixo (valores negativos) do nível geral atual da linha de base.

CAPÍTULO 18 **Mesma Época do Ano Passado: Faça Previsões de Vendas Sazonais**   349

A fórmula na célula F5 da Figura 18-4 dá o nível da linha de base a partir do 4º trimestre de 2012. A fórmula é:

```
=MÉDIA(D2:D5)
```

No início do processo de suavização, esta é a nossa melhor estimativa do nível atual da linha de base. É apenas a média dos quatro resultados trimestrais da receita para 2012. É semelhante a usar a primeira observação como a primeira previsão na suavização exponencial simples.

A partir do exame da fórmula na célula H5 da Figura 18-4

```
=F5+G2
```

você pode ver que a previsão para o 1º trimestre de 2013 é a soma de duas quantidades:

» O nível de previsão da linha de base para o 1º trimestre de 2013 a partir do 4º trimestre de 2012 (veja a célula F5).

» O efeito de estar no 1º trimestre a partir de 2012 (veja célula G2).

Cada previsão na coluna E e na coluna H nos números deste capítulo é a soma do nível de previsão da linha de base e o efeito do período do ano anterior. Um bom teste compara as previsões de suavização sazonais na Figura 18-1 com as previsões de suavização comuns nas Figuras 18-2 e 18-3. Obviamente, será melhor se você puder estimar o efeito sazonal *antes* que ele ocorra. É o que está acontecendo na Figura 18-4, que combina o nível atribuível a um período com o nível geral da linha de base para obter a previsão do período atual *antes* que a próxima ocorrência do período aconteça.

Essa é a razão, na Figura 18-4, pela qual inseri a previsão para o *próximo* período na coluna H e para o período *atual* na coluna E. Isso me ajuda a lembrar que posso agrupar a previsão para determinado período no final do período anterior. Observe, por exemplo, que a célula H5 tem a previsão para o próximo período, que a célula E6 tem a previsão para o período atual e que ambas são iguais a R$548.160,00.

Usando constantes de suavização

Esta seção procura orientá-lo e fazer uma demonstração de como você obtém previsões sazonalmente suavizadas, com base na análise da Figura 18-4. Requer um pouco de matemática, porém nada mais complicado do que aritmética. É um pouco tedioso, ou seria, caso você tivesse que suavizar cada previsão mostrada aqui. Todavia, há uma pasta de trabalho chamada

350 PARTE 4 **Fazendo Previsões Avançadas**

Suavização_Exponencial.xlsm, com o código que você pode acessar através do endereço www.altabooks.com.br. Procure pelo título do livro/ISBN. Quando executar esse código, serão solicitadas algumas informações, como onde estão os dados da linha de base e os valores que você deseja usar para as constantes de suavização. Quando clicar em OK, você terá as previsões sazonalmente suavizadas.

Se você decidir que gostaria de realizar a previsão na planilha usando as fórmulas que configurei nesta seção, há apenas um trabalho preliminar a fazer. Quando você tem alguns períodos no local da previsão, o processo se transforma em um simples copiar e colar.

Desse modo, obter uma previsão sazonalmente suavizada não será tão difícil quanto parece quando você chegar ao final desta seção. Quando chegar lá, terá um entendimento melhor do que está acontecendo e poderá avançar a todo vapor.

A suavização sazonal usa não uma, mas duas constantes de suavização: uma para o nível atual da linha de base (*alfa*) e outra para o efeito sazonal atual (*delta*).

PAPO DE ESPECIALISTA

Na verdade, por vezes há três constantes de suavização: uma para o nível atual, outra para o período atual e uma terceira para a inclinação na linha de base, e o modelo de suavização que utiliza todas elas é chamado de *modelo de Holt-Winters*. Para evitar qualquer equívoco, parto do princípio de que não existe inclinação na linha de base ou estou trabalhando com uma linha de base que já diferenciei, sendo assim, tornei estacionária. Caso você leia outros livros a respeito das previsões, verá que a constante de nível é denominada *alfa* e a constante sazonal é denominada *delta*. (Não há muita padronização em relação aos nomes gregos para as constantes, mas, aparentemente, a literatura sobre suavização tende a preferir *alfa* para a constante de nível e *delta* para a constante sazonal.)

A Figura 18-5 mostra um exemplo da equação de suavização para o componente de *nível* da previsão.

FIGURA 18-5: A primeira estimativa do nível da linha de base é a média do faturamento no primeiro ano, na célula F5.

	A	B	C	D	E	F	G	H	I	J	K
1	Ano	Período	t	Observações	Previsão para este período	Nível de previsão	Índice sazonal	Previsão para o próximo período		Alfa	0,1
2	2012	1	1	R$ 548.160,00			-R$ 402.553,00			Delta	0,3
3		2	2	R$ 594.000,00			-R$ 356.713,00				
4		3	3	R$ 979.749,00			R$ 29.036,00				
5		4	4	R$ 1.680.943,00		R$ 950.713,00	R$ 730.230,00	R$ 548.160,00			
6	2013	1	5	R$ 681.375,00	R$ 548.160,00	R$ 964.034,50	-R$ 366.584,95	R$ 607.321,50			
7		2	6	R$ 350.858,00	R$ 607.321,50						
8						=Alfa*(D6-G2)+(1-Alfa)*F5					

H6 =F6+G3

CAPÍTULO 18 **Mesma Época do Ano Passado: Faça Previsões de Vendas Sazonais**   351

Lembre-se de que, para prever a receita no segundo trimestre de 2013, você precisa fazer a coleta de dados e aplicar suas fórmulas durante o primeiro trimestre de 2013. Assim, estará trabalhando com a informação que está disponível para você no final do 1º trimestre de 2013. Em geral, poderá realizar a previsão da receita para o próximo período logo que os dados do período atual estiverem disponíveis. E com a suavização sazonal, é possível prever de forma legítima até um ciclo completo do período, além do resultado real mais recente em sua linha de base.

Estimando os efeitos sazonais

Trabalhe a partir da célula G2. Essa célula contém a estimativa inicial do efeito ocorrido no primeiro trimestre. Não é nada mais do que a receita real no primeiro trimestre de 2012 menos a média de todos os trimestres em 2012. Em termos de fórmulas, é a seguinte:

```
=D2-$F$5
```

em que D2 contém a receita real para o primeiro trimestre de 2012 e $F$5 retorna a média trimestral das receitas do primeiro ano, conforme analisado anteriormente neste capítulo. (Eu referenciei a célula F5 como uma referência absoluta, para que a fórmula possa ser copiada da célula G2 para G3:G5 sem perder a referência para a média trimestral de 2012.)

Portanto, subtraindo a receita trimestral média no primeiro ano da receita real do primeiro trimestre, você chega a uma estimativa do efeito ocorrido no primeiro trimestre. Esse efeito pode ser positivo — se o primeiro trimestre for bom para as vendas, o efeito será um número positivo — ou negativo — se o primeiro trimestre for ruim para as vendas, será um número negativo. Qualquer que seja, esse efeito sazonal também é chamado com frequência de *índice sazonal*.

Iniciando o processo de suavização

Agora, você tem uma estimativa do nível da linha de base a partir do quarto trimestre de 2012 na célula F5 e do efeito do primeiro trimestre na célula G2. Você os soma na célula H5 para obter a primeira previsão da receita trimestral, para o primeiro trimestre de 2013, na célula H5.

Para mostrar essa previsão no trimestre e no ano que se pretende estimar, use esta fórmula na célula E6:

```
=H5
```

para mostrar a previsão no final do trimestre em que ela foi feita e no início do trimestre que deve ser previsto.

Na célula F6, você agora passa para a parte da suavização da previsão. A fórmula em F6 é:

```
=Alfa*(D6-G2)+(1-Alfa)*F5
```

Isso lhe parece familiar? Talvez você tenha visto o Capítulo 15 recentemente. É uma equação de suavização e apresenta duas partes:

» Na primeira, você multiplica a constante de suavização (denominada *alfa*) pela diferença entre D6 e G2: a receita real no primeiro trimestre de 2013 menos o efeito real vigente no primeiro trimestre. Assim como a suavização exponencial (não sazonal) analisada no Capítulo 15, você está multiplicando a constante de suavização por um valor real. Todavia, como você não consegue observar o nível atual da linha de base diretamente, ele é obtido subtraindo o índice sazonal em G2 da receita observada em D6.

» Na segunda, você está multiplicando o fator de amortecimento pela previsão anterior; novamente, como na suavização exponencial simples. Com a suavização sazonal, no entanto, a segunda parte da fórmula na célula F6 prevê somente o nível da linha de base, não o efeito sazonal.

LEMBRE-SE

O fator de amortecimento é 1 menos alfa, a constante de suavização.

Finalmente, você consegue a previsão do segundo trimestre de 2013 na célula H6 adicionando a estimativa do efeito sazonal à estimativa do nível da linha de base:

```
=F6+G3
```

ou R$607.322,00.

Reveja o processo

Aqui está uma revisão do que foi feito: na célula G2, você tem uma estimativa do efeito sobre a receita ocorrida no primeiro trimestre. Sua melhor estimativa, no primeiro trimestre de 2013, é o que aconteceu no primeiro trimestre de 2012. Então, R$(402.553,00) foi o efeito ocorrido no primeiro trimestre.

LEMBRE-SE

Existem várias maneiras de exibir um valor negativo em moeda. O método padrão no Brasil utilizado pelo Excel é um sinal de negativo antes do símbolo de reais. Então, -R$ 402.553,00 significa um número negativo de reais.

Dito de outra forma, no primeiro trimestre de 2012, a empresa fez R$402.553,00 *a menos* do que a média trimestral de todo o ano de 2012. Em relação à média de cada trimestre, o primeiro trimestre foi ruim, no montante de R$402.553,00. Em termos de endereços de célula:

```
-R$(402.553,00) = D2 - $F$5
```

e em termos de valores em reais nessas células:

```
-R$(402.553,00) = R$548.160,00 - R$950.713,00
```

portanto, esse é o efeito sazonal, pelo menos, a partir do primeiro trimestre de 2013.

Além do mais, você já suavizou um valor real e uma previsão para obter uma medida do nível atual da linha de base:

» Você usou a constante de suavização de nível, alfa, 0,1 na diferença entre a receita do primeiro trimestre de 2013 e o efeito sazonal. Você considera a receita como o efeito combinado do nível atual da linha de base e o efeito sazonal.

```
Receita = Nível + Temporada
```

Então, a diferença entre a receita e o efeito sazonal é uma medida do nível da linha de base:

```
Receita - Temporada = Nível
```

» Você utilizou o fator de amortecimento (1,0 - 0,1), ou 0,9, na previsão anterior do nível da linha de base, assim como no Capítulo 15. Neste caso, a média de todos os quatro trimestres em 2012: sua melhor estimativa do nível da linha de base neste momento. Você soma esses dois: o valor real e a previsão, cada um multiplicado pela constante apropriada. Em termos de endereços de célula:

```
R$964.035,00 = Alfa * (D6-G2) + (1-Alfa) * F5
```

e em termos de valores em dólar nas células:

```
R$964.035,00 = 0,1 * (R$681.0375,00 -
    (-R$402.553,00)) + 0,9 * R$950.713,00
```

Por fim, totaliza a estimativa suavizada do nível da linha de base e a estimativa do efeito sazonal para obter a previsão para o segundo trimestre de 2013. Em termos de endereços de células:

```
R$607.322,00 = F6 + G3
```

e em termos de valores em reais nas células:

```
R$607.322,00 = R$964.035,00 + (-R$356.713,00)
```

Vá Mais Além na Linha de Base

O Capítulo 15 é o que realmente desbrava a suavização exponencial. Lá, você pode descobrir que a primeira previsão feita através da suavização exponencial é apenas o primeiro valor na linha de base. Nada está disponível antes do primeiro valor no qual se pode basear uma previsão, portanto, a suavização exponencial usa o primeiro valor.

Calcule a primeira previsão

Se você preferir olhar aqui o efeito de não haver valor anterior, em vez de ir para o Capítulo 15, a Figura 18-6 mostra um exemplo do que estou falando.

Observe a primeira célula C5 na Figura 18-6. Ela contém a clássica fórmula para a suavização exponencial:

```
=Alfa*B4+(1-Alfa)*C4
```

C5 | =alfa*B4+(1-alfa)*C4

	A	B	C	D	E	F	G
1							
2	Mês	Receita	Previsão		Alfa	0,3	
3	jan/15	844976					
4	fev/15	457693	R$ 844.976,00		=B3		
5	mar/15	297644	R$ 728.791,10		=Alfa*B4+(1-Alfa)*C4		
6	abr/15	239536	R$ 599.446,97				
7	mai/15	765852	R$ 491.473,68				
8	jun/15	692499	R$ 573.787,18				
9	jul/15	322603	R$ 609.400,72				
10	ago/15	306883	R$ 523.361,41				
11	set/15	832918	R$ 458.417,88				
12	out/15	588323	R$ 570.767,92				
13	nov/15	828963	R$ 576.034,44				
14	dez/15	510947	R$ 651.913,01				
15	jan/16	269966	R$ 609.623,21				
16	fev/16	265274	R$ 507.726,05				
17	mar/16	575070	R$ 434.990,43				
18	abr/16	562041	R$ 477.014,30				
19	mai/16	282268	R$ 502.522,31				
20	jun/16	557839	R$ 436.446,02				
21	jul/16	325820	R$ 472.863,91				
22	ago/16	844698	R$ 428.750,74				
23	set/16	635165	R$ 553.534,92				

FIGURA 18-6: A primeira previsão de suavização é geralmente o primeiro valor na linha de base.

Ou seja:

- » A constante de suavização alfa, 0,3 neste caso, multiplicada pelo valor real anterior na célula B4.
- » O fator de amortecimento (1,0 menos a constante de suavização alfa) multiplicado pela previsão anterior na célula C4.
- » A soma das duas multiplicações

Suponha que você tenha copiado e colado essa fórmula em uma célula acima na planilha, o que equivaleria a começar a usar a fórmula um mês antes, em fevereiro de 2015, em vez de março de 2015. Seria:

```
=Alfa*B3+(1-Alfa)*C3
```

Do ponto de vista da estrutura da planilha, o problema é que não há nenhum valor na célula C3 para multiplicar pelo fator de amortecimento. Ou seja, esta parte da fórmula:

```
0,7*C3
```

é o motivo de C3 estar vazia.

Do ponto de vista da lógica da previsão em termos de suavização exponencial, o problema é que você voltou demais na linha de base. A suavização exponencial precisa de uma média ponderada de uma valor real anterior e uma previsão anterior. Porém, a partir do primeiro período de tempo na linha de base, nenhuma previsão está disponível: não há nenhum valor antes do primeiro período de tempo no qual basear uma previsão.

Portanto, a primeira previsão, encontrada na célula C4 da Figura 18-6, não é uma previsão suavizada. Ela pega o primeiro valor na linha de base para ser a melhor estimativa da primeira previsão e, neste caso, sua fórmula é:

```
=B3
```

Isso é chamado de *inicialização* da previsão.

PAPO DE ESPECIALISTA

Um método chamado *backcasting* faz uma previsão retroativa para o primeiro período de tempo da linha de base e, caso o analista queira, volta ainda mais. Eu não abordo esse método aqui, mas em algum momento você pode querer saber que a técnica existe, ou pelo menos reconhecer o termo. Existem métodos que agem como se a linha de base começasse antes do início real. Embora possam ser úteis, nenhum deles é completamente satisfatório.

O que tudo isso tem a ver com a suavização *sazonal*? O problema no início da série é estendido, porque você não tem apenas uma, mas várias previsões para inicializar. São as estimativas iniciais dos efeitos sazonais (também chamados de *índices sazonais*).

A seção anterior menciona brevemente como isso é feito, mas quero contextualizar na planilha e nas fórmulas para você ter uma ideia do que está acontecendo.

Para inicializar as previsões do nível da linha de base e dos períodos, comece obtendo a média das receitas trimestrais para o primeiro ano completo, na célula F5 da Figura 18-7. Você utiliza esse valor em dois momentos:

» Mais tarde, quando começa a suavizar para obter as novas estimativas do nível da linha de base.

» Agora, quando inicializa os efeitos sazonais baseados no primeiro ano.

FIGURA 18-7:
Os efeitos sazonais mostram como os números da receita individuais variam em torno do valor *médio* da receita.

G7			✕	✓	*fx*	=SOMA(G2:G5)					
⊿	A	B	C	D	E	F		G	H	I	J	K
1	Ano	Período	t	Observações	Previsão para este período	Nível de previsão	Índice sazonal				Alfa	0,1
2	2012	1	1	R$ 548.160,00			-R$	402.553,00	=D2-$F$5		Delta	0,3
3		2	2	R$ 594.000,00			-R$	356.713,00	=D3-$F$5			
4		3	3	R$ 979.749,00			R$	29.036,00	=D4-$F$5			
5		4	4	R$ 1.680.943,00		R$ 950.713,00	R$	730.230,00	=D5-$F$5			
6												
7								R$ 0,00	=SOMA(G2:G5)			

Para obter as estimativas iniciais dos efeitos sazonais, você calcula nas células G2:G5 os resultados de subtrair a receita trimestral média de 2012 da receita real durante cada trimestre. Nenhuma ofensa aos números, mas estes aqui são chamados de *desvios.*

Observe que na célula G7 a soma desses desvios é zero, e isso é sempre verdade (e facilmente comprovado). Desse modo, cada desvio isola, a partir do nível atual da linha de base, o efeito de seu período acima ou abaixo desse nível:

» O efeito do primeiro trimestre na receita é de R$(402.553,00). O nível da linha de base, R$950.713,00, mais o efeito sazonal de -R$ (402.553,00) é de R$548.160,00 a receita para o primeiro trimestre de 2012.

» O efeito do segundo trimestre na receita é de -R$(356.713,00). O nível da linha de base, R$950.713,00, mais o efeito sazonal de -R$(356.713,00) é de R$594.000,00 a receita para o segundo trimestre de 2012.

» O efeito do terceiro trimestre na receita é de R$29.036,00. O nível da linha de base, R$950.713, 00, mais o efeito sazonal de R$29.036,00 é de R$979.749,00 a receita para o terceiro trimestre de 2012.

» O efeito do quarto trimestre na receita é de R$730.230,00. O nível da linha de base, R$950.713,00, mais R$730.230,00 é de R$1.680.943,00 a receita para o quarto trimestre de 2012.

CAPÍTULO 18 **Mesma Época do Ano Passado: Faça Previsões de Vendas Sazonais** 357

Como esses quatro desvios somam zero, adicioná-los ao nível da linha de base não tem nenhum efeito sobre esse nível para o ano inteiro; só para a receita durante cada trimestre.

PAPO DE ESPECIALISTA

Eu comecei os cálculos usando o primeiro trimestre até o quarto trimestre de 2012, mesmo que o quarto trimestre de 2011 estivesse disponível. Fiz isso para reafirmar o conceito de períodos em um ano: é mais fácil pensar que um ano começa no primeiro trimestre do que pensar que ele começa no quarto trimestre. Porém as designações trimestrais são apenas rótulos e não têm efeito sobre o processo da previsão. Ademais, sua empresa pode ter um ano fiscal que começa em 1º de outubro. Portanto, não há nenhuma razão técnica especial para iniciar a previsão no primeiro trimestre, e pode haver boas razões para iniciá-la em outro (no período mensal ou bimestral).

Faça a suavização no nível da linha de base

Após serem efetuadas as estimativas iniciais, conforme descrito na seção anterior, você está pronto para começar a receber três previsões reais.

» A previsão suavizada da própria receita.

» A previsão suavizada do nível da linha de base.

» A previsão suavizada do nível do período.

A Figura 18-8 mostra como a previsão suavizada do nível da linha de base é calculada. A coluna G mostra o conteúdo das fórmulas usadas na coluna F. A coluna G mostra que as fórmulas seguem o padrão estabelecido para a suavização. Na célula F7, e conforme mostrado em G7, a fórmula utiliza:

» Uma constante de suavização, geralmente chamada de *alfa* e encontrada na célula L1, multiplicada por um valor real; a receita real do segundo trimestre de 2013 menos o efeito sazonal real do segundo trimestre de 2012.

» Um fator de amortecimento multiplicado pela estimativa anterior da mesma variável, isto é, 1,0 menos o fator de suavização, multiplicado pela previsão do nível da linha de base do primeiro trimestre de 2013.

	E	F	G	H	I	J	K	L
1	Previsão para este período	Nível de previsão		Índice sazonal	Previsão para o próximo período		Alfa	0,1
2				-R$ 402.553,00			Delta	0,3
3				-R$ 356.713,00				
4				R$ 29.036,00				
5		R$ 950.713,00	=MÉDIA(D2:D5)	R$ 730.230,00	R$ 548.160,00			
6	R$ 548.160,00	R$ 964.034,50	=Alfa*(D6-H2)+(1-Alfa)*F5	-R$ 366.584,95	R$ 607.321,50			
7	R$ 607.321,50	R$ 938.388,15	=Alfa*(D7-H3)+(1-Alfa)*F6	-R$ 425.958,15	R$ 967.424,15			
8	R$ 967.424,15	R$ 929.651,74	=Alfa*(D8-H4)+(1-Alfa)*F7	R$ 5.447,68	R$ 1.659.881,74			
9	R$ 1.659.881,74	R$ 919.643,76	=Alfa*(D9-H5)+(1-Alfa)*F8	R$ 703.208,47	R$ 553.058,81			
10	R$ 553.058,81	R$ 946.123,88	=Alfa*(D10-H6)+(1-Alfa)*F9	-R$ 295.088,63	R$ 520.165,74			
11	R$ 520.165,74	R$ 953.507,31	=Alfa*(D11-H7)+(1-Alfa)*F10	-R$ 406.022,89	R$ 958.954,99			
12	R$ 958.954,99	R$ 953.100,91	=Alfa*(D12-H8)+(1-Alfa)*F11	R$ 4.350,40	R$ 1.656.309,38			
13	R$ 1.656.309,38	R$ 945.104,77	=Alfa*(D13-H9)+(1-Alfa)*F12	R$ 681.618,90	R$ 650.016,14			
14	R$ 650.016,14	R$ 978.467,96	=Alfa*(D14-H10)+(1-Alfa)*F13	-R$ 205.008,03	R$ 572.445,06			
15	R$ 572.445,06	R$ 998.923,45	=Alfa*(D15-H11)+(1-Alfa)*F14	-R$ 350.793,06	R$ 1.003.273,85			
16	R$ 1.003.273,85	R$ 990.205,96	=Alfa*(D16-H12)+(1-Alfa)*F15	R$ 19.186,81	R$ 1.671.824,86			
17	R$ 1.671.824,86	R$ 974.849,58	=Alfa*(D17-H13)+(1-Alfa)*F16	R$ 640.156,66	R$ 769.841,55			
18	R$ 769.841,55	R$ 994.856,62	=Alfa*(D18-H14)+(1-Alfa)*F17	R$ 150.989,01	R$ 644.063,56			
19	R$ 644.063,56	R$ 1.000.450,27	=Alfa*(D19-H15)+(1-Alfa)*F18	-R$ 335.690,22	R$ 981.263,46			
20	R$ 981.263,46	R$ 991.534,12	=Alfa*(D20-H16)+(1-Alfa)*F19	-R$ 43.260,40	R$ 1.631.690,78			

FIGURA 18-8: Espere por um ano de valores reais na linha de base antes de iniciar a suavização sazonal.

Esses dois valores são somados para obter a previsão suavizada do nível da linha de base feita no segundo trimestre de 2013 e uma parte da previsão da receita real do terceiro trimestre de 2013.

Componente sazonal

A Figura 18-9 mostra como a previsão suavizada do efeito sazonal é calculada.

Utiliza-se a mesma abordagem: a constante de suavização multiplicada por um valor real, mais o fator de amortecimento multiplicado pela estimativa anterior. Ao começar na célula G6 e continuar descendo até a G20, há o mesmo padrão, diferindo somente no local dos valores reais anteriores e das estimativas anteriores. Na célula G6, a fórmula usa:

» Uma constante de suavização, geralmente chamada *delta,* que se encontra na célula L2, multiplicada pelo valor real; a receita real do primeiro trimestre de 2013 menos o nível da linha de base da previsão para o primeiro trimestre de 2013. Observe que isso deixa o efeito sazonal, com base em valores reais.

CAPÍTULO 18 **Mesma Época do Ano Passado: Faça Previsões de Vendas Sazonais** 359

FIGURA 18-9: Após o final do primeiro ano completo, você troca os desvios pela suavização das estimativas sazonais.

G6	▾	:	× ✓ fx	=Delta*(D6-F6)+(1-Delta)*G2							
	A Ano	B Período	C t	D Observações	E Previsão para este período	F Nível de previsão	G Índice sazonal	H	I Previsão para o próximo período	J	K	L
2	2012	1	1	R$ 548.160,00			-R$ 402.553,00	=D2-$F$5			Alfa	0,1
3		2	2	R$ 594.000,00			-R$ 356.713,00	=D3-$F$5			Delta	0,3
4		3	3	R$ 979.749,00			R$ 29.036,00	=D4-$F$5				
5		4	4	R$ 1.680.943,00		R$ 950.713,00	R$ 730.230,00	=D5-$F$5	R$ 548.160,00			
6	2013	1	5	R$ 681.375,00	R$ 548.160,00	R$ 964.034,50	-R$ 366.584,95	=Delta*(D6-F6)+(1-Delta)*G2	R$ 607.321,50			
7		2	6	R$ 350.858,00	R$ 607.321,50	R$ 938.388,15	-R$ 425.958,15	=Delta*(D7-F7)+(1-Delta)*G3	R$ 967.424,15			
8		3	7	R$ 880.060,00	R$ 967.424,15	R$ 929.651,74	R$ 5.447,68	=Delta*(D8-F8)+(1-Delta)*G4	R$ 1.659.881,74			
9		4	8	R$ 1.559.802,00	R$ 1.659.881,74	R$ 919.643,76	R$ 703.208,47	=Delta*(D9-F9)+(1-Delta)*G5	R$ 553.058,81			
10	2014	1	9	R$ 817.860,00	R$ 553.058,81	R$ 946.123,88	-R$ 295.088,63	=Delta*(D10-F10)+(1-Delta)*G6	R$ 520.165,74			
11		2	10	R$ 594.000,00	R$ 520.165,74	R$ 953.507,31	-R$ 406.022,89	=Delta*(D11-F11)+(1-Delta)*G7	R$ 958.954,99			
12		3	11	R$ 954.891,00	R$ 958.954,99	R$ 953.100,91	R$ 4.350,40	=Delta*(D12-F12)+(1-Delta)*G8	R$ 1.656.309,38			
13		4	12	R$ 1.576.348,00	R$ 1.656.309,38	R$ 945.104,77	R$ 681.618,90	=Delta*(D13-F13)+(1-Delta)*G9	R$ 650.016,14			
14	2015	1	13	R$ 983.648,00	R$ 650.016,14	R$ 978.467,96	-R$ 205.008,03	=Delta*(D14-F14)+(1-Delta)*G10	R$ 572.445,06			
15		2	14	R$ 777.000,00	R$ 572.445,06	R$ 998.923,45	-R$ 350.793,06	=Delta*(D15-F15)+(1-Delta)*G11	R$ 1.003.273,85			
16		3	15	R$ 916.099,00	R$ 1.003.273,85	R$ 990.205,96	-R$ 19.186,81	=Delta*(D16-F16)+(1-Delta)*G12	R$ 1.671.824,86			
17		4	16	R$ 1.518.261,00	R$ 1.671.824,86	R$ 974.849,58	R$ 640.156,66	=Delta*(D17-F17)+(1-Delta)*G13	R$ 769.841,55			
18	2016	1	17	R$ 969.912,00	R$ 769.841,55	R$ 994.856,62	-R$ 150.989,01	=Delta*(D18-F18)+(1-Delta)*G14	R$ 644.063,56			
19		2	18	R$ 700.000,00	R$ 644.063,56	R$ 1.000.450,27	-R$ 335.690,22	=Delta*(D19-F19)+(1-Delta)*G15	R$ 981.263,46			
20		3	19	R$ 892.102,00	R$ 981.263,46	R$ 991.534,12	-R$ 43.260,40	=Delta*(D20-F20)+(1-Delta)*G16	R$ 1.631.690,78			

> » Um fator de amortecimento multiplicado pela estimativa anterior da mesma variável, ou seja, 1,0 menos o fator de suavização, multiplicado pela estimativa do efeito sazonal a partir do primeiro trimestre de 2012.

Mais uma vez, somam-se esses dois valores para obter a previsão suavizada do efeito sazonal para o primeiro trimestre, a partir do primeiro trimestre de 2013. Embora o índice sazonal na célula G6 seja calculado no primeiro trimestre de 2013, ele não é realmente usado em uma previsão da receita até o primeiro trimestre de 2014 (veja as células G10 e H10).

Agora, você tem os dois componentes que determinam as previsões sazonalmente suavizadas: um nível da linha de base suavizado e um efeito sazonal suavizado. Você pode somá-los para obter a previsão do período de tempo subsequente. Por exemplo, a fórmula para a previsão do segundo trimestre de 2013 é:

```
=F6+G3
```

Essa previsão é calculada na célula I6 e repetida como um link de célula na célula E7.

Consultando a Figura 18-9, você tem quatro colunas com valores estáticos: o rótulo que identifica o período de tempo nas colunas A:C e a receita real para cada período de tempo na coluna D. Essas colunas têm que ser preenchidas manualmente (geralmente pelo método copiar e colar). Elas também podem obter seus valores em um intervalo de dados externo que aponta para outra fonte de dados, como um banco de dados, ou através de uma tabela dinâmica que resume um trimestre, mês ou algum outro período de tempo.

As colunas restantes na Figura 18-9, as colunas E até I, contêm fórmulas. Essas fórmulas são especiais para as linhas 2 até 5, nas quais você calcula os efeitos sazonais diretamente em G2:G5 e o nível da linha de base diretamente em F5.

As linhas restantes, da linha 6 até 20, contêm fórmulas que você pode copiar e colar.

Finalizando a Previsão

Ao chegar ao final da linha de base, faz-se necessária uma pequena modificação para completar as previsões. Essas previsões, as que se estendem além do final da linha de base, são o foco real do seu trabalho. Afinal de contas, agora você tem os valores reais da receita para os períodos que já vieram e já se foram.

Modifique as fórmulas

A Figura 18-10 exemplifica o que está acontecendo neste momento.

FIGURA 18-10: Além da linha de base, as estimativas dos níveis da linha tornam-se uma constante.

As previsões do componente de nível que se estendem além do final da linha de base estão no intervalo E21:E25. São diferentes das previsões anteriores no sentido de que não incorporam uma estimativa do nível da linha de base do período anterior. A estimativa mais recente atualizada do nível está na célula F20, para o terceiro trimestre de 2016.

CAPÍTULO 18 **Mesma Época do Ano Passado: Faça Previsões de Vendas Sazonais**   361

E continua a ser sua melhor estimativa para quaisquer previsões que se estendem após o terceiro trimestre de 2016, quando você obtém o valor real mais recente. Portanto, as previsões subsequentes o utilizam como a estimativa do nível. Você pode ver isso nas previsões para o quarto trimestre de 2016 até o quarto trimestre de 2017. Cada uma usa o valor calculado na célula F20 para o componente de nível da previsão.

Em contrapartida, você tem as estimativas dos efeitos sazonais do primeiro trimestre de 2016 até o quarto trimestre de 2016. Eles estão disponíveis para usar nas previsões do primeiro trimestre de 2017 até o quarto trimestre de 2017. E é isso que as fórmulas no intervalo H21:H24 fazem: utilizam a estimativa mais recente do nível da linha da base e adicionam a ela os valores atuais dos efeitos sazonais.

É claro que, à medida que os valores reais do próximo trimestre ficam disponíveis, é possível estimar de novo o nível atual da linha de base e atualizar a previsão para o primeiro trimestre de 2017 usando as novas informações. Você também pode obter uma estimativa nova do efeito sazonal e estender as futuras previsões suavizadas.

Usando a planilha

Caso você queira exibir os cálculos intermediários que entram no jogo, em particular, o cálculo dos efeitos sazonais e o nível da linha de base, pode inserir uma linha de base nova nas planilhas ilustradas na Figura 18-10. Só precisa se lembrar de algumas coisas:

> **Se estiver usando um período diferente em sua linha de base que não seja na forma de trimestres, altere os rótulos do período nas colunas A e B.** Isso não é necessário para a previsão real, mas o ajudará a ficar informado a respeito de para onde estão indo os dados.

> **Suas previsões, os valores na coluna E, não começarão antes da primeira linha após os valores reais do primeiro terem finalizados.**

> **Você pode querer ajustar a maneira de calcular a primeira estimativa do nível da linha de base, mostrada na Figura 18-10, na célula F5.** Lá, a fórmula é a média das células D2:D5. Porém, se você estivesse usando os valores reais mensais em sua linha de base, a média seria das células D2:D13. E, nesse caso, as previsões começariam nas células E14; tudo devido ao fato de que existem mais oito meses em um ano do que trimestres.

> **Verifique se suas estimativas do efeito de nível na coluna F e os efeitos sazonais na coluna G apontam para o período de tempo correto anterior.** Por exemplo, na Figura 18-10, as fórmulas nas células F6 e G6 utilizam o valor na célula G2. É a estimativa mais recente, a partir do primeiro trimestre de 2013, do efeito de estar no primeiro trimestre, por isso, é a estimativa apropriada a usar em uma previsão para próxima receita do

primeiro trimestre. Se você estiver usando meses como seu período de tempo, seu nível e estimativas sazonais para, digamos, janeiro, precisarão apontar para o efeito sazonal do mês de janeiro anterior.

DICA

Neste capítulo, nomeei as células que têm constantes de suavização; é conveniente chamar uma das células de Alfa e a outra de Delta. Os nomes são dados por referências absolutas padrão, assim você não precisa se preocupar em inserir cifrões em suas fórmulas e ajuda se as fórmulas têm sua própria documentação. Por exemplo:

```
=Delta*(B7-E7)+(1-Delta)*F3
```

Use a pasta de trabalho

Você pode fazer o download de uma pasta de trabalho do Excel no site da editora, no endereço www.altabooks.com.br. Procure pelo título do livro/ISBN. Ela se chama Suavização_Exponencial.xlsx e foi mencionada em "Usando constantes de suavização", anteriormente neste capítulo. A pasta de trabalho contém um código que fará todos os cálculos de suavização exponencial sazonal para você. É muito mais rápido do que inserir todas as fórmulas da planilha, mas também será menos informativo se você realmente quiser saber o que está acontecendo. Sua saída inclui as seguintes informações:

» Os valores da linha de base.

» Os valores da previsão.

» Os valores de alfa e delta usados.

Tudo que você precisa é de uma linha de base. Abra o arquivo Suavização_Exponencial.xlsm e a pasta de trabalho com sua linha de base. Clique em Suavizar no grupo Suplementos da Faixa de Opções para exibir a caixa de diálogo Suavização Exponencial Sazonal. A Figura 18-11 mostra como ela é:

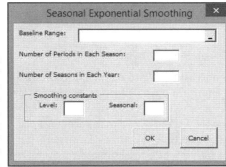

FIGURA 18-11: Se você usar texto como um cabeçalho da lista, não o inclua no intervalo da linha de base.

CAPÍTULO 18 **Mesma Época do Ano Passado: Faça Previsões de Vendas Sazonais** 363

Com a caixa de diálogo e a linha de base exibidas, siga estas etapas:

1. **Na caixa de diálogo, clique na caixa de edição de referência denominada Intervalo de Linha de Base e arraste-a nas células que contêm a linha de base.**

Dado o layout na Figura 18-6, seria B3:B26.

2. **Na caixa Número de Períodos em Cada Temporada, insira o número apropriado.**

Por exemplo, se você estivesse tratando um trimestre como uma temporada e sua linha de base tivesse um período para cada trimestre, digitaria o número 1. Se estivesse tratando um trimestre como uma temporada e sua linha de base tivesse dados mensais, digitaria o número 3.

3. **Na caixa Número de Temporadas em Cada Ano, insira o número apropriado.**

Se você quiser tratar cada trimestre como uma temporada, insira **4** na caixa; independentemente do intervalo da linha de base mostrar os dados por mês ou trimestre.

4. **Insira os valores que você deseja usar para alfa e delta nas caixas apropriadas e clique em OK.**

Os resultados serão colocados em uma planilha nova, inserida antes da planilha ativa (em que você tem a linha de base). A Figura 18-12 mostra os resultados para os valores da linha de base mostrados no intervalo B3:B26 da Figura 18-6 e supõe que as temporadas são trimestres e cada período de tempo na linha de base representa um trimestre.

FIGURA 18-12: Compare as previsões do suplemento com as previsões da planilha na Figura 18-10.

	A	B	C	D
1	Linha de Base	Previsão	Constante de suavização para a tendência: 0,1	Constante de suavização para as temporadas: 0,3
2	548160			
3	594000			
4	979749			
5	1680943			
6	681375	548160,0		
7	350858	607321,5		
8	880060	967424,2		
9	1559802	1659881,7		
10	817860	553058,8		
11	594000	520165,7		
12	954891	958955,0		
13	1576348	1656309,4		
14	983648	650016,1		
15	777000	572445,1		
16	916099	1003273,9		
17	1518261	1671824,9		
18	969912	769841,6		
19	700000	644063,6		
20	892102	981263,5		
21		1631690,8		
22		840545,1		
23		655843,9		
24		948273,7		

364 PARTE 4 **Fazendo Previsões Avançadas**

Observe que as constantes de suavização são mostradas na linha 1. Você pode executar a análise várias vezes para diferentes valores de alfa e delta. Em seguida, calcule os erros das previsões e coloque-os na mesma análise tratada no Capítulo 15. Isso o ajudará a determinar qual combinação de alfa e delta disponibiliza a menor quantidade de erro em suas previsões.

Nova Planilha de Previsão do Excel 2016

Há um recurso novo fornecido junto com o Excel 2016, chamado Planilha de Previsão. Você pode obtê-la na guia Dados da Faixa de Opções, no grupo Previsão.

Não posso recomendar o uso desse recurso. Ele cria previsões usando um método de suavização que parece ser similar aos métodos de Holt-Winters, que mencionei anteriormente neste capítulo. Há uma caixa de seleção que você pode marcar para direcionar o recurso a fim de tentar detectar a tendência em sua linha de base. Os resultados incluem um gráfico valores reais e das previsões, e um intervalo de confiança em torno das previsões. As estatísticas de previsão opcionais incluem valores para as constantes alfa, beta e gama, termos que, às vezes, são utilizados para se referir às constantes de suavização de nível, tendência e sazonalidade.

Tudo isso parece ótimo. Todavia, um olhar um pouco mais atento revela os defeitos. Eu comparei a Planilha de Previsão com vários conjuntos de dados conhecidos, incluindo a Série G com o número de passageiros das companhias aéreas fornecidos pelo inovador livro de Box-Jenkins sobre as médias móveis autorregressivas integradas ou *ARIMA*.

Lamento informar que a Planilha de Previsão não retorna os resultados que correspondem aos resultados retornados repetidamente pela documentação da análise de séries de tempo. Tampouco retorna as constantes de suavização relatadas pelo resultado do recurso em previsões consistentes com aquelas fornecidas no gráfico de previsão. Para ser justo, isso pode ser devido a um método diferente de selecionar os valores de previsão iniciais, usado na documentação sobre o assunto. Todavia, a documentação da Planilha de Previsão, incompleta, para início de conversa, não aborda a questão da inicialização. É impossível apostar no algoritmo, pois somente os valores do resultado são informados, não as fórmulas da planilha.

Eu até teria mais a dizer neste momento, porém estou restrito aos termos de um contrato de confidencialidade com a Microsoft. Deixe-me colocar deste jeito:

Muitos estatísticos, inclusive eu, acompanharam a evolução da função PROJ. LIN() de planilha desde meados dos anos 1990. Ainda não estamos completamente satisfeitos, porém ao menos os aspectos realmente errados da função foram corrigidos na versão 2003 do Excel. Mas os problemas que eram conhecidos e foram relatados em 1995 levaram *oito anos* para serem resolvidos. O recurso Planilha de Previsão é uma boa ideia. Esperamos que a Microsoft demore menos de oito anos para corrigi-lo.

5

A Parte dos Dez

NESTA PARTE...

Esta parte dos dez mais não se concentra especificamente na previsão de vendas. Ela apresenta alguns problemas, armadilhas, dicas e truques que você achará de grande valia ao configurar suas previsões. Aproveito esta oportunidade para falar sobre algumas ferramentas muito práticas que você talvez não tenha explorado antes. Também abordo alguns problemas das fórmulas de matriz: um tipo especial de fórmula de planilha que é particularmente importante na hora de usar as funções importantes de previsão, como PROJ.LIN e TENDÊNCIA.

NESTE CAPÍTULO

- » Inserindo uma fórmula de matriz
- » Selecionando um intervalo
- » Peculiaridades da fórmula de matriz
- » Editando as fórmulas de matriz

Capítulo **19**

Dez Fatos Divertidos sobre as Fórmulas de Matriz

aso você use a regressão para prever as vendas — e a regressão é um dos três principais métodos utilizados para a previsão —, também acabará usando as fórmulas de matriz. O Excel tem algumas funções que *exigem* que você use a chamada "entrada de matriz", e várias delas têm como finalidade a análise de regressão.

As fórmulas de matriz são criaturas peculiares, e pelo menos um livro inteiro foi escrito sobre seu uso. No mínimo, dois tipos de fórmulas de matriz se mostraram tão populares há alguns anos que a Microsoft codificou funções novas do tipo normal para que os usuários não precisassem usar as fórmulas de matriz para obter os resultados corretos.

Para usar fórmulas de matriz com eficiência e utilizar as funções em fórmulas de matriz, você precisa saber mais do que apenas os argumentos para as funções. Precisa conhecer as dimensões do intervalo que os resultados ocuparão. E é melhor saber como editá-los, pois isso será útil.

CAPÍTULO 19 **Dez Fatos Divertidos sobre as Fórmulas de Matriz** 369

Insira Fórmulas de Matriz

O termo "fórmula de matriz" é em si um tanto nebuloso. É verdade que muitas fórmulas de matriz têm a finalidade de preencher uma matriz de células na planilha. Mas também é verdade que muitas são para ocupar uma célula apenas. Talvez você ache certo pensar em uma fórmula de matriz como uma que processa uma ou mais matrizes de dados, ou seja, matrizes que podem ou não aparecer na planilha. Se as matrizes não estiverem visíveis na planilha, elas serão usadas em locais de processamento interno do Excel, longe de olhares indiscretos.

Você precisa informar ao Excel que o que está inserindo é uma fórmula de matriz, não uma fórmula normal como esta:

```
=MÉDIA(B2:B25)
```

Para inserir essa fórmula e a função que ela emprega, selecione uma célula, digite a fórmula e pressione Enter. Suponha que você queira *inserir a matriz* de uma fórmula como esta:

```
=MÉDIA(SE(A2:A25="Zig";B2:B25;""))
```

Para tanto, você seleciona uma célula, digita a fórmula e, simultaneamente, mantém pressionadas as teclas Ctrl e Shift, enquanto pressiona Enter. Se fez as coisas direito, a fórmula aparecerá na Barra de Fórmulas com chaves. E a célula na qual inseriu a matriz da fórmula mostrará a média dos valores, quem sabe o faturamento, em A2:A25 para qualquer registro com o texto "Zig" em B2:B25.

MÉDIA.SE e SOMA.SE são duas das funções codificadas pela Microsoft para fornecer uma alternativa aos métodos de fórmula de matriz. Talvez eu esteja apenas sendo conservador, mas sempre preferi as fórmulas de matriz. Acho que isso me dá mais controle sobre o que está acontecendo.

Use a Tecla SHIFT

Há uma diferença fundamental entre inserir uma fórmula com a combinação de teclas Ctrl+Enter e com Ctrl+Shift+Enter. Ambas resultam em uma matriz de resultados se você começa selecionando um intervalo de células, mas somente a fórmula inserida usando Ctrl+Shift+Enter é que o Excel convencionalmente denomina de "fórmula de matriz". Veja a diferença.

Ao inserir a matriz de uma fórmula utilizando Ctrl+Shift+Enter, você está inserindo *uma* fórmula em várias células. Essas células normalmente exibem resultados diferentes, em geral porque a fórmula usa uma função como PROJ. LIN ou a TRANSPOR, projetadas para retornar valores diferentes em células diferentes. Ou os diferentes resultados podem ocorrer devido aos argumentos da fórmula incluírem um intervalo de células.

É uma diferença sutil (e admito que, a princípio, me pareceu uma diferença *muitíssimo* sutil), mas usar Ctrl+Enter resulta em diferentes fórmulas nas células selecionadas, ao passo que Ctrl+Shift+Enter resulta na mesma fórmula em cada uma das células selecionadas. Veja a Figura 19-1.

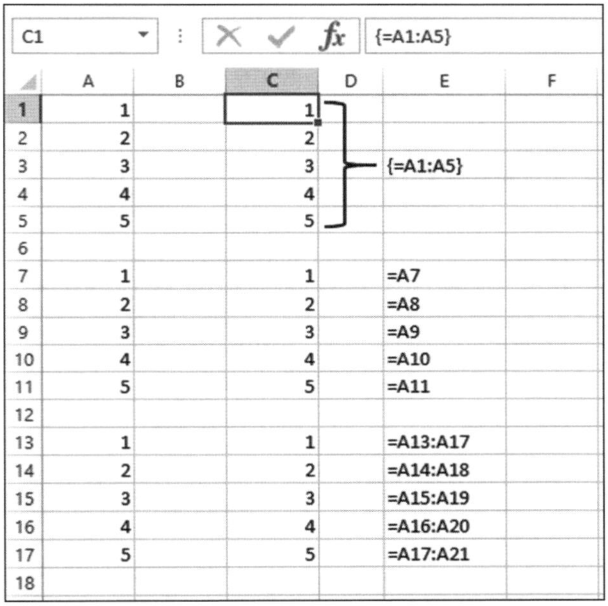

FIGURA 19-1: Cada célula em C1:C5 contém a mesma fórmula de matriz.

As células no intervalo C1:C5 compartilham a mesma fórmula de matriz. Os *resultados* que aparecem nas células individuais são diferentes porque a fórmula de matriz retorna uma matriz de cinco valores diferentes.

As células no intervalo C7:C11 têm fórmulas diferentes, embora apenas uma tenha sido digitada pelo teclado. Selecionei C7:C11 e digitei esta fórmula:

```
=A7
```

Depois, inseri a fórmula com Ctrl+Enter. Isso teve o mesmo efeito caso eu tivesse inserido a fórmula normalmente em C7, copiado e colado em C8:C11. Ou seja, a fórmula ajustou suas referências a fim de apontar para A8, A9, A10 e A11. Células diferentes, fórmulas diferentes.

CAPÍTULO 19 **Dez Fatos Divertidos sobre as Fórmulas de Matriz** 371

As células C13:C17 foram preenchidas da mesma forma que C7:C11, exceto que a fórmula que eu digitei era:

```
=A13:A17
```

Novamente, utilizei Ctrl+Enter para preencher todas as cinco células em C13:C17. A fórmula também ajustou suas referências, conforme mostrado em E13:E17. Os resultados empregam o que o Excel chama de *interseção implícita*. Ou seja, o local da fórmula sugere a localização da interseção com uma matriz de células.

Portanto, C13 aponta para A13:A17 e a linha da C13 intercepta A13:A17 em A13. A fórmula em C13 retorna o valor encontrado nessa interseção, 1. Do mesmo jeito, a fórmula em C17 aponta para A17:A21. Ela intercepta A17:A21 em A17 e a interseção implícita faz com que a fórmula retorne o valor na interseção, 5.

Perceba as Chaves

Eu mencionei na seção anterior que quando o Excel aceita a fórmula como uma fórmula de matriz, coloca o que você digitou entre chaves para indicar o status da fórmula de matriz. Porém as chaves são visíveis somente na Barra de Fórmulas, não na célula que contém a fórmula de matriz (se optar por mostrar as fórmulas, em vez de resultados nas células), não na caixa de avaliação exibida pelo comando Avaliar Fórmula, em nenhum outro lugar.

Todavia, mesmo que a fórmula de matriz retorne um valor de erro, a Barra de Fórmulas exibirá as chaves. Por exemplo, esta fórmula pode retornar o erro #DIV/0!:

```
=SOMA(A1:A6/B1:B6)
```

Se, digamos, a célula B3 contiver um zero, isso causará um erro #DIV/0! quando ele for dividido no conteúdo da célula A3 pela fórmula da matriz. Essa divisão pelo erro zero propaga a linha para a função SOMA e a fórmula completa retorna #DIV/0!. Mas a fórmula, conforme vista na Barra de Fórmulas, ainda tem chaves ao redor dela.

A lição: muitas vezes é importante saber que o Excel tratou uma fórmula como uma fórmula de matriz. As chaves na fórmula na Barra de Fórmulas são indicadores de que isso aconteceu dessa maneira. Porém, não imagine que as chaves significam que a fórmula está fazendo o que você quer. Seja qual for o valor retornado, ela precisa passar no seu teste do "faz-me rir".

Use ÍNDICE para Extrair um Valor do Resultado de uma Fórmula de Matriz

Como você viu, nem todas as fórmulas de matriz retornam matrizes com várias colunas e/ou linhas para a planilha. Mas, quando isso acontece, pode ocorrer de você estar interessado em ver somente um valor na matriz. Pode usar a função ÍNDICE do Excel para ajudar com isso.

Por exemplo, PROJ.LIN é uma das funções de planilha que só funcionará corretamente se você inserir a matriz na fórmula que contém a função. Porém imagine que você queira acessar apenas um valor da célula nos resultados da PROJ.LIN, talvez para aceitar um layout de planilha em um relatório rotineiro. Nesse caso, se você não quiser necessariamente o conjunto completo dos resultados de PROJ.LIN, pode utilizar a função ÍNDICE do Excel para retirar e exibir somente o que está interessado em mostrar.

Por exemplo, veja como é possível inserir a matriz em PROJ.LIN para uma regressão múltipla:

```
=PROJ.LIN(A2:A51;B2:D51;;VERDADEIRO)
```

Se você inserir a matriz nessa fórmula em um intervalo de cinco linhas por quatro colunas, a interseção da terceira linha e da primeira coluna do intervalo conterá o valor do R-quadrado da regressão. Portanto, se selecionar apenas uma célula e inserir a seguinte fórmula, obterá apenas o valor do R-quadrado:

```
=ÍNDICE(PROJ.LIN(A2:A51;B2:D51;;VERDADEIRO),3,1)
```

Aqui, você está fornecendo a ÍNDICE a matriz de valores retornados pela função PROJ.LIN. Esse é o primeiro argumento para ÍNDICE. O segundo e o terceiro argumentos são os números 3 e 1, que instruem ÍNDICE a encontrar o valor na terceira linha e na primeira coluna da matriz, e retorná-lo à planilha.

Quando comecei a testar esse tipo de arranjo, fiquei surpreso ao descobrir que poderia inserir a fórmula ÍNDICE completa como normalmente eu fazia, com uma matriz de resultados da PROJ.LIN como seu primeiro argumento, sem as combinações Ctrl+Shift+Enter, ou seja, sem inserir a matriz. (Experimente as duas formas, inserindo a matriz e inserindo normalmente.)

No entanto, se eu tentasse inserir a seguinte fórmula de matriz com uma célula, ela reproduziria o erro #VALOR!, caso tentasse inseri-la normalmente:

```
=SE(H44639:H44644>0;G44639:G44644;0)
```

A única razão que pude pensar para isso foi que, quando a fórmula chama uma função na qual o Excel espera receber uma matriz como argumento, a fórmula possa ser inserida normalmente. Este é o caso desta fórmula:

```
=ÍNDICE(PROJ.LIN(A2:A51;B2:D51;;VERDADEIRO);3;1)
```

Os resultados de PROJ.LIN são aninhados dentro da função ÍNDICE e atuam como seu primeiro argumento. O Excel espera que ÍNDICE pegue uma matriz de valores como seu primeiro argumento; a função ÍNDICE nasceu justamente para analisar uma matriz. Portanto, a fórmula como indicada não precisa ser inserida na matriz.

Em contrapartida, esta fórmula de matriz com uma célula deve ser inserida na matriz:

```
=MÉDIA(SE(A2:A25="Zig";B2:B25;""))
```

Nesse caso, o Excel não espera que a função SE pegue uma matriz de valores como um argumento, porém aqui apresentamos não uma, mas duas matrizes de valores para SE: o intervalo A23:A25 e B2:B25. (Você pode até mesmo considerar que há uma matriz de 24 instâncias de "" implícitas nos primeiros argumentos.) Como a fórmula não atende à expectativa inicial do Excel em relação aos argumentos para SE, você precisa chamar a atenção dele para a situação e faz isso inserindo a matriz na fórmula.

Uma Rota Rápida para Valores Únicos

De tempos em tempos, você se depara com uma maneira de fazer algo mais rápido ou com mais elegância do que a Faixa de Opções oferece. É surpreendente como esse método inesperado frequentemente depende das fórmulas de matriz.

Suponha que você tenha uma tabela que contêm informações sobre as receitas em uma coluna e os descontos em uma coluna adjacente. Como gerente de vendas, você pode se perguntar com que frequência é negociado um desconto de 5%, um desconto de 10% e assim por diante.

O Excel apresenta muitas maneiras de obter essa informação. Uma boa abordagem é criar uma tabela dinâmica com base nos dados de desconto. Você pode inserir os dados de desconto no campo de linha e também no campo de valores, usando Contagem como a estatística de resumo. A tabela dinâmica mostrará a contagem de cada desconto específico. E você pode agrupar os descontos para obter uma contagem das vendas com um desconto de 5% a 10%, 10% a 15% etc.

Demora um pouquinho e você pode usar um filtro de dados. Eu abordo isso com mais detalhes no Capítulo 20, mas resumindo: é possível selecionar a lista de descontos e clicar em Avançado na guia Dados da Faixa de Opções para abrir o Filtro Avançado. Preencha a caixa de seleção Somente Valores Exclusivos. Então:

» Clique em OK para ocultar os registros duplicados, ocultando as linhas que eles ocupam ou

» Preencha a caixa de seleção Copiar Para Outro Local, insira esse local e clique em OK. Isso deixará as linhas da planilha em branco e colocará uma cópia dos valores de desconto únicos em outro local.

Esse procedimento é mais rápido do que uma tabela dinâmica, todavia, apresenta alguns pequenos inconvenientes. Ocultar as linhas pode criar problemas em outras colunas. E copiar os valores exclusivos para outro local pode substituir os dados existentes. Neste caso, você não recebe nenhum aviso e o recurso Desfazer não desfaz o procedimento.

O caminho mais rápido é usar a função FREQUÊNCIA. Normalmente, é aconselhável usar FREQUÊNCIA em uma fórmula de matriz com dois intervalos diferentes: um intervalo de dados e um intervalo de posições. O intervalo de posições informa ao Excel como colocar os valores em grupos: o número de valores entre 0,00 e 0,05, entre 0,05 e 0,1 etc.

Porém, se você utilizar o intervalo de dados como intervalo de posições, a função FREQUÊNCIA retornará os registros exclusivos. Veja a Figura 19-2.

FIGURA 19-2: Qualquer valor na coluna B emparelhado com um zero na coluna C é uma duplicata.

	A	B	C	D	E	F	G
1	Receita	Desconto					
2	R$ 536,00	20%	4				
3	R$ 559,00	15%	10				
4	R$ 582,00	25%	4				
5	R$ 585,00	15%	0				
6	R$ 617,00	15%	0				
7	R$ 618,00	15%	0				
8	R$ 624,00	25%	0				
9	R$ 629,00	5%	3				
10	R$ 641,00	10%	3				
11	R$ 642,00	15%	0				
12	R$ 652,00	20%	0				
13	R$ 653,00	10%	0				
14	R$ 696,00	20%	0				
15	R$ 719,00	15%	0				
16	R$ 732,00	5%	0				
17	R$ 751,00	15%	0				
18	R$ 772,00	20%	0				
19	R$ 775,00	5%	0				
20	R$ 777,00	10%	0				
21	R$ 862,00	15%	0				
22	R$ 891,00	15%	0				
23	R$ 898,00	25%	0				
24	R$ 930,00	25%	0				
25	R$ 984,00	15%	0				

Célula C2: `{=FREQUÊNCIA(B2:B25;B2:B25)}`

Apenas insira a matriz na fórmula em C2:C25:

```
=FREQUÊNCIA(B2:B25,B2:B25)
```

A linha em que um valor na coluna B aparece pela primeira vez obtém a contagem desse valor na coluna FREQUÊNCIA; aqui, a coluna C. As instâncias subsequentes desse valor obtêm um zero na coluna C. Assim, simplesmente inserindo uma fórmula de matriz, você encontra os valores exclusivos e obtém uma contagem de cada um. A abordagem da tabela dinâmica é, sem dúvidas, o caminho mais certo a seguir, porém, se precisa de algo rápido, simples e preciso, uma fórmula de matriz poderá ser exatamente o que deseja.

Selecione o Intervalo: PROJ.LIN

Caso você esteja prestes a inserir uma matriz na fórmula que ocupará um intervalo de células na planilha, será necessário conhecer as dimensões desse intervalo. É porque as fórmulas de matriz e as funções que elas empregam não preenchem automaticamente o intervalo necessário de células. Você mesmo precisa começar selecionando o intervalo.

Conhecer as dimensões do intervalo é, em grande parte, uma questão de experiência. Se você for inserir a matriz na função PROJ.LIN, por exemplo, precisará saber que deve começar selecionando um intervalo com cinco linhas de altura e tantas colunas quanto as variáveis preditoras mais 1.

376   PARTE 5 **A Parte do Dez**

Logo, se você tem uma variável a ser prevista na coluna A e duas variáveis preditoras nas colunas B e C, deve saber que precisa começar selecionando um intervalo com, pelo menos, cinco linhas de altura e pelo menos três colunas de largura, como E1:G5.

Selecione o Intervalo: TRANSPOR

Todavia, não é o suficiente saber o tamanho do intervalo exigido pela função que você está inserindo por meio de uma fórmula de matriz. Você também precisa compreender o propósito.

Um bom exemplo é a função TRANSPOR. De vez em quando, acontece que você quer girar uma matriz de valores em 90 graus. A Figura 19-3 exemplifica isso.

FIGURE 19-3: Há duas boas maneiras de colocar a matriz em A1:F2 em C4:D9.

	A	B	C	D	E	F
1	Mês	Jan	Fev	Mar	Abr	Mai
2	Receita	R$ 3.877,00	R$ 2.722,00	R$ 4.869,00	R$ 4.224,00	R$ 4.392,00
3						
4			Mês	Receita		
5			Jan	R$ 3.877,00		
6			Fev	R$ 2.722,00		
7			Mar	R$ 4.869,00		
8			Abr	R$ 4.224,00		
9			Mai	R$ 4.392,00		

Fórmula: {=TRANSPOR(A1:F2)}

Muitas situações mais técnicas (por exemplo, inúmeros cálculos na álgebra matricial) requerem a transposição de uma matriz de valores, mas a necessidade provavelmente surge com mais frequência quando você está lidando com problemas de layout da planilha. A Figura 19-3 mostra alguns nomes abreviados de mês em A1:F1 e alguns valores de moeda em A2:F2. Caso você queira inserir esses valores em uma tabela dinâmica, é bem provável que desejará reorientá-los, conforme mostrado em C4:D9.

CUIDADO

Vou mostrar como utilizar uma fórmula de matriz para copiar A1:F2 da Figura 19-3 para C4:D9. Pode-lhe ocorrer de criar uma tabela do intervalo C4:D9. Infelizmente, as tabelas do Excel não podem incluir fórmulas de matriz de muitas células.

Uma abordagem é selecionar A1:F2, copiar com o método escolhido e selecionar C4. Em seguida, escolha Colar no grupo Área de Transferência na guia Início da Faixa de Opções e clique no ícone Transpor no primeiro grupo de comandos Colar.

O resultado é trocar a orientação de linha por coluna de A1:F2 para C4:D9. Em geral, isso é exatamente o que você quer, sobretudo se seu propósito for aceitar o layout de página existente em um relatório.

Porém imagine que as informações em A1:F2 possam mudar de tempos em tempos. À medida que os meses passam, os resultados dos meses anteriores podem ser revistos. Nesse caso, você provavelmente desejaria que os dados em C4:D9 fossem atualizados junto com os dados em A1:F2. Essa é uma característica bem útil da função TRANSPOR do Excel.

Não se preocupe em copiar A1:F2. Em vez disso, comece selecionando C4:D9. Então, insira a matriz nesta fórmula:

```
=TRANSPOR(A1:F2)
```

O resultado é parecido com o que você vê na Figura 19-3, mas, em vez de valores em C4:D9, esse intervalo contém uma fórmula de matriz. Portanto, se os dados em A1:F2 forem alterados, as alterações serão refletidas em C4:D9.

O que se deve levar em consideração nesta seção é que você precisa saber o que a função TRANSPOR faz para selecionar o intervalo que vai contê-la antes de inserir a matriz. Com uma função do tipo PROJ.LIN, é necessário saber como selecionar um intervalo com cinco linhas de altura e com um número de colunas que depende do número de variáveis que precisa analisar. Com uma função como TRANSPOR, você precisa derivar as linhas e as colunas, e a *orientação delas* a partir das linhas e das colunas da matriz original.

Selecione um Intervalo: TENDÊNCIA

Se você usar a regressão para prever as vendas, espero que tenha encontrado minhas recomendações nos capítulos anteriores a respeito de como usar a TENDÊNCIA para obter previsões reais e a PROJ.LIN para obter a própria equação de regressão, além das estatísticas adicionais que informam sobre a qualidade da equação. Essas estatísticas adicionais incluem o R-quadrado, que informa quanta variabilidade nos números de vendas é compartilhada com a variável preditora ou variáveis.

É indispensável utilizar as duas funções. A função TENDÊNCIA o ajuda, poupando-o de ter que fazer a aritmética envolvida na aplicação da equação de regressão. A PROJ.LIN fornece informações úteis sobre se suas previsões são, provavelmente, precisas, aceitáveis ou uma porcaria qualquer.

É provável que seus dados brutos de vendas estejam na forma de uma tabela do Excel, de uma tabela dinâmica ou, quiçá, de uma lista.

LEMBRE-SE

Uma lista é apenas um dado em um intervalo retangular. Uma tabela é uma lista aprimorada com recursos de filtro e classificação, uma linha na parte inferior que pode mostrar os resumos de dados e várias outras ferramentas convenientes.

Caso os dados brutos sejam orientados dessa maneira, com variáveis diferentes em colunas diferentes e registros diferentes em linhas diferentes, você começará a inserir a matriz da função TENDÊNCIA selecionando um intervalo com uma coluna de largura e tantas linhas quantas existem nos registros na fonte de dados. Há apenas uma variável a ser prevista, portanto, apenas uma coluna é necessária. Você quer saber o valor da previsão de cada registro, portanto, seu intervalo da TENDÊNCIA precisa do mesmo número de linhas para os registros existentes.

No entanto, a maioria das previsões da TENDÊNCIA é para os períodos que já passaram. Você não tem nenhuma necessidade especial para essas previsões, exceto como um meio de avaliar a precisão da equação de regressão. Portanto, esse tipo de fórmula de matriz que usa a função TENDÊNCIA chama apenas os valores conhecidos do(s) preditor(es) e da variável a ser prevista:

```
=TENDÊNCIA(B2:B21;A2:A21)
```

Veja a Figura 19-4. O intervalo D2:D21 contém essa função TENDÊNCIA em sua fórmula de matriz, mas não prevê o valor preditor subsequente na célula A22. Ela retorna as previsões para os primeiros 19 registros, que são úteis para se ter na planilha porque podem ser inseridas em gráficos para comparar com os resultados de vendas reais. O gráfico da Figura 19-4 fornece uma noção visual da exatidão da equação de regressão ao gerar previsões.

Para obter o próximo valor de previsão, cujo valor real finalmente ocupará a célula B22, você precisa fornecer o próximo valor preditor como terceiro argumento da TENDÊNCIA:

```
=TENDÊNCIA(B2:B21;A2:A21;A22)
```

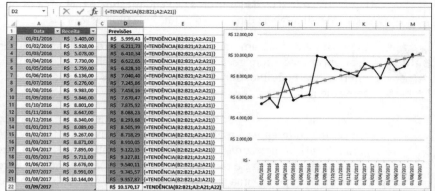

FIGURA 19-4: Usando a TENDÊNCIA para prever os períodos que estão agora no passado.

Portanto, você precisa inserir a matriz na primeira das duas fórmulas anteriores em D2:D21 e na segunda em D22. Saber o que você está informado para a TENDÊNCIA fazer é essencial para saber o tamanho e a orientação do intervalo no qual inserirá as fórmulas de matriz.

DICA

Você poderia inserir a fórmula em D22 normalmente, e eu fiz isso na Figura 19-4. Ela ocupa apenas uma célula e chama uma função que espera matrizes como seus argumentos. Mesmo assim, não recomendo essa prática; em vez disso, insira a matriz na fórmula. É provável que chegue um momento em que você tenha mais do que apenas uma célula como um verdadeiro valor futuro: por exemplo, A22:A25 em vez de apenas A22. Então, precisará inserir a matriz na fórmula e também pode se acostumar com esse processo.

Edite uma Fórmula de Matriz

Inevitavelmente, chega um momento em que você tem que fazer uma mudança em uma fórmula de matriz. Se é uma mudança pequena que quer fazer, geralmente é muito fácil proceder.

Suponha que queira alterar um endereço do intervalo usado em uma fórmula de matriz de A2:A21 para A2:A22. Basta selecionar uma célula no intervalo da fórmula da matriz, fazer sua alteração e *pressionar Ctrl+Shift+Enter*. Assim como quando você insere a matriz na fórmula para começar, é preciso usar todas as três teclas para editá-la. No entanto, você não precisa selecionar todo o intervalo ocupado pela fórmula de matriz para a edição. Tem que fazer isso quando você implementa a fórmula, mas não quando a edita.

Às vezes, preciso reduzir as dimensões do intervalo que uma fórmula de matriz ocupa. Então, é um pouco complicado. Imagine que uma análise da PROJ.LIN me diga que eu poderia também prever a coluna C a partir da coluna A, em vez das colunas A e B.

Agora, quero fazer duas coisas:

» Remover a referência à coluna B dos argumentos PROJ.LIN.

» Remover uma coluna do intervalo que a PROJ.LIN ocupa.

Se eu apenas tivesse removido a referência à coluna B dos argumentos da PROJ. LIN, acabaria com um monte de valores `#N/D` em sua coluna final. Assim, uma maneira de gerenciar as coisas é selecionar uma célula no intervalo da fórmula de matriz, excluir o sinal de igual no início da fórmula e inserir novamente, como uma fórmula convencional, o que se tornou um valor de texto com Ctrl+Enter.

Em seguida, seleciono o intervalo original, exceto sua coluna final. Modifico o argumento da PROJ.LIN conforme necessário (incluindo a substituição do sinal de igual) e implemento a edição com Ctrl+Shift+Enter. Finalizo limpando o que havia sido a coluna final do intervalo; posso fazer isso agora, porque ele não faz mais parte de uma fórmula de matriz existente. Agora, tenho uma fórmula revisada sem os fragmentos espalhados da versão original por aí.

Ao que tudo indica, parece muito mais simples apenas excluir toda a fórmula de matriz e reinseri-la do zero. Talvez seja apenas um TOC pessoal, mas parece que bagunço menos as coisas ao usar esse método.

Exclua uma Fórmula de Matriz

A propósito, se você quiser excluir uma fórmula de matriz, terá que começar selecionando todo o intervalo de células que ela ocupa. Tente excluir apenas uma célula e o Excel enviará a seguinte mensagem: "Você não pode alterar parte de uma matriz."

382   PARTE 5 **A Parte do Dez**

> **NESTE CAPÍTULO**
>
> » **Aproveitando ao máximo o Excel**
>
> » **Customizando o Excel para fazer seu trabalho**

Capítulo **20**

As Dez Melhores Ferramentas do Excel

Se você é como a maioria das pessoas, inclusive eu, é bem provável que não tire o máximo de proveito do Excel em razão de não saber tudo o que ele tem a oferecer. Utilizo o Excel por mais de um terço da minha vida, mas eu não sabia a respeito de algumas das ferramentas deste capítulo até ler sobre elas em fóruns e blogs online. Comentários de Célula, Preenchimento Automático, customização da barra de ferramentas — essas não são as ferramentas mais chamativas do kit do Excel, porém todas elas poupam seu tempo, e talvez até seu sofrimento.

Comentários de Célula

Ao utilizar o Comentários de Célula, você pode fazer anotações sobre o conteúdo de uma célula da planilha. Pode documentar de onde a informação veio, o quanto confia em sua precisão, se ela necessita de revisão e quando. Todas essas informações podem ser fundamentais na construção de uma linha de base para uma previsão.

Se muitas pessoas estiverem inserindo dados e fórmulas em uma pasta de trabalho, os Comentários de Célula serão realmente úteis. Você não precisa vê-los a menos que queira, mas, quando quiser, eles poderão fornecer um ótimo backup.

Para inserir um comentário de célula, siga estas etapas:

1. **Selecione a célula em que você deseja fazer um comentário.**

2. **Clique com o botão direito do mouse na célula e escolha Inserir Comentário ou escolha Novo Comentário no grupo Comentários na guia Revisão da Faixa de Opções.**

3. **Digite na caixa de comentários qualquer coisa que ajude a explicar o que existe na célula e clique em outra célula na planilha para fechar o comentário.**

   Agora, a célula terá um pequeno triângulo no canto superior direito, significando que existe um comentário.

Para ler um comentário, basta passar o ponteiro do mouse sobre a célula com o comentário e ele aparecerá.

Você pode lidar com os comentários de diversos modos. Acesse a aba Revisão. No grupo Comentários, há várias ações disponíveis:

» Clique em **Novo Comentário** (se a célula ativa não tiver comentários) ou **Editar Comentário** (se a célula ativa tiver um comentário).

» **Excluir:** Clique no ícone Excluir para excluir o comentário da célula ativa.

» **Anterior** e **Próximo:** Escolha um deles para mostrar o comentário anterior ou o próximo.

» **Mostrar/Ocultar Comentário:** Use este botão para mostrar ou ocultar um comentário na célula ativa.

» **Mostrar Todos os Comentários:** Se você puder ver o texto de todos os comentários em uma planilha, clique para mostrar apenas os indicadores de comentário (o indicador de comentário é o triângulo no canto superior direito da célula). Se você vir somente os indicadores, clique para mostrar os comentários.

Preenchimento Automático

Eu mantenho registro do talão de cheques da minha empresa em uma pasta de trabalho do Excel. Os depósitos e os pagamentos estão associados a apenas alguns clientes e fornecedores, por exemplo, minhas principais fontes de renda, meu banco, meu corretor, meu escritório, meu contador.

Ser capaz de digitar somente algumas letras na célula em que mostro o credor e o Excel completar o resto do nome é realmente uma mão na roda. O recurso Preenchimento Automático economiza tempo e ajuda a evitar erros de digitação. Imagine que a pessoa para quem você aluga um escritório se chame Maria e o nome do seu corretor seja Mateus.

Na coluna C, imagine que você já tenha uma célula que contenha Maria (mas nenhuma célula que contenha outro valor começando com M). Agora, se você digitar **M** na coluna C (letra maiúscula ou minúscula), o Excel terminará com "aria". Tudo o que precisa fazer agora é pressionar Enter ou a tecla Tab. Se você não quiser inserir Maria, por exemplo, e quiser digitar Mateus, continue digitando o que deseja.

Se a coluna C já tiver um Maria *e* um Mateus, e você digitar **Ma** em uma célula nessa coluna, o Excel aguardará; ele ainda não se sabe se você quer Maria ou Mateus. Assim que você digitar outra letra, neste caso, *r* ou *t*, que distingue as duas entradas existentes, o Excel terminará a entrada.

LEMBRE-SE

O Preenchimento Automático funciona somente com entradas na mesma coluna, não na mesma linha. Não é possível desativar seletivamente o Preenchimento Automático (por exemplo, se quiser ver Maria como uma possível entrada de célula, mas, por algum motivo, não deseja mais ver Mateus). Porém é possível desativar o recurso completamente. Clique na aba Arquivo e escolha Opções na barra de navegação. Clique em Avançado na barra de navegação Opções do Excel e desmarque a caixa de seleção Habilitar o Preenchimento Automático para valores de célula.

Segurança Macro

A Microsoft teve um choque há alguns anos quando descobriu que alguém com muito tempo sobrando poderia escrever um código VBA que faria o Excel (ou qualquer aplicativo do Office, por exemplo) enlouquecer. Esse monstrinho é chamado de *vírus de macro*. O primeiro que surgiu exibia uma caixa de mensagem informando: "Isso explica o que eu queria dizer."

Confesso que escrevi um ou dois vírus de macro, mas, depois que me acalmei, não os distribuí. Eles podem ser desagradáveis e você quer se proteger. O alcance de uma macro do Excel se estende muito além dele. Ela pode excluir arquivos, renomear arquivos e geralmente causar danos.

DICA

É bom saber que as versões mais recentes do Excel salvam uma pasta de trabalho com uma macro com a extensão *.xlsm* ou *.xlam*, em vez de *.xlsx*

O Excel tem quatro níveis de proteção de macro e você pode escolher aquele que deseja usar.

Se você nunca compartilha pastas de trabalho do Excel com mais ninguém (isso significa colegas de trabalho, clientes, seu tio José), talvez seja possível poupar um pouco de tempo ao fazer isso:

1. **Clique na aba Arquivo da Faixa de Opções.**
2. **Escolha Opções na barra de navegação.**
3. **Clique em Central de Confiabilidade na barra de navegação Opções do Excel.**
4. **Clique em Configurações da Central de Confiabilidade.**
5. **Selecione o botão de opção Ativar Todas as Macros.**

   Nota: A Microsoft não recomenda essa opção porque, se você obtiver uma pasta de trabalho de outro lugar, poderá ter problemas: se a pasta de trabalho tiver um vírus de macro, você não será avisado.

Agora, caso você realmente compartilhe pastas de trabalho com outras pessoas ou abra pastas de trabalho que outras pessoas criaram, poderá configurar para ser avisado de que uma pasta de trabalho tem macros potencialmente perigosas clicando em qualquer um dos três botões de opção Desabilitar:

» Se você optar por desativar as macros *com* notificação, verá avisos de que a edição e o conteúdo estão desativados. Você pode substituir esse status e ativar as macros.

» Se optar por desativar as macros *sem* notificação, não verá os avisos e o nome das macros não aparecerá na aba Desenvolvedor da Faixa de Opções.

» Você pode optar por desativar as macros, a menos que elas tenham sido assinadas digitalmente por meio de um aplicativo que identifique a origem da assinatura digital.

É bem possível abrir pastas de trabalho que você acha que terão macros desabilitadas apenas para descobrir que elas estão habilitadas. Existem várias substituições, como editores e locais confiáveis. É provável que sua cópia do Excel o considere um editor confiável. Não fique surpreso ao ver uma pasta de trabalho passar impune pela segurança. Só para constar.

DICA

Abrir a pasta de trabalho, mas desabilitar as macros é uma boa opção se você acha que sabe de onde vêm suas pastas de trabalho, mas não tem certeza das boas intenções da origem.

Barra de Ferramentas Personalizada

Muitos usuários experientes do Excel pensam, é compreensível, que a Faixa de Opções e suas abas são inflexíveis. Porém isso não é verdade. Você pode remover uma aba da Faixa de Opções e substituí-la. Pode inserir qualquer comando em uma aba, desde que seja uma aba personalizada, para poder criar uma que contenha os comandos que você utiliza com mais frequência.

Durante anos, perdi um tempão não customizando minhas barras de ferramentas nas versões mais antigas do Excel. Por exemplo, frequentemente pesquiso um valor específico em uma planilha. Eu costumava usar o comando Localizar e digitava o valor que estava procurando. Se você sempre faz isso, experimente colocar o comando Localizar em um local mais conveniente do que a extremidade direita da aba Início. Veja como:

1. **Clique na aba Arquivo da Faixa de Opções.**

2. **Escolha Opções na barra de navegação.**

3. **Escolha Personalizar a Faixa de Opções na barra de navegação Opções do Excel.**

4. **Clique no botão Nova Guia na parte inferior da caixa de listagem Guias Principais.**

    Uma aba nova e um grupo novo aparecerão perto do topo dessa caixa de listagem.

5. **Clique na nova aba e arraste-a para o topo da caixa.**

6. **Escolha Todos os Comandos na lista suspensa Escolher Comandos em.**

7. **Desça com a barra de rolagem e clique em Localizar na caixa de listagem Escolher Comandos em.**

8. **Clique no item Novo Grupo (Personalizado) na caixa de listagem Guias Principais.**

9. **Clique no botão Adicionar.**

10. **Clique em OK.**

Agora, você tem uma aba nova e um grupo na extremidade esquerda da Faixa de Opções, com o comando Localizar. Para voltar ao layout padrão da Faixa de Opções, retorne à caixa de diálogo Personalizar a Faixa de Opções e clique em Redefinir no canto inferior direito da caixa.

Uma boa alternativa é personalizar a barra de ferramentas de Acesso Rápido, seguindo um passo a passo parecido.

Avaliar Fórmula

Admito que eu não era muito fã da auditoria de fórmulas do Excel. Em alguns casos, achava até prático escolher Rastrear Precedentes no grupo Auditoria de Fórmulas da aba Fórmulas da Faixa de Opções para ver a quais células uma fórmula se refere. Por exemplo, se a célula C8 tem a seguinte fórmula:

```
=A1 + Q37
```

Então, a opção Rastrear Precedentes pode ajudá-lo um pouco, caso você precise ver os valores envolvidos. O link Rastrear Dependentes é útil se você deseja limpar o conteúdo da célula Q74, por exemplo, mas não tem certeza se alguma outra célula útil depende da fórmula ou do valor que ela contém.

Além do mais, nunca encontrei muita utilidade para os comandos Rastrear. O comando Avaliar Fórmula, no entanto, é uma história diferente. Amei.

Comece selecionando uma célula com uma fórmula. Em seguida, acesse a aba Fórmulas e escolha Avaliar Fórmula no grupo Auditoria de Fórmulas, e você poderá ver, passo a passo, como o Excel avalia essa fórmula. É uma maneira maravilhosa de ajudar a descobrir seu erro ao inserir uma fórmula. E acredite: aconteceu muito comigo.

Clique no botão Avaliar para mostrar o valor da expressão sublinhada. Clique em Etapa para avaliar uma célula à qual a célula ativa faz referência, que pode conter uma fórmula. (Se a célula referenciada contiver uma constante, seu valor será retornado.) Se a fórmula retornar um valor inesperado, a opção Avaliar Fórmula provavelmente mostrará onde você errou.

Proteção da Planilha

Hoje, quase todo mundo tem pastas de trabalho que outras pessoas usam. Se as pastas de trabalho são simultaneamente abertas e compartilhadas por outras pessoas (não recomendo isso) ou se estão disponíveis apenas para outras pessoas através de pastas compartilhadas, seus colegas provavelmente terão acesso ao seu trabalho. E isso significa que você precisa protegê-lo.

O Excel facilita muito a proteção do trabalho. Abra uma planilha que você deseja proteger e acesse a aba Início. Escolha Formatar no grupo Células e clique em Proteger Planilha. A caixa de diálogo Proteger Planilha será exibida, oferecendo várias opções para o que proteger. Caso você queira proteger as células contra alterações, precisará bloqueá-las primeiro. Selecione essas células e escolha Bloquear Células no menu suspenso Proteger Planilhas. Em seguida, proteja a planilha.

Marque a caixa de seleção Proteger a planilha e o conteúdo de células bloqueadas. Forneça uma senha na caixa Senha para desproteger a planilha. Se fizer isso, estará mais protegido contra outros usuários que possam alterar seus valores e fórmulas.

A proteção da planilha não é totalmente segura. Você pode comprar um *cracker de senha* (software que descobre sua senha) e, se consegue comprá-lo, significa que outras pessoas também conseguem. O código VBA aberto que está por aí na internet fará a mesma coisa. Todavia, a menos que precise proteger seu trabalho de alguém que seja experiente e realmente determinado, a proteção do Excel provavelmente será suficiente. Se você quer algo *fácil* de hackear, compre um iPhone.

Somente Registros Exclusivos

O Excel dispõe de um modo de mostrar registros exclusivos individuais que estão em uma tabela ou lista. Esse recurso pode ser prático quando você tem valores repetidos e quer visualizar os valores exclusivos específicos. Por exemplo, se você tiver uma tabela de datas em que as vendas foram registradas, essas datas provavelmente serão repetidas. Ou caso queira uma lista de todos os representantes de vendas nos últimos cinco anos, um arquivo de vendas será um bom lugar para procurar, porém a maioria dos nomes provavelmente aparecerá mais de uma vez.

Para obter uma lista de valores exclusivos, siga estas etapas:

1. **Selecione as células em sua tabela ou lista existente ou, se nenhum outro dado estiver diretamente adjacente aos dados, basta selecionar qualquer célula em sua tabela ou lista.**

2. **Vá para a aba Dados da Faixa de Opções e escolha Avançado no grupo Classificar e Filtrar.**

   A caixa de diálogo Filtro Avançado será exibida.

3. **Marque a caixa de seleção Somente Registros Exclusivos.**

4. **Clique em OK.**

O Excel esconderá todas as linhas com registros duplicados. Não me importo com esse comportamento, assim, eu geralmente uso a opção Copiar para Outro

Local para que meus dados originais fiquem como estão; mas tome cuidado caso faça isso. Imagine que você escolha copiar para outro local e especifique, digamos, a célula F1. Se já houver dados na coluna F, eles poderão ser sobrescritos pela nova lista filtrada, e você não poderá desfazer isso. Uma boa alternativa para essa abordagem é usar a função FREQUÊNCIA, descrita no Capítulo 19.

Uso da Alça de Preenchimento

Uma célula ativa em uma planilha apresenta um pequeno quadrado no canto inferior direito. Esse quadrado é chamado de *alça de preenchimento*. Você pode usar essa alça para copiar e colar os dados da célula em qualquer direção. Basta colocar o ponteiro do mouse sobre a alça de preenchimento, pressioná-lo e arrastar para baixo, para a direita, para a esquerda ou para cima. Essa técnica funciona com fórmulas e constantes. Se você começar com uma seleção múltipla, poderá estender uma série de valores, como 1, 2, para ir até onde quiser.

Suponha que tenha um conjunto de valores de receita nas células A1:A500. Você gostaria de inserir uma comissão de 15% em cada um desses números em B1:B500. É possível inserir esta fórmula na célula B1:

```
=A1 * 0,15
```

Em seguida, clique na alça de preenchimento em B1 e arraste para baixo até B500. O problema é que isso é um tédio. Eu já tentei utilizar o processo, que o Excel chama de *autopreenchimento,* mas ele saiu do controle e me vi preenchendo a célula B422865 antes que eu percebesse.

A solução — e eu amei isso, até escrevi em um blog — é *clicar duas vezes* na alça de preenchimento. O Excel preenche automaticamente tudo o que está na célula ativa até uma lista adjacente. No exemplo que acabei de citar, clicar duas vezes na alça de preenchimento de B1 preenche automaticamente a fórmula para baixo até B500.

Resumo Rápido dos Dados

Se você não gosta de digitar fórmulas — e quem gosta? — pode obter rapidamente resumos de dados na barra de status. Esses resumos mostram apenas o resultado; eles não salvam nada. Suponha que você queira saber o menor número (o maior número, a média, a soma e assim por diante) em uma lista. Siga as seguintes instruções:

1. **Clique com o botão direito do mouse na Barra de Status (você a encontrará na parte inferior da janela do Excel) para abrir um menu de atalho.**

2. **Escolha Nenhum (para não exibir nenhum valor de resumo), Média, Contagem, Contagem Numérica, Mínimo, Máximo ou Soma.**

   Agora, quando você selecionar um intervalo de células na planilha, a Barra de Status exibirá o valor de resumo escolhido. Você também pode usar o menu de atalho para ativar ou suprimir outras informações que possam aparecer na barra de status, como o status das teclas Caps Lock e Scroll Lock

A barra de status em si pode ser suprimida e reativada, mas somente por meio de código, como o VBA.

Ajuda com Funções

Você já teve problemas para lembrar quais informações precisa fornecer para uma função do Excel? Para algumas funções, como SOMA e MÉDIA, não há problema: basta digitar o nome da função, em seguida, abrir um parêntese, arrastar nas células envolvidas e inserir um parêntese para fechar.

Todavia, para as funções mais complicadas, como PGTO (que mostra a quantia de um pagamento recorrente para um determinado montante de empréstimo, taxa de juros e número de pagamentos) ou HYPERLINK (que você usa para colocar um hiperlink em uma planilha), lembrar quais são as entradas e qual ordem inseri-las pode ser difícil. A ordem em que você insere as entradas é importante porque, por exemplo, o Excel interpretará:

```
=PGTO(360;0,005;100000)
```

como significando que a taxa de juros é de 360% e você fará apenas 0,005 de pagamentos. Em vez disso, é preciso digitar algo assim:

```
=PGTO(0,005;360;100000)
```

que significa que a taxa de juros é metade de 1% por período de pagamento e você fará 360 pagamentos.

A ferramenta Inserir Função pode ser útil para essas funções mais complexas. À esquerda da Barra de Fórmulas, você verá o botão Inserir Função (f_x). Clique nele para acessar a caixa de diálogo Inserir Função, que permite selecionar primeiro a função que deseja usar, em seguida, orienta-o para inserir as entradas que deseja usar, na ordem correta.

392   PARTE 5 A Parte dos Dez

Índice

SÍMBOLOS
#DIV/0!, 253–272, 372–382
#N/A, 262–272, 284–298
#N/D, 208–232, 304–326, 344
#NUM!, 314–326
#REF!, 208–232
#VALUE!, 374–382

A
ACF, 323–326
acompanhamento, 240–250
Adicionar Elemento de Gráfico, 116–124
agrupamento, 127–146
alça de preenchimento, 44–52, 246–250, 390–392
alfa, 351–366
Alterar o Tipo de Dados, 116–124
Alternar entre Linha/Coluna, 116–124
Análise de Variância, 311–326
análises estatísticas, 118
ANOVA, 311–326
argumentos, 211
ARIMA, 365–366
Atingir Meta, 176–182
auditoria de fórmulas do Excel, 388–392
autocorrelação, 35–40, 63–70, 252–272, 328–344
AutoFiltro, 134–146
autopreenchimento, 75–90, 246–250
autorregressão, 64–70, 79–90, 234–250, 321–326
Avaliar Fórmula, 388–392

B
backcasting, 278–298, 356–366
banco de dados, 91–108
base cíclica
    versus base sazonal, 51
BASIC, 168

C
cabeçalhos, 96–108
campo de valor, 128
campos, 91–108, 128–146

categoria, 111–124, 150–166
causalidade e correlação, 324–326
chave de classificação, 94–108
chaves, 372–382
choque aleatório, 238–250
    função degrau, 238–250
ciclo, 28–40, 263–272
ciclo sazonal, 51–52
ciclos de vida, 25
coeficiente de correlação, 27–40, 257–272, 268–272
    autocorrelação, 28–40
    CORREL, 28–40
    correlação negativa, 36–40
    correlação positiva, 36–40
coeficientes, 300–326
Comentários de Célula, 383–392
commodity, 25–40
componente de nível, 345–366
constantes, 19–22, 175–182, 196–200, 204–232, 301–326
    constante de suavização, 28–40, 35–40, 176–182, 265–272, 274–298, 342–344
    constante sazonal, 351–366
contagem, 136–146
controle giratório, 146
correlação, 252–272
Ctrl+Enter, 370–382
Ctrl+Shift+Enter, 370–382
custo de oportunidade, 37

D
dados externos, 131
dados qualitativos, 42–52
dados quantitativos, 42
delta, 351–366
desvios, 357–366
    Desvio Absoluto Médio, 291–298
    desvio-padrão, 340–344
diferenciação, 261–272, 327–344, 332–344
distribuição t, 60–70
distribuição t de Student, 313
dummy Coding, 199

Índice   393

E

efeito, 352–366
efeito dominó, 278–279
efeito sazonal, 352–366, 360–366
    índice sazonal, 352–366
eixos, 110–124
    eixo de categoria, 110–124
    eixo de valor, 110–124
equação, 113–124
equação de previsão, 68
equação de suavização, 353–366
erro, 15, 289
erros das previsões, 365–366
erros-padrão, 303–326
    erro-padrão de estimativa, 304–326
estatística linear, 317–326
estatística t, 313–326
estatística z, 61–70
Estilos de Gráficos, 116–124
estrutura
    características, 92
Eta ao quadrado, 318–326

F

fator de amortecimento, 28–40, 177–182, 265–272, 274–298, 353–366
faturamento, 31
    faturamentos mensais, 29
ferramenta Correlação
    matriz de correlação, 66–70
ferramenta de Média Móvel, 170–182
ferramenta Regressão, 301–326
Ferramentas de Análise, 167–182
ferramentas de gráficos do Excel, 194–200
fluxo de receita. *Consulte* linha de base
Formatar, 116–124
fórmula, 339–344
    definição, 204
    fórmulas de matriz, 22, 221–232, 369–382
    versus função, 214
funções, 203–232
    função ABS, 314–326
    função COL, 213–232
    função CONT.NÚM, 291–298
    função CORREL, 258–272
    função DESLOC, 205–232
    função DIST.F, 306–326
    função DIST.T.2C, 225–232

função FREQUÊNCIA, 375–382
função ÍNDICE, 373–382
função INDIRETO, 206–232
função INV.T, 315–326
função MÉDIA, 203–232, 253–272
função PROJ.LIN, 114–124, 222–232
função SE, 208–232
função SOMA, 210–232
função TENDÊNCIA, 228–232, 301–326, 339–344, 379–382
função TRANSPOR, 212–232, 377–382
funções CUP, 213–232

G

gerenciamento de inventário, 7
gráficos, 8, 110–124
    gráfico de área, 151–166
    gráfico de barras, 111–124
    gráfico de bolhas, 152–166
    gráfico de cone, 151–166
    gráfico de linhas, 110–124, 150–166
    gráfico de pirâmide, 151–166
    gráfico de pizza, 151–166
    gráfico de radar, 151–166
    gráfico de rosca, 151–166
    gráfico de superfície, 152–166
    gráfico dinâmico, 148–166
    gráfico dos resíduos, 248–250
    gráficos de cilindro, 151–166
    gráficos de colunas, 152–166
    gráficos tridimensionais, 150–166
    gráfico XY (Dispersão), 111–124, 132–146, 152–166, 258–272
graus de liberdade, 65, 222–232, 306–326

H

hipóteses não direcionais, 314–326
histórico de vendas, 8–22

I

INCLINAÇÃO, 222
inicialização, 356–366
Inserir Função, 211–232, 391–392
integração, 266–272, 328–344, 333–344
INTERCEPTAÇÃO, 222–232
interseção, 301–326, 320–326
    interceptação, 312–326
interseção implícita, 372–382

intervalo, 244
intervalo de confiança, 195–200, 312–326
INVT, 315–326

L

linha de base, 8–22, 27–40, 73–89, 147–166, 186–200, 204–232
    linha de base cíclica, 51–52
    linha de base estacionária, 47–52, 173–182
    linha de base sazonal, 50–52
    séries temporais, 27–40
linha de regressão, 194–200
linha de tendência, 36–40, 87–90, 133–146, 155–166, 194–200, 299–326
Linha de Totais, 98–108
lista, 11, 91–108
    definição, 379
loop, 293

M

MATRIZ.INVERSA, 339–344
MATRIZ.MULT, 339–344
MED, 99–108
MÉDIA, 7–22, 75–90
Média Móvel, 204–232
MÉDIA.SE, 370–382
médias móveis, 9–22, 29–40, 74–90, 119–124, 168–182, 233–250, 252–272, 327–344
Microsoft Excel, 7–22
modelo de Holt-Winters, 346–366
Mover o Gráfico, 116–124
multicolinearidade, 65–70
Múltiplo R, 191–200

N

níveis de confiança, 194–200
nome de intervalo dinâmico, 12

P

PACF, 323–326
padrão sazonal, 28–40, 263–272
período de previsão, 29–40
período de tempo, 80–90
Planilha de Previsão, 365–366
Preenchimento Automático, 385–392
previsão, 78–90
    previsão ingênua, 297–298
    previsão quantitativa, 54–70, 203–232

    previsão sazonal, 345–366
    previsões de autorregressão, 58
primeira diferenciação, 249–250, 332–344
produção, 36
PROJ.LIN, 22, 65–70, 156–166, 181–182, 303–326, 339–344, 371–382
Proteger Planilha, 388–392

Q

quadrado médio, 310–326

R

R2, 69–70
raiz quadrada do quadrado médio do erro, 291–298
    RQME, 291–298
R ao quadrado, 69–70
razão de correlação, 318–326
razão F, 222–232, 306–326
Recolher Caixa de Diálogo
    botão, 215
referência absoluta, 205–232, 352–366
referência mista, 205–232
referência relativa, 205–232
referências estruturadas, 100–108
registros exclusivos, 389–392
regressão, 10–22, 30–40, 80–90, 168–182, 183–200, 203–232, 254–272
    regressão curvilínea, 240–250
    regressão linear, 239–250
    regressão múltipla, 183–200, 240–250, 299–326
    regressão simples, 188–200, 299–326
resíduos, 40, 329–344
resumos de dados, 390–392
rótulos de dados, 157–166
RQUAD, 318–326
R-quadrado, 69–70, 158–166, 222–232, 259–272, 300–326, 373–382
ruído, 14, 74, 121, 234–250, 235–250, 283–298

S

sazonalidade, 30–40, 41–52, 156–166
segunda diferenciação, 261–272, 332–344
seleção múltipla
    Excel, 267
série de valores estacionária, 333–344
Significância de F, 271–272, 311–326
significância estatística, 60–70, 313–326

Índice   395

sinal, 14–22, 29, 74–90, 121–124, 234–250, 283–298

Solver, 170, 176–182, 296–298, 342–344

Soma, 136–146

SOMA.SE, 370–382

SOMAXMY2, 290–298

Somente Registros Exclusivos, 389–392

spread, 304–326, 340–344

StartRow, 206–232

suavização, 240–250

suavização exponencial, 9–10, 16–22, 29–40, 77–90, 168–182, 204–232, 240–250, 252–272, 273–298

  suavização exponencial simples, 327–344, 347–366

    suavização exponencial simples sazonal, 346–366

suavização sazonal, 83–90, 351–366

suplemento de Análise de Dados do Excel, 8–22, 53–70, 109–124, 132–146, 168–182, 189–200, 203–232, 233–250, 273–298

  Analysis ToolPak, 118–124

  ATP, 168–182

T

tabela, 24–40, 91–108

  definição, 379

tabelas dinâmicas, 12–22, 45–52, 84–90, 92–108, 127–146, 148–166, 375–382

  campo de coluna, 132–146

  campo de filtro, 132–146

  campo de linhas, 128–146

  campo de valor, 128–146

taxas de rotatividade, 26

tendência, 30–40, 48–52, 297–298, 301–326, 327–344, 346–366

terminologia

  previsão de vendas, 26

teste de significância, 60–70

Teste de Sinal, 330–344

TRANPOR, 218–232

transformação Fisher, 60–70

TRANSPOR, 371–382

U

U invertido, 159–166

V

valor, 150–166

valor de R-quadrado, 113

valores estáticos, 209–232

valores reais, 13

variância, 310

variáveis, 92–108

  variável de previsão, 155–166

  variável oculta, 63

  variável preditora, 29–40, 63, 122–124, 155–166

  variável prevista, 122–124

VBA, 170–182

vendas trimestrais, 29

vínculos relativos, 334–344

vírus de macro, 385–392

Visual Basic for Applications, 169–182, 293–298

CONHEÇA OUTROS LIVROS DA PARA LEIGOS!

Negócios - Nacionais - Comunicação - Guias de Viagem - Interesse Geral - Informática - Idiomas

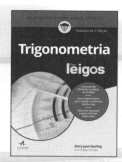

Todas as imagens são meramente ilustrativas.

SEJA AUTOR DA ALTA BOOKS!

Envie a sua proposta para: autoria@altabooks.com.br

Visite também nosso site e nossas redes sociais para conhecer lançamentos e futuras publicações!
www.altabooks.com.br

/altabooks ▪ /altabooks ▪ /alta_books

ALTA BOOKS
E D I T O R A

Este livro foi impresso nas oficinas gráficas da Editora Vozes Ltda.,
Rua Frei Luís, 100 – Petrópolis, RJ.